JN199870

山口仲美著作集 4
Yamaguchi Nakami

日本語の歴史・古典

山口仲美

通史
個別史
日本語の古典

風間書房

著作集の刊行にあたって

膵臓がんの手術後、四年生き延びた時、私は、今までやってきた仕事のまとめをつけてから命を終わりたいと思うようになった。著作集を刊行してまとめをつけよう。そう決意した。二〇一七年秋のことである。出版社はどこにするか？　その時にまず思い浮かんだのが、風間書房の前社長であった風間務氏の言葉だった。「先生、本を出すなら、ウチからにしてくださいよ。」社長は、二〇〇三年秋に膵臓がんで亡くなったが、その三か月前に神楽坂の甘味処であんみつを食べながら、念を押すように私に言ったのである。それが、前社長と会った最後になった。前社長と同じ病気を経験しているし、縁があるのかもしれない。風間書房に声を掛けてみよう。

声を掛けてみると、現社長の風間敬子氏は、二つ返事で引き受けてくれた。のみならず、「父も喜んでくれると思います」と言ってくれた。敬子氏は、務氏のご長女である。

こうして著作集の刊行準備が急ピッチで進められた。全部で八巻。三年で刊行を完成させる。二〇一八年には、一巻から三巻までの刊行。『言葉から迫る平安文学1　源氏物語』『言葉から迫る平安文学2　仮名作品』『言葉から迫る平安文学3　説話・今昔物語集』の三巻である。言葉や文体、表現やコミュニケーションといった言語学的な立場から平安文学の諸問題を解明していった著書や論文を集めた巻々である。

二〇一九年には、四巻から六巻までの刊行。四巻は、『日本語の歴史・古典　通史・個別史・日本語の古典』として、まず日本語の歴史を通史的に述べた著書を収める。それから、感覚感情語彙、売薬名といった個別テーマで日本語の史的推移の解明を行なった論文を収める。さらに、古典作品を通史的に取り上げ、その作品の言語的な魅力を解き明かした著書も収録する。これが四巻。

五巻は、『オノマトペの歴史1　その種々相と史的推移・「おべんちゃら」などの語史』として、日本語の特色であるオノマトペ（＝擬音語・擬態語）の歴史を追究した論文を中心に収録する。オノマトペ研究の必要性、一般語との相違といった基本的な論文から、楽器の音を写す擬音語の推移、男女の泣く声や様子を表すオノマトペの推移などを解明した論文、および「おべんちゃら」「じゃじゃ馬」などのオノマトペ出身の言葉の語史を追究した論を収める。

六巻は、『オノマトペの歴史2　ちんちん千鳥のなく声は・犬は「びよ」と鳴いていた』と題して、鳥や犬などの動物の鳴き声を写すオノマトペの歴史を追究した著書を収録する。そのほか、「ちんちんかもかも」といったオノマトペに関係のある言葉をターゲットにしたエッセイ風の読み物も収める。

二〇二〇年は、七巻・八巻の刊行。七巻は、『現代語の諸相1　若者言葉・ネーミング・テレビの言葉ほか』というタイトルで、現代の若者の使う言葉やネーミングそしてテレビの言葉をターゲットにした著書論文を収録する。あだ名のように、昨今の学校教育の場では用例の収集すらままならないテーマの論文もあり、命名行為を分析する時に役立つに違いない。広告表現の変遷などの論も収める。

八巻は、『現代語の諸相2　言葉の探検・コミュニケーション実話』と題して、現代語の中から気になる言葉、たとえば「したり顔」「ホゾ」などを取り上げ、その言葉の持つ不思議な面を追究した著書、中国人との様々なコミュニケーション実話を書いた著書、医者と患者のコミュニケーション実話を書いた著書、を収録する。最も肩の凝らない巻である。

以上が著作集の概要。著作集にするにあたって、加筆修正を加えた箇所も多いが、あくまでその著書・論文の書かれた時点を重んじ、その後の研究の進展などにかかわる加筆修正は行なっていない。
三年間で予定通りに行くかどうかは定かではないが、頑張ってみたいと思う。各巻には、論証を旨とする堅い論文のほかに、読んでホッと楽しめるエッセイ風の部分を入れ込んである。そうした著作集を作ることは、私の念願でもあった。多くの人に親しんでいただける著作集であることを心から望んだためである。

二〇一八年一月一日

著者　山口仲美

まえがき

この巻は、日本語の史的推移を論じた著書や論文を収録したもの。「**Ⅰ日本語の歴史―通史―**」「**Ⅱ日本語の歴史―個別史―**」「**Ⅲ日本語の古典**」の三部から成る。「Ⅰ」部と「Ⅲ」部は、岩波書店から一般向けに出した新書『日本語の歴史』『日本語の古典』を収めたものなので、読みやすく楽しめると思う。「Ⅱ」部も、身近な語彙をターゲットにその史的推移を解明した論を収録してあるので、親しんでいただけると思う。

では、もう少し具体的に三部の内容紹介をしておこう。

まず、「Ⅰ」部の「日本語の歴史―通史―」について。日本語はどんなふうに歩んで、現代にいたるのか？　多くの専門家を動員して、何巻にも渡って記述された詳密な専門書は刊行されている。だが、一般向けに分かりやすく簡潔な形で記された本は、皆無。日本語の将来を担っているのは、一人一人の日本人である。そういう一般の人に日本語の歴史を知ってもらって初めて日本語の将来の展望が開ける。そう考えている私は、一般の人にも分かってもらえるような日本語の歴史を一生懸命書いた。次のような章立てで進んでいく。

「一　**日本語がなくなったら**」。現在、世界にある数千の言語は、日に日に消滅している。日本語だってその危機にさらされている！　日本語を失ったら、どういうことになるのか？　是非考えていただきたい問題をとりあげた。

「二　**漢字にめぐりあう**―奈良時代―」。日本人なのに、日本語を書き表した漢字が読めなかった経験は、誰でも持っている。どうして、そんなことが起こるのか？　やまとことばと漢字との出会いを書いたこの章で、その疑問を晴らしていただきたい。

「三　**文章をこころみる**―平安時代―」。なぜ、私たち現代日本人は、漢字かな交じり文で文章を書いているのか？　考えてみると、不思議である。日本語文の誕生をかたるこの章をお読みいただくと、その謎が解けるであろう。

「四　**うつりゆく古代語**―鎌倉・室町時代―」。高校の古典の授業を思い出してください。「古典では、『ぞ』『なむ』『や』『か』『こそ』という係助詞が文中にあると、終止形ではなく、連体形や已然形で文を結ぶ」と、耳にタコができるほど教え込まれた。いわゆる「係り結び」の法則である。でも、現代の日本語には、影も形もなくなっている。一体、どうしたことなのか？　この章で、その問題を解決する。

「五　**近代語のいぶき**―江戸時代―」。現代の私たちは、東京語を共通語にしている。関西語ではいけなかったのか？　その理由のわかる章。

「六　**言文一致をもとめる**―明治時代以後―」。江戸時代では、話せるのに書けない人が続出。ところが、現代人は、誰でも書ける。話すように書けばいいからだ。一体、誰がこんな楽な状態を作り出してくれたのか？　それを解き明かしたのが、この章である。

「七　**日本語をいつくしむ**」。過去からの贈り物の尊さを知ると、日本語を大切にする心が生まれる。日本語の歴史を知る意味を考えた終章。

私たちの使っている現代日本語の生まれてくる背景を、謎を解き明かすようにして語り口調で書いた。遠い昔の日本人の熱い血と切なる思いをお伝えできればと思う。

「Ⅱ」部は、「日本語の歴史―個別史―」。日本語を、文体、語彙、命名、翻訳語という個別的な観点からクローズアップして、その史的推移を解明した論を収録。

たとえば、「**感覚・感情語彙の歴史**」。「痛い」「だるい」などの感覚を表す語彙、「恋しい」「にくい」などの感情を表す語彙をターゲットに、その史的推移を解明した論。ともに主観的な意味の語群であるが、両者の描く史的推移のあとは対照的。一体どのような推移を経て現代にいたったのか？　日本人の感覚・感情のあり方が浮き彫りになる。

「**売薬名の歴史**」。売薬は、江戸時代から市場に出始めた。一体どんな薬名がついていたのか。「一生歯ぬけざる薬」「引き風一夜なほし」などの江戸時代の売薬名に出くわすと、思わず微笑んでしまう。では、西洋科学がもたらされた明治時代の売薬名は？　続く大正時代は？　昭和時代は？　と、その推移のあとを追究した論である。売るために創意工夫を凝らした名前には、その時代の志向が現れている。

その他、「**『学術用語』翻訳の歴史と問題点**」「**『薬品名彙』の翻訳語**」「**和文体の歴史**」の論も収めてある。前の二つの論は、明治時代の西洋科学を受け入れるための必死の努力の跡を追究したもの。欧米の学術用語をどんなふうに翻訳して日本語に組み入れていったのか？　今日の科学の基礎を作った学術用語に注目したもの。最後に挙げてある論文は、和文体という一つの文体が、いかなる文学を可能にするのかといった観点から、その史的推移を辿ってみたもの。こんなふうに個別的な観点からとらえた日本語の歴史も、結構新鮮な気持ちで読めると思う。

「Ⅲ」部は、「日本語の古典」。現代人にはほとんど顧みられない古典文学。古典は、日本人が築いてきた文化の宝庫なのに。もったいない。そこで、言葉や表現といった、今までとは違った日本語学的な切り口から、古典作品を通史的に取り上げ、その魅力を解き明かした。次のような章立てで進む。

「プロローグ」。古典を読むと、どういう効用があるのか？　それを論じた序章。

「一　**言葉に霊力が宿る―奈良時代―**」。ようやく日本人が漢字を借りて文章を書き表した時代。言葉がまだ霊力を持っている。そんな時代に生み出された三作品を取り上げる。たとえば、『古事記』。古代人は、言葉をどう意識していたのかというテーマのもとに、ヤマトタケルの悲劇が言葉に始まり、言葉に終わる過程を具体的に明らかにしつつ、『古事記』の魅力に迫る。このように作品ごとに一つのテーマを設定し、それを解決しながら、作品の魅力を抽出していく。それが、ここでの全体を貫く方針である。

「二　**貴族文化の花が咲く―平安時代―**」。仮名を発明したおかげで自分たちの心の隅々まで表現できるようになった平安時代。取り上げるのは、『源氏物語』『枕草子』をはじめとする十一作品。言葉に仕掛けられた秘密を見つけ出したり、エッセイストの条件をあぶりだしたりしながら、作品の面白さに迫る。

「三　**乱世を生きた人は語る―鎌倉・室町時代―**」。相次ぐ天変地異、次々に起こる生死を掛けた戦乱のなかで、人々はどんな文学を生み出したのか？　取り上げたのは、『平家物語』『徒然草』をはじめとする八作品。鮮烈な場面描写で読者を魅了したり、女嫌いの記述で読者を惹きつけたり。それぞれの作品は、どんな特色で、私たちの心をとらえているのか。

「**四　庶民が楽しむ言葉の世界─江戸時代─**」。乱世を勝ち抜いた人間が支配者になり、世の中はそれなりに安定した。現実的に生きていくしたたかな庶民たち。彼らの生みだす文学は？　取り上げたのは、『おくのほそ道』『曾根崎心中』をはじめとする八作品。その魅力は、言葉が人形に命を吹き込むものであったり、シモネタの生む開放感であったり。

作品の言葉や表現の面白さを堪能しつつ、時代の息吹を感じていただけることを願っている。

山口仲美

二〇一九年一月一日

目　次

Ⅲ　日本語の古典 …… 397

I
日本語の歴史―通史―

用例の引用について

本文中の用例は、できるだけ原文の表記を生かして引用することを原則としました。ただし、読みやすさを考慮して、次のような処置を施してあります。

①句読点や濁点をつける。
②促音や拗音は、文字を小さくする。（例）ちつて→ちって（散って）、きやつ→きゃつ（彼奴）
③地の文と会話文が混在する時には、会話文には「　」をつける。
④常用漢字表にある漢字は、新字体に改める。
⑤意味のとりにくい箇所には、漢字を当てる。
⑥踊り字（繰り返し符号）については、漢字以外は踊り字に該当する部分を再び表記する。
⑦用例につけるふりがなは、戦前（一九四五年以前）の文献については、歴史的仮名遣いで行なう。

二章～六章の扉のイラストは、著者・山口仲美の手になる。

一　日本語がなくなったら

1　あなたの問題

二〇〇五年六月七日、私は、紀伊国屋ホールで井上ひさし作『国語元年』を楽しみました。文部官僚南郷清之輔を演じる佐藤B作をはじめ、それぞれの人物を演じる俳優たちの熱演に魅せられ、一見荒唐無稽に思える話が真実味を帯び、最後は劇場で涙してしまいました。

時は明治時代。日本全国に通じる話し言葉を制定するための案を練るようにという命令を受けた文部官僚南郷清之輔は、一族郎党を巻き込んで「全国統一話し言葉」なるものを考えようと四苦八苦。でも、何回挑戦してもうまくいかず、辞職に追い込まれ、精神を病んで終わる。哀れな末路に、言葉をあつかう人間に共通する悲哀を感じ、私は涙が止まらなかったのです。

全国統一話し言葉の制定に寝食を忘れて没頭する南郷清之輔に対して、問題を冷静に見ている人物が登場しています。若林虎三郎という士族のなれの果てらしき人物。彼は、こんな手紙を清之輔に出している。

つらつら思うに、万人の使用する言葉を、個人の力で改革せんとするはもとより不可能事にて御座候。万人のものは万人の力を集めて改革するが最上の策に御座候。そのためには一人一人が己が言葉の質を僅かでも高めて行く他、手段は一切これあるまじと思い居り候。己が言葉の質を僅かでも高めたる日本人が千人寄り、万人集えば、やがてそこに理想の全国統一話し言葉が自然に誕生するは、理の当然に御座候。

（『国語元年』中公文庫）

これは、あるべき理想の姿です。実際には、国の政策によって言葉の問題が処理されてしまうことがあります。

でも、作者の井上ひさしさんが訴えたかったのは、言葉の問題は、文部官僚が考え出した案を上から押し付けるだけでは解決しない。国民一人一人が考え実行してはじめて解決できる、ということだと察せられます。というのは、全国統一話し言葉の制定を文部官僚の力で成し遂げようとした南郷清之輔が失意のうちに終わるという結末を与えているのですから。言葉の問題は、みんなに考えてもらう問題なのです。

2　織物をつむぐ糸

けれど、言葉そのものは、実に地味な存在。言葉によってつむぎ出された文学や思想は、人の注目を引きやすく、拍手喝采を浴びることもあります。それに比べて、文学や思想を生み出した言葉そのものが派手派手しく脚光を浴びたりすることはありません。言葉は、織物を作り出すための糸に過ぎません。

ところが、最近とくに、素材である日本語が注目を浴びています。なぜでしょうか？　素材である言葉が激しく変化している時期だからです。古い言葉や表現が急速に忘れられつつあります。日本の伝統的な言葉や表現が次々に失われているのです。それが、日本の年配者の危機感を煽っています。日本語をもっとしっかり教えなくては、という思いが、ナショナリズム的な昨今の風潮に後押しされて、前面に出てきている時期なのです。

テレビを見ても、日本語のクイズばやりです。つい最近も、スキー場で楽しむ若者たちにこんな穴埋めことばのクイズが出されていました。

「濡れ手で□」。若者は、「濡れ手で洗濯」などと答えている。濡れた手で洗濯するなという意味ではないかと言う。「濡れ手で食うな」と答えた若者もいる。手を洗っても、濡れたままで食べてはいけないという意味ではないかと当人は答える。「濡れ手で粟」と正解を教えてもらっても、「粟（あわ）」を「くり」と読んで腑に落ちない顔をしている。

まさに、日本語の危機。そう思えます。こうして、日本語は注目され、今ブームになっているのです。

3　日本語がなくなったら

ところで、日本語の歴史を知ることには、どういう意味があるのでしょうか？　日本語の将来は、日本語を話す人々すべての問題です。日本語を生かすも殺すも、日本語を話す人々の考え方にかかっています。敬語をどうするのか？「言葉の乱れ」をどう考えるべきなのか？　これからの日本語をどういう方向に変えていくべきなのか？日本語を使っている人々一人一人が、考えてみるべき問題です。これらの問題を正しく考えるためには、日本語の盛衰の歴史を知っていることが必要です。

あなたは、今話している日本語がなくなったらどうなるかという問題を考えてみたことがあるでしょうか？　たとえば、英語だけで用を足さなくてはいけない状態になったとしたら？　むろん、権力で強要されれば、長い時間をかけて、英語だけを話すようになるでしょう。でも、英語という糸で織り成される文化は、日本語という糸でつむぎ出されていた織物とは全く異なっているのです。たとえば、日本語には擬音語・擬態語が豊かに存在します。けれども、英語にはあまりありません。すると、こんなことが起こります。

鳩子さんは、そんな三好さんをジロリと流し見た。

（源氏鶏太『御苦労さん』）

これは、日本語の文です。これを英語で言おうとすると、「ジロリ」という擬態語がうまく表現できないのです。

藤田孝・秋保愼一編『和英擬音語・擬態語翻訳辞典』（金星堂）では、この箇所をこう翻訳しています。

Hatoko cast a sharp side-long glance at him.

「鳩子は彼に鋭い横目を向けた」といった意味の英語になっています。これでは「ジロリ」の持っている、眼球を左から右へあるいは右から左へ移動する動きが、失われてしまいます。「ジロリ」は、単に「鋭い横目」という抽象的な言葉では表せないような、具体的で感覚的な意味を持つ言葉です。つまり、日本語で織り成されていた織物のもっていた独特の風合いがなくなってしまったのです。母国語を失うということは、物の考え方、感じ方を失うということ。大げさに言えば、具体的で感覚的な日本文化が消えているのです。もちろんそれでもいいとおっしゃる方もいらっしゃるかもしれません。

そういう方は、是非とも次の問題も考えてみてください。世界中の言語がすべて英語だけに統一されてしまったとします。すると、どの地域からも英語という糸で織り成される織物しか出来てきません。それぞれの地域のもっていた独特の風合いが失われ、どの地域に行っても、どこに住んでも、同じ織物しかないのです。ということは、異なる織物同士の間で競争したり、刺激しあったりすることがないということです。人は、努力をしなくなります。人類の文化そのものが痩せて廃れていきます。一元化の恐ろしいところです。

人類の文化が発展するのは、さまざまな素材があり、その素材によって織り成される文化が違うからこそなのです。違う文化同士が接触し、互いに刺激しあい、総体として人間の文化が発展する。

日本語という素材を大切にし、いつくしむ心が、結局は人類を豊かにするわけです。国家主義ではありません。それぞれが自らの創意工夫を凝らしてつくりだした文化を大切にしあうことこそ、人類を救うと私は信じているのです。そして、この認識を持っていれば、他民族に自国の言語を強要したりするようなおろかな真似をしないと信じているのです。

日本語の歴史を知るということは、日本語の将来を考え、日本語によってつむぎ出された文化そのものを大事にし、後世に伝えていく精神を培っていくのに役立ちます。私たち人間は、よって立つところの母国語がなければ、文化をつむぎ出せないのです。

4　何をめざして

でも、日本語の歴史を知りたいと思っても、実は一般向けに分かりやすく興味が持てるように書かれた本が、残念ながら、今のところ出ていません。日本語の歴史についての専門的な知識は相当蓄積されてきているにもかかわらず、一般の人に向かって発信された本が出版されていないのです。

すでに出版されている関連著書の多くは、専門書であり、平易に書かれているといっても、将来日本語学を志す人のためのもので、専門書の域を出ていません。一般の人に興味を持ってもらえる形で、日本語の歴史を語りたい。これが、この本を執筆した意図です。

もう少し具体的に言えば、①日本語の歴史に関する専門的な知識を分かりやすく魅力的に語ること、②できる限り、日本語の変化を生み出す原因にまで思いを及ぼし、「なるほど」と思ってもらえること、③現代語の背後にある長い歴史の営みを知ってもらうことによって、日本語の将来を考える手がかりにしうること、の三点を、できるだけ実現できるようにという思いで全編を執筆しました。

5　話し言葉と書き言葉のせめぎあい

言葉の歴史は、政治の時代区分といささか異なります。日本語の書き言葉の歴史は、奈良時代に他国の文字である漢字とめぐりあい、日本語を必死になって漢字で書き表そうとしたところから始まります。

次の平安時代は、漢字を手なずけ、とにもかくにも日本語を話すように書き表すことができるようになり、言語芸術の花を開かせます。色とりどりの美しい花が咲き、その中には現代に受け継がれる文章の花も咲きました。

その後の鎌倉・室町時代には、ふたたび書き言葉は話し言葉から離れはじめ、平安時代の話し言葉の文法は姿を変えて行きます。

次の江戸時代は、現代語に連なる話し言葉が形成された時期です。日本の歴史の近代化は、明治以降ですが、日本語の歴史は一足お先に、江戸時代に現代語の基礎が出来上がっていきます。

近代語の胎動を室町時代末期にまでさかのぼらせる研究者もいますが、この本では、関西言葉に対して関東言葉の力の強くなった江戸時代からを、本格的な近代語の形成期と見て話をすすめます。「じれってえ」「あぶねえ」「うめえ」などの、ちゃきちゃきの江戸言葉の登場です。

明治時代になると、話し言葉と書き言葉は、絶望的に離れてしまいました。人々は、書く言葉を話す言葉に近づけようと戦い、とにもかくにも両者の一致を完成させます。

この本は、こんなふうに話し言葉と書き言葉のせめぎあいという観点から、日本語の歴史を辿ってみたものです。では、早速、奈良時代の日本人に、対面してみることにしましょう。

二　漢字にめぐりあう——奈良時代——

1　話し言葉の時代

私たち現代人は、日夜文字に接しているために、文字のない状態を想像することが出来なくなっています。もし、文字がなかったら？　大変なパニックに陥りそうな気がします。メールもできない。契約も、言った言わないの水掛け論になってとても成り立たない、などと、次から次に心配な出来事が浮かんできます。ですが、それは、文字に頼りすぎた現代社会を浮き彫りにしているだけです。

文字はなくても、「話し言葉」さえあれば、人間は十分に社会生活が営める。世界の中には、今でも文字のない社会が存在します。たとえば、アフリカの少数民族を思い出してみてください。彼らは、文字を持っていません。でも、テレビに映し出される彼らは、実に生き生きと話し言葉だけでコミュニケーションをとって生活しています。毎日パソコンに向き合ってフーフー言って書類作りをしている私たちよりも数倍おおらかに見えます。口で話され、耳で聞かれる「話し言葉」があれば十分に社会生活は営めるのです。

この日本列島にも、まだ文字のない時代があった。いいや、文字を使いはじめてからの歴史の方が話し言葉だけの歴史よりも浅い。話し言葉だけの長い言語生活の歴史に対して、文字で記録するという書き言葉の歴史がはじまってから、たかだか一四〇〇年くらいしか経っていないのです。日本人は、文字を持たなくても、アフリカの文字のない社会の人々と同じように、日本語を話し、部族を形成し、元気一杯に日常生活を営んでいたと考えられます。

彼らの話していた日本語ってどんなものなのか？　そもそも日本語はどのように形成されたのか？　これらの問

題は、誰にとっても知りたいことです。特に日本語のルーツに関しては多くの人が注目し、明らかにしようとしている謎です。でも、今のところ、いろいろな説があって、どれが正しいのかはっきりしません。とりわけ、北方からという説と南方からという説が大きく対立しています。落ち着くところは、南方系のオーストロネシア語の系統を下地に、北方系のアルタイ語の系統が流れ込んで融合し、日本語の基盤が形づくられていったという考えに思えます。こうして形成されていった日本語を、日本人は、長い間書き記すことなく、「話し言葉」としてのみ使用しコミュニケーションを行なっていたのです。

2 「清麻呂」は「穢麻呂」に

話し言葉のコミュニケーションが中心の社会では、現代人の想像をはるかに超えて、言葉そのものが霊力を持っています。いわゆる「言霊（ことだま）信仰」です。私たち現代人だって、「四（し）」という番号の部屋は「死」を連想し、不吉だと思ったり、子供に名前をつけるときに姓名判断に凝ったりするのも、言葉になにがしかの力を認めているからですね。話し言葉だけの社会では、言葉の威力が極めて強かった。「無事ですよ」と高らかに宣言すれば、発せられた言葉どおりの状態を実現できると考えていた。

敷島（しきしま）の　倭（やまと）の国は　言霊（ことだま）の　助くる国ぞ　真幸（まさき）くありこそ
（『万葉集』三二五四）

日本の国は、言霊が助ける国です。ご無事でいらっしゃい、と私が宣言したのですから大丈夫。

という歌だって残っています。言葉は、単なる記号ではなく、それが表す状態を実現してしまう霊力を持っているのです。だから、罪を犯した人間に対する罰も、その人についている名前を変えてしまうことから行ないます。こんな話が『続日本紀』に出ています。

神護景雲三年（七六九年）のこと、女帝称徳天皇は、道鏡にたぶらかされて、とんでもない政治を行なおうとしていた。それを輔治能真人清麻呂は、姉と協力して未然に防いだ。けれども、道鏡の逆鱗に触れ、せっかく賜った姓「輔治能（＝政治を輔ける能力のある）」、最高の爵位をあらわす姓「真人」を取り上げられ、さらに「清麻呂」という名前を「穢麻呂」という醜名に変えさせられて、流罪となった。

同じ『続日本紀』の天平宝字元年（七五七年）にはこんな話もあります。橘奈良麻呂と藤原仲麻呂の勢力争いがあった。奈良麻呂側が破れ、謀反を企てたという罪で、三人の人物が醜名に改められた。黄文王は、名を「多夫礼（＝気が狂っているもの）」に、道祖王は、名を「麻度比（＝迷っているもの）」に、賀茂角足は、姓を「乃呂志（＝愚鈍）」に変えられ、処刑されています。名前は、その意味どおりの状態を実現させる力を持っているのですから、醜名に変えてしまえば、本人はその名前の通りの状態になってしまうのです。

言葉は単なる記号に過ぎないとする近代言語学の思想からは、排除される思想です。でも、私たち一般の現代人は、心の奥底に多かれ少なかれ言霊の思想を受け継いでいます。「運」がつくからという理由で末尾に「ン」のつく名前の商品を発売したりしているではありませんか。

3　本名を知られてはならない

言葉が現実を左右する霊力を持っている社会では、タブーという思想も生まれてきます。たとえば、自分の本名を相手に知られたが最後、相手に何をされるか分からないという心配が生じます。相手が自分の名前を唱えて呪いをかけるかもしれない。すると、その名前を持つ自分自身に危害が及んで来ます。だから、本名を他人に知られることは、タブーなのです。本名を他人に言い当てられたとたんに魔力を失ってしまう化け物の話の残存は、その証拠です。日本のみならず、世界各地に残っています。

日本だったら、たとえば「大工と鬼六（おにろく）」。橋を鬼に作ってもらった大工さん。鬼の名前を当てなければ、鬼に自分の目を差し出さなければならない。大工が困って山に逃げ込むと、鬼の子が歌を歌っていた。「早く鬼六ァ目玉持って来（こ）ばァええなァ」。鬼の名前は「鬼六」だった。大工に名前を言い当てられた鬼は、魔力を失い、すごすご退散したという話。

それから、女性の名前。これは、あだやおろそかに男性に知られてはならない。自分の名前を知られた途端に、相手の支配下に置かれることになります。だから、昔の女性たちは、身を許してもよいと思える男性にしか、自分の実名を打ち明けていません。『万葉集』の冒頭は、こんな歌から始まっています。

この岡に　菜摘（なつ）ます児（こ）　家告（いへの）らせ　名告（なの）らさね　そらみ
つ　大和（やまと）の国はおしなべて　我（われ）こそ居（を）れ　しきなべて
我（われ）こそいませ
（『万葉集』一）

この岡で菜をお摘みの娘さんよ、お家をおっしゃい。
名をおっしゃいな。この大和の国は、ことごとく私が
治めている国だ。すみずみまで私が治めている国だ。

雄略天皇が美しい乙女を見初めて名のることを求めています。女性が、自分の名を言えば、求婚を承諾したことになります。『万葉集』では、この乙女が名乗ったのかどうかは記されていません。名前を知るということは、その名を持った人間を自分の支配下におけるということなのです。

以上は、いずれも文字で書き記された時代の資料から、それ以前の状態を推測したものです。文字のない社会の状態は、こういうふうにして推測していく以外に方法がありません。

4 困った問題

文字のない時代にあっても、話し言葉さえあれば、小さな部族で日常生活を営むには別に支障はありません。でも、部族が大きくなってくると、目の前にいる相手とだけコミュニケーションをとっていればすむ場合ばかりではありません。どんなに叫んでも、聞こえない距離にいる人間ともコミュニケーションをとらなくてはなりません。また、大きな集団生活を維持するための決まりやその集団の精神生活を支えるための言い伝えを次の世代に伝える必要が出てきます。さしあたっては、優れた記憶力の持ち主を選んで、その任務を遂行させればいいのです。

ですが、音声による伝達は、耳によって受け取られることだけを目的にしていますから、語った途端に消えてしまいます。とくに困るのは、優れた語り手の不慮の死によって、集団の精神生活を支えるための伝承が途切れてしまうことです。なんとか、次の世代に自分たちが苦労して得た智恵や知識を確実に伝える術（すべ）は無いものか？　記録すること。記録にして残せば、後の時代の子孫たちも、それを見ればさまざまの智恵や知識を得ることが出来ます。記録するのに適切なものは、何でしょうか。

絵。絵でも確かにある程度は伝えることが出来ます。けれども、描くのに時間がかかるし、誤解のないように伝えることは難しい。そもそも、絵というのは、流れ続ける時間のなかのある瞬間をとらえて表現するものです。それに対して、話し言葉は時間の流れに沿って展開するものです。最初から、性質が異なる媒体なのです。時間的に展開する話し言葉は、やはり時間的に展開する「文字」に写し取っていくのが最も賢明な方法です。

日本人も、「文字」に記して自分たちの文化的な財産を子孫に残そうと考えた。でも、「文字」と一口に言っても、どうしたらいいのでしょうか。そもそも「文字」がないのです。なにしろ、「話し言葉」だけで、生活してきましたから。「文字」をどうしたら、手に入れられるのか。とるべき方法は二つしかありません。一つは、自分たちで、自分たちの話し言葉を記すのに適した文字を創り出していく方法。もう一つは、すでに創られ使われている他国の文字を借りてきて利用する方法です。

5　日本人は「借りる」ことを選んだ

さて、あなたなら、どちらの方法をとりますか。創り出すほうが、一見大変そうにみえます。それに対して、借りる方が簡単そうに思えます。でも、新しく文字を創り出していく方法は、文字を書いていくシステムさえ思いつけば、思っているよりも創造的で楽しい作業になります。韓国のハングルなどは、その良い例です。ハングルは、李朝第四代国王世宗(セジョン)の時代に学者によって考案され、一四四六年に「訓民正音(くんみんせいおん)」として公布された朝鮮固有の文字です。アルファベットのような表音文字でありながら、漢字の原理を取り入れ、母音字と子音字を組み合わせて音節単位に書く文字です。一定のシステムに従って体系的に創り上げられています。

さて、もう一方のよその国の文字を借りるという場合は、思っているよりも楽ではないのです。とりわけ、書き記すべき日本語とは違った構造の言語の文字を借りた場合には、その苦労は半端ではありません。いったん出来上がった家を自分の好みに合わせてリフォームしていく作業を思い起こしてください。新築の家を建てるのよりも、技術がいります。新築の家なら、新米の大工さんにでもできる。でも、リフォームは新米の大工さんには出来ない。熟練した大工さんになって、はじめて好みにあったリフォームが出来るのです。

出来上がってそれなりに完成している物を作り変えるという作業は、実は新品を造るよりもある意味では大変だということに、日本人は気づきませんでした。

6 「借りた」ために起こった苦労

というより、日本には、お隣に中国という文化国家があり、政治・経済を含めてすべてを取り入れ、吸収せざるを得なかったといった方がいいかもしれません。中国には、紀元前一五〇〇年頃に発生した漢字が存在しています。尊敬している国に漢字という手本がある。それっ、というわけで、よくも考えずに日本が漢字を借りてしまうのはごく普通の道筋です。

でも、これが、後に日本の表記体系を複雑きわまりないものにしてしまう原因になるのです。日本のように、書かれた人名や地名をどう読むのか見当がつかないなんて国は、そうざらにあるものではありません。文字をよく知っている人でも、正しく声に出して読めないという不思議な国なのです。以下、このことをポイントだけつかみながら述べていくことにします。

文化も高く、日本よりも数段、勝っている中国の漢字を、日本が受け入れたのは、『古事記』や『日本書紀』によれば、三世紀の終わりのこと。中国からの書物『論語』『千字文（せんじもん）』との対面がそれであったと記されています。実際にはもう少し遅く、四世紀頃のことと考えられています。

漢字を借りて、日本語を書き表せば良い。けれども、そんなにうまく行くわけがありません。もともと、中国語と日本語とは異なる体系の言語なのです。たとえば、日本語の語順は、述語が最後に来る。ところが、中国語では、英語と同じく主語の後に直ちに述語が来る。

また、日本語には、多くの助詞・助動詞があり、それが実質的な意味を持つ単語に膠(にかわ)で接着したようにくっついて、文法的な役割を示しています。「膠着語(こうちゃくご)」と呼ばれる言語の一つです。一方、中国語には、日本語の助詞・助動詞に該当するようなものがとても少ない。文法的な役割は、実質的な意味を持つ単語の順序で表します。「孤立語」と呼ばれる言語の一つです。

こんなふうに、異なる系統の言語の「文字」を借りてしまったために、日本人は日本語を書き表すのに、相当な苦労を払わなければならなくなった。表記に苦しむ日本人の姿は、『古事記』の序文にうかがえます。『古事記』の序文は、こう訴えます。**図1**が原文。読みやすさを考えて、句読点を付して必要な箇所を次に引用します。

上古之時、言意並朴、敷文構句、於字即難、已因訓述者、詞不逮心、全以音連者、事趣更長。是以今、或一句之中、交用音訓、或一事之内、全以訓録。即辞理叵見、以注明、意況易解、更非注。

昔は言葉や心が素朴だったので、文章にすることがとても難しい。漢字を使って述べてみると、どうも心に思っていることが十分にあらわされていない。そこで、漢字の音だけを借りる方式で述べてみると、恐ろしく文章が長くなってしまう。困った挙句、この『古事記』は、表意文字としての漢字に、音だけを借りた漢字を交ぜて書くことにします。また、事柄によっては表意文字としての漢字を連ねて書きます。その場合、文脈がとりにくい時は、「注」をつけて分かりやすくしました。意味がとりやすい時は、「注」は加えません。

借り物の漢字では、うまく日本語を書き表せないもどかしさが切々と語られています。隣国にすでに作られた漢字があったということは、それを利用できるという安易さと引き換えに、利用することによってひき起こさ

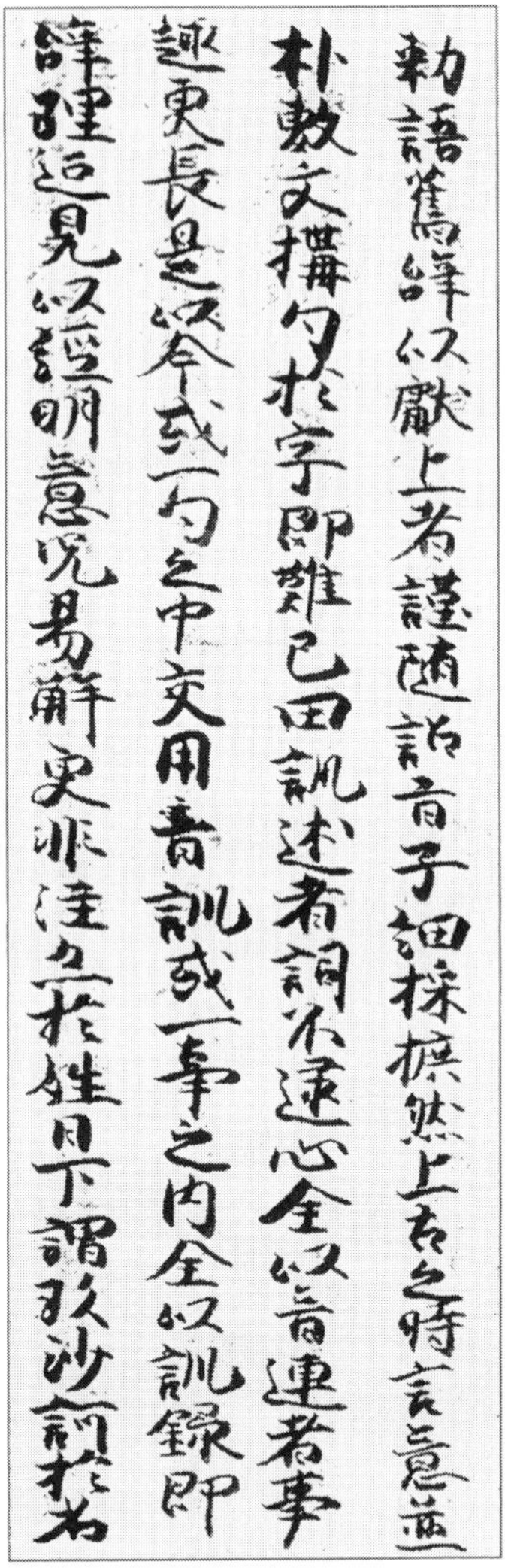
勅語舊辞以献上者謹随詔旨子細採摭然上古之時言意並
朴敷文構句於字即難已因訓述者詞不逮心全以音連者事
趣更長是以今或一句之中交用音訓或一事之内全以訓録即
辞理叵見以注明意況易解更非注亦於姓日下謂玖沙訶於名

図 1　真福寺本『古事記』。1 行目の下から 7 字から、4 行目の上から 14 字までが、該当箇所。（宝生院蔵、おうふう刊『古事記　国宝真福寺本』より）

れる問題が浮上してきたのです。

7　漢字に日本語の読みを与える

けれども、漢字が表意文字だったことが幸いしました。とにもかくにも、「やまとことば」を漢字にあてはめることができるのです。たとえば、「山」という漢字を受け入れる。同時に「サン」という中国音も受け入れる。次に「山」を意味する「やまとことば」を当てはめて、「やま」とも読む。こうすれば、日本語を表すために漢字が使えるのです。一見すばらしい工夫に見えます。

ところが、これは、漢字一字に対して複数の読みを与えてしまったことになるのです。これが、最大の問題です。

韓国では、日本と同じように中国から漢字を取り入れましたが、漢字とその発音を受け入れただけです。日本のように、該当する自国の言葉をその漢字の読みに振り当てることはしませんでした。これが普通の受け入れ方です。日本語の表記が、世界でも稀なほど複雑なのは、一つの漢字に複数の読み方をするような受け入れ方をしたところから生じてしまったのです。だから、日本最古の歴史書『古事記』は、漢字を辿ると意味は分かるけれど、声に出して読もうとすると、読めない。現在でも、日本人が時々経験する「漢字が読めない」という不思議な現象は、漢字という文字を受け入れた時に遡ることがお分かりいただけたのではないでしょうか。

8　万葉仮名の誕生

中国語にはない助詞や助動詞、敬語表現、日本固有の事物や名前を漢字で表さなければならない時、どうしたらいいのでしょうか。また、一音一音を間違いなく読んでほしい時、どう表したらいいのでしょうか。文字は、漢字しかない！『古事記』の序文にちらっと出てきたように、漢字の特徴である表意性をそぎ落として、音としてだけ使う以外に方法がなさそうです。

ここに、「万葉仮名」と呼ばれる漢字の新たな使用法が生まれました。『古事記』の本文の最初の方に、日本の国土がまだ形を整えていない状態を「久羅下那洲多陀用弊流（くらげなすただよへる）（時）」と記されています。「くらげのようにフワフワと漂っていた（時）」の意味です。字形は漢字ですが、使われた漢字の意味は一切捨て去られ、「くらげなすただよへる」という音だけを表しています。こんなに画数の多い漢字を書いても、たった十音にしかならない。おそろしく効率の悪い表記法です。でも、こうした表記法が、次の平安時代には、日本固有の文字「ひらがな」「カタカナ」

を生み出す源流になっていくのですから、まことに価値ある一歩です。

9　一字一音が基本

万葉仮名を眺めていると、昔の日本人の茶目っ気振りを感じ、かなり愉快になってきます。まずは、ごく一般的な万葉仮名表記例を示して見ますから、ちょっと読んでみて下さい。いずれも、二音節のやまとことばです。

夜麻　可波　由岐　伊呂　波奈

「やま」「かは」「ゆき」「いろ」「はな」です。一つの漢字が一音を表しています。これが最もポピュラーな万葉仮名表記。「やま」の「や」にしたって、「夜」という漢字の意味とは何も関係ありません。ただ、「夜」と言う漢字の音を借りただけ。「ま」にしても、「麻」という漢字の意味と何も関係がない。ただ、「ま」という音をもっているので、借りただけ。「山」という漢字を使うと、「サン」と読むのか、「やま」と読むのか分からなくなりますが、一字一音の万葉仮名表記をすれば、その心配がなくなります。では、一字一音で書いた万葉仮名の歌を紹介しますから、これも読んでみて下さい。

由吉能伊呂遠　有婆比弖佐家流　有米能波奈　伊麻佐加
利奈利　弥牟必登母我聞　（『万葉集』八五〇）

真っ白な梅の花が咲いている。雪よりも白い。いままっさかり。ああ、見る人がいればなあ。

万葉仮名を一字ずつ読んでみますと、「ゆきのいろを　うばひてさける　うめのはな　いまさかりなり　みむひともがも」と歌っています。一音たりとも、表現意図と違ったふうに読んでほしくない。作者ならそう思います。

万葉仮名は、そうした場合にうってつけです。ちなみに、**図2**に鎌倉時代後期に、書写されたものを示しておきます。八字目が「波」になっていますが、他の写本では「婆」になっています。また、フリガナが付けられていますが、『万葉集』の出来た奈良時代には、むろん、フリガナはありません。まだカタカナがない時代なのですから。漢字表記の部分だけです。フリガナは、後世の人が付けたものです。

万葉仮名は、こんなふうに漢字一字で一音を表す場合が最も多いのですが、「安米（あめ）」「散久（さく）」のように、漢字の一部分の音だけを使う場合もあります。「安」は、「あん」という音読みの一部分の「あ」だけを使っています。「散」も、「さん」という音読みの一部分の「さ」だけを使っています。

10　訓読みの万葉仮名

それから、漢字の意味を捨てるという場合には、その漢字に当てた「やまとことば」の読みだけをとって、意味

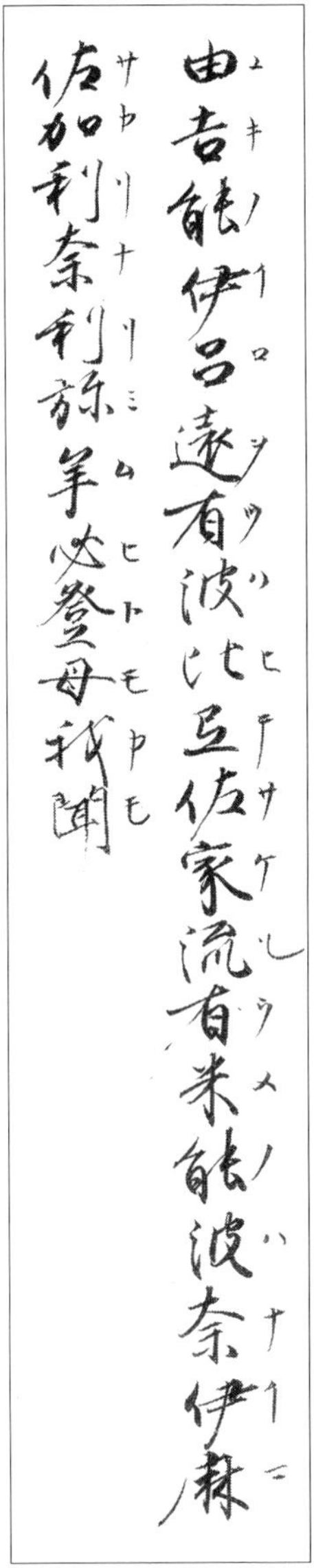

図2　西本願寺本『万葉集』。一字一音の万葉仮名で書かれている。（お茶の水図書館蔵）

を捨ててしまうことだって出来ます。いわゆる「訓読み」の読みだけを頂戴するという場合です。「八」の訓読みは「や」、「間」の訓読みは「ま」、「跡」の奈良時代の訓読みは「と」です。だから、「八間跡」と書くと、「やまと」となる。漢字のもつ「八つ」とか「あいだ」とか「あと」という意味とは全く関係がない。そういう訓読みの万葉仮名の例を次に五つあげてみます。傍線部が、訓読みを借りた万葉仮名の例です。読んでみてください。

<u>三三</u>　<u>名津蚊為</u>　<u>恋為来</u>（こひ）　<u>相見鶴鴨</u>（あひみ）　<u>夏樫</u>

最初の例は「みみ」。「耳」の意味です。数字の「三」の意味とは関係がありません。次の例は「なつかし」。現在の「懐かしい」に連なる言葉です。次の例は「（恋）しく」。こんなふうに、訓読みを借りる場合も、一字に一音を借りるのが最も一般的です。

次の例は「（相見）つるかも」です。「つる」は、「何々した」という意味を表す完了の助動詞。「かも」は、「何々だなあ」という詠嘆を表す助詞。だから、「相見鶴鴨」は、「逢ったことだなあ」という意味。鳥の「鶴」や「鴨」とは、意味上、何も関係がないのです。最後はもう一度「なつかし」。季節の「夏」や樹木の「樫」には、関係ありませんね。こんなふうに漢字にあてた「訓」だけを、意味に無関係に使っている場合もあります。

万葉仮名の基本は、繰り返しますが、漢字の意味を捨てて「読み」だけを借りることです。でも、漢字はもともと意味を持った文字ですから、どうしても、意味が匂い出してしまうことがあります。今あげた例の「相見鶴鴨」の「鶴鴨」などは、鳥の「鶴」や「鴨」の意味が行間ににじみ出て来て、くすっと笑ってしまいそうになります。「夏樫」だって、夏の樫の木に、心ひかれる理由があったのではないかしら、だから「なつかし」と読ませたのでは、と想像をたくましくしてしまうことができるのです。この延長上に生まれるのが、「戯書（ぎしょ）」といわれる万葉仮名です。

11　戯書の万葉仮名

「戯書」は、漢字の背後に、文字遊びの要素を取り込んだウィットに富む表記です。たとえば、次の歌に見られる傍線部の万葉仮名表記がそれです。ちょっと読んでみて下さい。万葉仮名表記以外の部分は、意味をとりやすくするために、漢字かな交じり文で仮に示しておきます。

若草の　新手枕（にひたまくら）を　まきそめて　夜をや隔てむ
二八十一あらなくに
（『万葉集』二五四二）

若草のような妻と契りを交わしてから、一晩でも逢わないでいられようか。可愛くて仕方がないのだから。

「二八十一」を何と読みましたか。「にくく（憎く）」です。「八十一」を「くく」と読みます。「九（く）×九（く）＝八十一」ですからね。「憎くはない」、つまり「可愛くて仕方がない」のです。奈良時代の人は現代人と同じく「くく」を知っていた！　では、「十六」と書いて、何と読みますか。そうです、「しし」です。動物の猪や鹿を表します。

「朝猟（あさがり）に　十六（しし）踏み起こし　夕猟（ゆふがり）に　鳥踏み立て」（『万葉集』九二六）と出てきます。

こんな歌もあります。お茶目な「戯書」の万葉仮名を読んでください。傍線部です。今度は九九ではありません。字の形を思い浮かべてください。妻と離れて任地に赴く夫の切ない妻恋いの歌の部分です。

見るごとに　恋はまされど　色に山上復
有山ば　人知りぬべみ……
（『万葉集』一七八七）

（旅先で、よれよれになった自分の衣を）見るたびに、手入れをしてくれる妻がますます恋しくなるけれど、その気持ちを素振りに出すと、周りのうるさい連中が感づいてしまうので、（長くて寒い冬の夜を一睡もしないで、私は妻を恋い慕っている。）

「山上復有山」は、何と読むのでしょうか。「山」を書いてまたその上に「山」を重ねれば「出」という字になりますね。だから、ここは「出（いで）（ば）」と読みます。

12　動物揃え

もう一例だけ、「戯書」の例をあげてみます。傍線部の万葉仮名表記を読んでみて下さい。

たらちねの　母（はは）が飼（か）ふ蚕（こ）の　繭隠（まよごも）り　馬声蜂音石花蜘蟵
荒鹿　妹（いも）に逢（あ）はずして　（『万葉集』二九九一）

お母さんが飼っている蚕が繭にこもるように、心が晴れないことだよ、あの娘に逢わずにいるから。

恋人に逢えずに、悶々としている気持ちを詠ったもの。さて、傍線部「馬声蜂音石花蜘蟵荒鹿」は、何と読んだでしょうか。「いぶせくもあるか（＝心が晴れない）」です。どうしてこんな読みが出来るのでしょうか。

当時の日本人は馬の鳴き声を「い」と聞いています。今なら「ひん」ですけれど。だから、「馬声」は「い」と読みます。「蜂音」は、現在では、「ぶんぶんぶん蜂が飛ぶ」という歌もあるように、「ぶん」ですが、当時は「ぶ」と聞いています。だから、「蜂音」は「ぶ」と読みます。「石花」は、当時「せ」とよばれていた貝の一種。現在の「かめのて」にあたると言われています。むろん、意味は貝とは無関係。「せ」という読みを借りただけ。「蜘蟵」は、「くも」と読みますが、意味は、虫の「蜘蛛」とは無関係。形容詞「いぶせし」の連用形「いぶせく」の活用語尾の「く」と、強調の意味を持つ助詞「も」を表したもの。「荒鹿」は、「あるか」と読む。荒れるという意味の「荒（ある）」に、鹿を表す古語「鹿（か）」という漢字を使っていますが、意味とは無関係。「ある」という存在を表す言葉に詠嘆の意味の「か」を表すための表記です。

傍線部は、こうして「心が晴れないことだ」という意味の「いぶせくもあるか」という言葉を書き表すための表記だったのですが、ともかく凝っています。全部動物で揃えてあるところも、なかなかのもの。この表記からは、ははん、奈良時代の馬の鳴き声は「い」だったんだ、蜂の羽音は「ぶ」だったんだ、などということまで知ることが出来ます。

では、最後にやさしい戯書一つ。「向南山」と書いて、何と読みますか。「きたやま」です。南に向いているのは、北ってことですからね。

こんなふうに、万葉仮名の「戯書」には、奈良時代人の機知が溢れ出ていて、思わず会って話してみたくなってしまいます。お隣の国の中国の文字を借りてしまったために、日本人は日本語を書き記すのに最初のうちは苦しんだ。必死になって、自分たちの使っている日本語を漢字で書き表そうと努力した。努力しているうちに、「戯書」に見るように、漢字と楽しく遊び出した。ようやく漢字を手なずけることに成功し始めたのです。

13　日本にも文字があった？

ところで、日本人は、漢字を借りる前に日本固有の文字を持っていた、そう主張する人が江戸時代に出現しました。中でも有名なのは、平田篤胤（ひらたあつたね）。彼は、鎌倉時代の卜部兼方（うらべかねかた）の『釈日本紀』に次のように書いてあったところから、古い日本には日本固有の文字があったと考えたのです。

於和字者、其起可在神代歟。
（『釈日本紀』）

日本の文字の起こりは、神代にあるべきか。

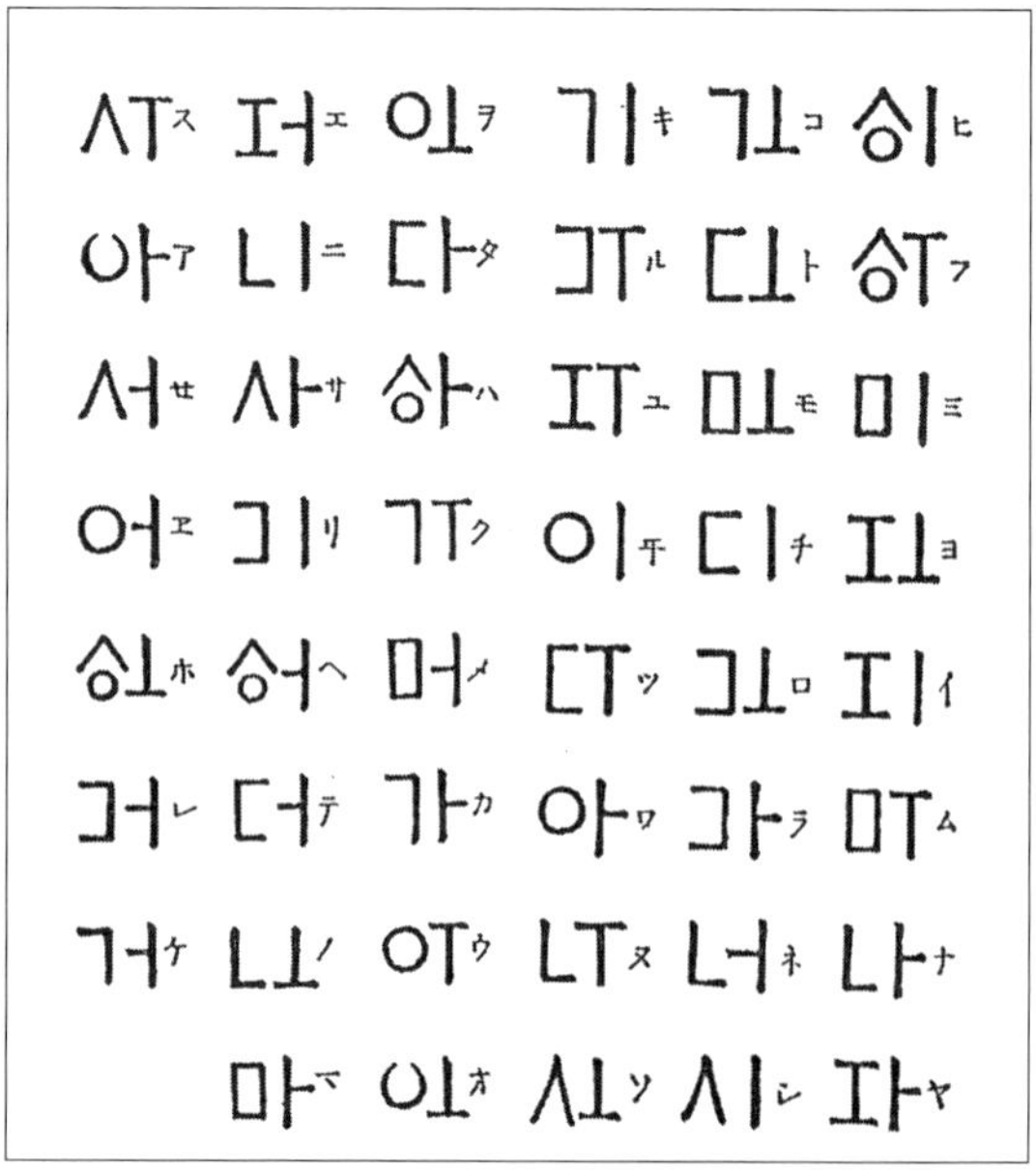

図3　文政２年刊『神字日文伝』。日本にあったとされる文字。（名著出版刊『新修平田篤胤全集 15』より）

訓読すると、「和字においては、その起こり神代にあるべきか」です。篤胤は、「可（べし）」を、単なる推量の「だろう」の意味ではなく、「はずだ」などの当然の意味に取ったのだと思います。彼は、卜部兼方の発言を受けて、『神字日文伝（かんなひふみのつたえ）』『古史徴開題記（こしちょうかいだいき）』を書き、漢字渡来以前の日本には、日本固有の文字があったと主張しました。

一体どんな文字が日本にあったというのでしょうか。彼の示した文字は、**図3**のようなものです。なにやらハングル文字に似ていませんか。少々うさん臭い。でも、篤胤の説を支持する学者が現れました。鶴峰戊申（つるみねしげのぶ）です。彼も、『神代文字考（じんだいもじこう）』を書き、漢字渡来以前の日本には固有の文字があったと言うのです。諦忍（たいにん）、佐藤信淵（のぶひろ）なども、神代文字の存在を主張しました。

でも、江戸時代でも、これらの神代文字説に積極的に反対を唱えた学者たちがいます。たとえば、伴信友（ばんのぶとも）。彼は、『仮名本末（かなのもとすえ）』の「神代字弁」で、神代文字を否定しました。篤胤などのいう神代文字は、ハングルの類によった後世の作為である、と。どうやら、こちらの説の方が自然です。というのは、もし、日本にこういう文字があったなら、漢字を借りる必要がありません。それに、本当に存在したのなら、少しは文書として残っていてもいい。でも、神代文字で書き記された文献は江戸時代以前には残っていないのです。
さらに、後で述べますが、現在にはないけれど、奈良時代にはあったと思われる発音を表す文字が、全く現れてこない。また、文字の歴史を考えると、意味と音の両方を備えた表意文字のほうが、音しか持たない表音文字よりも発生が古い。神代文字は、表音文字です。表意文字の漢字よりも早くから存在していたと考えることは不自然です。

14 日本固有の文字はなかった

こうして、神代文字は、今では完全に否定されています。江戸時代の国粋主義的な学者の間から出た、願望の入った説だったのです。日本には、やっぱり固有の文字は、なかった、のです。そう考えるべき根拠を、もう一つ。平安時代の初めに記された『古語拾遺』に、こんな記述があります。

蓋聞、上古之世未有文字、貴賤老少、口口相伝、前言往行、存而不忘。
（『古語拾遺』序文）

まさに、上古の世で、まだ文字がない時、貴い人も賤しい人も年寄りも若者も、みな口で語って代々受け伝え、古人の言葉・古人の行ないを記憶していたと聞いています。

文字がない昔では、古くからの伝説や古人の行跡を口から口に語り伝えて、しっかりと記憶していたのです。こうして、江戸時代の学者たちの願いとは違って、残念ながら、日本には固有の文字はなかった。もちろん、話し言葉は生き生きと活躍していたのですが。

表1　現代の清音

わ (wa)	ら (ra)	や (ja)	ま (ma)	は (ha)	な (na)	た (ta)	さ (sa)	か (ka)	あ (a)
	り (ri)		み (mi)	ひ (çi)	に (ni)	ち (tʃi)	し (ʃi)	き (ki)	い (i)
	る (ru)	ゆ (ju)	む (mu)	ふ (ɸu)	ぬ (nu)	つ (tsu)	す (su)	く (ku)	う (u)
	れ (re)		め (me)	へ (he)	ね (ne)	て (te)	せ (se)	け (ke)	え (e)
	ろ (ro)	よ (jo)	も (mo)	ほ (ho)	の (no)	と (to)	そ (so)	こ (ko)	お (o)

44音しかない。

表2　現代の濁音

ば (ba)	だ (da)	ざ (dza)	が (ga)
び (bi)		じ (dʒi)	ぎ (gi)
ぶ (bu)		ず (dzu)	ぐ (gu)
べ (be)	で (de)	ぜ (dze)	げ (ge)
ぼ (bo)	ど (do)	ぞ (dzo)	ご (go)

18音しかない。

15　現在の発音は

奈良時代の人の考えた万葉仮名表記は、実にたくさんの事実を後世のわれわれに教えてくれます。その一つは、奈良時代の日本人の発音の状態です。一字一音の万葉仮名は、当時どんな音を発音に使っていたかを明らかにしてくれたのです。そして、驚くべきことをわれわれ現代人に教えました。奈良時代には現代の私たちが発音しないような清音や濁音がたくさんあったという事実です。

まず、私たち現代人は、清音や濁音をいくつ使っているでしょうか。五十音図で示すと分かりやすいので、**表1**と**表2**にまとめてみました。（　）内は、音声記号です。

音声記号をみると、普段私たちは、ハ行子音は、皆［h］だと思っていますが、実際の発音では「ひ」と「ふ」の子音は、他の「は」「へ」「ほ」の子音と違っていることに気づきます。どんなふうに違うのかは、自分で発音してみると、分かります。日本人は、子音だけ単独で発音することがないので、母音を除いて子音だけ発音するのは、苦手です。でも、せっかくの機会です。是非チャレンジして「は」「へ」「ほ」の子音［h］と、「ひ」の子音［ç］、「ふ」の子音［Φ］を発音してみてください。いつも発音しているのですから、つかめないわけがありません。

また、サ行子音も、すべて［s］だと思っていますが、「し」だけは違っていることが分かります。タ行も、「ち」「つ」の子音が、ほかの「た」「て」「と」の子音と違っています。これは、ローマ字で書くときに「ta」「chi」「tsu」「te」「to」と書くことからも、容易に想像できるでしょう。

さて、**表1**の清音図を見て、ワ行に「を」が入っていないのは、何故だと、疑問に思われた方もいらっしゃるに違いありません。この表は、文字の表ではなく、発音の表だからです。私たちは、確かに「を」という文字を、「お」という文字とは別に書いています。でも、発音してみてください。「を」も「お」も、［o］で、同じです。では、文字が別々に存在しているということは、どういうことでしょうか。昔は、音の区別があったということを示す痕跡ではないでしょうか。なんだか話が面白くなってきました。

16　奈良時代の発音は

そこで、奈良時代の清音と濁音の状況を、五十音図にならって、次に書いてみます。**表3**と**表4**です。五十音図自体は、平安時代に現れたもの。仏典を学んでいる平安時代のお坊さんが音韻の知識を整理するために作ったものです。ですから、奈良時代にはまだ存在しない。けれど、とても便利なので、奈良時代の発音の状態を知るために、使ってみます。それから、奈良時代には「ひらがな」がまだありません。「万葉仮名」だけです。でも、これも、

表3　奈良時代の清音

あ（a）	か（ka）	さ（sa）	た（ta）	な（na）	は（ɸa）	ま（ma）	や（ja）	ら（ra）	わ（wa）
い（i）	き甲（ki）	し（ʃi）	ち（ti）	に（ni）	ひ甲（ɸi）	み甲（mi）		り（ri）	ゐ（wi）
	き乙（kï）				ひ乙（ɸï）	み乙（mï）			
う（u）	く（ku）	す（su）	つ（tu）	ぬ（nu）	ふ（ɸu）	む（mu）	ゆ（ju）	る（ru）	
え（e）	け甲（ke）	せ（ʃe）	て（te）	ね（ne）	へ甲（ɸe）	め甲（me）	え（je）	れ（re）	ゑ（we）
	け乙（kë）				へ乙（ɸë）	め乙（më）			
お（o）	こ甲（ko）	そ甲（so）	と甲（to）	の甲（no）	ほ（ɸo）	も甲（mo）	よ甲（jo）	ろ甲（ro）	を（wo）
	こ乙（kö）	そ乙（sö）	と乙（tö）	の乙（nö）		も乙（mö）	よ乙（jö）	ろ乙（rö）	

なんと61音もあった。

表4　奈良時代の濁音

が（ga）	ざ（za）	だ（da）	ば（ba）
ぎ甲（gi）	じ（ʒi）	ぢ（di）	び甲（bi）
ぎ乙（gï）			び乙（bï）
ぐ（gu）	ず（zu）	づ（du）	ぶ（bu）
げ甲（ge）	ぜ（ʒe）	で（de）	べ甲（be）
げ乙（gë）			べ乙（bë）
ご甲（go）	ぞ甲（zo）	ど甲（do）	ぼ（bo）
ご乙（gö）	ぞ乙（zö）	ど乙（dö）	

なんと27音もあった。

説明の便宜のために、「ひらがな」で書いてみます。また、（　）内の音声記号は、推定されている音を示しています。不明な音もありますが、それは後に述べることにして、まずは音の数の方に注目します。

表3から、奈良時代の日本人が使っていた清音の数を数えてください。六一音もあります。われわれ現代人の使っている清音の数を**表1**で数えてください。四四音しかありません。奈良時代の人の方が、現代のわれわれよりも、はるかに多くの清音を使っていたことが分かります。

では、濁音はどうでしょうか？　まず、**表4**で奈良時代の濁音の数を数えてください。二七音です。次に**表2**で現代の濁音の数を数えてください。一八音しかありません。これまた、奈良時代の日本人の方が濁音を多く使っていたのです。つまり、清音と濁音に関して言えば、現在よりも奈良時代の日本人のほうがたくさんの発音を持っていたというわけです。

ところで、**表3**と**表4**で一番気になるのは、随所に記されている「甲」「乙」という文字だろうと思います。「甲」「乙」って何なんだ、とおっしゃる方もいらっしゃいましょう。まあ、聞いてください。簡単なことです。「甲」「乙」というのは、弁別のための記号に過ぎません。「A」「B」でもいいのですが、この重大な事実をつきとめた橋本進吉という優れた学者が生きた時代には、「甲」「乙」などが、弁別のためによく用いられる記号だったのです。それを尊重して「甲」「乙」としておきました。要するに、現在の私たちが発音しわけないような音が、「甲」「乙」と記した箇所には存在し、発音しわけていたということです。もう少し具体的に述べてみます。

17　「恋」と「声」の「こ」の音は別もの！

たとえば、「こひ（恋）」と「こゑ（声）」という言葉を思い浮かべてください。現在でしたら、どちらの語にもある「こ」は、同じ音ですね。ところが、奈良時代は「こひ」の「こ」と「こゑ」の「こ」は、違う音なのです。なぜそんなことが言えるのでしょうか。「こひ」の「こ」と「こゑ」の「こ」を、きちんと万葉仮名で書き分けているからです。「こひ」の「こ」には、「古」「故」「高」「胡」「姑」「固」「枯」などの万葉仮名を使います。ところが、「こゑ」の「こ」には、「許」「去」「居」「虚」「去」「巨」「興」などの万葉仮名を使います。両方の系統の万葉仮名を見比べてください。決して重なっていない。つまり、違う音だから、違う系統の万葉仮名を使って書き分けているのです。これを「上代特殊仮名遣い」と呼ぶことがあります。こんなにきれいにきちんと万葉仮名で書き分けているのは、発音が違っていた証拠です。

では、「甲」と記した音と「乙」と記した音とは、どういう音の違いがあったのでしょうか。残念ながら、よくは分からない。今のところ、「甲」と記した方の発音は、現在に伝わる発音とほぼ同じだけれど、「乙」と記した方の音は、母音部分が「甲」と記した音とは違っていた、とする説が通説になっています。

ご存知のように、日本語の音というのは、子音と母音が組み合わさって出来ています。「こ」という音は、［ko］という音声記号で表されることからも分かるように、［k］という子音と［o］という母音が組み合わさって出来ています。「乙」と記された音は、この母音部分が「甲」と記された音とは違っていたと考えるのです。「甲」と記された音の母音に対して、もっと舌の中ほどの部分を使う母音だったというのです。音声記号で書くと、［ï］［ë］［ö］になります。この説によると、奈良時代には母音が八つもあったということになります。現在は、母音が五つですから、母音の数からして現在とは大きく異なっていることになりますね。**表3**と**表4**とは、この説に基づいて音声記号を書いておきましたが、あくまで仮です。

というのは、この説に対して、最近は問題点が指摘されているからです。現在ある五母音［a］［i］［u］［e］［o］のほかに、中舌の［ï］［ë］［ö］の母音があったとすると、母音体系一般のあり方からみて、きわめて存在しにくい体系になってしまうのです。

ですから、ここに紹介した通説のほかに、近年では、さまざまな考え方が提出されています。母音の数に限っても、八母音説のほかに、六母音説、五母音説があります。

現在と違って、万葉仮名で書き分けられた六一の清音と二七の濁音があったという事実は変わらないのですが、それをどうとらえるかによって、奈良時代に存在したと推測される母音の数まで変わってしまいます。推理小説の謎解きに似た面があり、それが古代語探究のつきせぬ魅力にもなっているのです。

18　現在には無い発音

もう一度、**表3**と**表4**をご覧ください。今度は、「甲」「乙」と記してあるところ以外の部分で、現在と違っているところを見つけ出すことにします。「あれ」と思うところがさらに三箇所あると思います。どこでしょうか。

一つめは、ヤ行の「え」です。現在では、ヤ行は「や」「ゆ」「よ」の三音しかありません。でも、奈良時代には「え」が入っています。奈良時代には、ヤ行の「え［je］」があったのです。ア行の「え［e］」とは別の音として。どんな音かといいますと、現在の「い［i］」の音を発音してから大慌てで「え［e］」の音を付け足した音です。ひらがなの時代になると、音の区別がなくなるので、「え」の文字しかないのですが、万葉仮名では、きちんと書き分けています。ヤ行の［je］は、「延」「曳」「叡」「要」「江」と書きます。ア行の［e］は、「愛」「亜」「哀」「埃」「衣」「得」「榎」と書きます。別の系統の文字を使っていますから、音が違っていたことが分かります。

二つめは、ワ行です。現在は使わない発音「ゐ［wi］」「ゑ［we］」「を［wo］」があります。「を」については、この問題に入る時のきっかけとして出しましたので、記憶していらっしゃるでしょう。現在では、「お」と「を」は同じ［o］になってしまっていますが、もともとは違う音でした。だから、違う文字として残っていたのです。発音は変化しても、文字はそのまま残りやすい。これは、文字という書き言葉のもつ重要な性質です。文字は、保守的なのです。

「ゐ［wi］」「ゑ［we］」については、現在では文字もなくなっていますが、「いろは歌」のおかげで、文字だけは記憶している現代人も多いですね。奈良時代では、発音も、ア行の「い［i］」とは違った音として、ワ行の「ゐ［wi］」が存在します。また、ア行の「え［e］」やヤ行の「え［je］」とは違った音として、ワ行の「ゑ［we］」があったのです。

三つめは、**表4**にある「ぢ」と「づ」です。現在では、「だ」「で」「ど」しかないダ行が、きちんと「だ」「ぢ」「づ」「で」「ど」と整っています。現在では確かに文字としては「ぢ」「づ」が残っていて、使っています。でも、発音してみてください。ザ行の「じ」「ず」と同じ音になってしまいますね。つまり、現在では、音としては「じ」「ず」と同じ。これも、発音は変化したのに、文字だけが残っている場合です。だから、逆に、文字があれば、その文字で表される発音がかつて存在していたという推理が成り立つわけです。

こんなふうに奈良時代の人は、現代の日本人よりも多くの清音や濁音を使っていたのです。数ばかりではなく、現在と違った発音をしていたと考えられるものもあります。よく知られているのはハ行音。**表3**のハ行音の音声記号を見てください。奈良時代の人は、唇をあわせて、「ファ」「フィ」「フ」「フェ」「フォ」のように発音していたのです。なお、最近では、奈良時代のハ行音は、語頭では「パ」「ピ」「プ」「ペ」「ポ」と発音されていたという説も出てきています。いずれにしても、現在の発音とは違っています。

奈良時代の日本人とだんだんしゃべってみたくなってきました。ただし、私たち現代人のよく使う「きゃ」「きゅ」「きょ」、「ぎゃ」「ぎゅ」「ぎょ」といった拗音（ようおん）は、まだ日本語の音としては存在していませんので、拗音を使うと奈良時代の人には聞き取れないかもしれません。

19　どんな言葉が使われていたのか

最後に、奈良時代の日本人が、どんな言葉を使って日常生活をいとなんでいたのかを推測して奈良時代の幕をひきたいと思います。

日本固有の「やまとことば」(＝和語)を、現在よりもはるかに多く用いていたと察せられます。というのは、『万葉集』に使われている言葉がほとんど和語だからです。「あかとき(暁)」「うを(魚)」「くさき(草木)」「こと(琴)」「ち(乳)」「つな(綱)」などの物を表す言葉、「あれ(我)」「なれ(汝)」「たれ(誰)」などの人をさす言葉、「ころく(カラスの鳴き声)」「びしびし(鼻汁をすすり上げる音)」「うらうらに」「くるるに(もののまわるようす、現代語なら「くるくる」)」などの音や様子を表す言葉、「あかつく(垢で汚れる)」「いろづく(紅葉する)」「うづなふ(大切に思う)」「かかなく(鶩などが鳴く)」「ふる(触れる)」などの動作を表す言葉、ほとんど和語です。

でも、わずかですが、中国伝来の漢語も含まれています。「法師(ほふし)」「餓鬼(がき)」「香(かう)」「布施(ふせ)」「檀越(だにをち)」など。仏教関係の言葉が多いのが特徴です。仏教が日本に受け入れられていく状況が言葉に表れていますね。『万葉集』には、こんなふうに純粋の漢語はわずかしか見られないのですが、実際にはもう少したくさんの漢語が日本語に入ってきていて使われていたと考えられます。というのは、『万葉集』が歌集だからです。

歌に使われる言葉は、日常の話し言葉とはやや異なっています。たとえば、日常の話し言葉では「つる(鶴)」といいますが、歌では「たづ」という語を使います。日常の話し言葉では「かへる(蛙)」ですが、歌の世界では「かはづ」を用います。こんなふうに、歌に用いる言葉は特殊な面があるので、そこに漢語が少ないからと言って、日常の話し言葉にも少ないとは言い切れないという事情があります。

さらに、『万葉集』には、「を餓鬼」「め餓鬼」のように、和語「を（男）」「め（女）」と合体した漢語「餓鬼」が見られます。よほど漢語が日本語化していないと、こういうふうに和語と合体することは起こりません。とすると、実際には、漢語がもう少したくさん日常に入り込んでいたのではないかと推測されるのです。

といっても、漢語の量がぐんと上がるわけではなく、奈良時代の日本人が、現代のわれわれよりも、はるかに日本固有の和語を愛用していたことは確かです。


文字を持たなかった日本人が、漢字という異国の文字を借りて日本語を記そうとしたために、奈良時代の日本人はさまざまな悲喜劇を味わいました。けれども、万葉仮名という独自の漢字の使い方を見つけ出し、日本語の表記の土台を築いていった。それが、奈良時代です。

さて、次の平安時代では、それをどう発展させて現代日本語に連なる文章の様式を生み出していったのでしょうか？

三　文章をこころみる——平安時代——

さて、都が奈良から京都に移り、平安時代になりました。平安時代になると、貴族や僧侶などを中心に、日本固有の文字を作り出し、それらを使って文章を書く悦びを味わっています。実にさまざまなタイプの文章が生まれました。現在の漢字かな交じり文の源流になるような文章も現れます。一体、それは、どこからどのように生まれてきたのでしょうか？　この章では、文章に焦点を合わせて、日本語の歴史を語ることにします。

1　日本最古の文章は

ところで、ちょっと時代が遡ってしまいますが、とても気になることがあります。一体、日本語の文章は、いつごろから書かれるようになったのか、それはどんな文章だったのか、ということです。

日本語の文章として古くて有名なのは、法隆寺金堂薬師仏の「光背銘（こうはいめい）」です。**図4**にその写真を入れておきましたが、法隆寺で御覧になったことがある方もいらっしゃるでしょう。漢字ばかりですが、よく見ますと、中国語文（＝漢文）ではなくて、紛れもなく日本語文です。どう読むのでしょうか。二段組の原文・口語訳の後ろに読み方の一例を示しておきます。前章で申し上げましたが、この手の文章は、意味は取れるけれど、声に出して読もうとすると、何通りにも読めてしまいます。ですから、読み方はその一例です。

池辺大宮治天下天皇、大御身労賜時、歳次丙午年、召於大王天皇与太子而誓願賜、我大御病太平欲坐故、将造寺薬師像作仕

池辺の大宮で天下をお治めになっていらっしゃる天皇が、ご体調をお崩しになった時に、丙午（ひのえうま）（五八六年）に大王の天皇と皇太子とをお召しになって、その前で願掛けをなさった。「私のご病気がご平癒なさるようにとお思いになるので、この寺を造り、薬師の像を作ってお仕え

奉詔。然、当時崩賜、造不堪者、小治田大宮治天下大王天皇及東宮聖王、大命受賜而、歳次丁卯年仕奉。

申し上げます」とおっしゃった。けれども、その時にお亡くなりになって、建立の願いを果たすことが出来なかったので、小治田の大宮で統治なさっている大王の天皇と皇太子がその大命を引き継ぎなさって、丁卯（六〇七年）にこの寺と薬師の像を完成なさった。

［読み方］　池辺の大宮に天の下治らしめす天皇、大御身労れ賜ひし時に、歳丙午に次りし年に、大王の天皇と太子とを召して、誓ひ願ひ賜ひしく、「我が大御病太平かに坐さむと欲ほすが故に、寺を造り、薬師の像を作りて、仕へ奉らむと将」と詔りたまひき。然あれども、当時に崩り賜ひて、造るに堪へ不ば、小治田の大宮に天の下治らしめす大王の天皇と東宮の聖王、大命を受け賜ひて、歳丁卯に次る年に仕へ奉りつ。

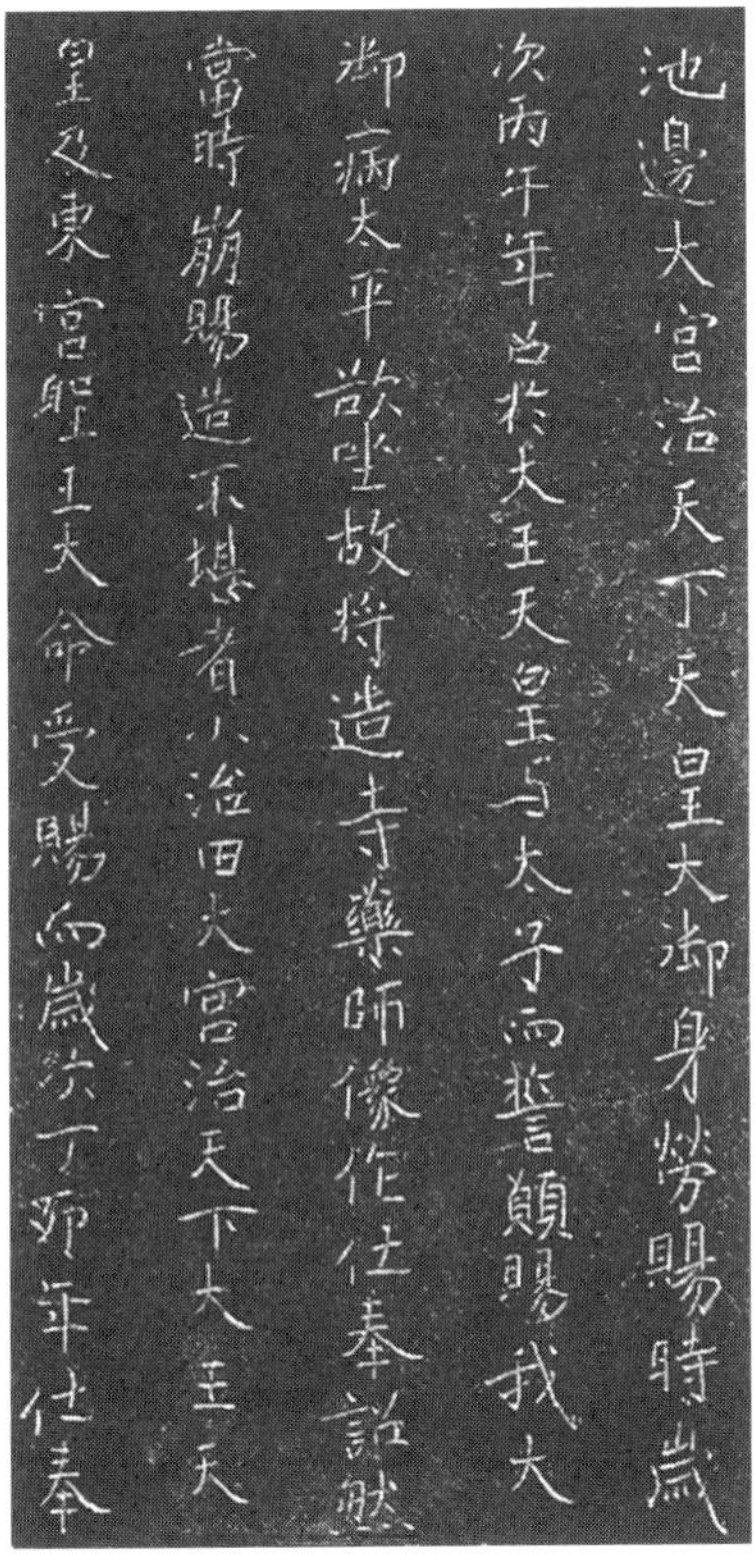

図４　法隆寺金堂薬師仏の光背銘。漢式和文で書かれている。（法隆寺蔵、写真：便利堂）

法隆寺は、この「光背銘」によると、池辺で統治なさっていた天皇（＝用明天皇）のご病気快癒を願って建てられたことになりますね。薬師像も祈願のために造ろうとなさった。でも、その事業を成し遂げないうちに用明天皇は崩御なさった。推古天皇と聖徳太子が、そのご意思を継いで法隆寺とその中に安置されている薬師像を完成させた。こういう記録は、ありがたい。法隆寺の由来が分かるのですから。そして、何よりも、日本語の文章の最初の形態が分かります。

2　天皇は自分に敬語を

「光背銘」は、漢字ばかりですが、日本語文です。なぜかといいますと、返り読みをしなくてはならない箇所はありますけれど、基本的には日本語の語順で書かれているからです。「薬師像作」「造不堪」「大命受」などは、中国語文の「漢文」であれば、「作薬師像」「不堪造」「受大命」のようになっているはずです。

それから、「大御身」「大御病」という接頭辞による敬語表現、「労賜」「誓願賜」「崩賜」「受賜」「仕奉」という補助動詞による敬語表現、「坐」という動詞による敬語表現も入っています。ですから、中国人には、読めません。日本人に向けて日本語の文章を書いているのです。

また、注目すべき点は、天皇が、自分に対して敬語を使っていることです。天皇の誓願の言葉に、「私のご病気がご平癒なさるようにとお思いになるので」とありました。一定の人物には常に敬語を用いるという絶対敬語の名残りのある時代ですから、上位者である天皇は、自分の行為に敬語を用いたのです。辻村敏樹さんは、これを、最高位者としての自覚の反映ととらえています。現代では、場面や誰の発言かによって変化する、相対敬語ですから、口語訳すると、違和感があります。

3　漢式和文という名前で

「光背銘」を、もう一度振り返ってみますと、①日本語の語順で書かれていることが多い、②敬語表現が入っている、などの特色があります。こういう文章を、ここでは、「漢式和文」と呼ぶことにします。一般的には、「変体漢文」と呼ばれます。

でも、「変体漢文」という名称は、最近では問題があるというので、他の呼び名が提唱されています。「和化漢文」「変体和文」「漢式和文」などと。少し前には、「記録体」「東鑑（あずまかがみ）体」と呼ばれたこともあります。「変体漢文」という名前のどこが、問題なのでしょう?

まず第一に、「変体漢文」という呼び名では、中国語で書かれた「漢文」の一種のように思えてしまいます。中国語文ではないのです。れっきとした日本語文です。つまり、「和文」の一種なのです。

第二に、「変体」というのは、中国人の書いた「漢文」を「正格」なものとして、それを模倣しつつも「正格」に至らなかったという認識が潜んでいます。確かに、「漢文」を手本にはしたかもしれませんが、中国人に読める「漢文」を書くことを目指したのではありません。最初から、日本人に読んでもらうための文章なのです。「変体漢文」という呼び名は、こんなふうに、本質を見誤らせる可能性があるので、ここでは、使いません。

では、他の呼び名はどうでしょうか。「和化漢文」も、「漢文」の一種のように思えます。また、「変体和文」という名前は、「和文」であることを意識させる点でいい名前ですが、問題が残ります。「変体」というからには、「正格」の「和文」の存在が必要です。ところが、この時代にはまだ、そのような「和文」は存在しませんから、この名前も苦しい。「東鑑体」とか「記録体」とかいう名は、こういう文章が使用された文献名や種類に着目して名づけられています。文章様式の名前にするには、特殊すぎたり逆に広すぎたりで、問題が残ります。

そんなわけで、ここでは山口佳紀さんの提案している「漢式和文」という名前を使うことにします。本質を間違えなく伝えられる気がするからです。「漢式和文」というのは、漢文様式で書いた日本語の文章の意味です。呼び名のことを問題にしましたので、以下に述べていく文章様式の名前についても、整理しておきます。

まず、ここで使う「漢文」という呼び名は、中国語として書かれた文章をさします。書き手が日本人か中国人かを問いません。日本人が書いたために、日本語的な誤りを犯していようとも、それは「漢文」です。ちょうど、現代でも、英語圏の人たちに向けて日本人が書いた英語文は、日本語的な誤りを犯していることが多いですが、それでもそれは「英語文」です。それと同じです。

それに対して、日本語として書いた文章は、すべて「和文」とよびます。「和文」のなかに、いま問題にしている「漢式和文」、そして、これから述べていく「万葉仮名文」「草仮名(そうがな)文」「ひらがな文」「宣命体(せんみょうたい)文」「漢字カタカナ交じり文」が入っています。

4　日本語の文章を書き始めたのは、いつ？

ところで、さっきの法隆寺の「光背銘」は、いつ頃のものでしょうか？　「光背銘」は、「丁卯(ひのとのう)（六〇七年）」に法隆寺と薬師像を完成させたと述べていますね。でも、法隆寺は、建立後ほどなく火災で炎上。その後、早くても、天武・持統朝の頃にならないと、再建されていない。それに、「光背銘」に出て来た「天皇」という語が気になります。というのは、「天皇」という言葉は、東野治之さんによると、持統朝（六八七年）以降に使われ出すことが明らかになっているからです。それ以前は、「大王（おおきみ）」という呼び名です。とすると、この「光背銘」の文章も、持統朝以後のことになります。七世紀後半です。

それ以前に、日本語として書いた文章やその断片は残っていないでしょうか。いくつか発見されています。でも、いずれも大化の改新（六四五年）以後のものです。すべて漢式和文で書かれています。

ですから、日本語の文章を書き始めたのは、大化の改新以降のこと。大化の改新によって、官僚機構が整備され、日本人が官僚になって、文字を記していかなければならなくなってきた時期です。日本人も、必要に迫られ、日本語の文章を漢式和文で書き始めたのです。

奈良時代になると、『古事記』や『播磨風土記（はりまふどき）』、その他、私的な銘文や文書などが、漢式和文で記されています。そして、この章でとり扱う平安時代には、漢式和文がますます頻用されます。平安中期以降には、朝廷における記録まで漢式和文で記されるようになりました。醍醐天皇の御世の『延喜御記（えんぎぎょき）』、それから村上天皇の御世の『天暦（てんりゃく）御記』、こうした朝廷の公の記録もみんな漢式和文で書かれています。

5　男性たちは漢式和文で日記をつけた

さらに、男性貴族たちは、漢式和文で、日記を書いています。たとえば、有名な藤原道長の『御堂関白記（みどうかんぱくき）』をのぞいてみましょう。道長の自筆部分が残っています。**図5**は、陽明文庫に保管されている、寛弘七年（一〇一〇年）五月一三日の箇所です。道長の筆跡はいかがですか。書きなれた自在な筆跡ですね。原文・口語訳のあとに、道長

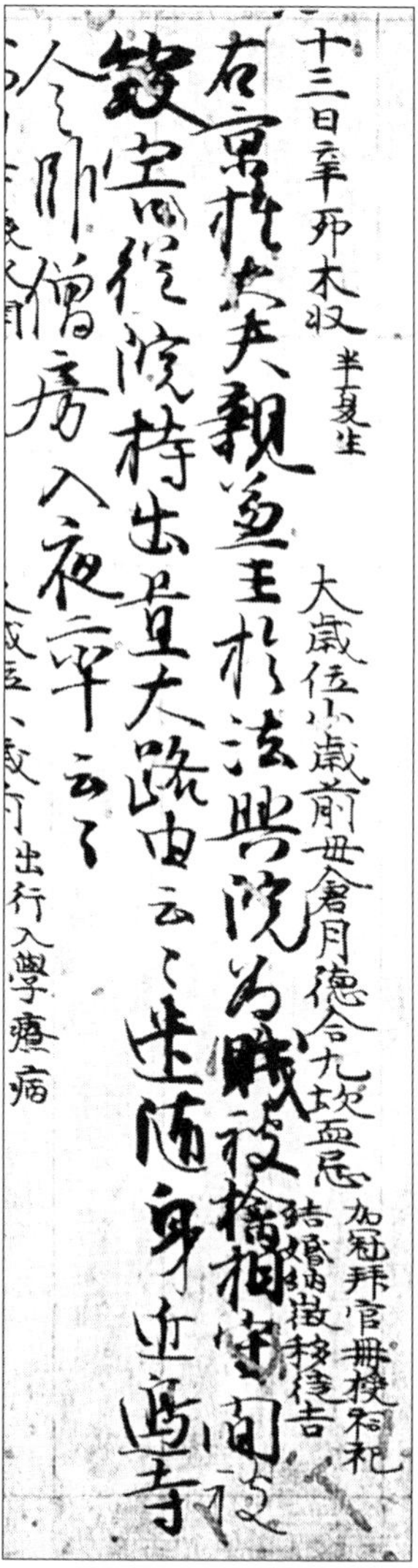

図 5　『御堂関白記』。道長の自筆。（陽明文庫蔵。思文閣出版『陽明叢書　記録文書篇』より）

が意図した読み方を推測して記しておきます。

右京権大夫親兼王於法興院為賊被擒、相守間、被殺害、従院持出置大路由云々、遣随身、近辺寺令臥僧房、入夜率（卒）云々

右京権大夫親兼王が法興院で盗賊に襲われた。応戦しているうちに、親兼王は、殺害され、法興院から引きずり出され、大路に捨て置かれたという。私は、警護に当たる役人を遣わして、近くの寺の僧坊に運び込んで手当てをさせたが、夜になって亡くなったという。

［読み方］　右京権大夫親兼王、法興院にして賊の為に擒へらる。相守らむとする間、殺害せられ、院より持ち出されて、大路に置かるる由、と云々。随身を遣はし、近辺の寺にして僧房に臥せしむるに、夜に入りて卒す、と云々。

図 5 にみる日付欄の「十三日、辛卯、木、収、……」などの筆跡の違っている箇所は、当時の暦博士が記入したものです。暦博士は、前の年の一一月に翌年の一年分の吉凶・禁忌などを占って、それを記入した暦を作ります。

それを「具注暦（ぐちゅうれき）」といって、平安時代にはよく用いられています。その暦には、日ごとにその日の出来事などが記入できるようなスペースが設けられています。道長も、具注暦に、日々の出来事を簡略に書き付けていったわけです。

さて、この日は、「収」ですから、万事収め入れるのによい日なのですが、凄惨な事件が起こってしまいました。この事件は、他の貴族の記した『小記目録』にも出てくるのですが、道長の書き記した日にちより二日ほど前の事件になっています。どちらが正しいのか分かりませんが、当時の人々に相当なショックを与えた事件だったのですね。

男性貴族たちは、こんなふうに漢式和文で日記を書いています。内容は、右のような事件であることもありますが、その日の天気、その日にあった儀式や行事、行った場所、その日に面会した人のこと、贈り物のこと、昇進のこと、などの男性貴族の公の生活が中心です。道長ばかりではなく、藤原忠平も『貞信公記（ていしんこうき）』を、藤原実資は『小右記（しょうゆうき）』を、藤原資房は『春記』を、藤原宗忠は『中右記』を、漢式和文で記しています。現代人には読みにくくはあるのですが、当時の貴族たちの考え方や生活がわかって、なかなか興味深い。

たとえば、藤原忠実の『殿暦』には、法皇のお供をしていた時にヌエ鳥が鳴いた。法皇は急いでお帰りになり、自分も五日間の物忌みをしたと書いてあります。また、藤原頼長の日記『台記（たいき）』にも、夜中にヌエの鳴き声を聞いてしまった。占い師を呼んでどうすべきかを尋ねると、「火事と口論の前兆であるから慎むように」と言われたと記してあります。ヌエというのは、トラツグミのことですが、当時の人たちに忌み嫌われています。その鳴き声が「死（し）ー」とか「火（ひ）ー」とか聞こえるからです。貴族たちは、ヌエの声を聞くと、災難を防ぐために、呪文を唱えたり、居場所を変えたり、家にこもって人との面会を断ったり、したのです。

男性貴族の書いた漢式和文日記は、読みにくいけれど、当時の考え方や風習を手に取るように教えてくれる貴重な資料。紐解くと、彼らの生活がこぼれ出てきます。

6　最もステイタスの高い文章とは

漢式和文で「日記」を書いていた平安貴族は、中国人も読めるれっきとした「漢文」も書いています。ちょうど、現代の日本人で、英語文を書けるエリートがいるように、平安時代にも、中国語文である「漢文」の書ける秀才がいるのです。エリートしか書けない「漢文」が、当時の最もステイタスの高い文章です。ですから、公式の文章にふさわしい。当時の歴史書『続日本紀』『日本後紀』『続日本後紀』『文徳（もんとく）実録』『三代実録』などの国史は、すべて漢文で書かれています。現在だって、外に向かって日本をアピールする時には、英語文を書いて発信します。それと似たようなものです。さらに、『三代格式（きゃくしき）』などの法令文も、『和名抄（わみょうしょう）』『医心方（いしんほう）』などの学術書も、数々の仏教の注釈書も、すべて漢文で書かれています。「漢文」による権威づけが必要だからです。

また、文学方面でも、男性貴族たちは漢詩文を作り、秀才ぶりを発揮しています。『凌雲集（りょううんしゅう）』『経国（けいこく）集』『文華（ぶんか）秀麗（しゅうれい）集』といった漢詩集、『本朝文粋（ほんちょうもんずい）』などの漢詩文集を作っています。うまい漢詩や漢文が作れること、それが、男性貴族の重要な能力の一つ。

次に、『文華秀麗集』から、漢詩を一つ紹介します。巨勢識人（こせのしきひと）のもの。嵯峨天皇の「長門怨（長門の怨み）」に唱和して詠んだ漢詩です。下欄に意味をとった口語訳をつけておきます。

日夕君門閉。孤思不暫安。
塵生秋帳満。月向夜床寒。
星怨靨難霽。雲愁鬢欲残。
唯餘舊時賞。猶入夢中看。

夕暮れに君の御門は閉ざされて、一人ぼっちの寂しさはいや増さる。飽きられた女の寝床のとばりには塵が満ち、夜の寝床には寒々と月がさしいる。星は怨み顔で靨（えくぼ）をうかべず、雲は愁い顔で鬢（びん）の毛をほつれさせる。今はただ愛された昔の思い出が残るばかり。それは今でも夢の中に現れる。

五言律詩ですから、偶数句の末尾がきちんと韻を踏んでいます。「安（あん）」「寒（かん）」「残（ざん）」「看（かん）」です。空閨をかこつ女の嘆きを詠んだ漢詩で、『文華秀麗集』らしさの出ているものです。

7　奇妙な翻訳

ところで、今、私は、わざと漢詩の原文だけを示しました。こんなふうに、漢文だけで示された文章を、日本人はどのように消化吸収していったのでしょうか？「訓読（くんどく）」です。日本人は、漢文を理解するのに、訓読をしました。高校の漢文の時間を思い出してください。あれは、漢文の訓読の練習時間だったのです。中国語を学んでいたわけではありません。日本人が、中国の漢文を学び取る方法を学んでいたのです。

漢文の教科書を開くと、まずは大きく原文の漢文が書いてある。よくみると、漢文の行間に小さく「レ」「一」「二」という符号や番号が付いている。いわゆる「返り点」です。あれに従って漢文の字面を下に行ったり上に戻ったりしながら、中国語の語順を日本語の語順に変えて読みました。さらに、行間には、日本語にのみ存在する助詞や助動詞や活用語尾が小さく書いてあり、また、時には敬語も小さく書き加えてあります。私たちは、それに従って日本語に翻訳しつつ読み、理解しました。

あれが、漢文の訓読です。日本人が中国語で書かれた文章を消化吸収するための、一種の翻訳方法です。漢字に日本語の読みをあてはめて受け入れたために可能になった、巧妙な翻訳方法。だって、考えても見てください。英語を翻訳するときに、こんな奇妙なことをしますか？　英語文は英語文で存在し、その翻訳である日本語文はきちんと別に日本語文で存在します。

なのに、漢文の訓読というのは、原文の漢文に符号を書き込み、助詞・助動詞などを書き込んで、翻訳完了なのです。新たに、日本語の文章を書き起こしたりしない。翻訳に必要な作業を一つ抜かした、誠に効率的な消化吸収方法です。だから、日本人は短時間に漢文の内容を吸収できたのです。

8　漢文を和語で訓読する

奈良時代以前から、日本人は、そうしたやり方で漢文を理解していました。けれども、平安時代までは、漢文の行間に訓読法を書き込んだりすることはありません。

平安時代になってはじめて、訓読を漢文の行間に書き込むようになった。だから、漢文を見ると、当時の人々が返り点をつけ、助詞・助動詞を書き加え、ときには振り仮名をつけて訓読している様子が手に取るように分かります。漢語も出来るだけ、該当する和語（＝やまとことば）に翻訳して読んでいます。私たちが高校の漢文の時間に行なった訓読は、漢語はできるだけ漢語で読むという江戸時代の訓読法の流れに従って読んでいますが、奈良時代や平安時代には、できるだけ和語に翻訳して訓読していこうという精神でした。

その訓読に使う和語が、日常会話で使う和語とは異なっている。ここが面白い。たとえば、「眼」と書かれた漢語を「ガン」と音読みにしないで、「まなこ」という和語に翻訳して訓読する。ところが、日常会話で一般に使う和語は「め」。こんなふうに、漢文訓読の時にだけ用いる和語がたくさんあります。「あらかじめ」「あるいは」「ことごとく」「はなはだし」「ひそかに」「いきどほる」など、すべて漢文の訓読だけに用いる和語です。日常会話では、それぞれ「かねて」「あるは」「すべて」「いみじ」「しのびて」「むつかる」などの別の和語を使っているのです。

単語だけではなく、漢文訓読だけで使う言い回しもあります。たとえば、「いかにいはんや」とか「すべからく…べし」などと。こういう言い回しも、漢文の訓読をする時にしか使っていない。日常会話では使わない和語や言い回しが、漢文を訓読する時には現れる。なぜでしょうか。

今だって、英文の翻訳の授業を思い出してみると、関係代名詞があるところには「…ところの」なんていう奇妙な言葉をいれて訳したりした時期がありました。日常会話で「…ところの」なんてめったに言いません。英語を翻訳する時だけ使う。あれと同じです。漢文の訓読という翻訳場面に限って現れる、言葉や言い回しがたくさんあったのです。

9　ヲコト点という面白い発明

さて、漢文の訓読を実際に行なう場面を思い浮かべてください。原文の漢文の行間は、狭い。そこに、助詞や助

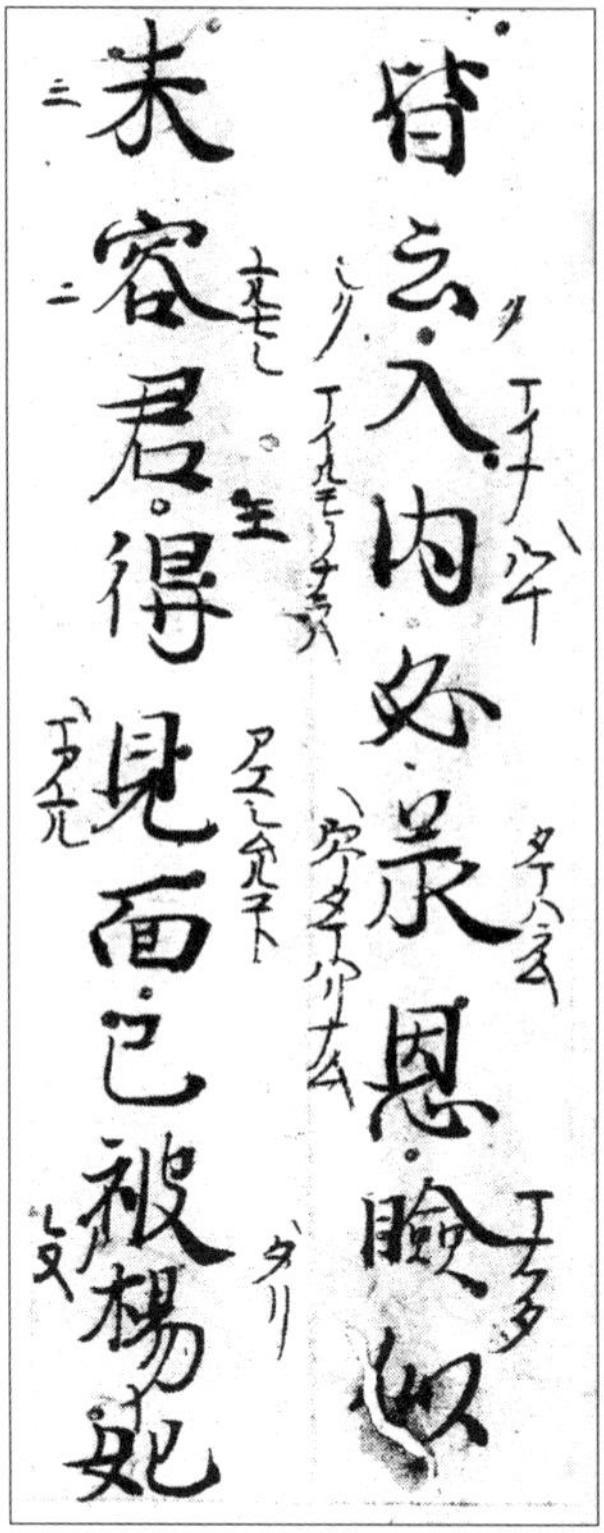

図6　神田本『白氏文集』。漢字の周りにある「・」が、ヲコト点。（勉誠出版刊『神田本白氏文集の研究』より）

動詞、活用語尾、日本語にするための補いの語、振り仮名を記していかなくてはなりません。文字は、漢字と同じ字形の万葉仮名しかありません。画数の多い万葉仮名を書きこむには、漢文の行間が狭すぎる。それに、万葉仮名は書き込むのに時間がかかりすぎる。また、たとえ書いたとしても、画数の多い万葉仮名を小さく書いたのではどんな文字なのか判別しにくい。解決すべき問題が現れました。

まず考えたのは、記号化です。使用頻度の高い助詞や助動詞に、あるいは「こと」「とき」「もの」などの補読の形式名詞に、一定の符号を割り当ててしまう方法です。たとえば、漢字の右上に「・」を記したら、助詞の「を」とよむ。漢字の右の中ほどよりやや上に「・」を記したら、「こと」とよむ。漢字の右の中ほどよりやや下に「・」を記したら、助詞の「と」とよむ。漢字の右下に「・」を記したら、助詞の「は」とよむというぐあいに。実際に平安時代の人は漢文の字面にこうした印を書き込んでいます。これを、「ヲコト点」と呼びます。

ちょっと、実例を示しましょう。**図6**をご覧ください。平安時代の人が愛読した『白氏文集（はくしもんじゅう）』の部分です。何回か違った訓読が施されているので、後に誕生するカタカナも記入されていますが、今は無視して、「ヲコト点」に注目してください。最初の行の下から三字目の「恩」の右上に「・」が付いていますね。「を」とよむ点です。

ですから、ここは、「恩を」と読みます。二行目の上から五字目の「見」には、右の中ほどよりやや上に「・」が付いています。「こと」と読む点です。「見こと（まみゆる）」などと読むのです。つまり、漢字の右上の「・」は「を」、その下の「・」は「こと」と読むので、こういう点を「ヲコト点」と呼ぶのです。漢字と漢字の間にある「・」は、句読点です。

こんなふうな「ヲコト点」は、確かに面白いアイディアですが、限界があります。活用語尾や振り仮名は、多種多様ですから、「ヲコト点」では間に合わない。それらは、字画の多い万葉仮名で記す以外にないのです。何とかならないものでしょうか。

10　カタカナの発生

万葉仮名の字形の一部分を書いてすませるのは、どうでしょうか。「伊」という万葉仮名なら、最初の人偏の「イ」だけで済ませても分かるのではないか。「礼」という万葉仮名なら、最後の部分の「レ」だけで済ませてもいいのではないか。

こうして、万葉仮名の一部分をとって「カタカナ」が発生します。部分をとった不完全な文字ですから、「カタカナ」と名づけました。「カタカナ」の「カタ」は、不完全な、十分でないという意味の言葉です。もともと、一音を表すのに、複数の万葉仮名がありますから、カタカナも、一音に対してたくさんの文字ができてしまいました。でも、次第にある音に対してはこの文字というように固定化してゆき、やがて一音に対して一つのカタカナが対応するようになっていきます。

表5　カタカナのもとになった万葉仮名

ア（阿）	イ（伊）	ウ（宇）	エ（江）	オ（於）
カ（加）	キ（幾）	ク（久）	ケ（介）	コ（己）
サ（散）	シ（之）	ス（須）	セ（世）	ソ（曽）
タ（多）	チ（千）	ツ（川）	テ（天）	ト（止）
ナ（奈）	ニ（二）	ヌ（奴）	ネ（禰）	ノ（乃）
ハ（八）	ヒ（比）	フ（不）	ヘ（部）	ホ（保）
マ（万）	ミ（三）	ム（牟）	メ（女）	モ（毛）
ヤ（也）		ユ（由）		ヨ（与）
ラ（良）	リ（利）	ル（流）	レ（礼）	ロ（呂）
ワ（和）	ヰ（井）		ヱ（慧）	ヲ（乎）

ちなみに、現在のカタカナのもとになった万葉仮名を**表5**の（　）内に示しておきますから、どの部分をとったのかを、じっくり眺めてください。なお、カタカナが文字として体系を整えた一〇世紀半ばには、五十音図は、四七音になっています。奈良時代に存在したたくさんの音が、平安遷都とともに、短期間で消失し、現在にとても近い音の状態になったのです。

この表を見ていると、カタカナが万葉仮名の最初の画をとるか末画をとるかのどちらかであるという傾向性があることに気づいたでしょう。人間の目というのは、最初と最後に注目しやすいからです。

もとになった万葉仮名を知っていると、いいことがあります。字形が変だと言われていた人が、すぐに正しい字形に直ってしまうことです。私がいつも気になるのは、コミック作者の手書き文字。「ツ」と「シ」、「ソ」と「ン」の判別がつきにくいことがしばしばです。「ツ」は「川」からきているのですから、すべて上から下への流れの線ですし、「シ」は「之」から来ているのですから、左から右へという流れの線です。「ソ」は、「曽」の最初の二画をとったものですから「ソ」の形になり、「ン」は、五十音図にはありませんが、符号「∨」から来ていますので、「ン」の形です。

こうして万葉仮名の一部をとったカタカナが、漢文を訓読するときに記されていきました。その様子は、既に示した**図6**のカタカナで書き込まれた訓読からも察することが出来ます。このカタカナで訓読を書き記す方法は、さらに、次の発明に連なりました。何でしょうか？　漢字カタカナ交じり文の創出、です。

11　漢字カタカナ交じり文の誕生

カタカナを使って漢文の訓読をしていると、訓読をしている人が行間に意味理解のための書き込みをすることがあります。たとえば、仏典『金光明最勝王経（こんこうみょうさいしょうおうきょう）』には、こんな覚書が行間に書き込まれています。

説ト聴ト説ルヲ惣名ク一時。　（『西大寺本金光明最勝王経』序品第一）

「説クト説ケルヲ聴クト惣（すべ）テ一時ト名ヅク」と読めます。返り点はついていませんが、漢文と同じような語順で書いています。注目点は、カタカナを文中に使っていることです。右寄せの小さな字ですが、間違いなくカタカナが本文の一部になっている。漢字の中にカタカナを遠慮っぽく交ぜ書きにした体裁ですね。この資料には、こういう短いメモ的な文が行間の所々に書き込まれています。

こういう書き方が出てきたら、文章全体を漢字カタカナ交じり文で書いたものが出てきてもおかしくない。事実、平安時代の初期に、**図7**に見るような漢字カタカナ交じり文が登場しました。『東大寺諷誦文稿（とうだいじふじゅもんこう）』といって、お坊さんが法会（ほうえ）で読み上げる文章の草稿です。まだ、カタカナが、万葉仮名から十分に独立していない頃のものです。読んでみますと、「海ヲ渡リ山坂ヲ踰（こ）ユル国ニモ有リシ有レバ、往（ゆ）キテモ相見（あひみ）談（かたら）ヒツ。跡モ无（な）ク往キ分カレヌル人ハ年月ヲ経テモ相ヒ見テ話（かた）ラフ可（べ）カラ不（ず）」。

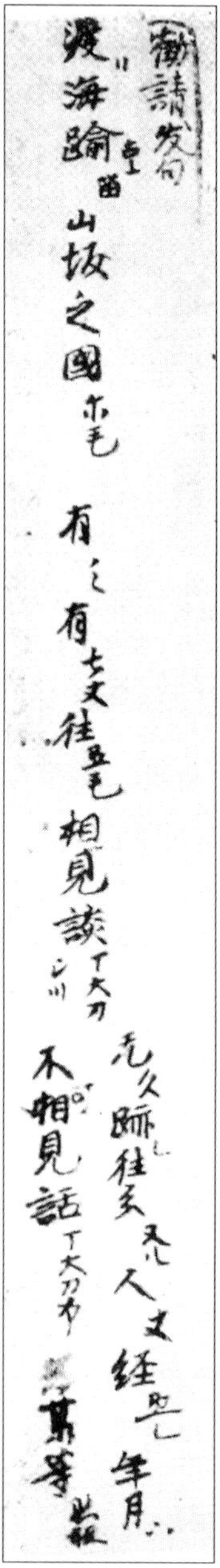

図7　『東大寺諷誦文稿』。初期の漢字カタカナ交じり文。返り読みが必要。（風間書房刊『東大寺諷誦文稿の国語学的研究』より）

多くの箇所が漢文式の語順なので、返り読みしなければなりません。また、「べからず」などという、漢文を訓読するときに使用する硬い言い回しが入っています。漢字カタカナ交じり文が、漢文訓読の場から生まれてきていることが分かります。

漢字カナ交じり文は、平安時代中期にも書かれていますが、平安時代末期には、一つの文章様式となって『今昔物語集』のような説話集を生み出します。

12　『今昔物語集』は読める

『今昔物語集』ほど、魅力的な古典はそんなに多くはありません。漢文訓読に用いる硬い言葉や言い回しでストレートに物事を描写する。それが、ごつごつした漢字カタカナ交じり文とマッチして、効果をあげているのです。

私は、『今昔物語集』の虜になってしまい、『平安朝〝元気印〟列伝』（丸善ライブラリー）や『すらすら読める今昔物語集』（講談社）を書いていますので、興味をお持ちの方は是非お読みください（本著作集3『言葉から迫る平安文学3　説話・今昔物語集』にも、それぞれ「Ⅱ『今昔物語集』の表現方法」「Ⅲ『今昔物語集』にみる生きる力」として収録してあります）。

ここでは、それらにとりあげなかった話を一つ披露したいと思います。『今昔物語集』巻五の第一話。インドの話です。ここは、書かれた当時の文章の形を保つ、良い写本が残されている箇所です。

僧伽羅という貿易商を営んでいる人がいた。大勢の商人たちと一つ船に乗ってベンガル湾の辺りを渡っていた時、にわかに逆風が起こって、船は南の島に漂着。商人たちが嘆き悲しんでいると、美女が十人ほど歌をうたいながらやってきた。

商人たちは驚いたけれど、女たちは見れば見るほど美しい。美女の誘いに応じて、商人たちは高く立派な塀に囲まれた屋敷に入った。屋敷内には、さまざまの家が建ち、入り組んだ構造をしている。男は一人もいない。女の園であった。商人たちは、それぞれ気に入った女を妻として愛し合って生活を始めた。

ところが、僧伽羅は、不審をぬぐいきれず、こっそりと屋敷内を探索していた。すると、屋敷内の奥まったところに、多くの人間が閉じ込められ、あるものは死に、あるものは呻き泣き、傍には白骨化した死体、血まみれの死体が折り重なっているのを見つけてしまった。女たちの正体は、人を食う羅殺鬼であった。逃げようとしても手立てがない。さて、商人たちはどうしたか。原文は、図8のように記されています。

立テ皆浜ニ出ヌ。可為キ方无クテ、遥ニ浦陀落世界ノ方ニ向テ、心ヲ発シテ皆音ヲ挙テ観音ヲ念ジ奉ル事无限シ。其ノ音糸オビタタシ。苦ニ念ジ奉ル程ニ息ノ方ヨリ大ナル白キ馬、浪ヲ叩テ出来テ、商人等ノ前ニ臥ヌ。

商人たちは、浜に出て大声で観音に祈願し助けを求めた。すると、沖の方から白い大きな馬が現れ、商人たちの

立テ皆頭ニ炎ヘテ可為キ方无クテ遂ニ浦随落世界乃方ニ
向テ心ヲ發シテ皆音ヲ擧テ觀音ヲ念シ奉ル事无限シ
其ノ青糸才ヒタル若ニ念シ奉ル穩ニ息ノ方ヨリ大ナル白キ
馬浪ヲ叩テ出来テ商人寄ル所ニ臥ヌ此レ他ニ非ス觀音ノ

図８　鈴鹿本『今昔物語集』。
（京都大学図書館蔵、京都大学学術出版会刊『鈴鹿本今昔物語集』より）

前にぴたりと座った。どうやら、商人たちは助かりそうですが、この話の続きは、後で語ることにして、まずは文章様式を観察します。

「あれ、読める」と思われた方もいらっしゃるでしょう。そうなのです、現代人のわれわれがさほど苦労しないで原文を読むことができる。返り読みがほとんど無いからです。「可為キ（すべき）」「无限シ（かぎりなし）」といった、限られた場合だけになってきています。

でも、相変わらず、実質的な意味を持つ単語は、漢字で大きく書かれ、実質的な意味を持たない助詞・助動詞や活用語尾はカタカナで小さく右寄せに書かれていますね。ところが、一箇所だけ、「オビタ、シ（現在では「おびただしい」）」とカタカナで大きく書かれていて、目を引きます。カタカナの地位が少しだけ高くなっているのです。『今昔物語集』以後の説話集では、カタカナの地位が一層高くなっていきます。たとえば、こんな具合です。

昔、延喜御時ニ日デリイタクシケレバ、南殿ニ六十人之貴僧ヲ選ビ召テ、大般若ヲ読セ給ケリ。漸読了カタニ成モ、空イヤ晴ニ晴テ、イヤテリニテリ倍ル
（『打聞集』）

「(日)デリ」「イタク」「シケレバ」「カタニ」「イヤテリニテリ」と実質的な意味を表す言葉が大字のカタカナで書かれ、カタカナが自己主張をしてきています。現在の漢字かな交じり文に連なっていく道筋が見えてきました。鎌倉・室町時代になると、カタカナの部分が、ほとんど漢字と同じ大きさになります。さらに、カタカナの部分がひらがなに改められ、現在の漢字かな交じり文に流れ込みます。

13　事件を活写する

さて、『今昔物語集』の話は、どうなったのでしょうか。

僧伽羅たちは、観音の化身と思われる白い馬に乗って脱出しようとした。羅刹鬼は、それに気づき、追いかけてくる。十数メートルも飛び上がり、大声を上げて、商人たちの乗った馬を追う。「美女が恋しい」などと思った商人は容赦なく馬から落ちる。羅刹鬼たちは、それを奪い合い、ぴちゃぴちゃ音をたてて食っている。ようやく逃れて、元の国に帰ったが、僧伽羅は、このことを誰にも言わなかった。

二年がたった。ある日、美しい女が僧伽羅のところにやってきて口説く。漂着した島での妻だった。僧伽羅は、正体を知っているので、刀で切りつけたが、女は国王の元に行って直訴した。女を見た国王は、その美しさに魂を奪われ、僧伽羅が止めるのも聞かずに愛し合った。

三日が過ぎた。寝室をのぞくと、国王の姿はなく、「赤キ御髪シ一ツ残レリ」。僧伽羅の不安は的中。国王は、美女

に食われてしまった。

残された皇太子が国王になり、僧伽羅を呼んで事の真相を問うた。僧伽羅は、包み隠さずに話し、新国王に大勢の兵士をつけてもらった。兵士を率いて、僧伽羅は南の島に向かう。島に着くと、美女たちが出迎える。

僧伽羅たちは、隙を突いて美女たちに襲いかかった。美女たちは、羅刹鬼の姿になって応戦。ついに僧伽羅たちが勝ち、羅刹鬼は一掃された。国王は、褒美として、その国を僧伽羅に与えた。だから、「其ノ国ヲバ僧伽羅国ト云フ也トナム語リ伝ヘタルトヤ」。

つまり、僧伽羅国の由来を語る話だったのですが、『今昔物語集』は、そんなことを全く感じさせずに、スピーディに事件を展開させ、鮮やかな描写で、読者をぐんぐんひきつけて語ってしまう。国王の寝室に残る一本の血まみれの髪の毛、羅刹鬼に食い殺された死体の山、羅刹鬼に追われる場面、いずれも活写され、真に迫ってきます。漢字カタカナ交じり文で、こんなに魅力的な作品が出来上がっているのです。現代の漢字かな交じり文の元祖、誕生です。

14　助詞・助動詞を小さく書く

念を押すまでもないのですが、漢字カタカナ交じり文は、中国の漢文を日本語に翻訳しながら理解する、そういう漢文訓読の世界から生まれてきました。ですが、ここで、もう一つ、漢字カタカナ交じり文の誕生に少なからぬ影響を与えたと思われる「宣命体（せんみょうたい）」という文章様式についても、注目しておきたいと思います。というのは、初期の漢字カタカナ交じり文で、カタカナを小さく右寄せに書いたり、二行詰めで小さく書くのは、なぜなのかという問題を解く鍵になるからです。

たしかに、漢文の訓読の世界では、カタカナは漢字に対してあくまで補助的な書き込みですから、小書きにしたり二行書きにしたりということが起こっても不思議はない。けれども、もし、助詞・助動詞・活用語尾を小書きにするという文章様式が既に存在していたら、その影響を考えるのが筋です。

「宣命体」というのは、実質的な意味の語を大字で、助詞・助動詞や活用語尾を小さく右寄せに書く文章様式です。奈良時代には栄えた文章様式ですが、平安時代には限られた場合にしか使われなくなってしまいました。天皇

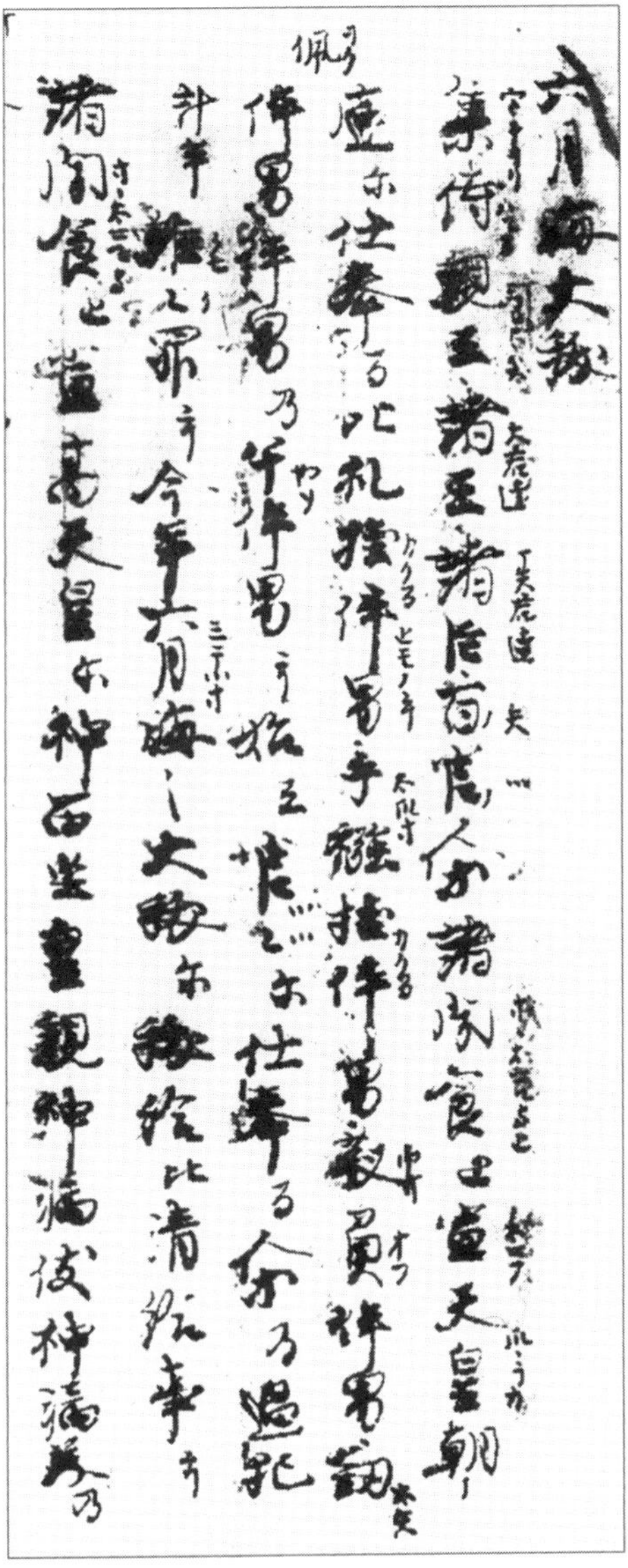

図9　九条家本『延喜式祝詞』。6月末の儀式で読み上げる。（東京国立博物館蔵、武蔵野書院刊『国語史資料集』より）

の命令を述べ知らせるための文章が、この文章様式で書かれているので、「宣命体」と呼ばれています。でも、祭りの儀式に唱えて祝福する「祝詞（のりと）」、神前仏前で読誦する文章も、この様式で書かれています。早速、実例を見ることにしましょう。

図9に、「祝詞」の「六月（みなづき）の晦（つごもり）の大祓（おほはらへ）」の冒頭部分を掲げました。平安時代の中頃に書き写されたものです。当時は、六月末と一二月末には、すべての穢れを取り払う宗教的な行事がありました。これは、六月末の大祓に唱えられた言葉。ちょっと原文を読んでみます。語順に注意していてください。返り読みをしていません。

集侍親王・諸王・諸臣・百官人等、諸聞食止宣。天皇朝庭尓仕奉留、比礼挂伴男・手襁挂伴男・靫負伴男・剣佩伴男・伴男乃八十伴男乎始弖、官々尓仕奉留人等乃過犯計牟雑々罪乎、今年六月晦之大祓尓祓給比清給事乎、諸聞食止宣。

集まっている親王たち、王たち、臣たち、百官の人ども、皆々承れ、ということで述べ聞かせる。朝廷にお仕えもうしあげる、領巾（ひれ）を掛ける伴（とも）の長、襷（たすき）を掛ける伴の長、矢を入れる道具を背おう伴の長、太刀をつけている伴の長、そのほか大勢の伴の長をはじめとして、さまざまの役所にお仕えもうしあげる人どもの、誤ったり犯したりした、さまざまの罪を、今年の六月の晦日（みそか）の大祓に、天皇が祓い清めなさるということを、皆々承れ、ということで述べ聞かせる。

本文をもう一度眺めてください。助詞・助動詞や活用語尾が、万葉仮名で小さく右寄せに書かれていますね。こうした形式が、漢字カタカナ交じり文の表記の仕方に影響を与えたと見ることが出来ます。

でも、なぜ、「宣命体」は、日本語の語順で書くことを原則としているのでしょうか。「宣命体」で書かれた文章は、いずれも、人前で読み上げる必要のある文章です。そういう文章が、返り読みの必要な文章で書かれていたら、とっさには読めません。そのために日本語の語順どおりに記し、さらに、一目見て分かるように、実質的な意味を担う語を大字で、付属的な助詞・助動詞の類を小字で書き記したと考えられます。

では、「宣命体」が「漢字カタカナ交じり文」の源流とは考えられないでしょうか。たしかに表記形式上の影響は考えられますが、「漢字カタカナ交じり文」の源流とはみなせません。というのは、「宣命体」の語順は、原則として日本語の通りです。漢字カタカナ交じり文の発生当初は、すでに見てきたように、返り読みが多く、漢文訓読との関係が濃厚だからです。

15　万葉仮名文から草仮名文へ

さて、万葉仮名は、漢文訓読の世界で、カタカナを生みだし、さらに漢字カタカナ交じり文を誕生させました。一方、万葉仮名はもう一つの新しい文字の系統と文章の世界の扉を開きました。ひらがなとひらがな文の世界です。奈良時代では、万葉仮名文が一音ともなおざりにすることの許されない和歌や歌謡で使用されていました。さらに、奈良時代では万葉仮名文が簡単な手紙に使われています。それが二通ほど現在に伝わっています。「正倉院仮名文書甲種」「正倉院仮名文書乙種」という、いかめしい名前で保存されています。内容は、どちらも実用的な用件を記していますが、とても短い。長い文章をしっかりした楷書の万葉仮名で記すのは、大変な労力がいりますから。

でも、字形を少し崩して草体化すると、労力が少々省けます。**図10**をご覧ください。「讃岐国戸籍帳」の端書に残る「有年申文（ありとしもうしぶみ）」です。草仮名（そうがな）で書かれています。草仮名の部分が、まだ万葉仮名に近く、漢字との区別がつき

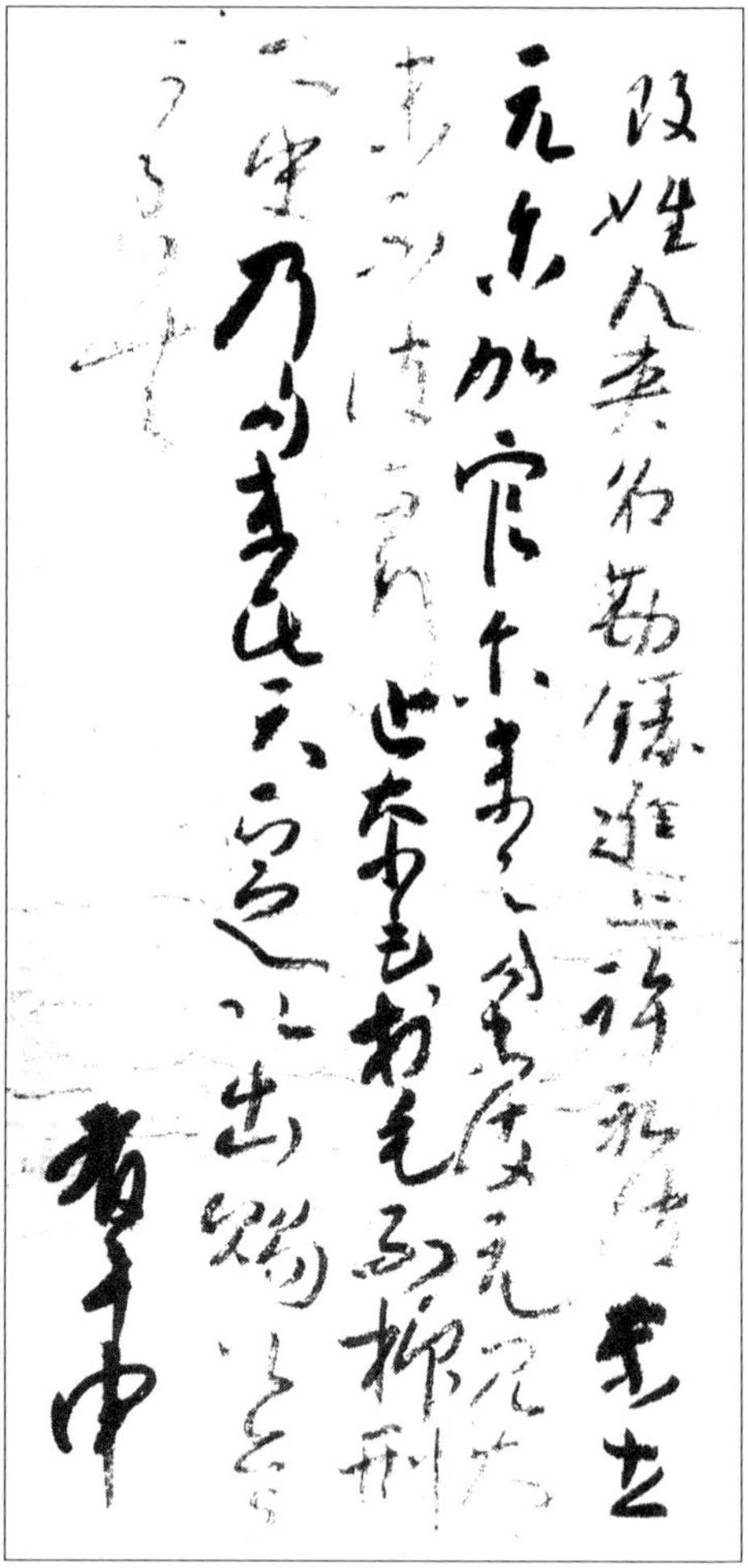

図 10　「有年申文」。漢字と草仮名の区別がつきにくい。（東京国立博物館蔵。武蔵野書院刊『国語史資料集』より）

にくいでしょう？　最初の九字は、漢字です。「許礼波（これは）」から以下の二行は草仮名。ただし「官」の字のみ漢字。三行めの下から二字目の「抑」から続く「刑大史」が漢字、四行めの八字目の「定以出賜」が漢字。最後の署名の「有年申」が漢字。あとは、すべて草仮名で書かれています。

漢字との区別をはっきりさせるためには、草仮名をさらに崩して、別の文字と認識できるようにしなくてはなりません。こうして誕生してきたのが、ひらがなです。

16　ひらがなの思想

ひらがなも、カタカナと同じく、古くは一音に対して複数の文字が存在しています。たとえば、「安」からきた「あ」以外にも、「阿」からきた「𛀃」、「愛」からきた「𛀄」、「亜」からきた「[illegible]」、「悪」からきた「[illegible]」など、すべて「あ」の音を表す文字です。でも、次第に整理されて行きました。現在のように、一音に対して一つのひらがなに決まったのは、カタカナと同じく明治三三年（一九〇〇年）の「小学校令」によってなのです。

ちなみに、現在のひらがなのもとになった万葉仮名を表6に記しておきます。カタカナの字母になった万葉仮名と共通している場合が、いくつかあります。でも、ひらがなとカタカナとは、文字体系をささえる思想が異なっているので、出来上がってくる文字が違います。カタカナは、文字というものは一点一画を重ねてできるものだととらえているから、万葉仮名の部分を取る。それに対して、ひらがなは、文字というものを連続体ととらえているから、全体を書き崩すけれど、部分をとったりはしない。同じ文字に対して、異なる側面か

表6　ひらがなのもとになった万葉仮名

あ（安）	い（以）	う（宇）	え（衣）	お（於）
か（加）	き（幾）	く（久）	け（計）	こ（己）
さ（左）	し（之）	す（寸）	せ（世）	そ（曽）
た（太）	ち（知）	つ（川）	て（天）	と（止）
な（奈）	に（仁）	ぬ（奴）	ね（祢）	の（乃）
は（波）	ひ（比）	ふ（不）	へ（部）	ほ（保）
ま（末）	み（美）	む（武）	め（女）	も（毛）
や（也）		ゆ（由）		よ（与）
ら（良）	り（利）	る（留）	れ（礼）	ろ（呂）
わ（和）	ゐ（為）		ゑ（恵）	を（遠）

らとらえたために、カタカナとひらがなという二種類の文字の系統ができあがったのです。

たとえば、「加」という万葉仮名の最初の二画をとったのがカタカナの「カ」です。「加」という万葉仮名全体を崩したのがひらがなの「か」です。万葉仮名の「己」の最初の二画をとったのが、カタカナの「コ」、全体を崩したのがひらがなの「こ」。「奴」の最後の二画を取ったのがカタカナの「ヌ」、全体を崩したのがひらがなの「ぬ」です。では、カタカナの字母と共通する場合を探しつつ、**表6**をご覧ください。

「へ」のひらがなだけは、「部」の全体を崩さずに、「阝」の部分のみをとって崩したので、カタカナとほとんど同じ字形になってしまいました。「り」は、「利」の全体を崩したので、「刂」の部分だけをとったカタカナとは少し違って間が広く開いています。ひらがなは、一〇世紀前半には、文字としての体系を整え、和歌を中心とする文学の花を咲かせました。

17　女は、ひらがなを使う

ひらがなというと、「おんなで（女手）」とも言われていたことから、女性だけが使っていたように思われています。さらに、紀貫之の『土左日記』の冒頭文も、その固定観念をつくるのに一役買っています。『土左日記』は、言います。

をとこもすなる　日記といふものを　をむなもしてみん
とて　するなり

男も書くと聞いている日記を、女の私もしてみようと思って、日記を書くのです。

この文から、男性が漢字で日記を書くのに対して、女性はひらがなで日記を書くと述べていると取れるからです。

男性＝漢字、女性＝ひらがな、という図式が出来やすい文ですね。

でも、口語訳を見ていただけば分かるように、貫之は、「日記を書く」という行為についてそれまでに男女差があったことを述べているだけです。本当に、私たちが思い込んでいるように、平安時代では、男性は漢字を書き、女性はひらがなを書いたのでしょうか？

女性があまり漢字を書かなかったというのは、事実です。というのは、当時女性に許されていた文字は、ひらがなだけですから。女性は、漢文を目にすることすら、隠れて行なうべきことでした。紫式部など、漢文で書かれた『日本書紀』を読んでいたことが知られ、「日本紀の局（にほんぎのつぼね）」というあだ名をつけられています。また、清少納言も『白氏文集』などの漢籍を読んでおり、それを踏まえて男性に才気溢れる応酬をした。ものめずらしさから男性側から喝采を浴びた。それを見て、紫式部が嫉妬してこんなことを『紫式部日記』に書き残しています。「清少納言って嫌な人ね、漢字を書き散らして利巧ぶっているのよ」と。

要するに、女性が漢文を読んでいること自体、ナマイキだと考えられていたのです。ちょうど、一昔前には、女性が電車の中で新聞を読んでいるのをナマイキだと感じたように。

当時の女性は、和歌を巧みに詠んで、それをひらがなで書き記すことが、最も大切な教養です。ですから、ひらがなは、確かに女性の使用する文字です。では、男性はひらがなを使わないのでしょうか。

18　男も、ひらがなを使う

男性も、ひらがなを使います。どんな時に使うでしょうか。女性との手紙のやり取りや和歌を詠むときです。

女性にあてた手紙は、女性に読めなければ意味がありません。女性は、読み書きにひらがなを用います。とすれば、女性にあてた手紙では、男性もひらがなで書く以外に方法がないではありませんか。また、和歌を詠む時は、男性だってひらがなを用います。『古今和歌集』に収められている和歌の多くは男性作者ですが、もちろん、ひらがなで書かれています。

そもそも、ひらがなの発生状況を考えてみても、ひらがなは、男性と密接な関係を持っているのです。確かに、ひらがなは、和歌を詠む場で、万葉仮名を崩し書きしていくうちに自然発生的に生まれてきたと考えられます。でも、他にもう一つ、ひらがなの発生のルートがあります。それは、漢文訓読の場です。なかなか信じてもらえそうもないので、少し詳しく述べてみます。カタカナが、漢文訓読の世界から発生してきたことはすでに述べました。その同じ場でひらがなも発生しているのです。漢文を訓読するときに、助詞・助動詞、活用語尾、振り仮名などを万葉仮名の一部をとったカタカナで記し始めた頃、万葉仮名全体を崩し書きしたひらがなも使っています。カタカナとひらがなが、別の文字体系であるという意識がまだないのです。ひらがなだけで訓読をした資料もあります。たとえば、平安時代の初期に訓読された『沙門勝道歴山瑩玄珠碑（しゃもんしょうどうれきざんようげんじゅひ）』（神護寺蔵）。そこでは、訓読に用いられた文字は、万葉仮名を草体化したものばかりで、「あ」「い」「お」「そ」「ぬ」「は」「る」などは、現在のひらがなとほぼ同じ字形です。

ひらがなは、こんなふうに男たちの漢文の訓読の世界からも発生しているのです。ひらがなは弘法大師空海が造ったものだと、平安時代の『江談抄（ごうだんしょう）』に記され、長く信じられてきましたが、現在では信じられていません。特定の個人の創作によるものではないと考えられるからです。ですが、こういう説が出てくること自体、ひらがなが男性と密接な関係を持っていた証拠です。

19　ひらがな文には漢字も入る

もう一つ、ひらがな文について、誤解されていることがあります。それは、ひらがな文は、ひらがなだけで書かれ、漢字は全く含んでいないと思われている点です。ひらがな文は、確かにひらがなが中心ですが、漢字を使わざるを得ない場合には、漢字を使っています。

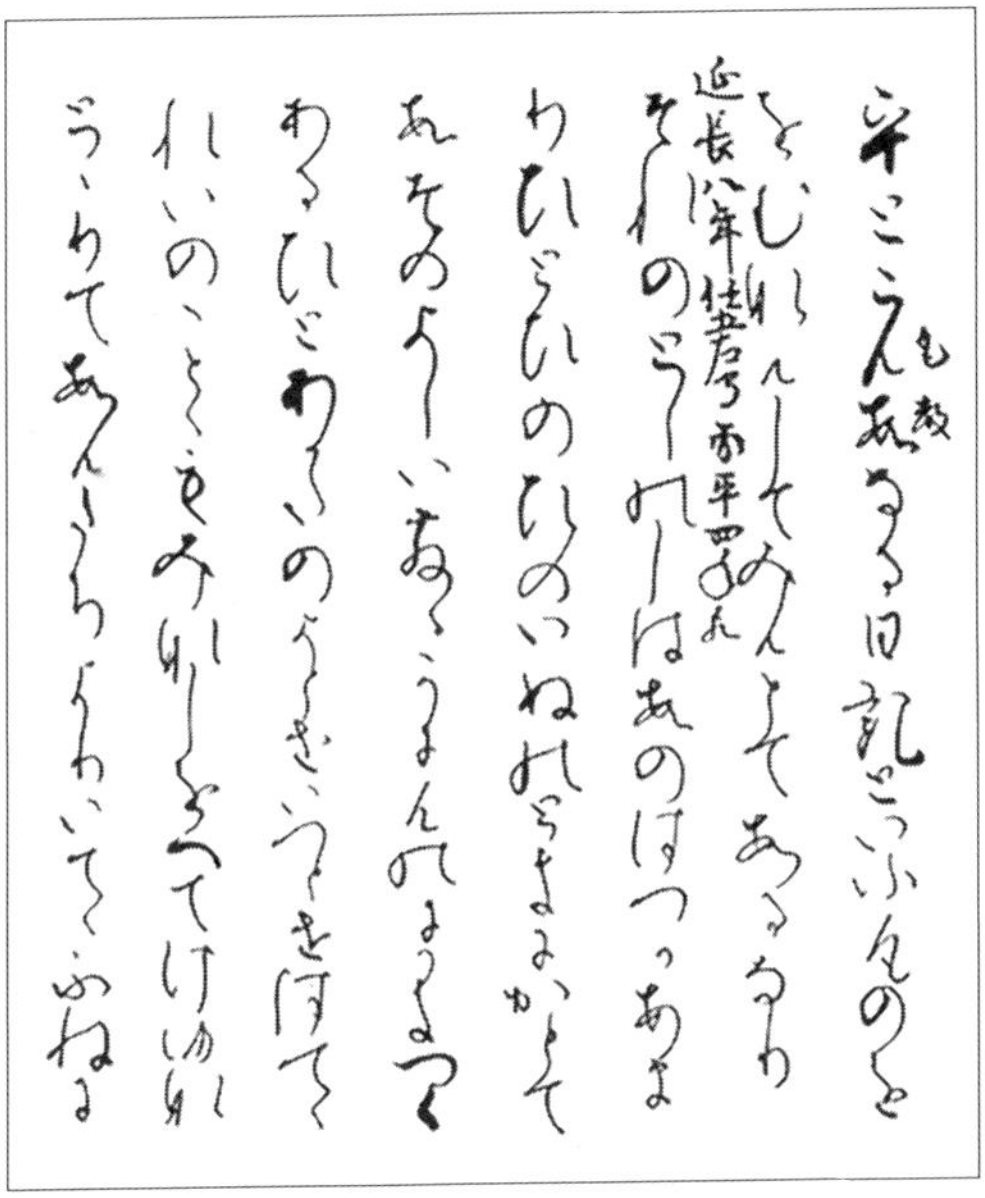

図11　青谿書屋本『土左日記』。貫之の自筆の趣を伝える写本。（新典社刊『影印本　土左日記』より）

まずは、実例を示します。先ほど引用した『土左日記』の冒頭部分です。**図11**は、紀貫之が書いた自筆の趣を伝える良い写本として有名です。

本文は、ほとんどひらがなですが、一箇所だけ漢字でかかれています。最初の行にある「日記」です。ひらがなで「にき」と記すこともできるところです。当時は、促音「っ」を表記しないので、「にき」です。「をとこもすなるにきといふものを」と書くことも不可能ではなかった。でも、そうすると、切れ目が分かりにくい。「をとこもすなるに、きといふものを」などと誤読され、意味の通じない恐れもある。こういうときに漢字で

「日記」と書けば、誤読されるのを防げます。

さらに、小松英雄さんは、『土左日記』では、当時、ひらがなで書くよりも漢字で記すのが当然と考えられた漢語は、漢字で記されていると指摘しています。たとえば、「願（ぐわん）」「京（きやう）」「明神（みやうじん）」「白散（びやくさん）（＝健康を祈って元日に服用した粉薬）」など。当時、「ぐゎ」「きゃ」「みゃ」「びゃ」などの拗音をひらがなで写す習慣がなく、漢字書きが普通だったのです。また、「五日」「七日」「二十八日」などの見出し語の役割をする語も漢字で書かれています。

ひらがな文は、決してひらがなだけで書かれている文章ではありません。少ないけれども、①拗音が入っている漢語、②誤読される危険性のある場合、③見出し語的な語には、漢字を与えて書く場合があるのです。

20　ひらがな文は話し言葉で書ける

ひらがなの功績は、物語・日記・随筆という散文を中心とする文学ジャンルを開花させたことです。和歌や歌謡などの韻文は字数が限られていますから、万葉仮名でも表現できます。でも、長い散文の文章はひらがなの発明を待って初めて可能になります。しかも、ひらがな文は、自分たちの日常使っている話し言葉を基盤にする文章です。日常使っている話し言葉で文章が書ける、こんなすばらしいことが到来したのです。

ひらがなをもった平安時代の人は、まず、それまで口で語り伝えられてきた歌にまつわる物語を文字化するという試みを行ないました。その結晶が、『伊勢物語』です。

むかし　ゐなかわたらひしける人の子ども　井のもとに
いでてあそびけるを　おとなになりにければ　をとこも

昔、田舎回りの役人の子どもたちが井戸のところに出て遊んでいたんだけど、大人になったんで、男も女も

女もはぢかはしてありけれど　をとこはこの女をこそえ
めとおもふ　女はこのをとこをとおもひつつ　おやのあ
はすれども　きかでなむありける

（天福本『伊勢物語』二三段）

こうした話し言葉を中心にするやわらかい語り口調は、漢文や漢式和文や漢字カタカナ交じり文では到底表すことができません。

さらに、平安時代の人は、口で語り伝えられてきた話をもとに、創作の筆をふるって肉付けし、『竹取物語』を書きました。けれども、まだ創作には慣れていません。肉付けされた部分は、ぎこちなく、かぐや姫は、「銀（しろかね）を根とし、金（こがね）を茎（くき）とし、白き玉を実（み）として立てる木あり」といった、漢文訓読調の書き言葉を口にしており、会話がリアリティを獲得していません。続いて、平安時代の人は、『宇津保（うつほ）物語』を書き、ひらがな文が長編に耐えることを実感しています。また、『落窪（おちくぼ）物語』では、日常会話を生かした継子いじめの物語を書いています。

物語ばかりではありません。自分の感情を話し言葉で赤裸々に綴ることができるひらがな文の日記も書きました。『蜻蛉（かげろう）日記』です。『蜻蛉日記』は、こう記しています。

このときのところに　こうむべきほどになりて　よきか
たえらびて　ひとつくるまにはひのりて　ひときやうひ
びきつづきて　いとききにくきまでののしりて　このか
どのまへよりしもわたるものか

（桂宮本『蜻蛉日記』上巻）

お互いに恥ずかしく思っていたんだけど、男はこの女こそ妻にしたいと思う。女はこの男を夫にしたいと思っていて、親が他の男と結婚させようとしても、承知しないで、いたんだって。

あの時めく女のところでは、出産予定のころになって、縁起の良い方角を選んで、夫も、その女と一つの車に乗りこみ、京都じゅう響き渡るぐらいに大げさに車を連ねて、聞くに耐えないほど騒ぎたてて、こともあろうに、私の家の門の前を通っていくではないの！

結婚して一年余りで、夫はもはや他の女のところに通いつめている。その女は、もうじき出産。作者は、あまりのことに「ものか」という、驚きあきれ、非難の意をこめて反問する言葉を使っています。「こんなにひどいことってあると思う?」とばかりに、作者は読者に訴えかけ、同意を求めてきます。

清少納言も、『枕草子』を書いて、感性の輝く随筆文学の道を開きました。

　春はあけぼの　やうやうしろくなりゆく山ぎは　すこしあかりて　むらさきだちたる雲のほそくたなびきたる

（能因本『枕草子』一段）

春の、もっとも趣のある瞬間を捉える鋭い感性は、身に付いた日常の話し言葉でつづれるひらがな文だからこそ表現できたのです。

すでにお話ししたように、韻文である和歌も、平安時代にはひらがな文で記され、繊細な文学的感性と表現技術を磨きあげました。和歌で使う言葉は、日常の話し言葉よりも伝統的で雅やかな香りを漂わせています。また、散文と違って、掛詞（かけことば）・縁語（えんご）・本歌取りなどの独特の技法があります。そうした和歌で使う言葉と技法を散文のひらがな文にとりいれて、物語を書いたら、どうなるのか。『源氏物語』の誕生です。

21　『源氏物語』は和歌的散文

本来、韻文と散文は、違ったルールによって書かれる文章です。ところが、『源氏物語』は、散文のルールの中に、和歌で用いる言葉と技法を取り込んで、長編の男と女の物語を作り上げました。物語の中で、登場する男と女の感情が高まってゆくと、彼らに和歌を歌い上げさせる。さらに、地の文にも、和歌の言葉と技法を編み込んで、独特の文章を作り上げる。薫大将が、ほのかに思いを寄せる宇治の姫君のところにお忍びで行く様子は、こう語られています。

> 山がつのおどろくもうるさしとて　ずいじんのをともせさせ給はず。しばのまがきをわけつつ　そこはかとなき水のながれどもをふみしだくこまのあしをとも猶しのびてとようひし給へるに　かくれなき御にほひぞ風にしたがひて　ぬししらぬかとおどろくねざめの家々ありける
>
> （大島本『源氏物語』橋姫）

> 猟師やきこりが目を覚ましたらわずらわしいと、おつきの者にも声をたてさせないようになさる。柴の垣根の間を分けながら、ささやかな水の流れを踏みしだく馬の足音も、人の耳にたたないようにと用心していらっしゃったのに、やはり、隠れようのない御匂いばかりは風のまにまに漂い、「主しらぬ香」がする、と驚き目をさます家々があるのであった。

有明の月の下を、しのびやかに歩む薫一行の姿が、王朝絵巻を見るようにくりひろげられています。ここに見られる「山がつ」「しばのまがき」「ふみしだく」「こま」「ねざめ」という言葉は、日常会話にはもちいない歌の世界の言葉。また、「主しらぬ香」の語句には、踏まえている和歌があります。「主しらぬ　香こそにほへれ　秋の野に　誰がぬぎかけし　藤袴（ふぢばかま）ぞも」という『古今和歌集』の歌。当時の教養ある人たちがそらんじています。和歌を背後に感じさせることによって、「主しらぬ香」という語句のイメージが膨らみます。重層効果がでる。和歌の本歌取りの技法の応用です。『源氏物語』の文章が、話し言葉だけで書かれたひらがな文よりも、格段に優美な趣を備えているのは、和歌の言葉と手法をとりこんで語られているからです。

22　ひらがな文は、なぜ代表にならなかったのか

ひらがな文は、『源氏物語』に代表されるさまざまの王朝文学を生み出した文章様式。それなのに、なぜ、日本語の文章の代表にならなかったのでしょうか?

第一に、ひらがな文が読みにくいことです。ひらがな文にも漢字が入るといっても、限られた語だけです。中心は、あくまでひらがなです。今までに例示したひらがな文の文学作品例をもう一度ご覧ください。意味の切れ目には空白を入れて読みやすくして引用したにもかかわらず、読みにくい。

第二に、ひらがな文は、漢語をとりこみにくいことです。この世には、抽象的な意味を持つ漢語でしか表せない世界があります。たとえば、政治や経済や宗教にかかわる事柄です。ひらがな文が得意なのは、日常の話し言葉で綴る男と女の世界です。つまり、ひらがな文で表せる世界は、限られているのですね。

第三に、ひらがな文は、論理的に物事を述べていくのには不向きな文章様式であることです。ひらがな文は、和歌で鍛えられた文章ですから、語句と語句との関係を明確にする必要のない文章様式です。語句と語句とは付かず離れずの関係にあります。こうした文章は、論理性を要求される文章には不向きです。

それに対して、漢字カタカナ交じり文は、第一に読みやすい。実質的な意味を持つ語は漢字で、付属的な役割をする助詞や助動詞や活用語尾はカタカナでという役割分担が出来ており、一目で意味がとれます。漢字カタカナ交じり文は、表意文字と表音文字のいいところを取って組み合わせた優れものです。

また、漢字カタカナ交じり文は、もともと学問の場から生まれた文章様式です。抽象的な意味を持つ漢語を自在

に駆使して、政治・経済・社会などのいささか硬いジャンルのことも記すことができます。さらに、漢字カタカナ交じり文は、漢文を訓読することから誕生しているので、その根底に論理的な漢文の発想を持っています。

こうして、漢字カタカナ交じり文が、ひらがな文を抑えて、日本の文章の代表の座をしとめていきます。

平安時代には、万葉仮名からカタカナ・ひらがなという日本の文字が生み出されました。そのため、書き記す文章も、漢文体、漢式和文体、宣命体のほかに、漢字カタカナ交じり文体、ひらがな文体なども生まれ、用途に応じて使い分けていました。このなかで、適用範囲が広く、最も効率的な文章は、漢字カタカナ交じり文。漢字カタカナ交じり文が、ひらがな文を抑えて日本語の文章の代表になっていったのは、それなりの理由があったのです。

四　うつりゆく古代語

——鎌倉・室町時代——

優美な貴族文化は姿を消し、覇権争いにあけくれる武士たちの時代がやってきました。勇敢で力強くあることを求める武士の時代には、平安時代に出来上がった文の決まりも、相当姿を変えていきます。いわゆる「古典文法」が変容していく時期です。私たちが高校で学んだ「古典文法」は、平安時代の言葉の決まりだったのです。

一体どんなふうに、「古典文法」の約束事が変化していったのでしょうか？　この時代は、ことばの約束事、つまり文法を中心にして移り行く日本語の姿を追ってみます。

1　「係り結び」に注目

「文法」といっても、そんな堅苦しいものではありません。高校の「古典文法」の時間に誰でも習ったことのある「係り結び」を中心に話しますから、簡単です。「係り結び」は、高校の古典の授業で耳にたこが出来るほど、教えられました。

「いいですか、古典では『ぞ』『なむ』『や』『か』という係助詞（かかりじょし）が文中にあったら、終止形ではなく、連体形で結ぶんですよ。『こそ』という係助詞が文中に入ったら、已然形（いぜん）で結ぶんですよ。たとえば、『花、咲きけり』が普通の文だったら、『花ぞ、咲きける』『花なむ、咲きける』『花こそ、咲きけれ』というと、強調表現になります。『花や、咲きける』『花か、咲きける』といえば、疑問表現や反語表現になるのです」と。

でも、よく考えると、疑問が次々に湧いてきます。一口に強調と言っても、「ぞ―連体形」「なむ―連体形」「こそ―已然形」の間に、何か違いはないのか。同じく疑問表現や反語表現にしても、「や―連体形」「か―連体形」の間に、違いがあるのではないか。それに、古典文法であれほどやかましく言われた文の決まりが、なぜ現在には伝わらなかったのか。その痕跡すら現代には残っていないのか、などと。

それを解く鍵が、鎌倉・室町時代にあるのですね。鎌倉・室町時代に、「係り結び」が姿を消していきます。なぜ、消えていくのか。「係り結び」の消失は、日本語の構造にまでかかわる大きな問題に連なっています。

2　強調するといわれても

まず、「古典文法」で取り扱われた平安時代の係り結びの法則なるものを、ざっと整理しておくことにしましょう。強調表現をつくる「なむ—連体形」「ぞ—連体形」「こそ—已然形」にまずは注目。これら三つの表現形式に、意味的な違いはないのか。

どうも、あまりハッキリした違いが分かっていません。その証拠に、どの古語辞典を引いてみても、違いは述べられていません。たとえば、手元にある小学館の『全訳古語例解辞典』をひいてみます。「なむ」をひくと、「上の事柄を特に取り立てて強調する意を表す」と記されている。つづいて、「ぞ」をひいてみる。「上の事柄を特に取り立てて強く指し示し、強調する意を表す」と書かれている。「なむ」の説明とほとんど同じ。最後に「こそ」を引いてみる。「上の事柄を特に取り立てて指し示し、強調する意を表す」と記されている。これまた「ぞ」「なむ」とほとんど同じ。三者の違いは、説明されていません。

でも、何らかの違いがあるからこそ、三種類の表現形式があるのですよね。「なむ—連体形」と「ぞ—連体形」と「こそ—已然形」の間の違いを、さまざまな従来説を参考にしつつ、私なりに整理してみます。

3　念を押して強調する

平安時代の初めに出来た『竹取物語』の文をもとに、三者の違いを考えます。『竹取物語』は、現代人も絵本などでその内容を知っているので、分かりやすい。かぐや姫が、五人の貴公子、そして天皇にまで求婚されたけれど、すべて断り、八月十五日の夜、月の世界に帰っていく話。

では、「なむ―連体形」の係り結びによる強調表現から。現在存在しない表現形式ですから、口語訳はかなり難しい。でも、その感じをつかむために下段に付します。

その竹の中に、もと光る竹なむ一筋ありける。（『竹取物語』）

その竹の中に、根元の光る竹がネ、一本あったんですよ。

これは、竹取の翁が、かぐや姫を見つけるきっかけになった冒頭部分にある文。「もと光る竹一筋ありけり（＝根元の光る竹が一本あった）」という、事実だけを直截的に述べる文に対して、「なむ」が入ると、聞き手を意識し、聞き手の目を見つめ、念を押し、同意を求めて穏やかに語る口調をもった文になります。「なむ―連体形」は、念を押しつつ語る強調表現を作り出すもの、そう考えられます。

4　指し示して強調する

「ぞ―連体形」は、どんな意味合いを持つ強調表現なのか。前の「なむ―連体形」の文を、「ぞ―連体形」に換えてみます。

　その竹の中に、もと光る竹ぞ一筋ありける。（作例）

　　その竹の中に一本あったのは、根元の光る竹だった。

「ぞ」の下にある「一筋ありける」という状態が起きたのは、まさに「もと光る竹」においてなのだという強調表現です。「もと光る竹」が、「一筋ありける」の対象として指し示されて強調されています。さらに、実例で確認しておきます。

　これを見たてまつりてぞ、国のつかさもほほゑみたる。（『竹取物語』）

　　国司も苦笑いをしたのは、まさにこれを見申しあげた時だった。

　かぐや姫に所望されて、大伴（おおとも）の大納言が、龍の頸（くび）の玉をとりに行き、さんざんな目にあった話。大伴の大納言は、家来に任せておくことが出来ずに、自らも龍の頸の玉をとりに出かけたまではいいのですが、海で大しけに遭い、命からがら浜に打ち寄せられて助かった。両眼は腫れて大きく膨らみ、スモモを二つくっつけたように見えた。国司が「ほほゑみたる」のは、他ならぬ「これ（＝スモモを二つくっつけたような腫れた眼）を見たてまつりて」だったという意味です。「ほほゑむ」は、現在と違って、苦笑や失笑の意味です。

「ぞ―連体形」は、「ぞ」の下で説明される動作や状態が起きるのは、「ぞ」の上に示された点においてなのだという、指し示しによる強調表現だったと考えられます。

5　取り立てて強調する

最後は、「こそ―已然形」です。まず、最初にあげた文を「こそ―已然形」に変形して、その違いを考えてみます。

その竹の中に、もと光る竹こそ一筋ありけれ。（作例）

その竹の中に、根元の光る竹こそ、一本あったのだった。

根元の茶色くなった竹、根元の折れている竹、など、さまざまあるけれど、なんと根元の光る竹があった、というわけで、「根元の光る竹」をそれ以外の竹と区別して取り立てて強調しています。実例でさらに確認してみます。

「我こそ死なめ」とて、泣きののしること、いと堪えがたげなり。（『竹取物語』）

「私こそ、死んでしまいたい」と言って、おさえきれない様子で泣き騒いでいる。

かぐや姫が月の世界に帰ることを知った翁の反応です。「こそ」は、その上に述べられた事柄を強く取り立てて強調します。死にたいのは、「あなた」でもなく、「おばあさん」でもなく、他ならぬ「私」であるというふうに、取り立てて強調しているのです。「こそ―已然形」は、取り立てることによる強調表現です。

以上の「なむ―連体形」「ぞ―連体形」「こそ―已然形」という、三種類の係り結びは、同じく強調表現と言っても、それぞれ、念を押すことによる強調、それと指し示すことによる強調、取り立てることによる強調という違いがあります。

6　疑問や反語を表したい時

では、疑問表現や反語表現をつくる「や―連体形」と「か―連体形」は、どうでしょうか。

奈良時代では、「か―連体形」の方が、「や―連体形」よりも優勢でした。でも、平安時代になると、逆転します。「や―連体形」の方が勢力を強め、「か―連体形」は限定された使い方になったのです。「いかに」「いかで」「なに」「など」「いつ」「いづれ」「いくつ」「たれ」などの疑問詞が上に来る時にだけ、「か―連体形」が用いられるのです。

では、その意味にどんな違いがあったのか。まず、疑問表現として使われている場合に注目してみます。

世界の人のいひけるは、「大伴の大納言は、龍の頸の玉や取りておはしたる。」（『竹取物語』）

世間の人が言うことには、「大伴の大納言は、龍の頸の玉をとっていらっしゃったのか。」

先ほども登場した大伴の大納言の話です。妻たちとも離婚し、かぐや姫との結婚を着々と準備していたのに、散々な目にあった大納言。追い討ちをかけるように、世間の人は口さがない。「大伴の大納言は、龍の頸の玉をとっていらっしゃったのか」という問いを発し、「龍の頸の玉は取らなかったけれど、両眼にスモモのような玉を付けていらっしゃったよ」と言い合って笑う始末。

「や」は、「たる」という連体形に呼応して、疑問表現をつくっています。ところで、問われている事柄は、何か。ここが、大事な点です。「大伴の大納言は、龍の頸の玉をとっていらっしゃった」という文全体の内容ですね。「玉」とか、「(取りて) おはしたる」などの、文の一部分が疑問の対象になっているわけではありません。

では、「か―連体形」の方は、どうでしょうか。

「いかに思ひてか、汝らかたきものと申すべき。」
（『竹取物語』）

「どう思って、お前たちはそれを困難だと申すのか。」

このセリフは、「龍の頸にある玉をとるのは無理です」と訴える家来たちに向かって、大伴の大納言が詰問する言葉です。「か—連体形」の形は、「いかに」という疑問詞とともに用いられています。「いかに思ひてか」は、どこにかかるのか？「申す」です。「申す」の理由が問われているのです。文の内容全体が疑問の対象になっているのではなく、「申す」という文中の一点について、その理由を問うている。これがポイントです。同じく疑問を表すと言っても、「や—連体形」は、文全体の内容を疑問の対象にするのに対して、「か—連体形」は、文の一点を疑問の対象にしている。これが、二つの表現の違いです。

次に、反語表現を表す場合に注目してみます。反語表現というのは、話し手が心の中に確信を持ちながら、表面上は疑問の形を取ってあえて相手に問いかける表現ですね。ですから、常に文全体で述べられた内容が問題になります。つまり、疑問表現の時のような違いは、「や—連体形」「か—連体形」の間で起きません。では、違いはどこにあるのか？

「この女のたばかりにや負けむ」と思して、仰せたまふ、
（『竹取物語』）

「この女の計略に負けられようか。（負けられない）」とお思いになり、ご命令をお出しになる、

天皇の使いにも、会わずに追い返してしまうかぐや姫に対して、天皇のいどみ心が湧き起こる場面です。「この女の計略に負けられようか」と、問いかけの形をしていますが、答えは決まっています。「この女の計略になんか負けられない」です。相手の答えは、あらかじめ想定されているので、問いかけの形にした分だけ言いたいことが強調されるわけです。この強調の度合いに注目して、次の「か—連体形」でつくられた反語表現の例を味わってみ

てください。

「帝の御使をばいかでか、おろかにせむ。」（『竹取物語』）

「帝のお使いをどうしておろそかにできようか。（できっこないのよ）」

天皇からの使者も無視するかぐや姫に、おばあさんが言って聞かせている言葉。「いかで（＝どうして）」という疑問詞をともなっているので、その分想定される答えが強調されます。「帝のお使いをおろそかにすることなどできっこないのよ」という強い語気の反語表現になります。つまり、反語表現になった時の「や―連体形」と「か―連体形」の違いは、語気の強さにあります。つねに、「いかで」「など」などの疑問詞と一緒に用いられる「か―連体形」の方が、「や―連体形」よりも、語気が強い。鎌倉・室町時代の武士たちは、語気の強い方を好みそうですが、はたしてどうでしょうか。鎌倉・室町時代の様子が知りたくなってきました。

7　現代に痕跡はあるか

でも、その前に、私たちの生きている現在の状況をおさえておくことにします。現在では、こうした係り結びの痕跡は、残っていないのか。係り結びそのものは、現在には、まったく残っていません。けれども、その痕跡なら、指摘できます。「こそ」です。結びの已然形こそありませんが、「こそ」は、現在でも、文中に使われ、とりたてて強調する意味を持っています。

おれは言葉や様子こそ余り上品じゃないが、（夏目漱石『坊っちゃん』）

「言葉や様子」を、それ以外のものと区別して取り立てて強調しています。こんなふうに、「こそ」だけは、昔の係り結びの名残りとして、文中に残り、日常の会話で活躍しています。ただし、注意して下さい。もはや係り結びの法則は成り立っていません。なぜなら「結び」にあたる形がないのですから。係り結びは、「係りの助詞」に呼応する「結び」がなくては「係り結び」ではありません。「こそ」だけなら、単なる取り立ての助詞です。

他の係り結びの痕跡は、すべて日常会話からは失われています。むろん、昔の言葉や文法にのっとって書いた古めかしい文章や歌には、現在でも係り結びが使われていることがあります。とても身近な例は、「蛍の光」や「あおげば尊し」の歌です。

私たちが卒業式で歌う「あおげば尊し」には、「こそ―已然形」が使われています。あの歌詞は、明治一七年ごろに古語を使って作られたものです。現在では意味が通じにくいので、参考までに口語訳をつけておきます。

仰げばとうとし、わが師の恩。教えの庭にも、はや幾年（いくとせ）。思えばいと疾（と）し、この年月（としつき）。今こそ別れめ、いざさらば。

仰ぎ見れば、尊いことだ、先生の恩は。教えを受けた教場ではもはや何年も過ごしている。思い返してみると、なんと早かったことか、年月の過ぎ去るのが。さあ、今こそお別れしよう、さようなら。

最後の「今こそ別れめ」の「こそ」は、「別れめ」の「め」と呼応して係り結びをきちんと形成しています。「め」は、意志を表す助動詞「む」の已然形です。「今こそ別れよう」の意味です。

白状すると、私は、小学生の時、「め」は「目」で、「つなぎ目」「境目」などとおなじ意味の「目」だと思っていたのです。「今こそ別れ目」だとばかり思って歌っていました。歌にしては、なんだかしっくりしない言葉が入っているとは思ったのですが。「こそ―已然形」の係り結びだと気づいたのは、ずっと後のことです。こうして「こそ―已然形」は、現在でも、儀式で歌う歌に残ってはいますが、決して日常つかっているわけではありません。

書き言葉として、残っているだけです。

8　明けてぞけさは別れ行く

「ぞ―連体形」も、現在、よく歌う「蛍の光」に使われています。「蛍の光」は、明治一四年ごろに古い言葉で作られた小学唱歌です。もとはスコットランド民謡ですが、それに日本語の歌詞をつけて、卒業式の歌にしたもの。故事を踏まえ、掛詞（かけことば）まで使っている難しい歌です。

ほたるの光、窓の雪。書（ふみ）よむ月日、重ね
つつ、いつしか年も、すぎの戸を、あけ
てぞけさは、別れゆく。

蛍の光や窓の外に積もる雪を明かりにして本を読み学ぶ月日を重ねて、
いつしか年も過ぎてしまったが、杉の戸を開けて、夜が明けた今朝は、
別れてゆきます。

「ほたるの光、窓の雪」は、中国の故事を踏まえています。昔、中国に車胤（しゃいん）という人がいた。貧しくて灯火にする油が買えなかった。彼は、数十匹の蛍を袋に入れて、その光で本を読み、勉学に励んだ。一方、孫康（そんこう）という人も、貧苦のために灯火の油が買えない。彼は、雪明かりを利用して書を読み、勉強した。その甲斐あって、二人とも立派な役人になったとサという故事ですね。日本では、「蛍雪（けいせつ）の功」という諺となって、広く知られています。

また、「すぎ」の語に「過ぎ」と「杉」の意味を掛け、「あけて」に「夜が明けて」と「戸を開けて」の意味を掛けています。さて、この「あけてぞ」の「ぞ」が、「ゆく」という連体形でむすばれる係り結びです。小学生の時、卒業式で歌うために、「蛍の光」をみんなで練習しましたが、「ぞ」が係助詞であるなどとは知りませんから、「ぞ

蛍 の 光

図 12　卒業式には必ず歌う「蛍の光」。原曲は、スコットランド民謡。（『日本の唱歌（上）』講談社文庫より）

けさは」と歌って、先生にしばしば注意されました。

図12の楽譜を見ていただけば分かるように、「あけて」の「て」が短い八分音符。その後の「ぞけさは」は長い音符の連続なので、どうしても「て」で切って息継ぎをしてしまうのです。切ってはいけない理由がわからないので、何回も「ぞけさは」と歌ってしまい、やり直しさせられた記憶が残っています。この箇所が、「ぞ—連体形」の係り結びであることに気づいたのは、高校で「古典文法」を学んだ時のことでした。

「蛍の光」の歌については、最近面白いことがありました。私が、大学で「日本文化コース基礎演習」という授業をしていた時のことです。その授業には、オランダから来た留学生が参加していました。「『蛍の光』は、日本では卒業式に歌います」と私が説明して、メロディを少しだけ口ずさむと、彼は、俄然目を輝かせて発言しました。「それは、オランダでは、サッカーの応援歌です。」そして、彼は、日本人学生の求めに応じて、美声を張り上げてオランダ語で歌ってくれたのです。日本の「蛍の光」よりも、テンポが早く、確かにサッカーの応援歌らしくなっているのです。国によって、どんな場合の歌にするかは、大いに異なっているのですね。

というわけで、「ぞ—連体形」も、古語でつくった歌には使われ、現在も歌っています。でも、私たち現代人が、

「ぞ―連体形」を日常会話で使っているわけではありません。ここが、ポイントです。

係り結びが、いつまで命を保っていたかという問題を考える時には、日常使う表現としていつまであったかという意味でないと、収拾がつかなくなります。古語で書かれた文章に見られるからと言って、実際に使われているわけではないことを意識していただきたいわけです。こういう場合は、その表現が生きて活躍していた場合からは除いて考えねばならないのです。

では、そんなふうに規定してから、係り結びの寿命を考えてみたいと思います。係り結びはいつまで日常会話の中で生きた表現として使われていたのか。早速、鎌倉・室町時代の資料を追跡してみます。

9　「なむ―連体形」は衰える

鎌倉・室町時代の軍記物語を楽しみながら、まず「なむ―連体形」の例を観察しようともくろみました。ところが、『平家物語』をはじめとする軍記物語をいくら読んでも、「なむ―連体形」が現れない。もっとも、鎌倉・室町時代は、「なむ」が、「なん」に変わっているのですが、それにしても、「なん―連体形」の強調表現は、軍記物語には使われていません。

その代わりに、「ぞ―連体形」「こそ―已然形」のパレードです。一体どうしたことなのか。「なん―連体形」という強調表現は、早くも消滅してしまったのか？　軍記物語以外の作品に見られるかもしれません。

探してみると、平安時代のひらがな文に親しみ、それに憧れを持っていた鎌倉時代人の書き物には、見られます。たとえば、『徒然草（つれづれぐさ）』。兼好法師は、こう記します。

図 13　『版本絵入徒然草』人の命にしみじみと思いを馳せる兼好法師。(京都大学付属図書館蔵。和泉書院刊『和泉影印叢刊 26』より)

ひたすら世をむさぼる心のみ深く、もののあはれも知らずなりゆくなんあさましき。
(『徒然草』七段)

ただやたらに名誉や利益をほしがる心ばかりが深くなり、この世の深い情趣も分からなくなってゆくのは、まったくあさましい。

兼好法師は、ご存知のように、四〇歳(今なら五〇歳～六〇歳)未満でこの世とおさらばするのが良いという思想の持ち主です。それ以上長生きすると、子や孫の立身出世を見届けるまでの命を期待してあさましい限りというのです。ハイ、申し訳ありませんなんて言ってしまいそうですが、「なん」の結びはしっかりと「あさましき」という連体形になっています。**図13**の兼好法師を見て下さい。ああ嘆かわしいと言って、深いため息をついていそうです。

さて、ようやく『徒然草』に見つけられた「なむ―連体形」ですが、『徒然草』でも、決して多用されているわけではありません。「ぞ―連体形」「こそ―已然形」の係り結びに比べて、きわめて使用例が少ないのです。

物好きに数えてみました。すると、兼好法師は、「こそ―已然形」の係り結びを、一九五回、「ぞ―連体形」を、一〇〇回も用いているのに、「なん―連体形」の係り結びは、わずか一〇回しか使っていません。「こそ―已然形」の約二〇分の一、「ぞ―連体形」の一〇分の一です。
兼好法師としばしば比べられる鴨長明の『方丈記』でも、使用状況は同じです。「なん―連体形」は、鎌倉時代に入るやいなや、衰えはじめているのです。でも、まだ会話文にも用いられていますから、当時の人々の話し言葉に全く登場しないわけではないことが分かります。

10　なぜ衰退したのか

平安時代に隆盛を誇った「なむ―連体形」が、鎌倉時代に入るやいなや、衰えるのは、なぜなのか。平安時代の「なむ―連体形」の使用状況をもう一度吟味してみると、限定された環境で頻用されていたことに気づきます。やわらかい語りの口調に限って出現する強調表現なのです。

むかし、男、武蔵の国までまどひ歩(あり)きけり。さて、その国にある女をよばひけり。父はこと人にあはせむといひけるを、母なむあてなる人に心つけたりける。父はなほ人にて、母なむ藤原なりける。さてなむあてなる人にと思ひける。

（『伊勢物語』一〇段）

昔、ある男が武蔵の国までさ迷い歩きました。そして、その国に住んでいる女に求婚しました。女の父親は、別の男と結婚させようと言ったけれど、母親はデスネ、高貴な人にと心掛けていたのです。父は、並みの身分の人で、母親はデスネ、藤原氏出身だったのです。それですからこそネ、高貴な人にと思ったのでした。

口で語られていた話をもとにして書き記した『伊勢物語』の例です。現在にも通じる結婚相手についてのお話。

お母さんのほうは娘をいい家柄の男に嫁がせたい。お父さんのほうは、自分の出自もたいしたことないからそんなことは望まないという文脈です。口語訳を見ていただくと、いくらかその感じが分かると思うのですが、話し手のきらきら輝く目、身振り手振りまで見えてきそうな「なむ—連体形」を使った文章です。

係助詞「なむ」が入ったことによって、聞き手は相槌を要求されているような気分になり、ついつい話に引き込まれ、文末までその力でひっぱられ、話し手についていってしまう文章です。やわらかで、ねばりつくような語りに用いられる強調表現なのですね。ですから、韻文である和歌にも、用いられません。

こういう強調表現は、強さやたくましさを求める武士の時代には、いささか不向きです。肌合いが違いすぎる。「なむ—連体形」は、やわらかい語り口調を基調にした平安時代には愛用されたけれど、武士の時代にはやわらかさゆえに避けられ、使われなかったと考えられます。

11　「なむ—連体形」の消滅

「なむ—連体形」は、それでも、王朝文学を愛する鎌倉時代人によって、かろうじて鎌倉時代の終わりまで、何とか寿命を保ちました。けれども、よれよれ。使用されることが少ないばかりではなく、結びの形も崩れてきています。「なむ」と呼応するはずの連体形は、普通の終止形になってしまったりするのですね。鎌倉時代の半ばに出来た説話集『十訓抄（じっきんしょう）』の序文に、こう出てきます。

翁、念仏ノヒマニ、是ヲシルシヲハル事シカリトナンイヘリ。（『十訓抄』序文）

翁が念仏生活の合間に、これを記し終わったとネ、言っている。

「ナン」の結びは、「リ」という終止形ではなく、「ル」という連体形のはずです。序文は、最も気合を入れて書く部分だと思うのですが、そこに「なむ―連体形」の崩れた例が見られてしまう。ということは、「なむ―連体形」という約束がかなり忘れられているということです。

鎌倉時代の終わりには、「なむ」の結びは終止形になってしまうことが多く、「なむ―連体形」の係り結びの約束はついに消滅してしまいました。

12　慣用的な表現「とぞ申しける」

鎌倉・室町時代で活躍するのは、「ぞ―連体形」「こそ―已然形」という強調表現です。けれども、平安時代のそれとは何か違っています。一体何が違っているのか。用例をあげてみますから、考えてみてください。まずは、平清盛の父、忠盛が異例の出世をして、公卿や殿上人の嫉妬をかい、闇討ちにされそうになったところの例。

五節豊明（ごせつとよのあかり）の節会（せちゑ）の夜（よ）、忠盛（ただもり）を闇討（やみうち）にせむとぞ擬（ぎ）せられける。
（『平家物語』巻一、殿上闇討）

（公卿・殿上人は、）五節豊明の節会の夜、忠盛を闇討ちにしようと、計画をおたてになった。

次は、『太平記』の例。主人に自害を勧め、自分は主人の財宝を盗んでのうのうと生き延びる不忠の輩、狩野五郎重光に、舟田（ふなだ）入道が鉄槌を下した場面。

舟田入道是（これ）ヲ聞キ付（つけ）テ推寄（おしよ）セ、是非ナク召捕（めしとつ）テ、遂ニ頸（くび）ヲ刎（はね）テ、由井（ゆゐ）ノ浜ニゾ掛（かけ）ラレケル。
（『太平記』巻一〇、塩田父子自害事）

舟田入道は、この不忠を聞きつけて、重光のところに押し寄せ、有無を言わせず召し捕って、頸をはねて、由井の浜にさらし首になさった。

どちらの例でも、「ぞ―連体形」が、力強い調子を作り出しています。けれども、平安時代の「ぞ―連体形」とどこか違っています。もう少し、軍記物語にみられる「ぞ―連体形」の例をあげてみますので、ぜひ違いを感じてみてください。

次は、平清盛の娘たちがとりどりに栄えている様子を述べた箇所。七番目と八番目の娘についてです。

安芸国厳島の内侍が腹に一人おはせしは、後白河の法皇へ参らせ給ひて、女御のやうにてぞましましける。其他九条院の雑仕、常葉が腹に一人、是は花山院殿に、上臈女房にて、廊の御方とぞ申しける。

（『平家物語』巻一、我身栄花）

安芸国の厳島神社に仕える巫女の腹から生まれた娘が一人おられたが、この方は、後白河法皇のもとへ参られて、女御のようでいらっしゃった。そのほかに、九条院の下級女官である常葉の腹に一人の娘があり、これは花山院殿の上臈女房となって、「廊の御方」と申した。

さすが清盛と感嘆するほど、さまざまの女性に娘を作らせています。「ぞ―連体形」の箇所は、普通の終止形「女御のやうにてましましけり」「廊の御方と申しけり」にしてはいけないでしょうか。さして、問題がありません。つまり、「ぞ―連体形」にして、強調表現にしなければならない箇所ではないのです。ただ、力強い口調を生み出すための慣用表現的な「ぞ―連体形」です。平安時代の「ぞ―連体形」の持っていた、「ぞ」の上に述べられた事柄を指し示して強調するという実質的な意味合いが弱まっています。

それは、さらに、人物の発言の引用の後に「とぞ申しける」「とぞ宣ひける」と、「ぞ―連体形」を判で押したように繰り返すところからも証明されます。

平大納言時忠卿の宣ひけるは、「……」とぞ宣ひける。

（『平家物語』巻一、禿髪）

弁慶申しけるは、「……」とぞ申しける。

（『義経記』巻四、義経都落の事）

こんなふうに、発言内容を逐一「ぞ―連体形」で強調されると、強調されないのと同じです。「ぞ―連体形」は、もはや実質的な強調表現の機能を失い、力強い口調を出すための慣用表現になってしまっています。

13　「こそ候へ」と固定化してくる

「こそ―已然形」の形も、軍記物語で頻出する強調表現です。たとえば、『平家物語』。清盛の横暴ぶりがしばしば描かれていますが、白拍子とよばれる遊女に対しても清盛の仕打ちはひどかった。最初は、祇王という遊女を寵愛したが、仏御前という遊女が出現するやいなや、祇王をけんもほろろに追い出した。しかも、ふさぎ込んでいる仏御前を見ると、祇王のもとに使者をやり、仏御前を慰めるために参上せよという命令を出す。祇王は、余りの仕打ちに涙にくれるが、母親の教えに従い、再び清盛邸に出向いた。**図14**は、自分を追い落とした仏御前の前で、祇王が屈辱感にさいなまれつつ舞っている場面。その心やいかばかり。次の文は、この場にやって来るまでの経緯を述べた箇所。

　祇王うしと思ひし道なれども、親の命をそむかじと、泣く泣く又出で立ちける、心のうちこそむざんなれ。

（『平家物語』巻一、祇王）

祇王は清盛のいる西八条へ行くのは嫌だと思っていた道であるけれども、母親の命令に背くまいと、泣く泣くまたやってきた、その心のうちこそ痛ましい。

「こそ」は、「むざんなれ」という已然形と呼応して、祇王の心中を思いやり同情する気持ちの強調になっています。祇王を諭す母の言葉にも「ありがたき御情でこそあれ（＝世にもまれなお情けであったのだよ）」とあり、清盛の昔の祇王寵愛ぶりを強調しています。

図14　明暦２年版本『平家物語』。祇王は、屈辱感に打ちのめされながら、清盛と仏御前の前で舞う。（小学館刊『日本古典文学全集29』より）

また、『義経記』にも、「こそ―已然形」は頻出します。次の例は、西から黒雲が湧き起こったのを見て、弁慶が義経にいうセリフ。

「……苔の下に骨を埋み給ひし時、仰せられ候ひし言の今の様にこそ候へ。……これは君の御為に悪風とこそ覚えて候へ。……」

（『義経記』巻四、義経都落の事）

「（平家が攻められ、波の下に屍を埋め）苔の下に骨をお埋めになった時に、彼らが言い残しなさった言葉がたった今のことのように思われます。……これは、殿にとっては悪い風だと存ぜられます。」

「こそ―已然形」は、二回続けて用いられていますが、いずれの例もまだ強調表現として機能しています。けれども、「こそ候へ」という一種の慣用句的な言い回しになってしまっている場合も少なくありません。平安時代の「こそ―已然形」がなまなましく持っていた、そのことを「取り立てて」強調するという意味が薄れてきているのです。

こんなふうに、「ぞ―連体形」も「こそ―已然形」も、本来持っていた強調の意味合いを失い、慣用表現化しています。ということは、やがて滅びて行く兆候です。「ぞ―連体形」と「こそ―已然形」は、どちらが先に、歴史の舞台から退場するのでしょうか。

14　「こそ―已然形」が生き残る

「ぞ―連体形」にも、「こそ―已然形」にも、この時代に、もう一つの衰退の兆しが音もなく進行しています。結びの形を間違えるのです。『平家物語』の祇王の話に、こんな例が見られます。仏御前に心を移した清盛は、祇王を性急に邸内から追い出した。祇王は、清盛のあまりの仕打ちに、母と妹の住む家に帰り着いても、涙にくれるのみで言葉が出ない。母や妹は事情が飲み込めず、祇王についてきた女に尋ねる。

供(ぐ)したる女に尋ねてぞ、さる事ありとも知りてんげれ。　　供の女に尋ねて初めて、そういうことがあったと知ったのであった。

（『平家物語』巻一、『祇王』）

「ぞ」に呼応している言葉を見てください。「知りてんげれ」となっています。「知りてんげれ」は、「知りてけれ」を力強く発音したために訛ったもの。「けれ」は、已然形。「こそ」の結びなら、いいのですが、ここは、「ぞ」の結びなのですから、「ける」でなければなりません。「知りてんげる」となるべきところだったのです。結びを間違えてしまった例です。

次の例は、どこが間違えている箇所でしょうか。楠正成(くすのきまさしげ)が、巧みな兵法と知略で幕府の大軍を防いだ話を語っている段ですが、ここは、正成方が敵方から兵糧攻めにあい、いささか参っている箇所。

是ニコソ城中ノ兵ハ中々被悩タル心地シテ、心ヲ遣方モ無リケル。
（『太平記』巻七、千剣破城軍事）

兵糧攻めにこそ、正成の城の中の兵士たちはかえって困らされた心持がして、気を晴らす方法がなかった。

「コソ」の結びを御覧ください。「無リケル」です。「ケル」は連体形です。ここは、已然形の「ケレ」でなければならないところです。結びが崩れています。

こんなふうに「ぞ―連体形」「こそ―已然形」も、結びが乱れてきているのですが、「なむ」の場合と違って、文末を終止形以外の形で呼応させるという意識だけは残っています。この意識がある限り、乱れつつも、命脈を保ちます。むろん、それも時間の問題ですが。

果たして、その通り、「ぞ―連体形」は、室町時代に話し言葉の世界からは姿を消しました。「こそ―已然形」の方は、もう少し寿命が長く、室町時代末期になってもほとんど法則どおりに用いられています。次の例は、江戸時代がすぐそこまで来ている時の資料に見られるもの。

「これこそ御身を大切に思ふ者なれ、なぜにと言ふに女は夫を大切に思ふといへども、真実ではござない、…」と申した。
（『天草本伊曽保物語』）

「この犬こそ、あなたさまを大切に思うものです。なぜかというと、妻は夫を大切に思うといっても、それはうわべだけで真実ではありません、…」と言った。

「こそ」の結びはきちんと已然形です。「こそ―已然形」は、江戸時代前半までは何とか持ちこたえました。「ぞ―連体形」よりも、なぜ長生きできたのか。「こそ」が、已然形で結ぶというパターンであることが幸いしたのです。どういうことなのか。これについては、「や―連体形」「か―連体形」の状態を見た後に、述べることにします。

15　疑問と反語は、どうなったか

まず、「や—連体形」の状態を探ってみます。やはり、『平家物語』から例をあげます。『平家物語』には、涙をそそる話も多いのですが、「足摺」の段も、読むたびに俊寛の悲痛な思いが伝わってきて、胸が突かれます。

成経・俊寛・康頼の三人は、謀反のかどで島流しの憂き目に遭った。だが、成経・康頼は、親戚たちの必死の嘆願運動のお蔭で、清盛の赦しを取り付け、都に呼び戻された。**図15**は、俊寛だけが島に置き去りにされる場面。後の二人は、迎えの船に乗って都に帰っていく。俊寛は、「足摺（＝足で大地を踏みつけ、ばたばたして怒り嘆く）」をして子供のように泣いて悲しんでいます。「私も乗せてくれ、連れて行ってくれ」と、叫んでいます。

図15　明暦2年版本『平家物語』。一人取り残された俊寛は、「足摺り」をして泣き叫ぶ。
（小学館刊『日本古典文学全集29』より）

次は、清盛の許し文を持った使者が、三人のいる鬼界が島に到着したところ。

舟よりあがッて、「是に都よりながされ給ひし、丹波少将殿、法勝寺執行御房、平判官入道殿やおはする」と、声々にぞ尋ねける。

（『平家物語』巻三、足摺）

使いは、船から上陸して、「ここに都からお流されになった、丹波少将（成経）殿、法勝寺執行（俊寛）御房、平判官入道（康頼）殿はいらっしゃいますか」と口々に叫んで尋ねた。

「や」は、「おはする」という連体形と呼応して、疑問表現になっていますね。軍記物語においては、「や―連体形」は、こんなふうに疑問の意味に用いられています。

一方、「か―連体形」は、反語表現として活躍します。次は、押しかけてきた仏御前に会おうとはしなかった清盛が、祇王のとりなしで、しぶしぶ対面した時に放った言葉です。

「見参するほどにては、いかでか声をも聞かであるべき。今様一つ歌へかし。」

（『平家物語』巻一、祇王）

「会ったからには、どうしておまえの声を聞かないでおられようか。今様を一つ歌ってくれ。」

所望されて歌った今様歌がすばらしかったので、仏御前は清盛の寵愛を得るきっかけになり、逆に祇王は清盛に捨てられる破目に陥った。「か」は、連体形「べき」に照応して、反語表現をつくっています。

例文をもう一度ご覧ください。「か―連体形」の上に、疑問詞「いかで」が使われていますね。疑問詞を冠して使われる「か―連体形」は、反語表現として「や―連体形」よりも語気が強いことを平安時代の例で指摘しておきましたが、軍記物語では、語気の強い係り結びの方を選び取って使っています。しかも、軍記物語では、「いかでか―べき」「などか―べき」「なにか―べき」という、もっとも強い語気を生み出すパターンを愛用しています。武士の好みが、実によく現れています。

こうして、平安時代では、ともに疑問と反語をあらわす係り結びであった「や―連体形」「か―連体形」を、軍記物語では役割分担させています。「や—連体形」を疑問表現に、「か—連体形」を反語表現にというぐあいに。ですが、他の作品では、その区別が顕著ではありません。武士たちの好みの現れた使い分けだったのです。いずれにしても、「や—連体形」「か—連体形」は、南北朝時代を過ぎるとどちらも用例が減少していき、室町時代には消滅しています。

こうして、係り結びは、室町時代の終わりには、「こそ—已然形」をのぞいては、すべて消滅してしまいました。消滅した係り結びは、考えてみると、すべて連体形で結ぶパターンです。一体、どういうことなのか。

16　終止形が連体形と同じ形に

実は、この時代に、連体形が終止形と同じような機能を持ち始めたのです。平安時代までは、連体形で文を止める場合は、次の二つの場合に限られています。一つ目は、上に係助詞「ぞ」「なむ」「や」「か」がある時。二つ目は、余韻を出したい時、です。二つ目の例としては、たとえば、『源氏物語』の次の例。まだあどけない少女は、おばあさんに訴えています。

「雀の子を犬君（いぬき）が逃がしつる。」（『源氏物語』若紫）〜「雀の子を、犬君が逃がしてしまったの。」

連体形で文が終わっています。余韻のあるまろやかな表現です。「雀の子を犬君が逃がしつ。（＝雀の子を犬君が逃がしてしまった。）」といった、終止形で言い切るのとは違った、詠嘆的な意味合いが出ます。そのため、和歌や会話文では、連体形で文を止めることがしばしば行なわれていました。

けれども、こうした連体形止めを頻用しすぎると、どうなるか。連体形止めのもっていた表現効果が薄れ、終止形で終わったのと同じになってしまいますね。平安時代の末期から、連体形で文を終わりにする例がよく見られます。

僧都（そうず）出（いで）テ「彼レハ誰ゾ」ト問（とふ）ニ、「致経（むねつね）」ト答ケル。（『今昔物語集』巻二三第一四話）

のように。「答へける」と連体形止めにしても、「答へけり」と終止形で止めたのと同じ意味しか持たなくなってきています。

鎌倉・室町時代に入ると、連体形がますます終止形の代わりに用いられるようになりました。たとえば、次のように。

勧賞（けんじやう）には闕国（けつこく）を給ふべき由仰せくだされける。（『平家物語』巻一、殿上闇討）

上に係助詞がないのですから、文末は終止形「けり」のはずです。また、特に余情を求めている場合でもありません。にもかかわらず、連体形「ける」になっています。連体形が終止形の機能も備えてしまったのですね。つまり、終止形の役割を連体形が果たせるということです。大変なことが起こりました。なぜって、終止形はいらなくなってしまうではありませんか。

こうして、終止形はついに連体形に吸収合併されてしまいました。終止形が連体形と同じ形になってしまったのです。これは、現代語に連なる変化です。

現代語では、終止形と連体形が同じ形をしています。「する」という動詞を例に取れば、私たち現代人は、文を終わりにするときの形として「する」を使う。「勉強する」のように。これが、終止形です。名詞に続けるときにも、「勉強する時」という形を取ります。これは、連体形です。終止形と連体形が同じですね。

平安時代までは、「する」という形は、連体形です。終止形は「す」です。「勉強する」が連体形、「勉強す」が終止形というように、別の形だったのです。それが、連体形と終止形が同じ形になってしまった。つまり、もとは連体形であった形が終止形にもなったのです。

すると、「ぞ」「なむ」「や」「か」という係助詞がきたときには、連体形で結ぶという緊張した呼応関係は意味をなさなくなります。終止形と連体形が同じ形になってしまったら、終止形か連体形か見分けが付かないのですから。「係助詞が文中にあるときは連体形で結ぶ」という固い約束は意味がないではありませんか。係り結びの存在理由は希薄になっていきました。これが、連体形でむすぶ係り結びが室町時代の末期にはすべて消滅していった大きな原因です。

「こそ—已然形」のほうは、連体形と終止形が同じ形になったことに直接影響されませんから、江戸時代まで生き残れた。でも、確実に「こそ—已然形」の力も弱まります。なにしろ、仲間がいなくなってしまったのです。

17　文の構造を明示する

さらに、係り結びを根絶するような重要な変化が日本語に現れていました。「こそ—已然形」も生き残れないような理由が、静かにひたひたと押し寄せていたのです。それは何でしょうか。

係り結びというのは、強調したいところに係助詞「ぞ」「なむ」「や」「か」「こそ」を挿入します。すると、そこで文が一時ぷつんと中断される。論理の糸が切れるのです。「もと光る竹なむ一筋ありける」を思い浮かべてみると、「もと光る竹」で文が一時中断されますね。かわりに、切れたことによって情緒的な雰囲気がかもし出されます。その後、再び「一筋ありける」に戻って文がようやく完了します。

係助詞というのは、主語であるとか、目的語であるとかという、文の構造上の役割を明確にしない文中でこそ、活躍できるものなのです。たとえば、「花無し」のように、「花」と「無し」とがどういう関係にあるのかを明示する助詞がないときに入り込めるのです。「花ぞ無き」「花なむ無き」「花や無き」「花いかでか無き」「花こそ無けれ」のように。ところが、「花が無い」のように、主語であることを明示する助詞「が」が入ってくると、係助詞が入り込みにくくなります。「花がぞ無き」「花がなむ無き」「花がや無き」「花がこそ無けれ」、変ですね。

鎌倉・室町時代には、まさに、こういうことが起こりはじめたのです。文の構造を助詞で明示するようになってきたのです。とりわけ、鎌倉時代にはいると、主語を示す「が」が発達してきました。

この文、清行が書けりといふ説あれど、高野大師の御作の目録に入れたり。（『徒然草』一七三段）

この文章は、三善清行が書いたという説があるけれど、高野山の弘法大師の御著作目録に入っている。

老い衰えた小野小町のことを書いた『玉造小町壮衰書』の作者について、兼好法師は異議を唱えています。「清行が書けり」ですから、「が」は、間違いなく主語であることを示す助詞です。こうなると、係助詞「ぞ」「なむ」「や」「か」「こそ」が入りにくくなる。いま試みたのと同じです。

またの日、つとめて若狭阿闍梨覚縁といふ人、歌よみなるが来たり。（『宇治拾遺物語』巻三第一〇）

次の日の早朝、若狭阿闍梨覚縁という人で、歌詠みでもある人がやってきた。

これも、主語であることを示す「が」をきちんと使って、文の構造を明示しています。

こんなふうに、文の構造を格助詞で明示していく傾向が生まれたのです。こうなってくると、僅かに残っていた「こそ―已然形」という係り結びも、やがて滅びざるを得ないことが分かります。つまり、係り結びが消滅したということは、日本語が緩く開いていた構造から、しっかりと格助詞で論理関係を明示していく構造に変わったということです。情緒的な文から、論理的な文へ変化していることを示しています。

係り結びの消滅は、日本語の構造の根幹にかかわる重要な出来事です。日本人が情緒的な思考から脱皮し、論理的思考をとるようになったということなのですから。

18　論理関係を明示する

もう一つ、論理的な方向を目指して日本語が動き始めていることを示す現象をあげてみます。それは、文と文との関係を明示しようとする現象です。言うまでもないことですが、文章というのは、文と文が連なって構築されていきます。

むろん、文と文の関係は示さなくても、文はつながって展開していきます。たとえば、平安時代のひらがな文がよくやるように、次のように連ねることだって出来ます。

①かたち清げに髪長くなどして、よき若人になむありける。②いといたう人々懸想しけれど、思ひあがりて男などもせでなむありける。
（『大和物語』一〇三段）

器量もすっきりと美しく髪が長かったりして、いけてる若女房でネ、あったんです。とても熱心に男たちが言いよったけれど、気位が高く男も作らないでネ、いたんです。

武蔵の守の娘について述べている箇所。①の文と②の文との関係を示す接続語は何も使われていません。文脈から言うと、②の文頭に、「されば（＝だから）」などの接続詞を使って文をつなげることも出来たはずです。でも、つなぎ言葉を使っていません。平安時代のひらがな文は、文と文との関係を明示しない方向をとって書かれています。つなぎ言葉になる接続詞が発達していないことからも、それは明らかです。

　ところが、鎌倉・室町時代には、文と文との関係を明示する方向で文章が書かれています。近衛院の后であった右大臣公能の娘が、近衛院亡き後、二条天皇にも所望されて、泣く泣く宮中に戻り、二代の天皇の后になった話をとりあげてみましょう。次の例は、二条天皇が右大臣公能の娘に「入内せよ」という宣旨を下すに至った経緯をのべたところ。

　永暦のころほひは、御年二十二、三にもやならせ給ひけむ、御さかりもすこし過ぎさせおはしますほどなり。しかれども、天下第一の美人の聞えましましければ、主上色にのみそめる御心にて、偸かに高力士に詔じて、外宮にひき求めしむるに及んで、此大宮へ御艶書あり。大宮敢へてきこしめしもいれず。さればひたすら早穂にあらはれて、后御入内あるべき由、右大臣家に宣旨を下さる。

（『平家物語』巻一、二代后）

右大臣公能の娘である大宮は、永暦の頃は御年二十二、三にもなっておられたろうか、女の盛りも少し過ぎていらっしゃる頃である。けれども、天下第一の美人という評判がおありだったから、二条天皇は女色にふける御性質で、ひそかに玄宗皇帝が高力士に命じて外宮に美人を探させたように、使いに命じて外宮に美人を求めさせるに及んで、この大宮のところへこっそり恋文を贈られた。大宮は全然聞き入れようともなさらない。そこで、天皇はただ一途に表向きのこととして后がご入内なさるようにと、右大臣家に宣旨をくだされた。

図16は、二条天皇の宣旨を受けて、右大臣公能の娘が気のすすまない様子で、再び宮中におもむこうとしているところ。娘をなぐさめる父大臣の姿も見えます。

　さて、文章をもう一度ご覧下さい。傍線部のように、接続詞「しかれども」「されば」をいれて、文と文の関係を明示しています。情緒的な文章よりも、論理的な文章がめざされており、「係り結び」の消滅と同じ方向を向い

図 16　明暦２年版本『平家物語』。右大臣公能の娘は、父親に言い聞かされて、再び宮中に戻る準備をしている。（小学館刊『日本古典文学全集 29』より）

た現象です。

19　武士たちの言葉

こんなふうに、鎌倉・室町時代では、貴族の築いた言語文化は、姿を変えました。最後に、この時代らしい武士たちの言葉や表現に目を注ぎ、この章を閉じたいと思います。

武士たちは、平安貴族たちとは打って変わって、剛の者であることを誇りにします。負けることも極端に嫌って、こんな言い回しをします。

> 太田太郎我身（わがみ）手負ひ、家子（いへのこ）郎等（らうどう）多く討（う）たせ、馬の腹射させて引退（ひきしりぞ）く。
> （『平家物語』巻一一、判官都落）

> 太田太郎は、自身は怪我をし、家臣や従者は多く相手に討たれ、馬の腹も射られて退却した。

原文に「討たせ」「射させて」とありますね。なあに、相手に討たせたんだ、射させてやったんだと、使役を使っての強がり表現です。事実は、「討たせ」たのではなく、「討たれ」たのです。馬の腹も、「射させ」たのではなく、「射られ」たのです。

「あはてて船に乗って、内裏を焼かせつる事こそやすからね。」
（『平家物語』巻一一、嗣信最期）

「慌てて船に乗ってしまい、内裏を焼かれたことは全く心外だ。」

原文に「焼かせつる」とありますが、事実は、「焼かれてしまった」のです。だからこそ、「やすからね」と悔しがっている。これも、使役を使っての負け惜しみ表現ですね。

武士にとって最も悔しいのは、戦わずに敵に背を向けて逃げる時。そういう時は、「退く」なんて言いません。「開く」と言います。勝ち目のない戦いであると見切ったとき、家臣は主君にこう言って、西国下りを薦めています。「只京都ヲ事故無ク御開候テ（＝ただこの京都を無事にお開きなさって）」（『太平記』一九）。自分の方から、京都を開け渡してやるのだという表現の仕方です。事実は、敵と戦わずに落ち延びるのですが。

いずれも、空威張り的な強がりが見えて、しかも、どこか滑稽で、私はこういう言い方が割合好きです。こういう言い方を、「武者詞」とか「武家ことば」と呼びます。武士たちの戦場用語です。

また、武士たちの嗜好を反映していると思われる発音もあります。促音「ッ」と撥音「ン」です。武士たちは、「がしがしと歩み」ではなく、「がっしがっしと歩み」、「むずとつかむ」ではなく、「むんずとつかむ」と言っています。「捨ててけり」では力が弱く、「捨ててンげり」と発音します。促音便や撥音便も愛用しています。「さかむなりし人々（＝壮年）」ではなく、「さかむなッし人々」です。「をはりぬ（＝終る）」ではなく、「をはンぬ」です。

促音「ッ」や撥音「ン」は、力強さを与える音。だから、鎌倉・室町時代の武士たちは、頻用します。

また、戦いには運が付き物。武士たちは出陣の時には酒の肴として「のしあわび」、「かち栗」、「こんぶ」を順に食べます。「のして（＝倒して）勝ってよろこんぶ」であることを祈って。

武士たちが台頭し、平安貴族の愛した情緒的な表現が切り捨てられていきました。それが、「係り結び」の消滅という現象に象徴的に現れていたのです。かわりに、鎌倉・室町時代は、文の構造や文と文とのつながり方を明示し、日本語に論理性を付与しました。「係り結び」の崩壊は、日本人の考え方の変化を教えてくれる重要な徴証、だったのです。

五　近代語のいぶき

―江戸時代―

江戸時代が、近代語のいぶきと聞くと、不審な顔をなさる方もいらっしゃるでしょう。近代は、明治時代から始まるのではないかと。でも、それは政治を中心にした歴史区分です。言葉の歴史から見ると、江戸時代にすでに現代の東京を中心とする言葉が形成されてきているのです。

特に、宝暦年間（一七五一年〜一七六四年）になると、文化も江戸が中心になり、江戸語が共通語的な位置を占め、近代語の基盤を作っていきます。一体、どのようにして近代語は形成されていったのか。この章では、発音や語彙（ごい）の面から、その疑問を追究してみようと思います。

1　話し言葉は会話文に

ここで特に発音に注目するのは、理由があります。室町時代末期以降、話し言葉の状況をよく映し出している資料に恵まれてくるからなのです。昔は、現在のように話し言葉を録音する技術などありません。ですから、記録された資料から当時の人々はどんな発音でどんな言葉をつかって会話していたのかということを推測していく以外に方法がない。

ところが、江戸時代になると、話し言葉をできるだけ忠実に写した文学作品が出てくる。たとえば、『浮世風呂（うきよぶろ）』。この作品は、銭湯の様子を活写したもので、江戸の人々の生き生きした会話が再現されています。次は、四十過ぎの父親が、自分の二人の子どもを連れて、銭湯にやってきた場面。六歳の男の子は、お父さんと手をつないで歩き、三歳の女の子はお父さんにおんぶしている。**図17**の右下に、父親と父親におんぶした子、六歳の男の子の楽しそうな様子が描かれています。

図 17　文化 6 年版本『浮世風呂』。右下にいるのが、会話の主たち。
（国立国会図書館蔵）

当時は、女の子のことも「坊(ぼう)」と呼びます。「ちゃん」は、父を呼ぶ幼児語。口語訳をつけなくても、意味は十分に分かります。

（父）「ヲヲきたなやきたなや。コレ、兄(にい)さんはの、わんわんのばばっちいを踏(ふま)うとしたよ。坊はおとっさん(オトッツァン)におんぶだから能(いい)の。」

（女の子）「坊、おんぶ。」

（父）「ヲヲ、ヲヲ、坊はちゃんにおんぶ、兄さんはあんよ。サア下(おんり)しな。コリャコリャ待(まつ)たり待たり。ころぶよころぶよ。サア兄さんはひとりで衣(べべ)を脱(ぬぎ)な。坊の衣(べべ)は、ちゃんが脱(ぬが)せる。ソリャ、手を抜(ぬい)たり。」

（男の子）「おいらはモウ衣を脱(ぬい)だよ。」

父親と子どもたちとの会話が、リアルに写されています。こういう会話から、江戸時代の人々の生きた話し言葉や発音が追究できるのです。

2　地の文は書き言葉で

でも、どの作品や資料にしても、話し言葉だけで書かれていることはありません。『浮世風呂』にしても、確かに会話文は、話し言葉で書かれていますが、場面を説明したりする地の文は、書き言葉で記されています。たとえば、次は、銭湯のことを説明した地の文です。

> 五日の風静なれば早仕舞の牌を出さず。十日の雨穏なれば傘の樽をも出さず。月並の休日静謐にして、賢きも愚なるも、貴賤おのおの恩沢に浴する人心。今日煤湯を沐て、五塵の垢を落し、明日貰湯に入て六欲の皮を磨き、いつも初湯の心地せらるるは、げにも朝湯の入加減、嗚呼結構とやいはん。
>
> （『浮世風呂』前編巻上）

五日の風は静かなので、銭湯の入り口に「早じまい」の札を出さない。十日の雨は穏やかなので、入り口に雨傘を入れる四斗樽も出さない。月に一度の定休日は穏やかで落ち着き、賢者も愚者も、金持ちも貧乏人もそれぞれ分に応じて恵みをうける。今日は、煤払い日の湯に入って、色・声・香・味・触の五つに起こった煩悩の垢を落とし、明日は貰い湯に入って三助に祝儀をやって、背中を流してもらい、眼・耳・鼻・舌・身・意に起こった欲情を根こそぎ擦り落とし、いつも初湯の気持ちがするのは、なるほど朝湯のちょうどいい湯加減、ああ結構と言おうか。

「はやじまひ」「やすみび」「すりむき」などの、話し言葉が混じっていますが、一方日常会話には使わない「静謐」「貴賤」「恩沢」「浴する」「今日」「明日」「五塵」「六欲」などの漢語が多く交じっています。おまけに、最後は「とやいはん」と、話し言葉では滅びてしまった係り結びまで使っています。つまり、地の文は、書き言葉による文章なのですね。

ここでは、書き言葉で書かれた地の文ではなく、生き生きした話し言葉を写した会話文に注目して、江戸の人々の発音をとらえてみようというわけです。

3　「じ」「ぢ」と「ず」「づ」の発音が現在と同じに

では、早速、江戸時代になって、現代と同じ発音に変化したものに注目してみます。まず、現在の状況をおさえておきましょう。あなたの使っているザ行の「じ」とダ行の「ぢ」とを発音してみてください。違う音でしたか？それとも、同じ音でしたか？

では、もう一問。ザ行の「ず」とダ行の「づ」を発音してみてください。どうですか？　どっちも同じに思えると、感じた方がいらっしゃるに違いありません。正解です。えっ、文字が違うだろうとおっしゃる方も、まあ聞いてください。

室町時代の終わり頃、つまり一六世紀の終わりごろ、「じ」と「ぢ」、「ず」と「づ」との音は、近くなってきていました。もともとは、違う音です。違う音だったからこそ、違う文字が四つもあるのです。

ところが、江戸時代も元禄頃になると、「じ［ʒi］」と「ぢ［di］」、「ず［zu］」と「づ［du］」が統合されて、現在と同じ発音［dʒi］と［dzu］の二音になってしまいました。元禄八年（一六九五年）の『蜆縮涼鼓集（けんしゅくりょうこしゅう）』という本には、こんな意味のことが書いてあります。

> 京都、中国、坂東（=関東）、北国の人に会って、「じ」「ぢ」、「ず」「づ」の発音に耳をすませると、区別がないように思える。ただ、筑紫（=九州）の人は明確に言い分けている。字の読めない女の子でさえ、人に教わるわけでもないのに言い分けている。

元禄年間には、多くの土地で「じ」と「ぢ」、「ず」と「づ」の区別ができなくなっていることがわかります。実は、このころ活躍した松尾芭蕉も区別をしていなかったようです。彼の代表作『奥の細道』を読んでいると、「いず（=出る）」と記しています。区別があれば、「いづ」と記すべきところです。芭蕉も、現在と同じく［dʒi］と［dzu］の二音しか発音していなかったのですね。

現在では、江戸時代の統合を継承していますから、「じ」と「ぢ」、「ず」と「づ」の音の区別はありません。［dʒi］と［dzu］の二音があるだけです。現在では、この二音に「じ」と「ず」の文字を与えました。にもかかわらず、「ぢ」「づ」の文字も残しました。そして、「現代仮名遣い」でこんな決まりをつくりました。まず、普通には、「じ」や「ず」の文字を当てる。

ただし、つぎの①②の場合には、例外的に「ぢ」や「づ」を使う。①「ち」や「つ」に続く場合には「ぢ」「づ」を使う。ですから、私たちは「ちぢむ」「つづく」と書かねばなりません。②複合語になる前に、「ち」や「つ」で始まっている語に関しては、「ぢ」「づ」を使う。だから、私たちは「はなぢ（鼻+血）」「みかづき（三日+月）」と書かねばならないのです。でも、繰り返しますが、発音は［dʒi］と［dzu］の二種類しかありません。ただ、表記上の約束で、四種類の文字を使っているにすぎません。

こうして、江戸時代に、濁音の数は現在と同じく、「がぎぐげご」「ざじずぜぞ」「だでど」「ばびぶべぼ」の一八音になりました。

4 清音は、どうなっていたか

では、清音の方はどうなっていたでしょうか。「二 漢字にめぐりあう」の章で、現在には四四音しか清音がないのに、奈良時代には、六一も清音があったことを述べました。平安時代になると、現在の状態に一挙に近づきます。例の「上代特殊仮名遣い」で書き分けられていた清音がほとんどなくなったからです。「いろは歌」のできた一〇世紀の中頃には四七の清音になっています。後に、「いろは歌」の最後に「ん」を付けて、「いろは」四八字と言うこともありますが、もともとの「いろは歌」には撥音の「ん」は入っていません。当時存在したすべての清音を一回だけ使って作った歌なのですから。

さらに、平安時代の末期には「を」と「お」も統合されて、一つの音になり、清音は、四六音。まだ、「い」と「ゐ」、「え」と「ゑ」の音の区別があります。

でも、鎌倉時代の末頃には、「い」と「ゐ」、「え」と「ゑ」も、それぞれ統合されて一音になり、あわせて二音減少し、現在と同じ四四音になりました。清音の数は、それから現在までの七〇〇年ぐらいの間、変化していません。もうこれ以上、減らせない限界点に達しているのかもしれません。

濁音の方も、平安時代になると、「上代特殊仮名遣い」で区別されていた音がなくなります。ですから、奈良時代には二七音あった濁音が、二〇音に減りました。その後は安定していましたが、江戸時代になって、今述べたように「じ」と「ぢ」、「ず」と「づ」が、それぞれ統合されて、現在と同じ一八音になったわけです。

5　母には二度会ったけれど

数量の問題ばかりではなく、発音の仕方も、現在とほとんど同じになりました。たとえば、現在のハ行音を発音してみてください。［ha］［çi］［ɸu］［he］［ho］と音声記号で書けるような発音です。「ハ」「ヘ」「ホ」の子音［h］が、ここでの問題です。では、［h］を発音してみてください。こう言われると、私たち日本人はとても困ります。なぜなら、つねに母音［a］［i］［u］［e］［o］をくっつけて発音しているから、［h］だけを取り出して発音しろといわれても、難しい。子音だけを発音することがめったにない日本人は、子音だらけの英語が下手です。

［h］は、疲れたりいやになったりするときに発する溜息に近い音です。ひそかに溜息をついてみてください。声は出ませんね。声帯が振動しない音ですから。息だけが声帯の隙間を摩擦するようにして吐き出される音です。「声門音（せいもんおん）」と呼ばれます。「ハ」「ヘ」「ホ」の子音が、こんなふうな［h］音になったのは、江戸時代からです。それまでは、唇を合わせて、「ファ［ɸa］」「フィ［ɸi］」「フ［ɸu］」「フェ［ɸe］」「フォ［ɸo］」のように発音していました。［ɸ］は、唇を上下で合わせて、その隙間から息をすうっと摩擦させて出すような子音です。「両唇音」と呼ばれます。

どうしてそんな子音であることが分かったのでしょうか。永正一三年（一五一六年）に出来た『後奈良院御撰何曽（ごならいんぎょせんなぞ）』に、こんな謎々があることが一つの証拠でした。「母には二たび会ひたれども、父には一たびも会はず」。それは、何かという謎々。答えは、「くちびる」です。お母さんには二度会ったけれど、お父さんには一度も会っていない。それがどうして「唇」なのか？

6 謎が解けた

最初のうちは、この謎々の意味が分からず、江戸時代には、なかなかユニークな解釈が出ています。「はは」は、「歯歯」のことで、上歯には上唇が出会い、下歯には下唇が出会う。だから、二回会う。「ちち」は「乳」のことで、これは唇がどうやっても届かないから出会わない。だから、乳には一回も会わない。「ホント？」と思わず身を乗り出してしまうような意外性のある面白い解釈ですが、おっぱいがうんと長ければ唇にとどくのではないかなんて反論もしたくなります。この謎々は、話題を呼びました。

けれども、室町時代以前のハ行音の子音が江戸時代以後とはちがって、唇を合わせて発音する「ファ［ɸa］」「フィ［ɸi］」「フ［ɸu］」「フェ［ɸe］」「フォ［ɸo］」であると考えた時、謎々の答えが「唇」であることの意味が分かったのです。だって、お母さんを意味する「はは」を発音すると、「ファファ［ɸa ɸa］」となって、確かに唇が二回会います。でも、お父さんを意味する「ちち」を発音しても、唇は一回も出会いませんからね。

江戸時代に、ハ行音の子音が現在と同じになりました。その証拠を次に示してみます。

第一は「ハ」「ヘ」「ホ」の子音について。さっきも顔を出した『蜆縮涼鼓集』の中の「新撰音韻の図」です。**図18**をご覧ください。この図では、ハ行子音を「唇音（＝唇の音）」ではなく、「変喉（＝喉の音）」に分類しています。「喉の音」というのは、現在と同じように、喉にある声門に息をすうっと流して出す子音「h」です。『蜆縮涼鼓集』は、元禄八年（一六九五年）に刊行されていますから、この頃には「ハ」「ヘ」「ホ」の子音が現在と同じよう

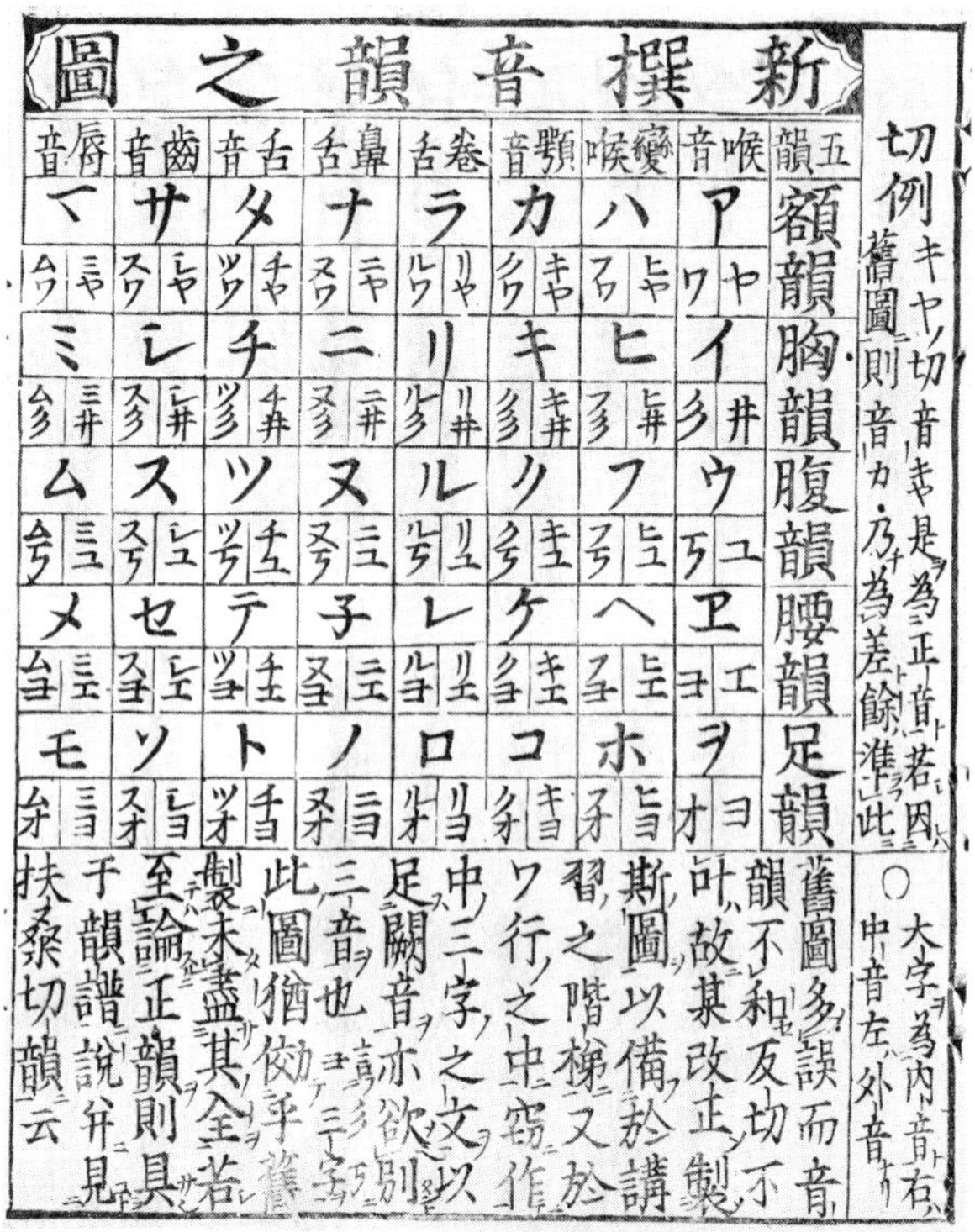

新撰音韻之圖

切例キヤノ切音きや是為正音若因舊圖則音カ・乃為差餘準此

五韻	喉音	變喉	顎音	舌巻	鼻舌	舌音	歯音	唇音
額韻	ア	ハ	カ	ラ	ナ	タ	サ	マ
	ヤ ワ	ヒヤ フワ	キヤ クワ	リヤ ルワ	ニヤ ヌワ	チヤ ツワ	シヤ スワ	ミヤ ムワ
顎韻	イ	ヒ	キ	リ	ニ	チ	シ	ミ
	井 [illegible]	[illegible]	[illegible]	[illegible]	[illegible]	[illegible]	[illegible]	[illegible]
胸韻	ウ	フ	ク	ル	ヌ	ツ	ス	ム
	[illegible]	[illegible]	[illegible]	[illegible]	[illegible]	[illegible]	[illegible]	[illegible]
腹韻	ヱ	ヘ	ケ	レ	ネ	テ	セ	メ
	[illegible]	[illegible]	[illegible]	[illegible]	[illegible]	[illegible]	[illegible]	[illegible]
腰韻 足韻	ヲ	ホ	コ	ロ	ノ	ト	ソ	モ
	ヨ オ	[illegible]	[illegible]	[illegible]	[illegible]	[illegible]	[illegible]	[illegible]

○大字為内音右中音左外音

舊圖多誤而音韻不和反切不叶故某改正製斯圖以備於講習之階梯又於ワ行之中竊作中三字之文以足闕音亦欲別三音也此圖猶倣乎舊製未盡其全若至論正韻則具于韻譜説弁見扶桑切韻云

図18 『蜆縮涼鼓集』の「新撰音韻之図」。「しじみ（蜆）」「ちぢみ（縮）」「すずみ（涼）」「つづみ（鼓）」を意味する語をあわせて書名にしている。（国立国会図書館蔵）

な声門音になっていたことが分かります。

第二に「ヒ」の子音について。江戸時代では、ハ行の「ヒ」とサ行の「シ」をよく混同しています。「しゃく（杓（ひしゃく）のこと）」「しゃく（百（ひゃく）のこと）」「日（し）が暮れる」などと。なぜ混同するのか。両方が近い音だからですね。室町時代以前の「フィ[ɸi]」の音であれば、「シ[ʃi]」の音と遠く、混同しにくい。でも「ヒ[çi]」の音になっているから、「シ[ʃi]」に近く、混同が起こるのです。こうして、ハ行子音は、江戸時代に現在と同じ発音に変わったことが証拠立てられます。

ハ行子音は、昔から人騒がせな子音です。奈良時代以前では、ハ行子音は、現在のパ行子音[p]と同じであったと考えられています。そう考えたほうが、濁音のバ行子音[b]との対応もすっきりします。[p]も[b]も、唇を使って息を破裂させて出す音だからです。違いは、声帯を振動させるかさせないかの違いのみになり、ほかのカ行子音［k］とガ行子音［g］、サ行子音［s］とザ行子音［z］、タ行子音［t］とダ行子音［d］と同じ関係になるからです。

ハ行子音は、［p］→［ɸ］→［h］に変化して現在に至っています。江戸時代が、［ɸ］→［h］に変わり、現在に継承された時なのです。

この他、江戸時代には、「エ」の音や「オ」の音、あるいは「セ」や「ゼ」の音が、現在と同じになっています。まさに江戸語の発音は、現代語の発音の源流です。

7 「大工調べ」に江戸語の面影

私は落語が好きで、桂文楽、古今亭志ん生、三遊亭円生をはじめとする落語のカセットテープやCDを聴いては時を過ごします。なかでも明治二三年（一八九〇年）生まれの五代目古今亭志ん生さんの落語には、江戸語の面影が残っているので、江戸語の匂いもあわせ楽しんでいます。ここでは、志ん生さんの「大工調べ」の一部をカセットから文字起こしをして、江戸語の特色になっている「エー」の問題の枕にします。江戸の大工さんの話です。志ん生さんの発音をそのまま再現することを目指してテープ起こしをしてあります。私たちは、文字の世界に慣れすぎているので、実際の発音にははっとさせられます。

実におもしろいもんで、朝晩つきあう人のなまえもほんとにしらないで、そしてつきあってんですからな。

「少々伺いますけれど」

「何だ、何だ」

「このへんにヤマダキサブローさんって方、おりましょーかねー」

「何をー、ヤマダキサブロー、おそろしいなげーなめーだなー。しょーべーは、何だ?」

「商売(しょーばい)は大工(だいく)さんですが」

「でーくでヤマダキサブローだと?　でーくのヤマダキサブローなんてのはー、なー…、キサコー」

「おー」

「でーくでヤマダキサブローってのを知ってるか、おめー」

「でーくでヤマダキサブローってのは、……おれだ」

「何を言ってやんだい。てめー、でーくのキサッペてんじゃーねーかよー」

「それが、おれヤマダなんだよ」

「ヤマダってつらじゃーねーよ、てめーは。じゃまだってつらだ」

（別の大工仲間に向かって）

「おめー、なにかい、キサッペのなまえ知ってるかよ」

「知ってるわな。でーくのキサッペだろ」

「でーくのキサッペじゃーねーやい」

「そーかー?」

「おれも、大工(だいく)のキサッペだとばっか思ってた。したところが、そうじゃねーんだ」

「ふーん」

「大工(だいく)のキサッペってゆーのは、浮世を忍ぶ仮の名だ。まこと本名は、ヤマダキサブローてんだとよ」

「へー、ふてーやろーだ」

（五代目古今亭志ん生「大工調べ」『ＮＨＫ落語名人選 82』一九八八年より）

こういうことってありますよね。「さっちゃん」と呼んで遊んでいた隣の女の子が、学校に行ったら、「五十嵐幸恵」というれっきとした名前だったことを知ってびっくりする感じに通じています。「ヤマダキサブロー」という長くて立派な名前を持っていたことに対する大工仲間の驚きが、「ふてーやろーだ」という発言にユーモラスに出ています。大工さんたちの言葉遣いが、ずいぶん悪いように聞こえたかもしれません。でも、私たちも仲間内で気を許して話しているときは、似たり寄ったりの言葉遣いです。

私の勤務先の埼玉大学で学生たちの話し言葉に耳をすませても、「オモシレー（面白い）」「ヒデー（ひどい）」「スゲー（すごい）」「ツエー（強い）」「ソージャーネーヨ（そうじゃあないよ）」「オレダッテ、ソーシテーヨ（そうしたいよ）」「ヤベー（やばい）」「ウルセーヨ（うるさいよ）」「タケー（高い）」「ウッ、セメー（狭い）」「イテー（痛い）」とやっています。場面によっては、「オメー（おまえ）」「テメー（てまえ）」だって、耳にします。

また、落語「大工調べ」では、改まった場面では、「ダイク」「ショーバイ」「オモシロイ」「ナマエ」「ナイ」と書き言葉どおりの発音になっています。私たち現代人も、改まった場面では、決してこれらの「イテー（痛い）」式の発音をしません。同じですね。

「エー」とのばすエ列長音は、江戸時代から現れた発音で、現在に継承されたものです。もっとも江戸時代では、現在よりももっとエ列長音を頻用します。でも、音の変化のパターンは、現在も江戸時代と同じです。一体、どんな音の組み合わせになると、エ列長音になりやすいのでしょうか。

8　「アイ」が「エー」に

「大工調べ」に、「アイ」が「エー」になるパターンが実によく出てきました。「デーク」「ショーベー」「ナゲー」「キサッペジャーネーヤイ」と。「ダイク［daiku］」→「デーク［de:ku］」、「ショーバイ［ʃo:bai］」→「ショーベー［ʃo:be:］」、「ナガイ［nagai］」→「ナゲー［nage:］」、「ナイ［nai］」→「ネー［ne:］」のように、［ai］と母音が続くと、［e:］とエ列長音になります。

このパターンでエ列長音になるものが最も多く、それが一つの特色になっています。『浮世風呂』や『浮世床』を読んでも、この種の語例をたくさん指摘することが出来ます。次が、その一部の例です。現在でも使うものをチェックしながら御覧ください。以下、カタカナで示したものは、発音をあらわしています。

張合（ハリエー）　二階（ニケー）　厄介者（ヤッケーモン）　若者共（ワケーモンドモ）　使（ツケー）　お互（タゲー）　間違（マチゲー）　臭（クセー）　うるせへ（ウルセー）　なせへ（ナセー）　大層（テーソー）　大概（テーゲー）　一体（イッテー）　重てへ（オモテー）

腫ぼってへ（ハレボッテー）　じれってへ（ジレッテー）　大丈夫（デージョーブ）　大学（デーガク）　穢へ（キタネー）　少へ（スクネー）　忝ねへ（カタジケネー）　あぶねへ（アブネー）　無（ネー）　うめへ（ウメー）　入りねへ（ヘーリネー）

「臭（クセー）」をはじめとする形容詞系のものは、現在に継承されていますね。

9　「エー」になる、その他のパターン

「アエ［ae］」が、「エー［e:］」になることもあります。「大工調べ」では、「ナメー」「オメー」「テメー」が見られました。「ナマエ［namae］」→「ナメー［name:］」になるパターンです。このパターンは、「アイ」→「エー」

の例ほど多くありませんが、それでもよく見られます。さっきと同じように、江戸時代の例をあげてみますから、現代語でも使うかどうか、検討しながらご覧ください。

蛙(ケール)　お迎(ムケー)　帰る(ケー)　あきれけへる(ケー)　とり替引替(ケーヒッケー)　考出した(カンゲーダ)　拵る(コセー)　口答(クチゴテー)　気前(キメー)　名前(ナメー)　手前(テメー)　おめへ(オメー)　つ(ツ)
かめへる(カメール)　誂へる(アツレール)

現在では、「オメー」「テメー」を使うくらいで、あとは、「エー」とせずに、もとの母音「アエ」をきちんと発音しています。現代語になると、勢力の衰えたパターンですね。

「オイ」が「エー」になることもあります。「大工調べ」に出てきた「フテー」のパターンです。「フトイ［ɸutoi］」→「フテー［ɸuteː］」の変化です。例によって、江戸時代に見られるものをあげてみます。

ひでへ(ヒデー)　ふてへ(フテー)　一昨日(オトテー)　おもしれへ(オモシレー)　気が強へ(ツエー)　能加減(エーカゲン)　ゑゑぞ(エーゾ)

さほど例は多くはありません。現代の学生たちも使っているものが多く含まれていますね。名詞には残りませんでしたが、形容詞系で現在でも活躍しています。

「イエ」が「エー」になる例も僅かですが、見られます。「オシエル［oʃieru］」を「オセール［oseːru］」と言ったりする例です。現在でも「オセーテアゲル」と言ったりします。

10　町人階級の言葉

以上にあげたようなエ列長音は、現在でも確かに使っています。けれども、男性であるとか、若いとか、親しい仲間内であるとか、に限られています。江戸時代では、どうだったのでしょうか。

江戸時代は、現在よりもはるかに広範囲で、おおっぴらに「イテー」式のエ列長音は用いられています。隠居のおばあさん、長屋のおかみさん、料理屋の娘さんなどの女性たちも、人前で平気で使っているのですから。

ところが、江戸時代でも、エ列長音を使う人々を観察すると、町人階級に限られています。山の手にある大名や旗本の屋敷にいる人々や知識階級の人々になると、「イテー」式のエ列長音を使わない。もとの母音の形をきちんと発音しています。つまり、武士階級や知識階級では使わない発音なのです。

だから、江戸語と一口に言っても、武士階級の言葉と町人階級の言葉とは、違っていることに気づきます。さらに、町人階級と言っても、武士たちと付き合う必要のある大商人たちと長屋暮らしのごく普通の町人たちとは、やっぱり言葉が違っています。大商人たちは、武士たちの機嫌をそこねては商売ができませんから、言葉遣いは丁寧です。「イテー」式のエ列長音を使ってワイワイしゃべっていたのは、長屋暮らしをしていたりするごく普通の町人たちです。でも、彼らが、江戸の人口のうえでは最も数が多いのですから、エ列長音は江戸語の特色と言っても、言い過ぎではありません。

乱暴だけれど、裏には篤い人情がこもっている。こういう言葉こそ、長屋住まいの江戸町人たちの好みです。見てくればかり気にしている人間とは一線を画しているという自負さえ感じられる、威勢のいい発音なのです。こうした江戸語は、明治時代になると、東京語の中の下町言葉になって、生き生きと活躍します。

11　上方では町人階級でも使わない

エ列長音は、このほかにも面白いことを教えてくれます。それは、江戸に住む町人階級の人々に頻用されていましたが、同じ町人階級と言っても、京都・大阪などの上方では使わなかったことです。『浮世風呂』では、上方女が江戸女に向かって、こんな言葉を浴びせています。

「へへ、関東(くわんと)べいが。さいろくをぜへろくと、けたいな詞(ことば)つきじゃなァ。お慮外(りよぐわい)も、おりょげへ。観音(くわんおん)さまも、かんのんさま。なんのこっちゃろな。さうだから斯(かう)だからと。あのまァ、からとはなんじゃヱ。」

（『浮世風呂』二編巻上）

へへ、関東の「べいべい」言葉を話す者(もん)が、「さいろく（＝青二才）」を「ぜーろく」と言い、これまたおかしな発音じゃなぁ。「お慮外(りょぐわい)」も「おりょげー」。「観音(くわんおん)さま」も、「かんのんさま」と発音する。何のこっちゃ。「そうだから」「こうだから」と、「から」をよく使うけれど、ありゃ、なんじゃ。

江戸の町人たちが「ゼーロク」「オリョゲー」とエ列長音を使って訛って発音するのを、上方の人々が苦々しく思っていたことが分かります。上方では、「サイロク」「オリョグワイ」と元の母音を訛らせずにきちんと発音していたのです。

12　上方語と江戸語の対立

引用した上方女の発言には、江戸語に対する激しい対抗心もにじみ出ています。それもそのはず。平安時代から室町時代まで、日本の中心は京都だったのです。政治のみならず、上方は文化の中心でもあった。言葉も、むろん上方の言葉が規範でした。

ところが、江戸開幕と同時に政治の中心が江戸に移る。それにともなって、徐々に経済・文化の中心も江戸に移る。享保年間（一七一六年～一七三六年）になると、京都と大阪の人口は、あわせて八〇万人。それに対して、江戸は百万人を越えました。江戸が人口的にも上方をしのぎ、経済的にも中心になっていきました。そして、この章の冒頭で述べたように、宝暦年間（一七五一年〜一七六四年）には、文化も、上方に代わって江戸が中心になり、江戸語が共通語的な位置を占めてきたのです。

ですから、江戸時代は、上方語と江戸語の対立という、それまでの日本語の歴史が経験しなかった対立をあらわにした時代です。それまでの対立は、中央語と地方語の間にあったのですが、江戸時代になると、上方語と江戸語の対立になる。この点が江戸時代の大きな特色でもあります。

伝統を培ってきた上方の人から見ると、関東弁の「どうしべい」「かうしべい」「行くべい」「帰るべい」と文末に「べい」を連発する言葉は、田舎者丸出しで、聞くに堪えない。だから「関東べい」と、上方女は江戸の人間をバカにしているのです。むろん、エ列長音も、訛であり、この上なく聞き苦しい。

また、上方人の気に障るのは、原因や理由をあらわす「から」。「さうだから」「かうだから」と、「から」を連発するのも、気に入らない。上方では、「親仁がくれたさかいに」「吸い物じゃさかい」などと、「さかい」「さかいに」「さかいで」などで、原因や理由を表す。これは、現在の関西弁に継承されています。

こんなに上方女に江戸語をけなされても、江戸の女も負けていません。激しい反撃を試みています。上方の女が「叱(しか)り手(て)」のことを、関西方言で使う「ひかり手」と言ったのを受けてすかさず言い返します。

「ひかるとは稲妻(いなづま)かへ。おつだネヱ。江戸では叱(しか)るといふのさ。アイ、そんな片言は申しません」
（『浮世風呂』二編巻上）

「『ひかる』というのは、稲妻かい？　一風変わっているねえ。江戸じゃあ『しかる』っていうんだよ。アイ、江戸の人間は、そんな不完全な発音はいたしません。」

負けん気の強い顔まで見えてきそうな江戸女の発言です。こうした対立を経つつ、江戸語が現在の共通語の基盤になって行ったのです。

13　なぜ「かんのん」なのか

発音の問題の最後は、「カンノンサマ」で締めておきます。上方女は、江戸語で「カンノンサマ」と発音するのを、なぜ非難していたのでしょうか。現在では、「カンノンサマ」ですから、上方女の言い分が不思議に思えます。上方女は「クヮンオンサマ」が正しい発音だと言っていました。「カ」の音を「クヮ」と発音すべきだということが一点。「観音」の「音」を「オン」と発音すべきだということが一点。二つの問題が含まれています。

まず、「クヮ」の音について。実は、江戸時代の中頃まで、「クヮ」「グヮ」の音は、「カ」「ガ」の音とは別に、ちゃんと存在していたのです。「家事」を「カジ」というのに対し、「火事」を「クヮジ」と発音し分けていました。現在でも、東北、北陸、四国、九州で言い分ける地方があります。ところが、江戸では、はやばやと「クヮ」「グヮ」の音は、「カ」「ガ」の音に統一されてしまい、消えてしまいました。それが、伝統を重んじる上方女にかちんときたのです。

第二の問題は、現代人にも身近な問題です。「観音」の「音」は、上方女の言うように「オン」と発音すべきではないでしょうか。なぜ、「カンノン」と読むのでしょうか。そういえば、現在では、この種の言葉がいくつかあり、入学試験や入社試験に読み仮名を付ける問題として出題されます。たとえば、「因縁」「安穏」「輪廻」など。文字通り、「インエン」「アンオン」「リンエ」などと振り仮名をつけたらバツです。「インネン」「アンノン」「リンネ」が正解なのです。一体、どういうことなのでしょうか。

これは、「連声（れんじょう）」といわれる現象で、平安時代から室町時代までしばしばみられました。「連声」というのは、撥音（はつおん）[n]「m」や促音（そくおん）[t] の次に来るア行・ヤ行・ワ行音が、ナ行音やマ行音やタ行音に変化する現象のことです。発音のしやすさを求めて起こる、一種の訛りです。上方女は、この訛りが許せなかったのです。

「観音」を例にして、説明します。もともと、[kan] + [on] ですが、[kan] を発音して直ちに次の語の [o] を明確に発音しようとすると、かなり言いにくい。ちょっとやってみてください。意識的にくぎって発音しないと、[on] の前に、前の語末の [n] が残っていて、どうしても鼻にかかった [non] になってしまいます。「カンノン」は一語なのですから、[kan] と [on] の間で区切って発音するのは不自然です。[kan] の [n] をそのまま持ち越して [kannon] とするほうが、ずっと発音しやすい。「インネン」「アンノン」「リンネ」も同じです。

「陰陽師」を「オンミョウジ」と読むことがありますが、これも連声です。「オンミョウジ」の「陰」は、古く「オン [om]」と発音し、末尾音は [m] でした。だから、[om] + [yo:ʒi] → [ommyo:ʒi] となります。トイレのことを昔は「雪隠（セッチン）」といいました。これも、「雪」の古い発音は「セッ [set]」で、末尾音は [t] でした。[set] + [in] → [settin] となったのです。いずれも、後続の音は、ナ行かマ行かタ行かに変化していますね。

江戸時代になると、「連声」は、特定の語の読み癖として残り、現代語に至ります。

14 「アナタ」「オマエ」も江戸時代から

発音ばかりではありません。相手や自分をさす人称代名詞も、現代語のルーツはほとんど江戸時代です。

現在、対等かやや目下の相手に用いる「アナタ」は、江戸時代の後期に出現します。でも、現在と違って、とても敬意が高いのです。

あなたは、どなたさまで御座りましたね。（洒落本『遊子方言』）

これは、茶屋の女房がお客様に話しかけている言葉です。お客様に対しては、商売上、最高の敬意表現を使うのが普通です。町人が武士に話しかける時も「あなた」です。「あなた」が、いかに敬意の高い言葉であったかがお分かりいただけたと思います。

「オマエ」も、江戸時代になってはじめて、相手を指す人称代名詞として働き始めます。江戸前期では、まだ「アナタ」の語が現れていないので、「オマエ」が、最も敬意のある呼び方でした。

ハテお前をだます程なれば此の御訴訟は申しませぬ。（浄瑠璃『心中宵庚申』下）

主人公の半兵衛が、養母に向かって使った「オマエ」です。江戸時代では、親は絶対的に上位者。「オマエ」に、最高の敬意が込められていることがお分かりいただけましょう。けれども、江戸も後期になりますと、敬意の度合いが下がり、対等もしくは下の者に対して用いるようになります。

西光（せいこう）さん、おまへの頭巾（ずきん）はいつもよりもあたらしくなったやうだ。わたしが目のかすんだせへかの。（滑稽本『浮世風呂』前編巻上）

「オマエ」は、比丘尼（＝出家した女性）が連れの比丘尼西光さんに対して使っています。全く対等の関係です。こんなふうに敬意の度合が下がってくると、「サマ」や「サン」をつけて敬意の度合を上げます。「オマエサマ」「オマエサン」「オマイサン」の形にして、「アナタ」に並ぶ敬意表現にしているのです。ちょうど、現在、敬意の下がった「アナタ」に、「サマ」を付けて、「アナタサマ」として客を呼ぶ時の言葉にするのと同じです。

15　「オメー」「キサマ」も尊敬語

現在では、「オマエ」を長音化した「オメー」は、相当悪い言葉です。むろん、目下に用います。でも、江戸時代に「オマエ」から生まれた「オメー」は、「オマエ」ほどではありませんが、敬意のこもった言葉でした。決して目下に用いる言葉ではありません。

おめェのけふの髪は高くゆひなさッたノ　（洒落本『郭中奇譚』）

「オメー」と呼ばれている人物は、「なさる」という敬語を使って話しかけられています。「オメー」が、「なさる」と一緒に用いられるような敬意表現であったことが分かりますね。

「キサマ」も、同じ。もともと「貴様」と書いて、手紙などで使った敬意ある書き言葉だったのです。それが、話し言葉にも転用されたのですから、最初はむろん尊敬語。江戸時代の前半では、こんなふうに用いられています。

貴様(キサマ)もよろづに気のつきさうなるおかたさまと見えて、一しほお尤愛(いと)しうおもふ。　（『好色一代男』巻一の七）

色茶屋の女が、客の世之介(よのすけ)に対して「キサマ」を使っています。「おかたさま」とも言っている人物に対して、「キサマ」を使っているのです。「キサマ」は、最初は敬意のこめられた二人称代名詞でした。ところが、江戸時代も後期になると、同等あるいはそれ以下のものに対して使われるようになります。さらに、「キサマ」の語の下落は止まらず、明治時代の中頃には、相手を罵倒する時に使う罵り語になってしまいました。敬語は、使っているうちに次第に敬意の度合いが低くなっていく傾向があるのですが、「キサマ」の価値の下落は目立ちます。

16 「ワタシ」「ワシ」も江戸時代から

現在、男性は会社に行って、上役の前で話をする時には、自分のことを「ワタクシ」「ワタシ」と言います。同僚たちといるときは「ボク」「オレ」を使って自分の話をします。こんなふうに自分のことをさす言葉も、相手をどのくらい敬うべきかによって、変化させています。

江戸時代では、こういう自分をさす言葉（＝一人称代名詞）は、どうだったでしょうか。これまた、江戸時代には現在使っている言葉が出揃っています。ただし、意味合いや使い方に違いのあるものもあります。

江戸時代、最も敬うべき人の前で使う一人称代名詞は、現在と同じく「ワタクシ」。でも、この「ワタクシ」は、江戸時代に生まれたのではなく、その一つ前の鎌倉・室町時代に出現した言葉です。室町時代の終わりごろから、相手への高い敬意を示すことのできる一人称代名詞になり、江戸時代には、その地位が確定し、現在に至るという語です。

江戸時代に出現したのは、「ワタシ」「ワシ」です。「ワタクシ」から「ワタシ」が出来、「ワタシ」から「ワシ」が生まれてきました。「ワタシ」は、「ワタクシ」に次いで相手への敬意を表すことができ、現在と同じです。

さっきのやうに申せしは、わたしが心有っての事。（浄瑠璃『大経師昔暦（だいきょうじむかしごよみ）』上）

女主人の前で、下女が言うセリフ。「申す」という謙譲語とともに用いていますから、「ワタシ」に相手を敬う気持のこめられていることが分かりますね。

「ワシ」は、「ワタシ」ほど敬意はありませんが、江戸時代の前期では、現在とは相当違った使い方をしています。若い女性が用いています！

ほんにまたあんまりな、わしはどうならふとも聞きたうもないかいの。こな様それでもすもぞいの、わしは病になるはいの。うそならこれ此のつかへを見さんせ。

（浄瑠璃『曽根崎心中』）

ほんとにまたあんまりです。わたしのことはどうなろうとも知ろうとも思わないのですか。あなたさまは、それでも済むでしょうが、わたしは病気になりますわ。嘘と思うなら、ほれ、この胸の発作を御覧なさいませ。

遊女のお初が、恋人の徳兵衛に「ワシ」をつかって訴えています。徳兵衛は、「こな様（＝あなたさま）」とよばれて尊敬されている人物です。その人物の前で、女性が「ワシ」を使ったのです。現在の、年寄りなどが目下の者に対して使う「ワシ」とは明らかに違っています。相手への敬いの気持ちを表すことのできる言葉だったのです。でも、江戸も後期になると、「ワシ」は、主に男性が用いるようになり、現在の使い方に変化していきます。

17 「オレ」は女性も使った

「オレ」の語を自分をさすのに使うのは、鎌倉・室町時代以後ですが、江戸時代になると、頻用されます。でも、江戸時代前期では、現在と違って、とても使用範囲が広い。女性も使っています。次は、美形の清十郎に惚れた乳母が、清十郎に聞こえよがしに言う独り言。当時は口が小さく縮れ毛で足の親指が反り返っている女は、房事が濃厚であると言われていました。

「男なしじゃに、本におれは生付こそ横ぶとれ、口ちいさく、髪も少はちぢみしに」と、舌たるき独言いふこそおかしけれ。

（浮世草子『好色五人女』巻一の二）

「夫もいなくて、ほんとにわたしは横に太って生まれてはいるけれど、口は小さく、髪は縮れ毛で」と、甘ったるく独り言を言うのこそおかしいことだった。

男の気を引くための会話に使われた「オレ」は、決して下品なくだけた言葉ではありません。目上の人の前で使ってもいい言葉だったのです。

ところが、江戸時代も後期になると、女性が「オレ」を使うことはなくなりました。男性専用語になったのです。同時に敬意もなくなり、現在に継承されます。

「ボク」は、江戸時代の末期に出現。でも、まだ話し言葉で使われるには至っていない言葉です。漢文にある「僕」の語を、「ボク」と音読みしたことから出てきました。つまり、漢文訓読出身の言葉。「学者言葉」として知られていました。たとえば、

僕、四日之夜、船を発し候処（はっしさうらひしところ）、甚（はなはだ）遅し、

（吉田松陰書簡、嘉永六年（一八五三年）六月六日）

のように、書き言葉で、自分を卑下して呼ぶ時の言葉です。現在と同様に、話し言葉として日常会話で「ボク」が活躍するのは、次の明治時代以後です。

それにしても、江戸時代には、現在使う人称代名詞がほとんど出揃っていますね。現代語のルーツは江戸時代、なのです。

18　武士は自分を何と呼ぶか

ところで、人称代名詞の使用例をもう一度ざっとふりかえってみてください。町人階級が使っている例ばかりですね。武士階級は、どんな人称代名詞を使って相手を指し、自分を指していたのでしょうか？

時代劇や時代小説などを思い出してみると、「拙者は…」とか「その方（ほう）は…」とか言って威張っている武士の姿

は、すぐに思い浮かびます。でも、武士が、自分を「ワタシ」と言い、相手を「アナタ」と呼んでいる姿は、想像しにくい。

ところが、どうも武士たちも江戸の末期になると、日常の生活で、「ワタシ」「アナタ」を使っていたようなのです。武士が普段使っている言葉の資料は、ほとんど残されていません。でも、江戸も末期に近づくと、外国人たちが日本の言葉について書いている資料が出てきます。慶応三年（一八六七年）のホフマンの『A Japanese Grammar』には、武士たちが仲間と居るときには、「アナタ」と互いに呼び合っていたと、記されているのです。また、江戸末期には、『いろは文庫』と言って、二世為永春水の書いた歴史物が刊行されていますが、武士たちは、自分のことを「ワタクシ」「ワタシ」「ワシ」「オレ」「テマエ」と言っています。相手のことは「キサマ」と呼ぶことが多いのですが、使っている言葉は町人たちとほぼ同じ。ただ、町人たちとは違って、「オメー」だけは使っていません。

こういうことが、江戸末期の武士のみならず、江戸時代全体の武士について言えるのかは、今のところ、不明。是非とも解明してみたい問題です。

さて、武士は、公の場では、いわゆる武士らしい言葉を使っています。町人階級が絶対に使わない武士特有の人称代名詞があります。まず、相手を指すときには、「なんぢ」「貴殿」「貴所」「貴公」「御辺」「お身」「そのもと」「その方」「そち」などです。たとえば、

何と成供、御貴殿之御はからひ、悪しき事はあらじとて、　（雑史『三河物語』二）

汝　畜生にありながら、人を辱めんとするか。　（読本『椿説弓張月』巻二第四回）

其の許が与次郎とか云ふ、此の家の主人の猿廻か。　（人情本『恋の花染』第六回）

いずれも、刀を差して威張っている武士たちの姿が彷彿としてきます。「くるしうない」とか「ふとどきもの」などという、武士特有の言い回しにぴったりの人称代名詞です。

自分をさすときは、「それがし」「みども」「身」「われ」「拙者」などの語を使います。

それがし前夜夢見（ゆふべゆめみ）もあしく、覚（さめ）て後（のち）も何（なに）とやらん胸（むね）うち騒（さわ）ぎて心持穏（こころもちおだやか）ならず。
（読本『椿説弓張月』巻一第三回）

身共（みども）も彼様（かやう）なむさくるしい奴等（やつら）の中に居やうより、速（すみやか）に上陸いたさうと存ずるが、ひびりがきれて動かれまうさぬ。
（『七偏人』二編中）

笹浪氏（ささなみうぢ）のお言葉（ことば）も御道理（おだうり）には存（ぞん）ずれども、拙者（せつしや）が所存（しよぞん）は左様（さやう）でござらぬ。
（『いろは文庫』四九回）

「ああ、武士らしい」と感じるような格式ばった一人称代名詞です。こういう武士らしい言い方は、現在では話し言葉としては、ほとんど使っていません。どうしたことでしょうか。

これらの武士特有の人称代名詞は、明治時代になると、一挙に失われてしまう言葉の一つです。ご存知のように、明治時代になると、身分制度が廃止になります。武士特有の人称代名詞は、身分制度と密接に結びついていた言葉です。ですから、身分制度の廃止とともに使われなくなってしまう運命にあったわけです。

19　敬語表現も現在の源流

「いらっしゃる」「おっしゃる」「くださる」「なさる」などの敬語表現も、すべて江戸時代の話し言葉で使われています。これらは、いずれも現在も使っていますね。使い方も、現在とほぼ同じ。たとえば、ヲヤまだお湯にいらっしゃいませぬか。
（人情本『春色梅児誉美』）

ヤアござらふとおっしゃるか。
（浄瑠璃『丹波与作待夜の小室節』）

このほか、江戸時代には、動詞一般の敬語表現は、「お～なさる」（例、お書きなさる）、「お～だ」（例、お出でだ）で表しています。さらに、江戸時代には、現在主流になる「お～になる」の敬語表現も現れています。「おいでになる」「おかえりになる」といった「お～になる」という形式のものです。辻村敏樹さんは、この敬語の形式が江戸時代の武士階級の書き言葉から形成されてきたことをつきとめています。江戸時代の末期には、日常の話し言葉でも少しずつ用いられるようになります。

その理合をお訴へに成ましては実に難儀。
（人情本『閑情末摘花』四編上）

などと、会話しています。明治時代になると、この「お～になる」という形式が勢いづき、現在、隆盛を誇っています。

20　丁寧表現も現在に連なる

「ます」「ございます」「です」は、現在、話し言葉で最もよく使う丁寧表現です。聞き手に対する丁寧な気持ちを表します。「いってらっしゃいませ」「うれしゅうございます」「静かです」などと。これらの丁寧表現も、江戸時代から現れてきます。

「ます」は、江戸時代の初めから頻用されています。室町時代に盛んに使われた丁寧表現「まらする」が、「まっす」になり、「ます」に変化したものです。命令形には「ませ」のほかに、「まし」の形も現れました。たとえば、こんなふうに。

はぐれなさひますな　ふところの用心をなさいまし。

（洒落本『両国栞』）

「ございます」は、江戸の後期に現れた語。「ござる」に「ます」がついたものです。

あなたのおくすりぶくろには絵がかいてござりますが、

（滑稽本『東海道中膝栗毛』五追）

「ござります」を崩した「ございます」も、むろんよく使われています。

「です」も、江戸時代後期から現れます。でも、小島俊夫さんは、江戸時代の「です」と現在の丁寧な意味を表す「です」は、少し意味が異なると言います。江戸の「です」には相手を見下すような尊大さがあるというのです。たしかに遊女やたいこ持ちなどが使っている「です」は、次のような感じです。

おいらを狐（きつね）が、はらませて、御亭（ごて）（＝ご亭主）になろとは、わしゃ、嫌（や）です。嫌（や）です嫌（や）です、嫌（や）でもです。しんじつ嫌（やあ）では、なけれども、人目（ふとめ）はづかしけりゃ、わしゃ嫌（や）です。嫌（や）ですと云事（いふこと）は、言（い）わねェもんです。

（『辰巳之園』）

明和（一七六四年～）以降大流行した歌で、「やだちゅう節」と呼ばれました。遊里で遊女が三味線に合わせて面白おかしく歌っています。「です」には、どこか人をバカにしたようなニュアンスが感じられます。

こんなふうに、少し意味合いの違ったものもありますが、語そのものは江戸時代に出現です。

21　「である」「だ」も現れた

「である」や「だ」は、敬意を含まない文末表現ですが、次の章で述べる言文一致運動で大きな役割を果たす文末表現ですから、触れておくことにします。「吾輩は猫である」の「である」、「さあ仲直りだ」の「だ」ですね。これらも、江戸時代に活躍し始めています。

「である」は、中村通夫さんによって、江戸時代に、漢学者の講釈、国学者の口語訳、僧侶の説教などに見られることが明らかにされました。つまり、教養層に用いられる、公的な性質を持つ話し言葉なのです。

　実ニ人トイフモノハ、ハカナイモノデアル。（服部南郭『唐詩選諺解』巻一）

「だ」は、室町時代に関東で生まれた語です。江戸時代になると、関東では「だ」をよく使っています。次は、東国大名に仕える雑兵の言葉。

　火縄のはさけ様がわるければ、火もうつらないで立消も有もんだ。（『雑兵物語』上）

　火縄の挟み込み方が悪いと、火も燃え移らないでそのまま消えてしまうこともあるもんだ。

江戸の地では、「だ」が頻用されますが、上方では「よい男じゃ」のように、「だ」のかわりに、「じゃ」がよく用いられています。この傾向は、現在でも残っています。

22　女性は「お」と「もじ」を愛用する

江戸時代では、すでに述べたように、武士階級の言葉と町人階級の言葉が違っていました。男と女の言葉にも、違いがあります。特に、武士や経済的に余裕のある農民や町人の娘たちは、厳しく女性らしい言葉を使うように躾けられました。女性のための教養・作法を説いた『女重宝記』（元禄五年（一六九二年）刊）にこんな意味のことが書いてあります。

男の言葉遣いを女がするのは、とても聞き苦しい。女の言葉は、言い切らずに柔らかなのが、いい。よろず、
「お」と「もじ」をつけると、柔らかになる。

「お」と「もじ」をつけるというのは、室町時代の「女房詞」の伝統を受け継いだものです「女房詞」というのは、天皇や上皇のいらっしゃる御所にお勤めする女性たちの使う特殊な言葉のことです。普通の言葉の最初の一音か二音を取って、その語頭に「お」を付けたり、末尾に「もじ（＝文字）」をつけたりした言葉です。とても優雅で上品に聞こえます。

たとえば、「でんがく（田楽）」の最初の二音「でん」をとって、語頭に「お」を加えて、「おでん」にする、というような言葉です。「おでん」の語は、今でも使っています。「おこわ（強飯）」「おさつ（薩摩芋）」「おみや（土産）」「おかつ（鰹）」「おさし（刺身）」など。

末尾に「もじ」をつけるのは、たとえば、「しゃくし」の「しゃ」をとって、それに「もじ」をつけて「しゃもじ」にする場合です。現在でも、「しゃもじ」の語を使っていますね。「かもじ（髪）」「ゆもじ（湯巻＝腰巻）」「こもじ（鯉）」「ふもじ（文＝手紙）」「そもじ（そなた）」など。

なぜ、「もじ」をつけるのでしょうか。こんな場合を思い浮かべてみて下さい。はっきり言うのが少々憚られたり、照れくさかったりするとき、「わたし、あの人に『ほ』の字なの」などという言い方をします。「惚れている」の「ほ」をとって、「文字」の「字」をつけます。これと同趣向です。婉曲にいうことによって、品が保てます。特に、高貴な方の食事に関することなど、はっきりいわずにぼやかした方が上品です。

女房詞は、室町時代の末期には、将軍家に仕える女性たちにも伝わり、使われるようになり、江戸時代になると、さらに広まっていきました。現在では、女性の使用が多いものの、広く一般に使われる言葉として定着しているも

のもあります。

23　ありんす言葉

それから、江戸時代にはもう一つ独特の女性語の世界があります。遊郭です。どんな田舎から来た女性でも、遊里言葉を覚えれば、方言が抜けて垢抜け、うまく接客が出来る。好都合です。遊里言葉は、末尾に特色があります。「あります」と言わずに、「ありんす」と言ったので「ありんす言葉」などと言われます。

　たとへお大名様でも、此里で遊びなんすからは、賤しいわッちでも、枕をおかはしなんす筈でありんす。

（黄表紙『三幅対紫曽我』）

「ありんす」のほかにも、「なんす」が用いられていますが、「なさいます」の意味です。「なんせ」「なんし」もよく使います。「なさいませ」「なさいまし」の意味です。「ありんす」の打消しは「ありんせん」。「卵に目鼻で四角はありんせん」という古川柳もあります。遊郭の女性たちの価値基準が表れています。あくまで女らしく、角張ってはいけないのです。推量は、「ありんせう（ショー）」となります。

「ます」はすべて「んす」になりますから、「いきんす（行きます）」「たのみんす（頼みます）」と言えばいいのです。「ござります」は、「ござりんす」。さらに訛って「おざりんす」。ともかく、鼻にかかったはねる音「ん」を愛用したのが、遊里言葉です。こんな古川柳もあります。

　傾城（けいせい）は　はねられるだけ　はねるなり

「傾城」というのは、遊女のことです。

ところで、遊里言葉から、のちに一般語になって行ったものは、あるでしょうか。残念ながら、ほとんどありません。丁寧表現の「ござんす」「ざます」「ざんす」「おます」などが、あるいは遊里語からではないかと言われる程度です。「女房詞」と違って、遊里が高貴な憧れの世界ではないということと関係があるように思えます。「女性語」という性差による言葉の区別意識が現在にも色濃く存在するのは、江戸時代を通過したからです。

江戸時代は、近代語の始まり。われわれ現代人が共通語で使う発音や語彙に相当近くなっています。それは、文化の中心が京都から江戸に移り、江戸語が中心になっていったことと関係があります。さらに、文化の担い手が町人階級に移ったことも原因です。政治や経済の中心が移行すると、中心になる言葉も移動する。まさに、言語は、きわめて政治的かつ経済的な面があることを知らせる時代です。

六　言文一致をもとめる

——明治時代以後——

江戸は東京と名を変え、元号も明治と改められました。一八六八年九月八日のことです。西洋文明が怒濤のごとく押し寄せてきます。日本は西洋諸国に比べて、見るも無惨なほど遅れてしまっていました。

西洋諸国の文章を見ると、表音文字のローマ字を使って、話す通りに自在に文章を書いています。それに比べて、日本はどうだ。話す言葉と文章に書く言葉があまりにも違いすぎる。早急に、「言」（げん）（＝話し言葉）と「文」（ぶん）（＝文章に書く言葉）とを一致させなければならない。

だが、一体それは、どのようにして実現していけばいいのか。言うはやさしく、行なうは難い。この章では、言文一致を成し遂げていく過程に焦点を当てて、近代語の成熟に迫っていきます。

1 話し言葉を統一せねば

書き言葉に注目する前に、話し言葉についても目くばりをしておきましょう。前の章でみたように、江戸語が、現在の共通語に継承されていきました。けれど、それは現在から過去をふり返るので分かる筋道です。歴史のただなかに放り込まれている人間にとっては、どちらに進むのか分からないものです。

明治の新政府も、近代的な統一国家をつくりあげるために、身分制度を廃止し、日本全国に通用する話し言葉をただちに作らなければならないことだけは、分かっていました。というのは、江戸時代には、領民は領地に縛られ移動が許されなかったので、その領内でしか通じないような言葉を話すようになってしまっていたのです。異なる領地の者同士のコミュニケーションができなくなっていました。国家を統一するには、日本のどこでも通用する話し言葉の制定がまず何より必要です。

でも、どうしたら、そのような日本語を定められるのか。明治政府は、頭を抱えていたのです。ある一地方の言葉を基準にすれば、その他の地方の不満は高まる。だからと言って、どの地方からも不満の出ない共通語なるものを短時間に作り上げることは、至難。

実際には、どこかの地方の言葉を基準にするしか方法はあるまい。だとしても、一体どの地方の言葉を基準にしたらいいのか。新政府で主導権を握っている薩摩藩の薩摩弁や長州藩の長州弁にすべきなのか。とりわけ、東京府の治安を守る巡査の大半は、薩摩出身者。薩摩弁が勢力を誇っている。それらを無視して、江戸語の系譜を引く東京の言葉を基準にしてもいいのか。

この時の日本の迷いと苦しみを戯曲化したのが、この本の冒頭に記した井上ひさしさんの『国語元年』です。時の政府の苦悩の一端がにじみ出ており、なかなか考えさせる戯曲です。

2　東京語を標準語に

多くの知識人たちは、江戸語を踏襲した東京語を日本の共通語にするのが良いと考えていました。渡辺修次郎は、『郵便報知新聞』で、こう言っています。どこの地方の言葉が良い悪いなどと論じる必要はなく、「最も能(よ)く通用する東京言葉を本(もと)として」言語の統一を図ればいいのだと。矢田部良吉も「先ず東京の如き大都会の音声を以て標準とし」と述べ、東京語を標準にすべきだと主張しています。後に触れるローマ字会も、「教育を受けたる東京人の間に行はるる発音を以て」「標準とする」と述べています。

「標準語」という名称を最初に使ったのは、岡倉由三郎です。彼は、明治二三年『日本語学一斑』のなかで、明言しています。社会変動によって他を凌ぐにいたった言語がただちに、「標準語の位置を占め」、その他はすべて「方言」となり果てる以外にないと。続いて、明治二八年、上田万年は、「現今の東京語」こそが標準語たる資格をそなえていることを確信していると述べています。万年は、「東京語」というのは、「教育ある東京人の話すことば」だと規定しているのですが、こんな重要なこともあわせ述べています。ちょっとそこだけ引用してみます。

東京語といへば、或一部の人は、直に東京の「ベランメー」言葉のように思ふべけれども、決してさにあらず。予の云ふ東京語とは、教育ある東京人の話す言葉と云ふ義なり。

（「標準語に就きて」明治二八年一月、『帝国文学』一号）

この万年の発言から、「東京語」というと、「オメー」「イテー」式の江戸語の特色を引いた下町言葉を意味すると考える人が当時結構たくさんいたことが分かりますね。「東京語」と一口に言っても、武士や知識人の使っていた山の手言葉の系統と「ベランメー」口調と言われるような下町言葉の系統があるのです。万年は、「標準語」としては、山の手言葉に軍配を上げています。「一国の標準語となるには」、それにふさわしい品格が必要だと考えていたのです。乱暴だけど、飾らない人情の溢れる下町言葉は、果たしてどうなるのでしょうか？

明治三五年（一九〇二年）になると、政府は文部省の国語調査委員会で「方言を調査して標準語を選定する」という方針を打ち出しています。翌三六年（一九〇三年）には、最初の国定教科書『尋常小学読本』（**図19**）を出しています。そこでは、主に東京の中流社会に行なわれている言葉を採用しています。それで国語の標準を知らせようとしたのです。

大正二年（一九一三年）、国語調査委員会は『口語法』を公にし、話し言葉の決まりを決定。そこに、こんな意味のことが記されています。

今日、話し言葉は地方によってまちまちで一致していない。そこで、この書は、主として東京で教育ある人々の間で使われる話し言葉を標準とすることにした。地方の話し言葉であっても、広く一般に用いられているものは、許容範囲とした。

話し言葉の標準は、上田万年が規定したのとほぼ同じ。「東京で教育ある人々の間で使われる言葉」です。つまり、山の手言葉です。下町言葉は、標準語のルートからはずされ、以後その力を失っていきます。

こうして、現代日本語の話し言葉の基本線が確定していきました。明治の新政府になってから、四五年も経過。東京語が話し言葉の標準と認められるまでに、半世紀もかかってしまったのです。

ヤウ（ヨー）
タロー ハ、イマ、アサ ノ アイサツ ヲ シテヰマス。
「オトウサン。オハヤウ ゴザイマス。
オカアサン。オハヤウ ゴザイマス。」

図 19　明治 36 年、最初の国定教科書。『尋常小学読本』二。

太平洋戦争終結後、「標準語」という言い方は、問題視されました。標準となるべき言語ということで、純正で正しい日本語、という規範的なものを感じさせるからです。そして、それは、標準語以外の方言などを認めないという、排他的な姿勢に連なっているからです。

「標準語」と呼べるような理想的な言語など存在しません。存在するのは、日本全国に通じる「共通語」なのです。そこで、「標準語」という言い方を改めて、「共通語」と呼ぶようになりました。方言の存在を認めつつ、統一的な国語教育を行なおうという方向に転換したのです。
こんなふうに、話し言葉の統一にも、長い年月がかかりました。これから話そうとしている書き言葉の方は、どうでしょうか？　話し言葉以上の困難さが待ち構えていたのです。

3　漢字御廃止の議

幕末に、書き言葉と話し言葉の隔たりこそ、日本が遅れをとった原因の一つだと痛感した人物がいます。前島密（ひそか）です。彼は、幕末の慶応二年（一八六六年）に「漢字御廃止之議」を将軍徳川慶喜に建白しています。これが、言文一致運動のはじまりです。前島密は、こんな意味の主張をしています。

国家の大本は国民の教育である。その教育が身分を問わず国民にあまねく施されるためには、できるだけ「簡易なる文字」と「文章」であるべきである。さまざまの学問も文字を知って始めて理解できるというような迂遠な教え方ではいけない。すべて、学問というのは、その本質を理解することこそ大切なのだ。だから、我が国においても、西洋諸国のように表音文字（仮名文字）を用いて教育を施し、漢字を用いず、ついには漢字を廃止するようにしたほうがよい。

音声にすれば、日常会話になり、それを書けば文章になる、そういう「口談筆記の両般の趣」にするべきである。

前島密は、出来るだけやさしい言葉を用い、漢字を使わずに仮名だけで書き写せるようにすべきであり、話し言葉と書き言葉を一致させることを主張しています。

前島の「漢字御廃止之議」の影響は大きく、さまざまの議論を巻き起こしました。一つは漢字廃止に対する反対論。三宅雪嶺は、「漢字利導説」を、井上円了は「漢字不可廃論」をとなえて、大反対をしました。もう一つは、漢字に代わってどんな文字を使用するかという議論です。仮名専用論、ローマ字論、漢字節減論など、議論百出。西周(にしあまね)などの洋学者たちは、ローマ字で日本語を表記することを提案しました。ローマ字は、二六文字を覚えれば、誰でもたちどころに読み書きが出来るという利点があると主張します。漢字節減論は、最終的には、かな文字を中心にしていけばいいけれど、人々は急激な変化にはついていけない。だから徐々に漢字使用を減らすべきだという意見です。福沢諭吉は、さしあたり漢字は二千字か三千字で十分であるとし、矢野文雄は、三千字まで節減しようという主張を展開しました。現在の漢字使用の目安になっている常用漢字一九四五字に比べると、驚くべき数が最低ラインになっています。幕末から明治初めには、三千字でも制限された漢字数だったのです。いかに漢字が多用されていたかがわかります。

前島密の「漢字御廃止之議」は、こうしてまずは文字の議論になりましたが、目指すところは話し言葉と書き言葉の一致です。

4　幕末の文章は、すべて文語文

では、その頃、どんな文章が実際に存在していたのでしょうか。幕末に存在していた文章は、表記から見れば、漢文と漢字かな交じり文の二種類。エリートたちは漢文が書けたのです。むろん、広く存在していたのは漢字かな交じり文の方です。

問題は、そこに使われている言葉と文の決まりです。漢文はもちろんのこと、漢字かな交じり文でも、そこに使われている言葉は、日常の会話では使わない書き言葉です。あるときは、漢語や漢文訓読語。あるときは、平安時代の仮名文で使った雅語。文章全体も、漢文を直訳したような文体であったり、昔のひらがな文をまねた雅文調の文体であったり、です。また、日常使っている言葉を混ぜて、雅俗折衷の文体であったりすることもありますが、文の決まりは書き言葉のそれに従っていました。

書き言葉専門の言葉を主用し、書き言葉の文法に従って綴るのです。それらを「文語文」と呼びます。それに対して、日常の話し言葉で、話し言葉の文法をもとにして書く文章を「口語文」と呼びます。

では、江戸時代には、話し言葉で書かれた文章は、なかったのか。私たちは前の章で、江戸の人々の話し言葉に耳を傾けたではないですか。あれは、何だったんでしょうか。前章でも説明しましたが、あれは、洒落本・滑稽本・人情本に見られる会話文だけに注目して、探ってみたものなのです。これらの作品でも、地の文は、「文語文」です。

ただし、江戸時代でも教養の低い人々に向かって書かれた人の道を説く文章だけは、話し言葉で書かれています。でも、これは例外的な存在です。一般に認められているのは、書き言葉で書かれた「文語文」だけでした。とりわけ、漢文の直訳に使うような硬い言葉と言い回しを使って書くのが教養層の文章であり、価値があったのです。

5　なぜ話し言葉と書き言葉は離れるのか

それにしても、なぜ、話し言葉と書き言葉は、離れてしまうのか？　話し言葉と書き言葉が最も近い状態にあったのは、平安時代のひらがな文においてです。ひらがな文においては、当時の貴族たちの話し言葉で文章がつづられていました。両者の関係は親密でした。

鎌倉時代に入ると、次第に話し言葉と書き言葉との間が離れていきました。というのは、話し言葉が変化しても、書かれる言葉は保守的な形態のまま伝統が保持されるからですね。書き言葉というのは、目に見える形で残るので、伝統を保持していくことが容易なのです。

でも、この関係を長い間続けていると、どうなるでしょうか。話し言葉はどんどん変化するのに、書き言葉は昔のままであり続ける。両者の間の距離は、縮まることはなく、広がるばかりです。そして、やがて話し言葉と書き言葉の間には、絶望的な距離ができてしまう。

江戸時代には、もう耐え切れないほど、両者の距離が離れていました。だから、オーソドックスな文語文が書かれる一方、せめて会話文だけでも自分たちの話し言葉を投影した洒落本や滑稽本や人情本ができてきていたのです。こうした「言」と「文」のかけ離れた状況に危機意識を抱き、何とか打開しようとして提案されたのが、前島密の「漢字御廃止之議」だったのです。

6　公用文を漢字カナ交じり文で書く

前島密の「漢字御廃止之議」が効力を発揮したのかどうか定かではありませんが、明治の新政府は驚くべき革新的なことを行ないました。それは、公用文を漢字カナ交じり文で書くことにしたことです。

江戸時代まで、公用文や正式の文章は、漢文か漢式和文で書かれました。明治政府は、そうした伝統に対して、大きな変革を決断したのです。たとえば、有名な「五箇条の御誓文」。漢字カナ交じり文で書かれています。新政府の基本方針を示す声明文です。明治元年（一八六八年）三月一四日に、公布されました。有名なので、諳んじていらっしゃる方もいるでしょう。図20は、京都御所東山御文庫に保存されている原物です。

一　広ク会議ヲ興シ万機公論ニ決スベシ
一　上下心ヲ一ニシ盛ニ経綸ヲ行フベシ
一　官武一途庶民ニ至ルマデ各其志ヲ遂ゲ人心ヲシテ倦ザラシメンコトヲ要ス
一　旧来ノ陋習ヲ破リ天地ノ公道ニ基クベシ
一　知識ヲ世界ニ求メ大ニ皇基ヲ振起スベシ

一　広く会議を行ない、天下の政治は世論のおもむく方向に従って決めるべきである。
一　上下が心を一つにして、一生懸命国家を治め整えるべきである。
一　朝廷・武家から庶民に至るまで、それぞれが自分の目的を果たし、人の心に倦怠を起こさせないようにすべきである。
一　昔からの悪い習慣を改め、広く公正な道に基づくべきである。
一　知識を広く世界に求め、大いに天皇の統治事業の基礎を築くべきである。

「五箇条の御誓文」は、声に出して読んでみると、まことに格調が高い。簡にして要を得ています。けれども、「万機」「公論」「経綸」「一途」「陋習」「公道」「皇基」「振起」など、書き言葉でしか使わない漢語をたくさん使用しています。また、文末は「べし」で、漢文を訓読したような文章になっています。話し言葉からは遠く離れた文語文です。

でも、公の文章が漢字カナ交じり文になった、これは、実に大きな出来事です。文字の歴史が始まって以来、漢文や漢式和文が最も権威ある文体であり続けてきたのですから。明治政府は、それに終止符を打ったのです。エ

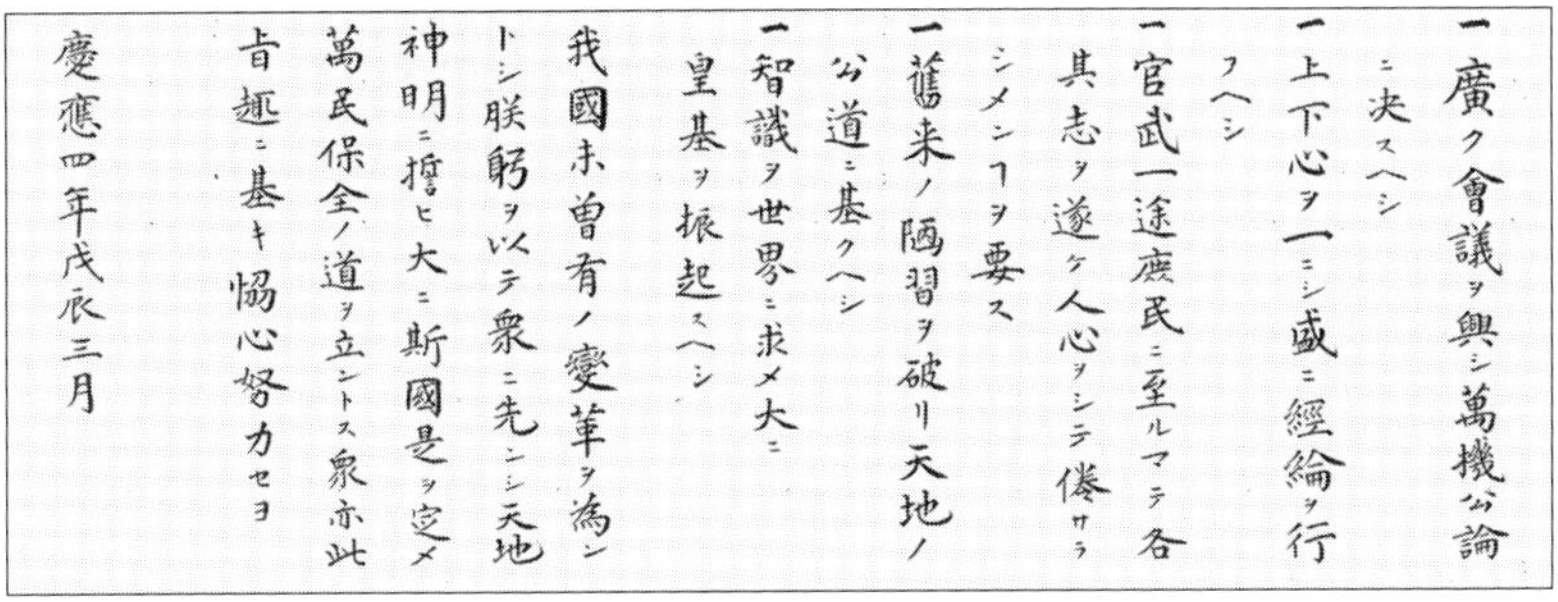

一廣ク會議ヲ興シ萬機公論ニ決スヘシ
一上下心ヲ一ニシ盛ニ經綸ヲ行フヘシ
一官武一途庶民ニ至ルマテ各其志ヲ遂ケ人心ヲシテ倦サラシメンコトヲ要ス
一舊来ノ陋習ヲ破リ天地ノ公道ニ基クヘシ
一智識ヲ世界ニ求メ大ニ皇基ヲ振起スヘシ
我國未曽有ノ變革ヲ爲ントシ朕躬ヲ以テ衆ニ先ンシ天地神明ニ誓ヒ大ニ斯國是ヲ定メ萬民保全ノ道ヲ立ントス衆亦此旨趣ニ基キ協心努力セヨ
慶應四年戊辰三月

図 20　「五箇条の御誓文」。（宮内庁、東山御文庫蔵）

リートだけに分かる文章では、近代国家は実現しない。政府もそれは十分に承知していたことが分かります。

7　漢文直訳調が勢いづく

明治初期の啓蒙家たちは、新政府によってお墨付きを得た漢字カナ交じり文を使って、盛んに文章を書きました。初期の頃は、まだ漢文で書かれた書物が刊行されていました。成島柳北の『柳橋新誌（りゅうきょうしんし）』、中江篤介の『民約訳解』など。でも、漢文は次第に廃れてゆき、漢字カナ交じり文一辺倒になっていきます。

漢字カナ交じり文といっても、漢文を直訳したような硬い文語文です。次は、明治初期の啓蒙家として名を馳せた西周の文章の一節。

文ハ貫道ノ器ナリト古人亦之（またこれ）ヲ言ヘリ、然ルニ今其所謂我ノ文章ナル者言フ所書スル所其法ヲ異ニシテ言フベキハ書スベカラズ書スベキハ言フベカラズ、是亦文章中ノ愚ナル者ニシテ文章中ノ一大艱険（かんけん）

文章は、さまざまの道をきわめるための道具であると昔の人も言っている。にもかかわらず、いまわが国の文章なるものは、話すのと書くのとは決まりが異なっていて、話すことは書くことができず、書くことは話すことができ

ナリ、蓋《けだし》世ノ人既ニ爰《ここ》ニ見ルアリ、故ニ今日之ヲ改正セムトスルノ挙ナキニアラズ、

（西周「洋字ヲ以テ国語ヲ書スルノ論」『明六雑誌』第一号、明治七年三月）

きない。これはまたすごくばかばかしいことで、文章における一つの大きな問題である。実は、世間では既にこれに気づいている。だから、これを改めようとする動きがないわけではない。

話す言葉と書く言葉が食い違っていることの不便さを訴え、それを解消するためには日本語をローマ字書きにし、国民の暗愚を晴らすべきだという威勢のいい文章です。こちこちの文語文で、口語訳がほしくなりますね。明治初期の啓蒙家は、こんなふうな漢文を直訳したような漢字カナ交じり文を書いて一般人を啓発しようとしたのです。

8　福沢諭吉の思想

多くの啓蒙家たちが、漢文を直訳したような難解な漢字カナ交じり文を書いていた時に、福沢諭吉は、読みやすく頭に入りやすい文章を書くことにつとめていました。諭吉は、「分りに分り易《やす》き文章を」書いて、「通俗一般に広く文明の新思想を得しめん」と考えたのです。だから、彼の書いた本は、つねによく売れましたが、中でも明治五年に刊行された『学問のすすめ』は、大ベストセラーになりました。国民の一六〇名に一人は『学問のすすめ』を読んだことになると諭吉自身が算出しています。

では、おなじみの『学問のすすめ』の冒頭部分を味わってください。口語訳は、つけなくても十分に分かります。

天は人の上に人を造らず人の下に人を造らずと云へり。されば天より人を生ずるには、万人は万人皆同じ位にして、生れながら貴賤上下の差別なく、万物の霊たる身と心との働《はたらき》を以て天地の間にあるよろづの物を資《と》り、

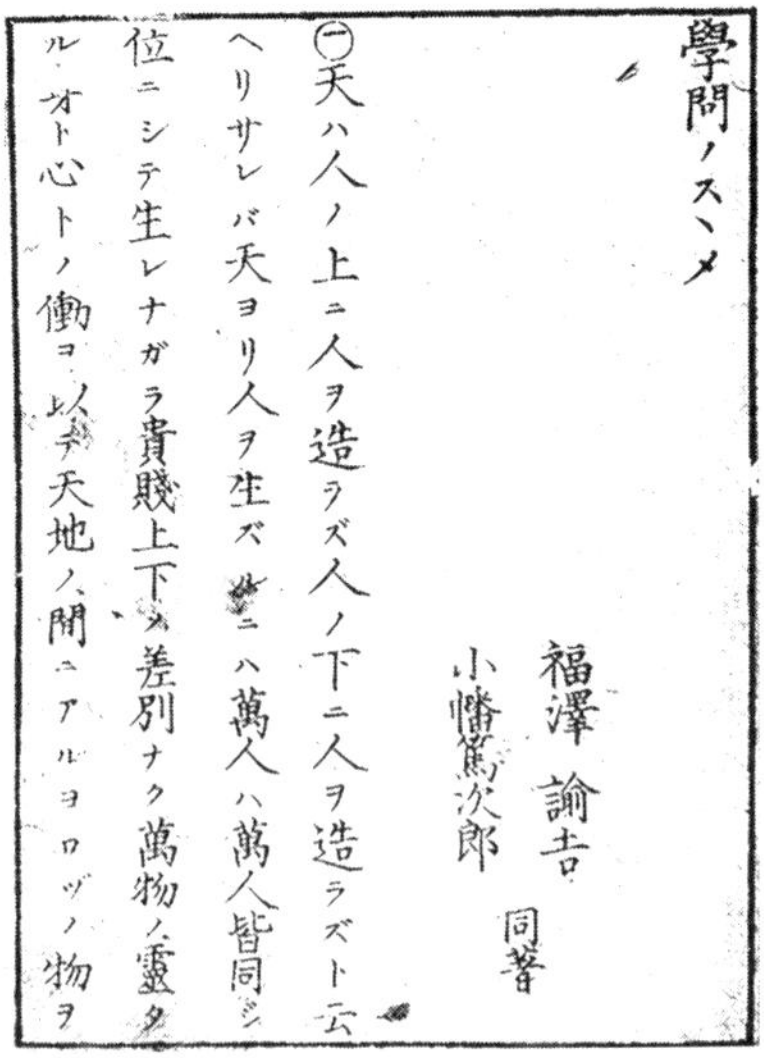
學問ノスヽメ

福澤諭吉
小幡篤次郎　同著

一天ハ人ノ上ニ人ヲ造ラズ人ノ下ニ人ヲ造ラズト云ヘリサレバ天ヨリ人ヲ生ズルニハ萬人ハ萬人皆同シ位ニシテ生レナガラ貴賤上下ノ差別ナク萬物ノ靈タル身ト心トノ働ヲ以テ天地ノ間ニアルヨロヅノ物ヲ

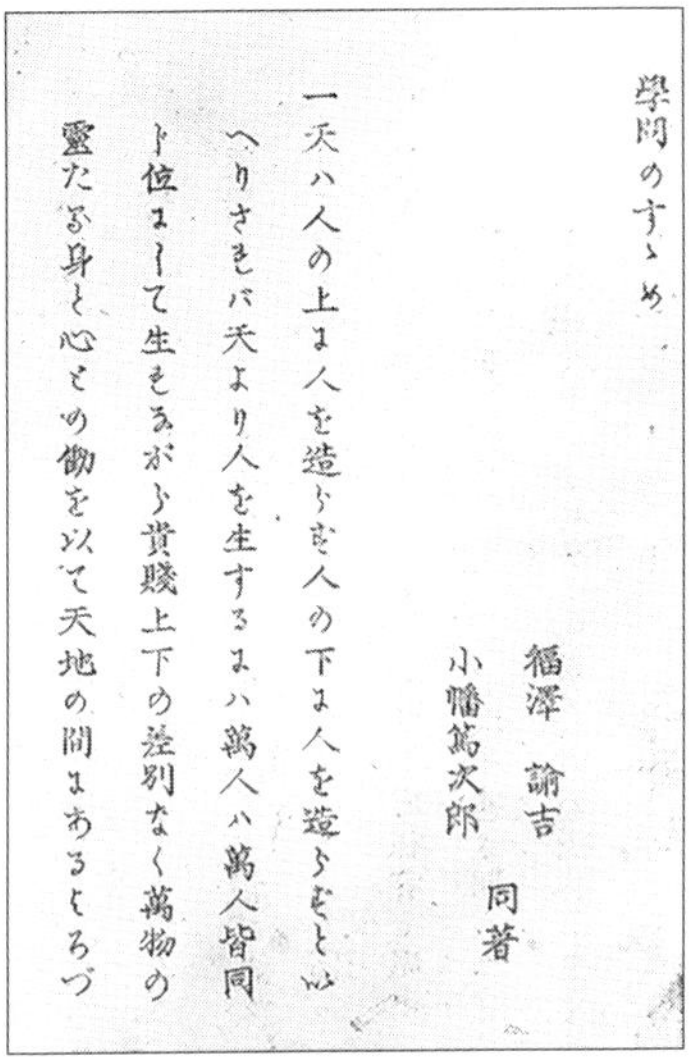
學問のすゝめ

福澤諭吉
小幡篤次郎　同著

一天ハ人の上に人を造らず人の下に人を造らずと云へりされバ天より人を生ずるにハ萬人ハ萬人皆同じ位にして生れながら貴賤上下の差別なく萬物の靈たる身と心との働を以て天地の間にあるよろづ

図 21　『学問のすすめ』初編。ひらがな交じり文のものとカタカナ交じり文のものとがある。（慶応義塾大学福澤研究センター蔵）

以て衣食住の用を達し、自由自在、互に人の妨をなさずして各安楽にこの世を渡らしめ給ふの趣意なり。されども今広く此（この）人間世界を見渡すに、かしこき人あり、おろかなる人あり、貧しきもあり、富めるもあり、貴人もあり、下人もありて、其（その）有様雲と泥との相違あるに似たるは何ぞや。其次第甚だ明なり。実語経（じつごきやう）に、人学ばざれば智なし、智なきは愚人なりとあり。されば賢人と愚人との別は、学ぶと学ばざるとに由（より）て出来るものなり。

（『学問のすすめ』）

最初のこの部分だけで、この本のテーマをすぱっと述べきっています。初編には**図21**に載せたように、漢字ひらがな交じり文と漢字カタカナ交じり文の二つの版があります。二編以下はすべて漢字カタカナ交じり文です。諭吉自身は、後に、ひらがなとカタカナを比較して、民間に必要なのはひらがなの方だと述べています。なお、**図21**の著者の箇所に「福沢諭吉　小幡篤次郎」とありますが、諸事情により「自分の著書に他人の名を用ひた」

だけで、諭吉一人の著作です。

『学問のすすめ』は、明晰で分かりやすくはありますが、文末は、「云へり」「なり」「あり」などと書き言葉です。さらに、「(位)にして」「しめ給ふ」「何ぞ」「甚だ」などの書き言葉専用の言い回しで書かれています。つまり、文語文なのです。諭吉は、晩年の口述による『福翁自伝』以外には、言文一致の文章を書きませんでした。諭吉の平易な文語文は、後に台頭する「普通文」の先駆になっていきます。

けれども、文章に徹底的に分かりやすさを求めた諭吉の思想は、言文一致運動の基本精神に連なるものです。

9　「ござる」体の登場と言文一致の挫折

前島密の言文一致の発言に鋭く反応した西周は、自ら「ござる」体を用いた啓蒙書を刊行しました。名づけて『百一新論』。明治七年のことです。儒教的な思考法を批判した書物ですが、こう始まります。

或曰ク、先生ニハ平素ヨリ百教一致ト云フ説ヲ御主張ナサルト承リマシタガ、実ニ左様デゴザルカ。先生対テ曰、如何様(いかさま)左様デゴザル。敢テ主張ト申スデハゴザラヌガ、彼此(かれこれ)ト考ヘ合セテ見候ヒツルニ、如何ニモ一致ノ様ニ存ゼラルル故、朋友ト話ノ序(ついで)ニサル事マデ論ジタ事ガゴザルニ由テ、大方世間デソレヲ拙者ガ主張スルト申スデゴザラウ。

ある人が言った、「先生は、平素から仏教にしろ、儒教にしろ、キリスト教にしろ、すべての教えの根本は一致しているという説を御主張なさっていると伺いましたが、本当に、そうでございますか。」先生は答えて言った、「その通りでございます。あえて主張と申すほどではございませんが、いろいろなことを考え合わせてみますと、やはり一致しているように思われますので、友達との話のついでに、そのようなことを申し上げたことがございます。それで、大方、世間ではそれを私が主張しているというのでございましょう。」

（西周『百一新論』明治七年刊）

もとの文章は、問答形式で書かれてはいるものの、「さようしからば」風の武士言葉を基調にしているので、裃(かみしも)を着たような武張った文章になっています。自分をさす言葉も、武士の使った「拙者」です。一般大衆を啓蒙するのに書かれた文章ですが、一般人の話し言葉からはかけ離れており、一般人が理解するのは困難です。

言文一致の文章の試みは、この他、さまざまなところで行なわれました。でも、なぜか次々に挫折していってしまうのですね。明治七年一一月創刊の「読売新聞」が、社会雑報欄を「ございます」「ます」「であります」「です」「だ」「なんだ」「とサ」などの文末をとった口語文体で書いて、言文一致を推進したかにみえました。ところが、明治一一年頃にはなんと再び文語文体に戻ってしまったのです。

教科書も、明治初期は「である」「でござります」「であります」「だ」などの文末をもった文章が見られました。ところがこれも、明治一二年の教育制度の改革にともなって、口語文体の文章が教科書から姿を消してしまいました。

また、村上俊吉は、明治九年四月から「七一雑報」（キリスト教の新聞）に『天路歴程(てんろれきてい)』の翻訳を連載しました。口語文体で訳し、革新的なものでした。ところが、それも第一二回まで。第一三回からは文語文体に戻り、それらを単行本にして出版したときは、全体を文語文体にしてしまったのです。言文一致運動は、暗礁に乗り上げてしまいました。

10　なぜ、言文一致は難しいのか

なぜ、言文一致運動は、頓挫しそうになっているのか。二つの理由が考えられます。第一に、人々の意識が、江戸時代の身分制度からなかなか抜け出せずにいたことです。人間に上下の差別をつける意識が、人々の中にはまだ色濃く存在していました。支配層にいるエリートだけが書ける文章は、誰にでも書ける文章よりは支配層にとって魅力的です。漢学の教育を受けた武士出身の支配層たちは、政治は「民をして依（よ）らしむべく、知らしむべからず」という考え方からぬけきれずにいたのです。

漢文を直訳したような文章は、一般庶民には理解しにくいばかりか書くことも出来ない。一定の訓練が必要だからです。その状態こそ、支配層には都合がいい。権威を振りかざすこともできるのですから。支配層は、西洋文明に出会った直後には、言文一致を推し進める必要を痛感しても、やがてその煽られるような気分も落ち着いてくると、差別できる文章の方が優越感を与えてくれます。つまり、言文一致をささえる思想がまだ脆弱だったのです。

第二に、言文一致体の文章がなかなかうまく行かないことです。日本語では、話すように書くという場合には、必ず人間関係のあり方が表現に直接にかかわってきてしまうのです。たとえば、目上の人に話しかけられた場面を思い浮かべてください。目上の人に答えようとすると、文末は敬意を含む「ございます」になるか、もしくは丁寧さをあらわす「です」「ます」になります。どちらをとるかは、あなたと話し相手の関係によって決定されます。そして、自分をさす言葉は、「わたくし」とか「わたし」になり、「ぼく」「おれ」にはなりません。話題の人物をどういう言葉であらわすかも、目上の相手との関係で選択されます。「あいつ」などは決して使いません。その他の文中の言葉も、相手との関係で微妙に変わってきます。

こんなふうに話すように書くということは、日本語の場合には、読み手との係わり合い方が問題になり、西欧語の場合よりもややこしい。とりわけ、文末をどういう言葉にするかによって、文中語まで制約されてくる。以下に述べる言文一致運動でも、しばしば文末表現が大きくクローズアップされてきますが、それはこういう事情があるからです。言文一致は、日本語では、実はかなり難しい問題だったのです。

11　西洋文明の吸収は、どう行なわれたか

ところで、怒濤の如く押し寄せた西欧の文物に対して、日本人はそれをどのように消化吸収して行ったのか。それまでにない事物や概念を受け入れるために、たくさんの漢語を造って対処しました。

たとえば、「philosophy」には、「哲学」という漢語を造ってそれに当て、「physics」には、「物理学」という漢語を造ってあてはめ、日本語にとり入れていくというぐあいに。日本語の語彙の体系が変化するほどに、たくさんの漢語を造り出し使用したのです。

その時造り出した漢語で、現在でも使っているものの例をあげてみます。「衛生学」「幾何学」「科学」「化学」「心理学」「会社」「蓋然」「価値」「可能」「感性」「金額」「国粋」「広告」「合理的」「思考」「人格」「新刊」「必要」「郵便」。みんな明治時代に新しく造り出した漢語です。

先ほどから名前の出ている西周は、こうした翻訳語にも、大きな功績を残しました。彼が造り出した翻訳語で、一般に受け入れられ、定着していったものは、ずいぶんたくさんあります。哲学関係の語に限っても、「哲学」「帰

図22　明治3年刊『万国航海西洋道中膝栗毛』。弥次さん、北さんは、蒸気船に乗って横浜から出発。（東京大学国語研究室蔵）

納」「演繹」「外延」「内包」「先天」「後天」「概念」「現象」「主観」「直覚」「定義」「本能」「命題」。みな彼の造語です。

　こうした新漢語の創出に煽られて、一般の人々も、漢語を使って得意になっていました。でも、生兵法（なまびょうほう）は、怪我の基。使い慣れない漢語をつかって、間違え、笑いものになる時もあります。たとえば、仮名垣魯文（かながきろぶん）の『万国航海西洋道中膝栗毛』（図22）に登場する北さん。江戸時代の『東海道中膝栗毛』にあやかって、その孫の弥次さんと北さんが、東海道ならぬロンドン博覧会に行くことになった。だが、北さんのそそっかしさは、並ではない。「臨機応変」を「新規おうへん」、「議論」を「字論」、「因循姑息（いんじゅんこそく）」を「人参具足（にんじんぐそく）」、「周旋（しゅうせん）」を「渋扇（しぶせん）」と言ってしまうほどです。どうなることやら。

　こんな風に次々に誕生する漢語を、弥次さん、北さんをはじめ、当時の人々は、『漢語図解』

などで学んでは、物知りぶって使っていたのです。

でも、なぜ、西欧の文物に対して、和語で翻訳語を造らなかったのか？　第一に、当時のエリートたちは、主に漢学を教養として身につけており、漢語の方が身近であったこと。第二に、和語よりも、漢語の方が客観的・中性的な感じがして、翻訳語になりやすかったこと。第三に、和語で翻訳すると、長くなってしまうこと、です。和語は、漢語のように、簡潔な翻訳語にならないのです。たとえば、「service」を訳してみます。漢語ですと「奉仕」。和語でも、和語で訳そうとすると「つつしんでつかえる」。長いですね。

こうして、漢語で新語を造りだしては西欧の文物を受け入れ、消化吸収していきました。このとき造られた膨大な新漢語は、中国や韓国に輸出され、現在中国や韓国で使われているものも、少なくありません。

12　翻訳も漢文直訳調で

では、西欧の書物の方は、どのようにして受け入れられて行ったでしょうか。いうまでもなく、翻訳です。一般人は、翻訳書を通してそれを摂取していきました。

具体的にどんな翻訳をしていたでしょうか。知りたくてワクワクしますが、漢文を直訳したような文語文で翻訳していました。明治一一年（一八七八年）に刊行された『欧州奇事花柳春話（かりゅうしゅんわ）』を引用してみます。これは、当時の翻訳としては、画期的なもので、大変ヒットしたものです。翻訳者は、丹波純一郎。それまでの逐語訳ではなく、大胆な意訳です。そのために、「豪傑訳」とか「乱訳」とか言われてしまいましたが、翻訳そのものをレベルアップする牽引役を担いました。原作は、イギリスのロウド・リトン著の『アーネスト・マルツラバース（Ernest Maltravers)』とその続編『アリス（Alice）』。漢文を直訳したような文語文なので、口語訳を付けておきます。主人公マルツラバースとアリスとの恋の場面です。マルツラバースはアリスの家庭教師。

マルツラバース曰ク　卿ノ顔色甚ダ悪シ。余ト共ニ庭園ニ歩シテ清気ニ触(フ)ルルアレヨ。必ズ健康ヲ助(タス)クルアラン。アリス微笑(ニッコリ)シテ庭前ニ下リ　師主ト共ニ逍遥(セウヤウ)ス。マルツラバース　雪落花ヲ摘(ツ)ミ　アリスニ問フテ曰ク　卿草花ヲ愛スルヤ。曰ク妾大ニ之ヲ好ム。然レドモ生来郊原ノ中ニ長ジテ未ダ曾テ是ノ如キ美花ヲ看ズ。

（『欧州奇事花柳春話』）

マルツラバースは言った、「顔色が悪いですね。私と一緒に庭を歩き、新鮮な空気に触れましょう。そうすれば、元気になります。」アリスは微笑んで、庭に降り、先生と一緒に散歩する。マルツラバースは、雪落花を取って、アリスに聞いた、「あなたは、花がお好きですか。」アリスは答えた、「大好きです。でも、わたしは田舎育ちですから、こんなに美しい花を見たことがありません。」

翻訳文は、「曰く」「甚だ」「未だ曾て」「然れども」などの漢文訓読語が入り、「庭園」「清気」「師主」「逍遥」「雪落花」「生来」「郊原」「美花」などの漢語を頻用しています。「師主」は、もともと仏教語で学問修行でよりどころになる師のこと。ここではマルツラバースを指しています。アリスへの呼びかけは、大時代的な「卿(けい)（＝御身）」。アリスは、自分をさすのに、「妾(しょう)」という古めかしい語を使っています。いずれも日常使用しない書き言葉です。まさに、文語文による翻訳です。「触るるあれよ」という不思議な表現にいたっては、思わず「微笑(ニッコリ)」してしまいます。ですが、平素漢文に親しんでいる当時のエリートであれば、一気に読みきってしまいそうな魅力があると思いませんか。

西洋の書物の翻訳も、言文一致体ではなく、使い慣れた漢文直訳調の文語文を採用していました。

13　「かなのくわい」と「羅馬字会」が設立された

一般の文章世界も、翻訳の世界も、漢文直訳調の「文語文」の勢力が強く、「口語文」を推し進めようとする言文一致運動は、消えてゆくかに見えました。あやうし、言文一致です。けれども、知識人たちが立ち上がりました。明治一六年（一八八三年）七月「かなのくわい」が結成され、言文一致運動の本格的な動きに連なります。明治一九年、「かなのくわい」の幹事の物集高見（もずめたかみ）は、全文口語文体で言文一致を説き、一般の注目を集めました。

　はなしは、人の、よくわかる様にはなすのが、よからう。然（さ）る時は、其（その）はなしを、書いたものも、よくわかる様に、書くのが、よからう。ところで、たとへ、はなす様に、書いたとて、はなす様には、ゆかぬ故に、別して、書き方には、気をつけねば、なるまい。それゆゑに、はなす様に、書きとりて、なるたけ、わかり易く、するがよからう。

これ以上、分かりやすく書くことはできないほどわかりやすく、かつ本質を突いています。明治二〇年には、会員数一万人を越える一大組織に発展しました。

一方、洋学者たちは明治一八年に「羅馬字会（ローマじかい）」を設立。会員数は、六千数百名。ローマ字を国字にするという目的を持った会です。ただし、その思想は急進的ですが、機関誌『ROMA JI ZASSHI』に掲載される文章は、漢文直訳調の難解なものでした。これに耐えかねたのが、外国人会員で東京大学の博言学講師のチェンバレンです。彼は、明治一九年の「羅馬字会」総会の講演で、ローマ字普及のためには、難解な漢語を廃して、話し言葉を中心にした言文一致の文章にすべきだと主張しました。これを受けて、外山（とやま）正一や矢田部良吉たちは、「であります」調のローマ字の論文を執筆。有識者たちによって、言文一致運動は、息を吹き返しました。

14　円朝の語り口が言文一致体の手本に

それに連動するかのように、文学の世界でも言文一致の試みがなされました。口火を切ったのは、二葉亭四迷。彼は、自分の書きたい小説の文体をどうすべきかについて迷ったあげく、坪内逍遥に相談しました。すると、逍遥は「円朝の落語通りに書いて見たら何うか」とすすめるのです。三遊亭円朝、彼は明治落語界の中興の祖と言われた名人です。

逍遥は、口述筆記による円朝の人情話『怪談牡丹燈籠』に序文を書き、その語り口のすばらしさに魅せられていました。俗語ばかりを用いているので、さほど華があるとは思えないのに、句ごとに、文ごとに文章が生き生きと動き出す趣があると、絶賛しています。

さて、その円朝の語り口とは、どんなものだったのでしょうか。『怪談牡丹燈籠』は、明治一七年に、若林玵蔵によって速記され、東京稗史出版社から刊行されました。

次は、お露の死霊が、いとしい新三郎のところへやってくる場面。図23は、この場面を彷彿とさせます。新三郎は、毎晩やってくるお露とお付きのお米が、死霊であると知って、名僧に助けを求め、その指示に従ってお守りを胴巻きに入れ、雨宝陀羅尼経を読誦しています。

其内上野の夜の八ツの鐘がボーンと忍ヶ岡の池に響き、向ヶ岡の清水の流れる音がそよそよと聞へ、山に当る秋風の音ばかりで、陰陰寂寞、世間がしんとすると、毎もに異らず根津の清水の下から駒下駄の音高くカラン

図23　明治17年刊『怪談牡丹燈籠』。真夜中の2時の鐘がボーンと鳴ると…
（国立国会図書館蔵）

コロンカランコロンとするから、新三郎は心の裡（うち）で、ソラ来たと小さくかたまり、額から顋（あご）へ懸（かけ）て膏汗（あぶらあせ）を流し、一生懸命一心不乱に雨宝陀羅尼経（うほうだらにきょう）を読誦（どくじゅ）して居ると、駒下駄の音が池垣（いけがき）の元（もと）でぱったり止みましたから、

（『怪談牡丹燈籠』第八回）

円朝のこの人情話のお蔭で、駒下駄の音「カランコロン」は、すっかり有名になりました。円朝の声音でこの場面を演じられると、誰しも新三郎のように身を硬くして、手に汗を握って聞き入っていたに違いありません。人々は、円朝の人情話を聞きに毎晩寄席に足を運んでいるのですから。話の筋も意外性に満ち、臆病な人間にとっては、目の前で惨劇が繰り広げられたような錯覚にとらわれ、夜寝るときなどに思い出すと、ゾッとして思わず辺りを見回す、この感覚がたまらなかったに違いありません。

速記術の発達のおかげで、円朝の語り口が現在

によみがえります。誰の心にも訴えかけるすばらしい語り口。それが、言文一致の文章の手本になるのは、至極当然だったのかもしれません。話すように書くことの手本が示されたのです。そうか、こうすれば、会話文だけでなく、地の文も話し言葉で書けるのだ。その見本が出来たのです。

15　二葉亭四迷の試み

二葉亭四迷は、ともかく逍遥の「仰せの儘（まま）にやッてみた」。そうして出来たのが、明治二〇年から発表された『浮雲』です。次の引用は、『浮雲』の主人公の文三が、やきもちから、下宿先の娘、お勢と大喧嘩をした翌日の部分です。

　朝寝が持前のお勢、まだ臥（ね）ているは当然の事、とは思ひながらも、何となく物足らぬ心地がする。早く顔が視たい、如何（どん）様な顔をしてゐるか。顔を視れば、どうせ好い心地がしないは知れてゐれど、それでゐて只早く顔が視たい。

　三十分たち、一時間たつ。今に起きて来るか、と思へば、肉癢（こそば）ゆい。髪の寝乱れた、顔の蒼ざめた、腫瞼（はれまぶち）の美人が始終眼前（めさき）にちらつく。

（『浮雲』第一四回）

このあと、待ちかねたお勢が起きて来て縁側で文三と出くわすのですが、お勢は、文三を「じろり」と見ただけで終わってしまう。「只それだけの事で有ッた」なのです。**図24**は、まさに、この場面。文末には、「です」「ます」などの敬体を用いておらず、いわゆる「だ」調です。実際には、「だ」で終わる文はあまりみられませんが、敬体を用いていないという意味で「だ」調なのです。

図 24　明治 20 年刊『浮雲』。文三は、お勢を待ちかねていたのに。
（国立国会図書館蔵）

現代でも、何の違和感もなく読めます。四迷は「自分は始め、『です』調でやらうかと思って、遂に『だ』調にした」と述べています。「だ」調を支持したのは、坪内逍遥です。そのいきさつを四迷自身がこう語っています。

「私が……でございます」調にしたものか、それとも、「俺はいやだ」調で行ったものかと云ふことだ。坪内先生は敬語はない方がいいと云ふお説である。自分は不服の点もないではなかったが、直して貰はうとまで思ってゐる先生の仰有（おっしゃ）ることではあり、先づ兎も角もと、敬語なしでやって見た。

（「予が言文一致の由来」『文章世界』明治三九年五月）

結果は、大成功でした。四迷は、話し言葉を使って話し言葉の文法にのっとって文学作品を書き上げたのです。

16　翻訳も言文一致体で

四迷の功績は、それだけにとどまりません。西洋の書物の翻訳にも貢献しました。彼は、すばらしい言文一致体でロシア文学を翻訳したのです。明治二一年（一八八八年）に刊行された『あひびき』は、とりわけ名訳の誉れが高い。ロシアの有名な作家ツルゲーネフの作品の翻訳。娘が、男に別れを言い渡されるのを木陰から目撃したという視点で描かれた小品です。以下は視点人物から見た辺りの光景。

何ン時ばかり眠ッてゐたか、ハッキリしないが、兎に角暫らくして眼を覚まして見ると、林の中は日の光が到らぬ隈もなく、うれしさうに騒ぐ木の葉を漏れて、はなやかに晴れた蒼空（あをそら）がまるで火花でも散らしたやうに、鮮かに見渡された。雲は狂ひ廻はる風に吹き払はれて形を潜（ひそ）め、空には繊雲（ちりくも）一ツだも留めず、大気中に含まれた一種清涼の気は人の気を爽やかにして、穏かな晴夜の来る前触れをするかと思はれた。（『あひびき』）

ギクシャクした翻訳の感じがまるで無く、最初から日本語の言文一致体で書かれた自然描写の趣を持っています。翻訳も、四迷のお蔭で、漢文の直訳調を脱し、こなれた言文一致体を体現し始めたのです。

17　山田美妙と嵯峨の屋おむろの言文一致体

山田美妙（やまだびみょう）も、円朝の影響を受けて、言文一致体の小説を書きました。明治一九年の『嘲戒小説天狗』は、あまり評判になりませんでしたが、翌二〇年、読売新聞に『武蔵野』を連載。これが、言文一致体の小説として脚光を浴びました。足利時代に舞台を取った歴史小説ですが、地の文は「だ」調による言文一致体。会話文は、室町時代の話し言葉を真似て書かれています。

　この体に旅人も首を傾けて見て居たが、やがて年を取ッた方が徐に幕を取上げて紋所をよく見ると是は実に間違無く足利の物なので思はずも雀踊した、「見なされ。是は足利の定紋ぢゃ。はて、心地よいわ」。と言はれて若いのも點頭て、（『武蔵野』）

美妙は、こんなふうに地の文を敬体なしの「だ」調で書いてみたものの、迷っていました。友達にこんなことを漏らしています。地の文で「であった」「出た」「ある」などと動詞の言い切りにすると、文章として読んだときに、ひどく「ぶっきらぼう」で「いかにもぞんざいに聞こえるのが困る」。かといって、「ました」「でした」「でございました」というと、「ぞんざいには聞こえないが、だらしがなく長くなる」。

美妙は、このあと、「です」調の言文一致体に変更しています。

　時は夜更です。それで何か容易ならぬ事が有ると見えて此家の夫妻は臥しても居ません。男は胡坐、女は片膝立て。二人とも思い入った体です。（『胡蝶』）

この『胡蝶』も、歴史小説。二葉亭四迷が現代小説『浮雲』を書くのに、言文一致体が内的必然として要求されたのに対し、美妙の場合は歴史小説なのですから、実は、地の文も、会話文に馴染みやすい文語文で不自然ではなかったのです。美妙の言文一致体には、内的必然という要素が欠けていました。

美妙に続いて、嵯峨の屋おむろは、『野末の菊』（明治二二年）・『流転』（明治二二年）などの作品で、「であります」調を試みています。

　此様の蝸室を自分の天地として居る事故、朋友と言ッても誠に少い。朴訥の農夫、一本の釣竿、古今の書物、稀れに尋ねて来る東京の客……是が此人の生活であります。

（『流転』其上）

こんなふうに数々の試みがなされ、言文一致体は進んでいくかに見えました。

18　言文一致体は再び暗礁に

ところが、こうした言文一致体の動きに対抗するように、幸田露伴が西鶴流の雅俗折衷体を用いた小説『風流(ふうりゅう)仏(ぶつ)』（明治二二年）を刊行。拍手喝采を浴びました。さらに、翌年には森鷗外が『舞姫』を典雅な雅文体で書き、華々しい登場を果たしました。文語文の復活です。次は、『舞姫』の一節。主人公の太田豊太郎が、はじめてエリスを見た時の衝撃を描いた箇所。口語訳は必要ないかもしれませんが、口語訳が色あせて見えるような絢爛さをたたえていることを感じていただくために、あえて付しておきましょう。

今この処を過ぎんとするとき、鎖(とざ)したる寺門の扉に倚りて、声を呑みつつ泣くひとりの少女(をとめ)あるを見たり。年は十六七なるべし。被(かむ)りし巾(きれ)を漏れたる髪の色は、薄きこがね色にて、着たる衣は垢つき汚れたりとも見えず。我足音に驚かされてかへりみたる面(おもて)、余に詩人の筆なければこれを写すべくもあらず。この青く清らにて物問ひたげに愁(うれひ)を含める目(まみ)の、半ば露を宿せる長き睫毛(まつげ)に掩(おほ)はれたるは、何故に一顧したるのみに

今、ここを通り過ぎようとすると、閉じた寺の門の扉にすがって、声を押し殺すように泣いている娘がいるのを見つけた。年は、十六、七歳と思われる。ストールからはみ出している髪は、淡い金色。着ている服は清潔であった。私の足音に驚いて振り返った顔の美しさは、文才に恵まれない私にはとても写し取れない。この青く、清らかで、物問いたげに愁いを含んだまなざしが、涙のたまった長い睫におおわれている。ああ、一体どんなわ

て、用心深き我心の底までは徹したるか。（『舞姫』）

けで、それを一度見ただけで、用心深い私の心の奥底まで射抜かれてしまったのか。

「べし」「たる」などの文語的な言い回しを基調にしつつ、「をとめ」「まみ」「おもて」「うれひ」「やどせる」などの優美な和語を駆使した華麗な文体で書かれています。

こうした華麗な美文の前では、話し言葉で写そうとする言文一致体が色あせて見えるのは、やむを得ません。パーティ用の装いの前には、カジュアルな服装が貧弱に見えてしまうのと同じです。二葉亭四迷は、筆を折り、美妙は飽きられ、言文一致体は再び暗礁に乗り上げました。

19　普通文の台頭

追い討ちをかけるように、文学以外の世界でも、言文一致体を置き去りにして、「普通文」の形成に熱を上げ始めていました。「普通文」というのは、漢字かな交じり文で書かれる一種の文語文です。いわゆる文語文を基調としながらも、平易を旨とした俗語や日常よく用いる漢語も自在に取り込んで書く文章です。福沢諭吉が主張した「世俗通用の俗文」の流れを引くものです。

明治二〇年代の初め、国文学者の荻野由之・関根正直らが率先して、「新和文体」を樹立し、それを「普通文」とすることを提唱しました。平安時代の文法にのっとりつつ、明治時代の言葉を生かして綴る文章です。明治二一年には、荻野・関根たちは、高崎正風、西村茂樹、西周をも巻き込んで「日本文章会」を設立。翌年には「言語取調所（しらべしょ）」を設置し、「普通文」を推進する運動を展開しました。

こうした動きを受けて、新聞・教科書が次第に「普通文」で記されるようになりました。口語文の樹立を目指す言文一致運動は押さえ込まれ、二回目の頓挫の危機に見舞われていました。

20　尾崎紅葉の「である」体

そこに、言文一致運動の停滞を打ち破る文学者が、救世主のように現れました。尾崎紅葉です。紅葉は、もともと古い美意識をもっていましたし、山田美妙に対する対抗意識もあったので、当初は言文一致体を罵倒していました。けれども、文語文では、どうしても地の文が会話文と融和しないのです。地の文と会話文が調和してこそ、作品が生きる。紅葉は、ついに「都の花」に連載している『二人女房』（明治二四年）の「中の巻三」から、言文一致体を使用し始めました。文末は「である」調です。以後、『隣の女』『紫』『冷熱』『青葡萄』を言文一致体で書き、『多情多恨』にいたって、磨きのかかった「である」調を完成させました。次に、『多情多恨』の一節を引用してみます。

> 一も妻、二も妻、三も四も五も類で無くては、柳之助の夜は明けなかった。彼の同僚は「妻が」先生と仇名を付けたほどで、妻は彼の命であったものを、彼は今その妻に死なれたのである。
> 然まで可愛がられた、大事がられた彼の妻は、決して然までに夫を思はなかった。謂はば通一遍であったけれども、柳之助は少しも不足に思はぬのみか、それが女子の性と信じてゐたのである。（『多情多恨』前編）

現代的な内容で、「たしかに、こういう男性っているわ」と思わせる部分です。紅葉の「である」体は、広津柳浪に継承され、さらに山田美妙、小杉天外、田山花袋、島崎藤村、泉鏡花、などに影響を与え、彼らも「である」

体で小説を書くようになりました。

21 「である」体は、なぜ受けたか

「である」は、前の章でのべましたが、江戸時代の学者が講釈などで使った公的な感じのする文末表現です。明治時代になると、ヨーロッパの書物の翻訳にも用いられました。また、演説や講演などの公の話の場で用いられた文末表現です。日常の会話にはあまり用いません。

こうした性質をもつ「である」が、なぜ、言文一致体の停滞を打破できたのか？　それまでに存在する文末表現では、うまく表現できなかったことが「である」の出現によって可能になったからです。

それまで地の文で説明に用いられる文末は、「でございます」「であります」「です」「だ」です。ところが、これらは、いずれも読み手に直接働きかけてしまう文末なのです。地の文で客観的に説明したい時には、向かない表現形式なのです。

それに対して、「である」は、客観的に説明するのに向いています。ちょっと例をあげてみます。地の文で「彼はあの人が好き」という状況を説明しなければならないとします。地の文ですよ、会話文ではありません。「彼はあの人が好きでございます」「彼はあの人が好きであります」「彼はあの人が好きです」「彼はあの人が好きだ」と、地の文に書いたとします。読者は、直接書き手の判断を聞かされた感じになって、客観的な描写にはなりにくい。丁寧な表現かぞんざいな表現かという違いはありますが、これらは、すべて直接読者に語りかける表現形式なので、客観性が出にくいのです。

ところが、「彼はあの人が好きである」とすると、客観性のある説明文になる。「である」は、もともと公の話の場で用いられる表現なので、客観的な語感を持っているからです。地の文の機能は、物事の説明や描写にあります。それが、「である」の出現によって、客観的に行なえるようになったのです。これは、重要なポイントです。

言文一致体の一番の悩みは、地の文の記述に客観性が確保できない点だったのです。日本語のように、つねに相手を意識して話す話し言葉を書き言葉に援用する時のネックでした。それが、「である」体の出現によって、打破できたのです。

このあと、言文一致体は、対象をありのままに客観的に写し取ることを主張する正岡子規や高浜虚子、あるいは現実をあるがままに描写しようとする自然主義作家たちによって、熱烈に支持されていきます。それは、言文一致体が客観的に物事をうつせる表現形式を手に入れたからこそでした。紅葉の試みは、言文一致体にとっての決定打だったのです。

22　言文一致会の設立

小説の世界で主に推し進められてきた言文一致は、教育の世界をも巻き込む動きになってきました。明治三三年（一九〇〇年）、帝国教育会内に「言文一致会」が創設され、言語学者をはじめ、言文一致に賛成の人々が結集。翌年には「言文一致の実行に就ての請願」を貴族院と衆議院に提出して、みごと可決を勝ち取りました。

さらに、まずは教科書から言文一致にというわけで、全国連合教育会に「小学校の教科の文章は言文一致の方針によること」という議案を提出し可決されました。これをうけて、すでに述べたように明治三六年の国定教科書

『尋常小学読本』は、標準語による口語文の教材を数多く取った教科書になりました。標準語教育もあわせて推進されました。明治四三年の国定読本では、口語文によってすべての教材が書かれました。これによって、言文一致会は、明治四三年一二月、「文章を残らず言文一致にする」という最初の目的を達成したとして、解散されました。ですが、これは、教育界だけのことで、実際に多くの人の眼に触れる新聞、公用文は、あいかわらず文語文で書かれていたのです。これらの世界での口語文の採用は、ずっと後のことになります。

23　最後になった公用文

新聞でも、早くから言文一致にすべきだという意見があったにもかかわらず、なかなか言文一致には踏み切りませんでした。ですが、大正一〇年（一九二一年）には「東京日日新聞」「読売新聞」、翌一一年（一九二二年）には「朝日新聞」が、ようやく言文一致に踏み切りました。これで、主な新聞はすべて口語体になりました。けれども、官公庁などの公用文は、まだ文語体のままです。「なり」「たり」「べし」「べからず」などの文語を使うことはもちろん、文末に「候」を用いる恐ろしく古めかしい文語文でした。権威付けのためには、古い文体がもっともらしくてよかったのです。

公用文が言文一致体を採用したのは、なんと昭和二〇年（一九四五年）。第二次世界大戦の敗戦の後なのです。敗戦と同時に訪れた民主主義で、上から物を押し付ける文体で書かれた公用文も改めざるを得なくなった。これで、日本の国民はすべて言文一致体で文章を書くようになった。この公用文の言文一致の実現までをふくめると、言文一致運動は、八〇年を費やして、ようやく達成したと見ることができます。人の一生と同じだけの年月を費やして、ようやく実った運動だったのです。話し言葉の統一よりも、二倍の年月がかかってしまいました。

24　個性の出せる言文一致体

現在、私たちは、言文一致運動の成果を満喫しています。書くための特別な言葉や文法があるわけではありませんから、誰でも書ける。おまけに、その時の気分に従って、自在に書ける。主観的に断言したい時は「だ」を連発し、語りかけたい時は「です」や「ます」を使い、客観的に述べたい時は「である」を使うというぐあいに。

さらに、私たちは、「です」「ます」調で文を進めていても、途中で「である」調や「だ」を織り込むことがあります。それでも、少しもおかしくはない。なぜなら、話し言葉では、始終そういうふうに調子が変わるからです。言文一致体の基本は話し言葉なのですから、それでいいわけです。そして、その変調には書き手の呼吸のリズムがあらわれます。それが、個性です。

言文一致運動のお蔭で、文章に個性が出てきたのです。一人一人呼吸のリズムが違うように、文章もひとりひとり異なった呼吸をしているのです。

話し言葉から隔たった書き言葉には肉声が込めにくい。むろん、話し言葉がそのまま文章になるわけではありません。でも、少なくとも書き言葉に使用される語彙や文法が、話し言葉と一致していればいるほど、書くことが容易になります。

話し言葉と書き言葉の一致の必要性に気づかせたのは、明治になって出会った西洋文明です。ヨーロッパでは、ルネッサンス以後に、イタリア、イギリス、ドイツ、ロシアなどで次々に言文一致運動が起き、話し言葉と書き言葉を一致させる努力をしてきました。

日本は、四、五百年遅れで、言文一致運動を体験。途中で二回も暗礁に乗り上げ、それでもなんとか達成させることができました。そのおかげで、われわれ現代人は、容易に文章を綴ることができるのです。

七　日本語をいつくしむ

1　過去からの贈り物

日本語の歴史をたどってくると、現代の私たちは、過去の人々の大変な努力を知らずにその恩恵を享受していたことに気づいたと思います。最もすばらしい過去からの贈り物は、日本語の文章です。漢字かな交じり文を採用し、言文一致を完成させてあるのです。

平安時代にさまざまの文章をこころみ、そのなかで最も優れている漢字かな交じり文を明治時代に採用し、現在に至っています。私たち現代人は、漢字かな交じり文を当たり前のように書いていますが、過去の人々の英知の賜物なのです。漢字かな交じり文が優れものであることは、すでに「三　文章をこころみる」の章で述べました。そのほか、こんな特色もあります。語と語との間を切らずに書けることです。ちょっと、英語を思い出してください。

My father is ill in bed.

語と語との間には、必ず空白が入ります。これを日本語の漢字かな交じり文で書いてみます。「父は病気で寝ている。」となって、語と語との間には空白が入りません。世界で最も体系的に作られているハングルも、世界で最も簡素な文字体系のローマ字も、イスラム文化圏で通用しているアラビア文字も、すべて文章を書く時には、語と語の間に空白を入れて書く必要があります。同じ種類の文字が続くために、語の切れ目が分かりにくいからです。それに対して、漢字かな交じり文は、異種類の文字で構成されるために、切れ目を入れなくても、一目瞭然。さらに、句読点を併用すれば、わかりやすいことこの上なしです。

そのうえ、書くべき文章は、話し言葉と一致させてある。話し言葉と書き言葉が違っていると、書くために必要な語や言い回しを別に学ばなければなりませんから、文章を書くことのできる人間が今よりも少なくなっていたはずです。そして、何よりも、書き言葉が話し言葉と違っていると、自分の思いをストレートに表現することができない。思った通りに話し言葉で書けるということは、血の通った文章ができるということなのです。話す言葉を存分に使える文章で、世界の傑作のひとつ『源氏物語』が書かれていることを思い出してください。話す言葉で文章が書けるということが、優れた文学作品の誕生にいかに深くかかわっているかが分かります。現代人は、『源氏物語』のような傑作を生み出せる可能性を手に入れているということです。

でも、油断をすると、書き言葉はつねに話し言葉から離れようとします。「**六**　言文一致をもとめる」の章でも述べましたが、書き言葉は、話し言葉と違って、目に見える形で存在しますので、保守的です。古い形をいつまでも保ち続ける性質があります。絶えず変化していく話し言葉についてゆけないのです。そのため、用心していないと、話し言葉との間に大きなズレを生じ、話し言葉とは違った書き言葉独自の体系を作ってしまいます。そうなると、私たちはもう一度そのズレを修正するために言文一致運動を展開しなければならなくなります。せっかく長い時間をかけて昔の日本人が勝ち取った言文一致の成果を大事にしたい、そう思っています。

2　豊かさと煩雑さの狭間で

それに対して、文字と語彙に関しては、問題があります。

日本人は、日本語をとにもかくにも文字で書き表そうとして、お隣の文化国家である中国から漢字を借り入れてきました。「**二**　漢字にめぐりあう」の章でも触れましたが、漢字を借り入れたことによって、日本語は豊かになったと同時に、煩雑さも背負い込みました。

　豊かさの証拠は、微妙な意味の差を漢字で書き表せることです。「なく」という語を漢字で書こうとする時、「泣く」「啼く」「鳴く」のどれを使うかによって、細かな意味の違いを表せるのです。「あう」も、「合う」「会う」「逢う」「遭う」「遇う」のどれを選ぶかによって、ニュアンスの違いを出せます。「かなしい」だって、「悲しい」と書くか、「哀しい」とするかで意味合いの違いを表せる。「あたたかい」も、「温かい」「暖かい」から選んで微妙な意味の違いを出せる。

　こんな潤沢さを享受できるのですが、一方では、かなりの知識人でも漢字が読めないという事態が起こっています。そもそも、漢字一字に多くの読みを与えすぎています。「**二**　漢字にめぐりあう」の章で中国から、漢字とともに中国語での読みも受け入れ、さらに日本語での意味を訓読みとして与えたことを話しましたね。その時は問題の少ない「山」という字を例にあげましたから、「サン」という音と「やま」という訓があるだけに見えました。実際は、もっと複雑です。

　今度は、「行」という漢字を例にして見ます。まずは、「行者（ぎょうじゃ）」に見るような「ギョウ」という音を中国から受け入れました。この漢字に当たる訓読みとして、最初は「ゆく」「あるく」「さる」「にぐ」「めぐる」「つらぬ」「おこなう」「つとむ」「あやまる」「はなつ」「わざ」「しわざ」などのたくさんの読みを与えています。中国語では、一単語の役割を果たしている「行」の字に対する訓読みとして、どれも可能なのです。平安時代末期の辞書『類聚名義抄（るいじゅうみょうぎしょう）』には、もっと多くの訓読みがあげられています。そもそも、中国語にぴったりと意味の一致した日本語など、存在する方がまれです。訓読みは、意味の近い日本語をあてていくのですから、何種類もの訓読みが出来てしまいます。さすがにこれほど多数の訓読みができるのは不便ですから、この後整理されて、現在では、「おこなう」「ゆく」「いく」になっています。それでも、三種類はあります。

さて、音（おん）の方も問題です。最初に日本に伝わった「行者」の「ギョウ」の音のほかに、奈良時代から平安時代にかけて、中国から「孝行（こうこう）」などの語に見る「コウ」という音が入ってきました。日本人は、それも受け入れました。さらに、鎌倉時代になると、「行灯（あんどん）」などの語に見る「アン」の音も受け入れたのです。つまり、「行」には、「ギョウ」「コウ」「アン」の三種類の音がある。こうして、音読みと訓読みをあわせると、現在でも、六種類の読み方が「行」一字について存在しているのですね。

ですから、「行火」などの語が出てくると、その語を知らない限り、「ギョウカ」「コウカ」などと読んだり、あげくは「ゆくひ」「おこなうひ」などと読んでみる。なかなか正解の「アンカ」には辿りつかない。漢字が読めないという事態がおこりやすい原因は、こんなふうに一漢字に幾通りもの読み方が存在していることにあるのです。よその国の文字を受け入れるということは、豊かさと同時にたくさんの込み入った問題をも受け取るということなのです。

3　どう折り合いをつけるのか

さらに、日本人自身、煩雑さに馴れ、それを愛しているのではないか、と思われる節があります。人名を思い出してください。人名は、日本では、漢字の音読み・訓読みとは無関係につけることができます。普通の音読み・訓読みの範囲で名づけてもらえば、比較的困らずに読むことが出来ます。それでも、「幸子」と出てくると、「さちこ」か「ゆきこ」かと悩み、「裕子」と出てくると、「ゆうこ」か「ひろこ」か考えます。私は、学生の出席を取るときに、読み誤りをしないように心して呼びます。名前を間違えて呼ばれるほど嫌なことはありませんから。

暫く前に、私は日本人の赤ちゃんの名前の調査に立ち会ったことがあります。ステキな字面なのですが、どうにも読めない名前が多くてまいりました。次にその一例をかかげますから、どうぞ読んでみてください。

星凛　栞妃　清楓　聖瑛　明良向　颪空土　葵玲　和奏　颪水

「あかり」「れんり」「さやか」「あきら」「あらし」「ふあど」「きりん」「わかな」「かずい」です。ものすごく綺麗な字面です。でも、フリガナがないかぎり読めません。本人も、恐らくこれから何百回も自分の名前の読み方を説明しなければならないでしょう。これはかなり苦痛なことだと思います。

また、私自身、外国人に聞かれたことがあります。「日本人は、識字率が世界のトップなのに、何で漢字が読めないのですか？　日本人の名前すら読めないってどういうことですか？」と追及されたのです。日本の複雑な表記事情を説明し、読めない理由を分かってもらうのが大変でした。

漢字の読み方の豊かさと煩雑さ。これをどう折り合いを付けて、日本語の表記を効率化していくのか。そろそろ、本格的に考えてみるべき時期になっています。現代語なら、フリガナなしで読める日本語にしてみる努力を、まずはするべきではないでしょうか。

4　語彙が多すぎる？

文字の問題と並んで語彙も、豊かであるという長所とその反面多すぎて困るという問題を抱え込んで現在に至ります。日本語には、日本民族のもともと使っていた和語があります。さらに、江戸時代まで影響を受けつづけた中国からの漢語があります。そのうえ、室町時代末期から入り始めた外来語があります。

これらに加えて、「六　言文一致をもとめる」の章で述べたように、明治時代に西洋文明を取り入れるために日本人が作り出した大量の漢語が加わりました。最近では、欧米から多量の外来語が流れ込んできています。ですから、日本語では一つのことを言うのに、少なくとも、三系統の言い方があることも珍しくありません。たとえば、「やどや」「旅館」「ホテル」。少しずつ意味合いが違っていますよね。「口づけ」「接吻」「キス」。同じようだけれども、やはりニュアンスが違います。こんなふうに、一つのことを言うのに、三系統の言い方があるというのは、語彙が潤沢な証拠です。

岩淵悦太郎さんの調査によりますと、一〇〇〇の単語を覚えると、英語では八〇％理解でき、フランス語では八三％分かる。それなのに、日本語では六〇％しか分からない。つまり、日本語は語彙が多いので、一〇〇〇語くらい覚えたのでは、六割しか理解できないのです。日本語の語彙は、ともかく豊かです。

でも、その反面、こんな問題も起きてきます。たとえば、漢語を造りすぎて同音異義語がたくさんできてしまったのです。耳で聞いただけでは分からないことが多い。

「こうえん」と聞くと、あなたはどんな漢字を思い浮かべますか？　たちどころに、「講演」「公演」「口演」「好演」「後援」「公園」「高遠」など数種類の同音異義語を思い浮かべたに違いありません。文脈によって、どの「こうえん」か分かることもありますが、特定できないこともあります。

「先生は日曜日にはコウエンに出かける」と言われると、先生と呼ばれる人はさまざまなジャンルにいますから、「講演」「公演」「口演」「公園」の四種類が候補になってしまいます。

これからの社会は、あらゆる人がメディアを通じて話し言葉で説明していく機会が増えていく時代です。話した言葉は機械に聞き取らせて、そのまま書物にすることも増えてきています。話し言葉が主役になる時代の到来を考えると、同音異義語の整理は急務です。

5　カタカナ語をどうするか

また、近年増えつづけている外来語をどうするかという問題もあります。最近、国立国語研究所が、こんな発表をしました。今から五〇年前（一九五六年）には、外来語が日本語に占める割合は、一割未満であったのに、約一〇年前（一九九四年）には、外来語が日本語の三割強を占めるにいたったというのです。外国語をカタカナ書きしただけで、外来語になりきっていないものも多いので、カタカナ語と呼ぶこともあります。つまり、カタカナ語の氾濫です。

一〇年前といえば、国際化、グローバル化が叫ばれていた頃です。インターネットの普及も目覚ましく、カタカナ語は増加の一途を辿っています。明治時代の新漢語ブームで、漢語が著しく増えたのにも似ています。そして、意味も分からずに新しさゆえに使ってみるという傾向も似ています。こころみに、次に七つの外来語をあげてみます。いくつ意味がしっかりと把握できたでしょうか。

アイデンティティー　　イノベーション　　エンパワーメント　　サーベイランス　　ボーダーレス
モラルハザード　　レシピエント

どれも聞いたことはあります。でも、意味が正確にとらえられているかと言われると、おぼつかない。こうした状況に危機感をおぼえた国立国語研究所は、意味の分かる従来語での「言い換え案」を提案しています。それによります。順次、「自己認識」「技術革新」「能力開化」「調査監視」「脱境界」「倫理崩壊」「移植患者」となりますと、たしかに、カタカナ語よりははるかに意味が分かります。

さて、これらのカタカナ語の扱いをどうしたらいいのでしょうか？　分かりやすさの点から言えば、従来語で言い換えた方が数段優れています。でも、問題があるのです。言い換え案をみてください。ほとんどが漢語です。ただでさえ多い漢語をふたたび増やし、同音異義語の問題を大きくしてしまうのはどうでしょうか。耳で聞いただけですばやく理解しなければならない場面が増えていく社会になることを考えると、問題なのです。

カタカナ語のままにしておいて、意味の定着を待つという方法は、いかがでしょうか。意味の定着に、言い換え案は効力を発揮します。ははん、レシピエントというのは、「移植患者」のことだなと、共通理解を促進してくれます。

明治時代の西洋語を漢語に翻訳して受け入れていったのは、中国文化の浸透していた時代にマッチした方法でした。でも、現在多くの日本人に浸透しているのはアメリカ文化です。もはや、漢語の翻訳が力を失いつつある時代なのです。だとすると、カタカナ語のまま、意味の定着するのを待って使っていくという方法も、意外に良いと思えます。

不必要なカタカナ語は、時代の波に洗われてどんどん消えていきます。必要なカタカナ語だけを意味をはっきりさせながら定着させていくのです。

6　日本語の論理性を生かすには

日本語は、論理性に欠けるあいまいな言語であると言われることがあります。そんなことはありません。「四うつりゆく古代語」の章で見たように、日本語も、鎌倉・室町時代から、主語がどれであるか、目的語がどれであるかをきちんと明示する言語に変化してきています。接続詞もつかって、文と文とをしっかりと論理的につないで文章を書いています。繰り返しますが、日本語は決して非論理的ではありません。論理的に話しを進める訓練がなされていないだけです。日本語のほうは、論理的に構成されて来ているのに、日本人は、まだ話しの場で、その遺産を十分に生かしていないのです。

日本は、長い間、言い訳や弁解を潔しとせず、沈黙を重んじる文化でした。国際化にともなって、にわかに欧米文化圏の人のように、人前で議論をし、論理的に話を進めろと言われても、そうすぐには出来るものではありません。

アメリカだって、小学校時代から、スピーチの時間や議論の時間をとって、訓練しているからこそ、論理的に話を進め、議論をすることが出来るのです。訓練なしの日本人には、むりでした。でも、これからは、日本人も論理的に人前で話せるようにならなくてはなりません。国際化社会にあっては、異なる文化の人々に自国の文化や自分の意見をきちんと論理的に説明していく必要があるからです。それが、この地球上に住む人々の義務でもあるのです。文脈や背景の読めない相手に対しては、言葉を断片的に投げ出すのではなく、言葉をきちんとつなぎ合わせて手渡す訓練がこれからの課題です。

日本語は、その時代に合わせて姿を変えてきています。私たちが日本語をどうしたいか、どうすべきなのかという考え方一つで変えることの出来る面があるのです。私たちにとって、最も使いやすい日本語にしていくために、この本は役に立てたでしょうか。日ごろ疑問に思っていたことが少しは解決したでしょうか。

あとがき

二〇〇五年五月二五日、岩波新書の早坂ノゾミさんから、お手紙をいただきました。日本語の歴史について、分かりやすく面白い本を書いてくださいという依頼の手紙でした。実は、この日は私の誕生日だったのです。私は、不思議な縁を感じてお引き受けしました。

けれども、その後、予想以上に難航してしまいました。毎年大学で講義しているにもかかわらず、一般の方に満足していただけるような形にするのが難しい。というのは、日本語の歴史に関する細かい事実は、数限りなく明らかにされており、どれをとりあげるのかの取捨選択に迷うほどです。その一方で、現象はわかっているのに、何故そういうことが起こったのかが解明されていない場合が多すぎるのです。細かい現象をいくら列挙しても、それを貫く法則的なものや、引き起こした原因が分からなければ、面白くもなんともありません。

私は焦りの極地に達してしまいました。その時、ふと肩の力が抜けて、覚悟が出来ました。とにもかくにも、きちんと事実を踏まえて、話し言葉と書き言葉のせめぎあいという観点から、日本語の歴史を書こう。みなさんが面白いと思ってくださるかどうかは、別のことだ。覚悟とともに筆が進み始めました。

全体の枚数は限られています。述べたい現象は山ほどあります。一口に日本語と言っても、発音の側面、文字の側面、文法の側面、語彙の側面、文章の側面などがあって、それぞれが変化の軌跡を描いているのです。でも、それらをすべて述べることは出来ません。また、述べたとしても、メリハリの乏しいものになってしまいます。

そこで、各時代の特色を出せるような山を作りました。奈良時代は文字を中心に、平安時代は文章を中心に、鎌倉・室町時代は文法を中心に、江戸時代は音韻と語彙を中心に、明治以降は、話し言葉と書き言葉という問題を中心に、という具合です。そして、できる限り現象の起こった原因にまで思いを及ぼして書いてみました。

執筆に取り掛かってから五ヶ月はあっという間に過ぎ去りました。寝ても覚めても、日本語の歴史を考えていた時期です。こうして日本語の歴史をみつめているうちに、日本語を愛する気持ちがふつふつと心の底から湧き上がっては、私を満たしました。

日本語には、遠い昔の日本人からの代々の熱い血と切なる思いが流れている。私も、彼らの残してくれた日本語の遺産の恩恵に浴して生きているのだと。その熱い思いを皆さんにもお伝えできたらと思っています。

参考文献

（この本を執筆するにあたって、直接参考にした著書や論文に限って、掲載しました。なお、読者の便宜を考え、できるだけ手に入りやすい形のものをあげておきます。）

一　日本語がなくなったら

時枝誠記『言語生活論』岩波書店、一九七六年
町田　健『言語が生まれるとき・死ぬとき』大修館書店、二〇〇一年
井上ひさし『国語元年』中公文庫、二〇〇二年
川田順造『無文字社会の歴史』岩波書店、一九七六年
河原俊昭編著『世界の言語政策―多言語社会と日本―』くろしお出版、二〇〇二年

吉田澄夫「近代語研究の現段階」(『近代語研究』第一集、一九六五年九月)
小松寿雄「近代語の始発」(『日本語学』六巻四号、一九八七年四月)
佐藤和之「日本語の死」(『日本語学』二〇巻六号、二〇〇一年六月)

二　漢字にめぐりあう―奈良時代―

橋本進吉『国語音韻の研究』岩波書店、一九五〇年
有坂秀世『国語音韻史の研究　増補新版』三省堂、一九五七年
大野　晋『日本語の起源』岩波新書、一九五七年
服部四郎『日本語の系統』岩波書店、一九五九年
西郷信綱『詩の発生』未来社、一九六〇年
橋本進吉『国語音韻史』岩波書店、一九六六年
馬渕和夫『上代のことば』至文堂、一九六八年
亀井　孝『日本語のすがたとこころ(二)　亀井孝論文集四』吉川弘文館、一九八五年
橋本四郎『橋本四郎論文集　万葉集編』角川書店、一九八六年
松本克己『古代日本語母音論』ひつじ書房、一九九五年
山口佳紀『古事記の表記と訓読』有精堂、一九九五年
益田勝実「言霊の思想」(『月刊言語』八巻一号、一九七九年一月)
崎山　理「日本語はどこから来たか」(『国文学』二七巻一六号、一九八二年一二月)
馬渕和夫「日本語と韓語とはどんな関係にあるのか」(『国文学』二七巻一六号、一九八二年一二月)

安田尚道「上代語の母音はいくつあったか」（『国文学』二七巻一六号、一九八二年一二月）
村山七郎「日本語の系統をどうとらえるか」（『日本語学』二巻一一号、一九八三年一一月）
木田章義「P音続考」（『奥村三雄教授退官記念国語学論叢』）桜楓社、一九八九年）

三　文章をこころみる―平安時代―

春日政治『西大寺本金光明最勝王経古点の国語学的研究』岩波書店、一九四二年
築島　裕『平安時代の漢文訓読語につきての研究』東京大学出版会、一九六三年
小林芳規『平安鎌倉時代に於ける漢籍訓読の国語史的研究』東京大学出版会、一九六七年
辻村敏樹『敬語の史的研究』東京堂出版、一九六八年
中田祝夫『東大寺諷誦文稿の国語学的研究』風間書房、一九六九年
阪倉篤義『文章と表現』角川書店、一九七五年
東野治之『正倉院文書と木簡の研究』塙書房、一九七七年
渡辺　実『平安朝文章史』東京大学出版会、一九八一年
春日政治『仮名発達史の研究　春日政治著作集一』勉誠社、一九八二年
春日政治『国語文体発達史序説　春日政治著作集二』勉誠社、一九八三年
山口仲美『平安文学の文体の研究』明治書院、一九八四年
峯岸　明『平安時代古記録の国語学的研究』東京大学出版会、一九八六年
小松英雄『仮名文の原理』笠間書院、一九八八年
根来　司『王朝女流文学のことばと文体』有精堂、一九八八年

山口佳紀『古代日本文体史論考』有精堂、一九九三年
西田直敏『「自敬表現」の歴史的研究』和泉書院、一九九五年
山口仲美『平安朝の言葉と文体』風間書房、一九九八年

四　うつりゆく古代語―鎌倉・室町時代―

山口明穂『中世国語における文語の研究』明治書院、一九七六年
西田直敏『平家物語の文体論的研究』明治書院、一九七八年
春日政治『国語叢考　春日政治著作集三』勉誠社、一九八三年
北原保雄『文法的に考える―日本語の表現と文法―』大修館書店、一九八四年
柳田征司『室町時代の国語』東京堂出版、一九八五年
大野　晋『係り結びの研究』岩波書店、一九九三年
安田　章『国語史の中世』三省堂、一九九六年
坂詰力治『国語史の中世論攷』笠間書院、一九九九年
近藤泰弘『日本語記述文法の理論』ひつじ書房、二〇〇〇年
半藤英明『係助詞と係結びの本質』新典社、二〇〇三年
沢瀉久孝「『か』より『や』への推移」（『万葉の作品と時代』岩波書店、一九四一年）
吉田金彦「係り結びの変遷」（『月刊文法』三巻五号、一九七一年三月）
仁田義雄「係結びについて」（『研究資料日本文法⑤』明治書院、一九八四年）
山口明穂「係結び」（『国文法講座別巻』明治書院、一九八八年）

安達隆一「係助詞『コソ』の構文史」(『神戸外大論叢』四二巻二号、一九九一年)
桑山俊彦「係り結びの消失」(『月刊言語』二二巻二号、一九九三年二月)
金水　敏「日本語文法の歴史的研究における理論と記述」(『日本語文法』二巻二号、二〇〇二年)

五　近代語のいぶき―江戸時代―

宮武外骨『アリンス国辞彙』半狂堂、一九二九年
中村通夫『東京語の性格』川田書房、一九四八年
松村　明『江戸語東京語の研究』東京堂出版、一九五七年
杉本つとむ『近代日本語の成立』桜楓社、一九六〇年
湯沢幸吉郎『廓言葉の研究』明治書院、一九六四年
国田百合子『女房詞の研究』風間書房、一九六四年
真下三郎『遊里語の研究』東京堂出版、一九六六年
小島俊夫『後期江戸ことばの敬語体系』笠間書院、一九七四年
亀井　孝『日本語のすがたとこころ(一)　亀井孝論文集三』吉川弘文館、一九八四年
小松寿雄『江戸時代の国語　江戸語』東京堂出版、一九八五年
坂梨隆三『江戸時代の国語　上方語』東京堂出版、一九八七年
山崎久之「近世」(『解釈と鑑賞』三四巻一四号、一九六九年一二月)
森岡健二「日本語の歴史―近代―」(『解釈と鑑賞』一九六九年一二月)
鈴木英夫「現代共通語をつくり出したのは誰か」(『国文学』二七巻一六号、一九八二年一二月)

小松寿雄「後期江戸語の武家の言葉」（『国語と国文学』六二巻五号、一九八五年三月）
佐藤　亨「近世の漢語の位相―『浮世風呂』を中心に―」（『日本語学』五巻五号、一九八六年五月）
杉本つとむ「江戸語から東京語へ」（『解釈と鑑賞』五四巻七号、一九八九年七月）
真田信治「江戸語はいつ共通語になったか」（『月刊言語』二七巻一号、一九九八年一月）
福島直恭「近代語の音韻」（『日本語学　臨時増刊号』二三巻一二号、二〇〇四年九月）

六　言文一致をもとめる―明治時代以後―

山本正秀『近代文体発生の史的研究』岩波書店、一九六五年
佐藤喜代治『日本文章史の研究』明治書院、一九六六年
山本正秀『言文一致の歴史論考』桜楓社、一九七一年
田中章夫『東京語―その成立と展開―』明治書院、一九八三年
松村　明『日本語の世界　二　日本語の展開』中央公論社、一九八六年
森岡健二『近代語の成立　文体編』明治書院、一九九一年
飛田良文『東京語成立史の研究』東京堂出版、一九九二年
長　志珠絵『近代日本と国語ナショナリズム』吉川弘文館、一九九八年
岡本　勲「近代文学と近代語」（『日本語学』六巻四号、一九八七年四月）
中村　明「小説の文章―近代から現代へ―」（『解釈と鑑賞』五四巻七号、一九八九年七月）
佐藤和之「方言主流社会の東京語」（『月刊言語』二七巻一号、一九九八年一月）
イ・ヨンスク「『東京語』の表象の成立」（『月刊言語』二七巻一号、一九九八年一月）

荒川清秀「日本漢語の中国語への流入」(『日本語学』一七巻六号、一九九八年五月)

七　日本語をいつくしむ

国立国語研究所『現代雑誌九〇種の用語用字』第一分冊～第三分冊、一九六二年～一九六四年
岩淵悦太郎『現代日本語―ことばの正しさとは何か―』筑摩書房、一九七〇年
石綿敏雄『外来語の総合的研究』東京堂出版、二〇〇一年
国立国語研究所『現代雑誌の語彙調査―一九九四年発行七〇誌―』二〇〇五年三月
国立国語研究所「外来語」委員会『総集編「外来語」言い換え提案』二〇〇六年三月
水谷　修「日本の国際化・日本語の国際化」(『日本語学』一三巻一三号、一九九四年一二月)
宮島達夫「『言語の経済力』の歴史的展望」(『日本語学』一三巻一三号、一九九四年一二月)
真鍋一史「外国における日本語」(『日本語学』一三巻一三号、一九九四年一二月)
山崎誠・小沼悦「現代雑誌における語種構成」(『言語処理学会　大会発表論文集』二〇〇四年三月)
野矢茂樹「日本語は非論理的か」(『月刊言語』三三巻一二号、二〇〇五年一二月)

全般に関係のある参考文献

『日本語の歴史』一巻～七巻　平凡社、一九六三年～一九六五年
『言語史研究入門　日本語の歴史＝別巻』平凡社、一九六六年
佐藤喜代治編『国語史上下』桜楓社、一九七〇年～一九七一年
『講座　国語史』一巻～六巻、大修館書店、一九七一年～一九八二年

松村明『国語史概説』秀英出版、一九七二年
『日本語の歴史―シンポジウム日本語①―』学生社、一九七五年
岩淵悦太郎・飛田良文編『日本語の歴史　新・日本語講座四』汐文社、一九七五年
『岩波講座　日本語』一巻〜一二巻、岩波書店、一九七六年〜一九七八年
阪倉篤義編『日本語の歴史　日本語講座第六巻』大修館書店、一九七七年
春日和男編『新編　国語史概説』有精堂、一九七八年
「特集　日本語の歴史」（『日本語学』二巻一一号、一九八三年一一月）
沖森卓也編『日本語史』桜楓社、一九八九年
沖森卓也編『資料　日本語史』おうふう、一九九一年
佐藤武義編著『概説　日本語の歴史』朝倉書店、一九九五年
土井忠生・森田武『新訂　国語史要説』修文館、一九九七年
亀井孝・河野六郎・千野栄一編著『日本列島の言語』三省堂、一九九七年
山口明穂・鈴木英夫・坂梨隆三・月本雅幸『日本語の歴史』東京大学出版会、一九九七年
渡辺　実『日本語史要説』岩波書店、一九九七年
小松英雄『日本語の歴史―青信号はなぜアオなのか―』笠間書院、二〇〇一年
半沢幹一・安部清哉・小野正弘・金子弘編『ケーススタディ　日本語の歴史』おうふう、二〇〇二年
小林賢次・梅林博人『日本語史探究法』朝倉書店、二〇〇五年
近藤泰弘・月本雅幸・杉浦克己『新訂　日本語の歴史』放送大学教育振興会、二〇〇五年

II

日本語の歴史―個別史―

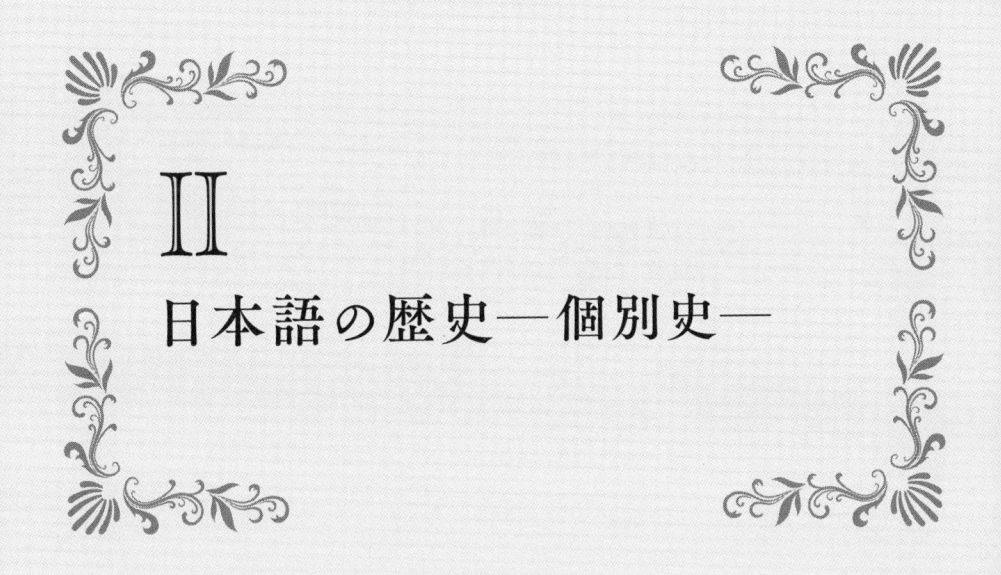

和文体の歴史

1　和文体とは何か

話の順序として、まず、この問いを発しなければなるまい。和文体とは、いったい何なのか。

一言でいえば、「和文体」とは、平安時代の話し言葉をもとにして、平仮名で綴られた散文の文章である。漢文を訓読する時の文章様式を「漢文訓読文体」というが、それに対立する文体の一種である。表記法に注目して「仮名文」という呼び名で呼ぶこともある。

さて、「和文体」は、いったいどのような歴史を辿ったのか。さまざまな観点からのアプローチが考えられる。清水好子のように、素朴な文章から、次第に「文体」というほどのものを獲得して行くプロセスに注目して、和文体の歴史を論ずるのも、まことに興味深いものである。(1) あるいは、渡辺実のように、文章に対する一つの価値の体系に照らしつつ論ずる和文体の歴史もある。(2) また、岡村和江のように、年代によってまず区切り、その期の文章上の特色をさぐって綴る和文体の歴史もある。(3)

では、ここでは、どのような観点に立って、和文体の歴史を述べようというのか。この稿では、「和文体」という文章様式が持つさまざまの可能性を、どの作品がどのような側面を開花していったのかという観点から、その歴史を述べてみたいと思う。紙数の制約上、『竹取物語』『伊勢物語』『土左日記』『蜻蛉日記』『源氏物語』『大鏡』という六作品の文体に注目して、話を進めて行くことにする。これらの作品は、それぞれ、和文体史上画期的な役割を果たした作品と考えられるからである。

2　和文体の源流

「和文体」とよばれる文章様式は、いったい何時誕生したのか。いうまでもなく、平仮名の誕生した平安時代である。和文体の歴史は、平仮名の誕生と共に始まる。

では、和文体は、平安時代に突如として誕生したのか。おおよそ一つの文体が生まれる時、それ以前に既に準備のなされているのが普通である。和文体の場合は、奈良時代に見られる万葉仮名文が、その前身である。

(1)　二通の仮名文書

いまを遡ること約一三〇〇年、天平宝字六年（七三四年）には、既に万葉仮名で文書が書かれていた。その証拠は、正倉院仮名文書甲種・乙種とよばれる二種の文書の残存である。裏面に天平宝字六年正月と二月の日付の入った公文書の案が記されているので、それ以前に書かれた万葉仮名文であることは間違いない。まず、その甲種の方を示すと、次のとおりである。[4]

布多止己呂乃己乃己呂乃美
毛止乃加多知支々多末部尓多
天万都利阿久　之加毛与祢波
夜末多波多万波須阿良牟
伊比祢与久加蘇部天多末不部之
止乎知宇知良波伊知比尓恵

比天美奈不之天阿利奈利（支気波／加之古之）

一久呂都加乃伊祢波々古非天伎

一田宇利万多己祢波加須

この万葉仮名文は、次のように解読されている。

二所（ふたところ）の此（こ）の頃（ころ）の御許（みもと）の状（かたち）聞き給へに奉（たてまつ）りあぐ。しかも米（よね）は山田は給はずあらむ。飯（いひ）ねよく数へて給ふべし。

十市宇治（とをちうぢ）等は櫟（いちひ）に酔ひて皆伏して有りなり。聞けば畏（かしこ）し。

一、黒塚（くろつか）の稲は運びてき

一、田売（たう）りまだ来ねば貸す

奥村悦三によれば、(5) 冒頭の一文は、「二所の最近の御手許の状況を承りたく、この書状をさしあげます」という意味になり、この万葉仮名文は、手紙の類と考えられる。

もう一通の文書乙種には、こう記されている。□内は、欠損部分であり、補読されたことを示す。

和可夜之奈比乃可波

利尓波於保末之末須

美奈美乃末知奈流奴

乎宇気与止於保止己

[可]都可佐乃比止伊布之可流

[可]由恵尓序礼宇気牟比

止良久流末毛太之米

弖末都利伊礼之米太末
布閇★与祢良毛伊太佐
牟之可毛己乃波古美
於可牟毛阿夜布可流可
由恵尓波夜久末可利太
末布閇之於保★己可川可佐奈★
比気奈波比止乃太気太可比止
［序］己止波宇気都流

これは、意味のとりにくい所が多いが、★印の箇所に、脱字を一字ずつ想定して、山口佳紀は、次のように解読している(6)。

我が養(やしな)ひの代わりには、大坐(おほま)し坐(ま)す南の区(まち)なる奴(やつこ)を受けよと、大床(おほとこ)が司(つかさ)の人言ふ。然るが故に、それ受けむ人ら、車持たしめて、奉(まつ)り入(い)れしめ給ふべし。米らも出ださむ。然も、此の箱見置かむも危(あやふ)がるが故に、早く罷り給ふべし。大床(おほとこ)が司なる鬚長(ひげなは)人の丈高(たけたか)人ぞ、言は承(う)けつる。

文面から、かなり私的な手紙のようである。こうした万葉仮名文で認められた手紙が、当時の人々の間で、頻繁にとりかわされていたと察せられる。

右の二通の万葉仮名文を見ると、二通とも傍線を付した箇所で明らかなごとく濁音専用の仮名がない。さらに、波線を付した箇所のように、表意文字としての漢字がまじっている。これらの特色は、いずれも平安時代以後の和文と共通している。そのため、万葉仮名の部分を、平仮名に書き改めさえすれば、そのまま和文になってしまう印象すら受ける。このような万葉仮名文が、和文体の源流であることは言うまでもない。

3　万葉仮名文と和文との違い

だが、これらの万葉仮名文は、和文とは決定的に違っている点が二つある。

一つは、和文とは異なり、万葉仮名文に使用されている言葉が、日常の話し言葉ではないと推測されることである。奥村悦三によれば、文書甲種に見られる「かたち」「たてまつりあぐ」「しかも」、文書乙種に見られる「やしなひ」「まつりいる」「うく」などは、それぞれ漢語「状」「進上」「然」「穀」「進納」「請」の翻訳語であったという(7)。つまり、文書甲・乙にみる万葉仮名文は、漢文を下敷きにして、それをやまとことばで翻訳したまでのことであり、そこに使われていることばは、日常の話し言葉ではないらしいのである。平安時代に生まれた和文は、日常会話語を基本にしているから、この点が両者を分かつ差異点である。

二つは、万葉仮名文は、和文と違って、せいぜい和歌や歌謡といった韻文、それから日常の便宜のために記す手紙や文書しか記し得なかったと考えられることである。万葉仮名文は、字画の多い万葉仮名を一字一字筆記して行かねばならない。もし、この表記法で長い文章を書こうとしたなら、多大なエネルギーと時間を必要とする。

そのうえ致命的なのは、万葉仮名文が読み解きにくいことである。既に記した二通の文書からも察せられるように、万葉仮名文には、表意文字としての漢字が、一字一音の万葉仮名に交じっているのだが、両者の字形はともに漢字であるから、識別しにくく読みにくい。万葉仮名文は、長い散文には適していないのである。

それに対して、和文では、平仮名と漢字との混用である。平仮名は、万葉仮名から誕生したものではあるが、もはや字形は漢字とは完全に異なっており、漢字とまぎれることはない。のみならず、平仮名の中に適宜配される漢字は、文脈理解の助けにさえなる。[8]

また、平仮名は、筆記も容易である。想像の翼をはばたかせ、散文の文学作品を書きつけることも可能である。日本人の散文文学の創作活動を呼びさましたのは、筆記が容易で読みやすい和文体の誕生であると言っても過言ではあるまい。

このような能力を付与された和文体を、人は、どのように開花していったであろうか。

4　物語の可能性――竹取物語――

(1)　口承説話の文章化

まず、和文体で『竹取物語』を書いた。『竹取物語』は、阪倉篤義の指摘するように、[9]口承の竹取説話を枠組みとし、その内部を男性の平素用いなれている漢文訓読的な表現で創作の筆をふるって肉付けしたものと考えられる。

いまは昔、竹取の翁といふもの有りけり。野山にまじりて竹を取りつゝ、よろづの事に使ひけり。名をば、さかきの造となむいひける。その竹の中に、もと光る竹なむ一筋ありける。

「いまは昔」と語りはじめ、「けり」や「なむ……ける」で結ぶ。これは、口語りの口吻そのものを伝える表現である。こうした口語りの調子を伝える部分を辿って行くと、口承の竹取説話の輪郭が浮かび上がってくる。奈良時代の『古事記』や『風土記』も、口承の説話をもとにした部分もあるが、変体漢文体で記されているため、もとの語り口はおおわれてしまい、具体的な姿をあらわさない。たとえば、次に示す『丹後国風土記』の羽衣説話にみるように。

丹後国丹波郡、郡家西北隅方、有二比治里一。此里比治山頂有レ井。其名云二真奈井一。今既成レ沼。此井天女八人、降来浴レ水。

このような変体漢文体(10)では、口語りの雰囲気までを写すことはできない。『竹取物語』のごとく、和文で写されて初めて、口承の調子を再現できるものである。

(2) 訓読語の混入

だが、口承の竹取説話は、平安末期成立の『今昔物語集』に見られる竹取説話からも察せられるように、恐らくかなり短いものであったろう。物語として独立させるためには、さらに創作の筆をふるって内容を充実させる必要がある。作者は、かなりの分量を書き加え、物語としての完成を目指した。その加筆した部分に、既に指摘されているような漢文訓読語が入り込んできた(11)。たとえば、

あるいは笛を吹き、あるいは歌をうたひ、あるいは唱歌をし、あるいはうそぶき、扇を鳴らしなどするに、（竹取物語）

「あるいは」は、当時、漢文を訓読する時に用いる言葉であり、日常会話では一般に用いない。同様に「しかるに」「いはむや」「ただし」「たがひに」「すみやかに」などと、漢文訓読にだけ用いる言葉が現れる。そのために、現在の『竹取物語』の背後には、漢文や変体漢文で書かれた原作『竹取物語』があったと考える説(12)や、漢文の出典文献があったと考える説(13)が出てくる。しかし、そう考えると、口語りの雰囲気を伝える文章の存在が説明できなくなり、結局、最初に述べたような阪倉説が、現在のところ、事実を最も矛盾なく説明する説ということになる。

(3) しだいに和文体らしく

さらに、現存の『竹取物語』における漢文訓読語の出現の状況を調べてみると、叙述が進むにつれて出現の度合いが減って行く[14]。ということは、創作の筆を加えているうちに、次第に和文体に書き慣れていったことを裏付ける。たとえば、同一の登場人物の会話文に注目してみる。物語の前半では、竹取の翁は、こんなふうに話す。

「なにをもちてとかく申すべき。旅の御姿ながら、わが御家へも寄り給はずしておはしたり。」

翁は、「なにをもちて」「ずして」という漢文を訓読する際の特有の言いまわしを用いて話している。ところが、叙述が進み、後半になると、翁は、

「さりとも、まかりて仰事（おほせごと）たまはん。」

などと、当時の日常会話語を用い始めている。和文体で書き進めていくうちに、次第にこなれ、和文らしくなってきている。

(4) 会話文の創造

こうした登場人物の会話文は、『竹取物語』の作者が積極的に加筆した部分であったと考えられる。というのは、口承の説話の段階では、登場人物の多量の会話文は、筋の展開の障害となるため、避けられたと考えられるからである。会話文が生きるのは、場面の設定が可能になった段階である。『竹取物語』の作者は、会話文で物語をすすめる方法を随所で使用している。たとえば、車持皇子が蓬萊の玉の枝を持って、かぐや姫の前に現れた時、翁と皇子とかぐや姫の会話で場面が構成されている。

だが、『竹取物語』の会話文は、リアリティという面から観察すると、未熟であると言わざるを得ないような面がある。

たとえば、男性の会話文に、漢文訓読語や訓読的な言いまわしが出てきても、平素漢文に親しんでいる男性のことであるから、さほど不自然とは言えない。現に、後にのべるように、『源氏物語』でも、横河の僧都や学者たちの会話には、ふつうの人が口にしないような訓読語が用いられている。だから、『竹取物語』で

「仰の事はいともたふとし。ただし、この玉たはやすくえ取らじを、いはむや、龍の頸の玉はいかが取らむ」

などと、大伴大納言の家来が言ったとしても、いちがいにリアリティがないということはできない。

けれども、あの美しくたおやかなかぐや姫が、こう言ったらどうか。

「くらもちの皇子には、東の海に蓬萊といふ山あるなり。それに銀を根とし、金を茎とし、白き玉を実として立てる木あり。それ一枝をりて給はらん」

「……とす」という言い方は、築島裕の指摘するように[15]、漢文訓読的表現である。かぐや姫は、この世の女性ではないのであるが、それを知っているのは、当の本人だけである。だから、彼女のことばづかいは、あくまで女性らしいものでなければならない。

ところが、『竹取物語』では、かぐや姫も、時には例文のように、漢文訓読的ないいまわしをする。会話文に、まだリアリティがないのである。

『竹取物語』は、和文体で口承の語り口を巧みに写しつつ、さらに創作の筆をふるって物語をつくりあげた。『竹取物語』は、和文体が持つ物語創作の可能性をきりひらいて見せたのである。

けれども、加筆された部分には、漢文訓読的な表現が随所に混入し、日常会話語に基づく和文体ではなかった。そして、大幅にとり入れた登場人物の会話文も、特に女性のそれにはリアリティを欠き、未熟な点がないではなかった。

5　朧化の表現——伊勢物語——

(1)　こなれた和文

むかし、をとこありけり。京にありわびて、あづまにいきけるに、伊勢、をはりのあはひの海づらを行くに、浪のいと白く立つを見て

いとどしく過ぎゆく方の恋しきにうら山（やま）しくもかへる浪（なみ）かな

となむよめりける。（伊勢物語・七段）

『伊勢物語』の文章は、渡辺実が言うように、[16]「あまりにも早い仮名文の到達」と思える。『竹取物語』と相接して誕生しているにもかかわらず、『伊勢物語』には、漢文訓読語は、ほとんど見られない。[17]右の引用文にも、むろん漢文訓読語は、皆無である。散文部分は、「むかし」「をとこ」「あり」「ありわぶ」「行く」などといった、一般的な言葉で綴られている。

なぜ、これほどまでにこなれた和文が出来上がったのか。それは、『伊勢物語』の文章が、それまでに練りあげられた口承の歌語りをふまえて形成されたものだからであろう。

傍線を付したように、『伊勢物語』の散文部分は、「けり」「なむ……ける」を用いて進められている。これは、阪倉篤義が指摘したように、相手の目をみつめ、確かめながら、一歩一歩説きあかして行く「語り」の姿勢をうつすものである。

『伊勢物語』の文章は、口頭で語られていた歌語りをふまえて誕生した。[18]むろん、歌語りをそのまま文字化した

わけではなく、文字の世界にすくい上げる時には、作家の個人的な創作の手法が加えられ[19]、歌を効果的に生かすような手段が講じられたであろうけれども、基本は、あくまで歌語りの文体を用いている。口伝えで語られていた歌語りの文体をとる時、そこに採用される言葉は、自ら話し言葉に限定される。『伊勢物語』の文章に、漢文を訓読するときの堅い言葉がほとんど見られないのは、こうした成立事情に関係している。

『伊勢物語』は、こうして和文の歴史がはじまって間もない時点で、話し言葉から成るこなれた和文を作り上げてしまった。

⑵　朧化の試み

のみならず、『伊勢物語』は、和文体で朧化の表現を試みている[20]。和文で書くと、漢文や変体漢文では決してあらわせない微妙な意味合いが出せる。『伊勢物語』は、それに気付いた。

むかし、をとこ有りけり。あはじともいはざりける女の、さすがなりけるがもとに、いひやりける。（二五段）

傍線部は、「男に逢うまいとも言わなかった」の意味。つまり、男に逢おうとも逢うまいともはっきり言わなかったのである。男に気がありそうでいて、かと言って言い寄ると逃げてしまいそうな、曖昧な女の態度が二重否定表現であらわされている。

二日といふ夜、をとこ、われて「あはむ」といふ。女もはたいとあはじとも思へらず。（六九段）

男が女に「お逢いしたい」と言う。女もまた、それほど固く、逢うまいとも思ってはいない。つまり、逢いたいと思う気持ちが一方にある。けれども逢ってはいけないという気持ちも同時に働く。そんな女の微妙に揺れ動く心を、二重否定表現が巧みにうつし出す。

このような朧化性をかもし出す表現は、和文体だからこそ可能なのである。考えてみれば、『伊勢物語』の主人公は、在原業平であることは明白であるにもかかわらず、その名を記さずに、「をとこ」といってすませる。これも、朧化の手法のあらわれである。

また、森野宗明は、次のような文をとらえて、朧化の手法の一つであると指摘する。(21)

むかし、をとこ有りけり。そのをとこ、伊勢の国に狩の使にいきけるに、かの伊勢の斎宮なりける人の親、「つねの使よりは、この人よくいたはれ」といひやれりければ、　（六九段）

問題は、「斎宮なりける人」である。「斎宮なりける人」と「をとこ」とは、聖域のタブーを犯して一夜の契りを結ぶのであるが、いったい「斎宮なりける人」とは誰なのか？　森野は、語法上、斎宮その人であるともとれるし、斎宮付きの女房ともとれるような書き方をして、朧化の手法を駆使していると指摘する。

『伊勢物語』の四段にある「西の対に住む人」も、同様に、後に二条の后になる高貴な藤原高子ともとれるし、高子付きの女房とも見られるように「住む」という中性的な書き方をしているという。

このように、『伊勢物語』の文章を観察していると、簡潔きわまりない表現の中に、朧化の手法が散りばめられていることに気づく。極度に簡略化され圧縮された『伊勢物語』の表現の中で、朧化性をかもし出す表現の効果は、絶妙である。和文体であるが故に可能になった朧化の手法の発見は、『伊勢物語』の功績の一つである。

この朧化の手法は、やがて『源氏物語』に継承されて、大輪の花を咲かせる。

6　主観の叙述——土左日記——

男もすなる日記といふものを、女もしてみむとて、するなり。

と始められた『土左日記』は、いったい何をめざして、和文体の日記を綴ったのか。

(1) 男性の日記

それまでの男性の日記は、言うまでもなく変体漢文で記されていた。貫之が『土左日記』を書いた頃、たとえば、藤原師輔は、次のような日記を記している。

承平四年正月五日、丙子、朝間雨降、午時天晴、右大臣大饗、仍参二向彼殿一不二儲尊者御座一、又不レ被レ奉レ向二請客使一、以三先日被二案内一不レ可レ入レ座云々、因レ之所レ不レ被レ儲也、事了参レ殿、執二申今日行事一仰云、雖二不参一向一、儲レ座並請客使等事可レ有者也。

（九条殿記）

まず、月日を書き、次に干支を書き、次にその日の天候を記す。この日は、朝のうちは雨が降ったが、午後になって晴れたとある。変体漢文で書かれた日記の内容は、おおよそ次のようなものであろうか。

右大臣仲平が、年初めの盛大な饗宴を催した。それで、仲平の邸宅におもむいた。ところが、尊者の席もなく、迎えの使いもよこさなかった。先日、出席の意向を尋ねられた時、行けないと答えたため、席を設けなかったという。宴会が終わって、忠平殿に行き、今日の行事をとり行なった。忠平殿がおっしゃることには、行かないと本人が言っても、座は用意し、迎えの者をやるべきであると。

こんなふうに変体漢文で記されているのは、公的な行事に関することばかりである。もっと私的なことを己れの批評や意見をまじえて書きつける日記もあってよいはずである。

(2) 私的な感慨

貫之は、『土左日記』執筆の三〇年ほど前に、既に『古今和歌集』仮名序や「大井川行幸和歌序」で、和文体を試みていた。仮名の文章こそ、私的な感慨を述べるのに適した文章様式である。こうして、貫之は、思い切って和文体を採用して日記を書いた、と察せられる。

二十三日。八木のやすのりといふ人あり。この人、国に必ずしもいひつかふ者にもあらざなり。これぞ、たたはしきやうにて、馬のはなむけしたる。守がらにやあらむ、国人の心の常として、今はとて見えざなるを、心ある者は、恥ぢずになむ来ける。これは、物によりてほむるにしもあらず。

（土左日記・十二月）

この二十三日の出来事は、八木のやすのりという人が立派なお餞別をしてくれたことだけである。だが、作者は、傍線部に見るような己れの感慨を詳しく述べる。こんなに見事なお餞別をしてくれるのは、前土左守の人徳のなせるところかと推測し、誠意ある人とはこういうものだと人間を批評し、贈り物が立派だったからほめているのではないと自己弁護している。

和文体だからこそ、こうした人情の機微にふれるような批評まで可能だったのである。

既に記した変体漢文の日記と比較してみると、どうか。変体漢文の日記の方が、多くの事柄を記しているにもかかわらず、師輔自身の感慨はほとんど述べられていない。一見、彼の気持ちを代弁しているように見える忠平の発言も、恐らく、こういう公的意味をもつ行事でのとるべき処理法を記すことに目的があったとみるべきであろう。変体漢文日記は、どこまでも公的な性格を帯びた日記であり、個人的な感慨を記す必要のないものだったのである。

貫之は、こうした変体漢文の持つ殻を打ちやぶりたかった。和文体で記せば、和歌に匹敵する文学作品を生み出すことも夢ではない、と意気込んだであろう。その証拠に、貫之は、『土左日記』を、虚構によって再構成された世界に仕立てあげている。そもそも日記の作者が女であるとするところから虚構であるし、作品中で活躍する梶取も、渡辺実の指摘するように[22]、仮想の人物と察せられる。また、萩谷朴や松村誠一によれば、実際の地名や事件にも虚構をほどこし、効果的に構成しているという。

貫之は、和歌に並ぶ散文文学の確立をめざして、意欲的に和文体で日記を書いた。

(3) 漢文・変体漢文の影響

だが、和文体は、誕生して間がなかった。『竹取物語』や『伊勢物語』のような口承の伝統をふまえずに、直接文字に書き出された和文体が、それまでの文章様式である漢文や変体漢文の影響を受けないはずはない。『土左日記』の文章には、築島、小林、峰岸に指摘されているように、(23)文構造、修辞、用語といった所にまで、男性の平素使いなれている漢文や変体漢文の影響が見られる。たとえば、文と文とのつなぎ目。

○しかれども、ひねもすに波風立たず。
○この間に、或人の書きて出だせる歌、
○かかる間に、船君の病者、もとよりこちごちしき人にて、

などに見るように、漢文の訓読や変体漢文を記す時に用いることば「しかれども」「この間に」「かかる間に」が顔を出す。まだ、和文らしい柔らかな文体を獲得するには至っていないのである。

だが、『土左日記』が、和文体史上で果たした役割は大きい。それは、和文体が個人的な事柄を主観を交じえて書き記すのに最適の文体であることを示したからである。

これを見て、昔の子の母、悲しきに堪へずして、
なかりしもありつつ帰る人の子をありしもなくて来るが悲しさ
といひてぞ泣きける。父もこれを聞きて、いかがあらむ。（土左日記）

土佐で、子を亡くしてしまった夫妻のなげきを前面におし出して文章を綴る。主観の叙述は、『土左日記』が切り開いた和文体の可能性の一つである。

7　情緒的表現──蜻蛉日記──

『土左日記』の後をうけて、『蜻蛉日記』は、和文体がいかに情緒的な表現に適しているかを示した。『蜻蛉日記』の出現によって、和文体は、一挙に女性の文章様式となった。

(1)　和歌的散文への道

まず、『蜻蛉日記』に用いられる言葉は、日常の話し言葉を基調にすることは、それまでと同じであるが、『竹取物語』や『土左日記』に見られた漢文訓読語が、全く姿を消す。代わりに、女性が日夜親しむ和歌の言葉が入り込んで来たのである。

弓の師呼びにやり、来て、またここにてなにくれとて、物をかづくれば、憂き身ともおぼえず、息子の道綱が、内裏の賭弓（のりゆみ）で大活躍し、親の面目をほどこした。作者は、「憂き身」を忘れて喜んだ。傍線部の「憂き身」という表現は、ふつうの日常会話には用いない。和歌にだけ用いる雅やかな言葉である。（蜻蛉日記・中巻）

『蜻蛉日記』では、こうした和歌にのみ用いる言葉を、散文部分に用いる。「あかつき」「あけぼの」「網代」「有明」などと。かつての漢文の訓読や変体漢文で用いる言葉の混入に代わって、和歌の言葉が散文中に入り込んできたのである。

のみならず、『蜻蛉日記』の散文では、時として、掛詞などの和歌の修辞法が用いられている。

かくて、つごもりになりぬれど、人はうの花のかげにも見えず、おとだになくて果てぬ。（蜻蛉日記・下巻）

柿本奨の指摘するごとく[24]、「うの花」の「う」には、「卯」と「憂」が、「かげ」には「陰」と「影」が掛けられている。

さらに、『蜻蛉日記』の散文のことばには、和歌のイメージが重ねられていることがある[25]。

釣する海人の泛子ばかり思ひ乱るるに、ののしりて、もの来ぬ。（蜻蛉日記・中巻）

不仲な夫婦の間柄を悩み、作者は一人鳴滝にこもる。そこに夫が再度迎えに来た。作者は、「釣する海人の泛子（＝浮き）」のように思い乱れる。この箇所には、次のような引歌がある。

伊勢の海に釣する海人の泛子なれや心一つを定めかねつる（古今和歌集・恋）

この歌が背後にあることによって、『蜻蛉日記』の「釣する海人の泛子」という表現は、広い伊勢の海で、ちっぽけな浮きのように、あちらこちらにふらふらと揺れ動き、心一つを決めかねているという、どうしようもなく不安定な心の状態がイメージされてくる。そこまで読みとられることを期待した文章なのである。

何げなく読んでしまえば見過されてしまう散文の表現が、実は和歌の一部であり、その和歌全体のイメージを散文の表現にかぶせつつ、文章を綴る。こうした言葉の働かせ方は、秋山虔が明らかにするごとく[26]、『蜻蛉日記』において創始されたものである。和歌の本歌取りにも通ずるような韻文的手法が、『蜻蛉日記』の散文で駆使されているのである。

『蜻蛉日記』においては、単に言葉の面にとどまらず、そのことばの運用の仕方にまで、和歌が影響を与えている。和文体は、『蜻蛉日記』によって、和歌的散文への道を歩み始めた。

和歌は、当時の女性の心を占めるものであったから、和文体が和歌の影響を受けるということは、それだけ和文体が女性の文章になってきたということでもある。

(2)　感情的表現

さらに、『蜻蛉日記』には、感情的になりやすい女性を感じさせる表現が随所に見られる。

内裏になど言ひつつぞあるべきを、いとどしう心づきなく思ふことぞ、かぎりなきや。（蜻蛉日記・上巻）

自分の所に来なかった理由を、宮中に用があってなどと言ってくれればよいのに、夫は別の女の所に通っているのを認めるような言い方をする。この上なく「心づきなし（＝気にくわない）」と、作者は言い放つ。その「心づきなし」というむき出しの感情は、さらに「いとどしう」と「かぎりなき」によって、度合いの並々でないことが強調される。このように自分の感情をあからさまに、しかも誇張して表現するやり方は、日常よく見かける女性の話し方を彷彿とさせる。

また、『蜻蛉日記』の文章には、こんな表現が見られる。

この時のところに子産むべきほどになりて、よきかたえらびて、ひとつ車にはひ乗りて、一京響きつづけて、いと聞きにくきまでののしりて、この門の前よりしも渡るものか。（蜻蛉日記・上巻）

結婚して一年余で、夫はもはや他の女の所に通いつめている。その女は、もうじき出産である。夫は、その女と一つの車に乗って、京じゅう響き渡るぐらいに大げさに車をつらねて、聞くに耐えないほど騒ぎ立てて、こともあろうに、私の家の門の前を通っていくではないの！　作者は、あまりのことに、「ものか」という、驚きあきれ、非難の意を込めて反問することばを使っている。「こんなひどいことってあると思う？」とばかりに、作者は読者に訴えかけ、同意を求める。「ものか」は、作者がよく用いる表現法の一つである。

また、作者は、こうも言う。

ことわりのをりとは見れど小夜更けてかくや時雨のふりは出づべき

といふに、強ひたる人あらむやは。（蜻蛉日記・上巻）

こんな大雨なのに、私がとめるのも聞かずに、夫は帰っていった。そんな人ってあるものだろうか。「やは」という反語を用いて、作者は、夫への憤りを、そのまま読者にぶつける。

「ものか」「やは」などを用いて、作者は読者に自分の正当性を訴え、同意を求めようとする。こうした表現も、自分の不満を一方的に相手にぶちまけ、自分の正当性を認めさせようとする、感情的な人間特有の口調を感じさせる。

『蜻蛉日記』は、和文体が、和歌のことばや技法を導入して綴り得る文体であること、なまなましい感情をそのままもり込み得る文体であることを示した。一言でいえば、『蜻蛉日記』の和文体史上の価値は、情緒的表現の可能性をきりひらいたことである。

8　和歌的散文の達成―源氏物語―

『源氏物語』は、『蜻蛉日記』のきりひらいた和歌的散文の道を極度におしすすめ、さらにそれまでの『竹取物語』『伊勢物語』『土左日記』などによって発見された和文体の可能性を吸収し、和文体の一つの典型をつくりあげるに至った。

和文体による物語の創作の可能性は、既に『竹取物語』によって体験され、虚構をほどこす術も『土左日記』で経験済みであった。和文体で、虚構の物語を作りあげる素地は、出来上がっていた。

(1) 語り手の顕在化

物語の発端は、『竹取物語』や『伊勢物語』にならって、「けり」を使った語り口調で、こう始められる。

いづれの御時にか、女御更衣あまたさぶらひたまひける中に、いとやむごとなき際にはあらぬが、すぐれて時めきたまふありけり。（源氏物語・桐壺）

ただし、『竹取物語』や『伊勢物語』では、「いまは昔」「むかし」というきまりきった語り出しであるのに、『源氏物語』は、「いづれの御時にか」という、異質な語り出しをとっている。そこには、「いまは昔」「むかし」にはなかった、一人の特定の語り手の存在を強く感じさせる。

事実、『源氏物語』は、物語の語り手が、以後の文中には、時々顕在化する。

さるは、いといたく世を憚り、まめだちたまひけるほど、なよびかにをかしきことはなくて、交野の少将には、笑はれたまひけむかし。（源氏物語・帚木）

「光源氏が、大変世間をはばかって、生真面目な様子をしていらっしゃったから、艶っぽく面白い出来事はなくて、好色で有名な交野の少将には笑われなさったことであろうよ」と、物語の語り手が読者の前に姿をあらわし、物語の主人公、光源氏の行動に批評を下している。『源氏物語』では、このように物語の語り手が表現上顕在化する「草子地」といわれるものが、随所に見られる。もう一例、あげてみる。

風すこし吹きやみたるに、夜深う出でたまふも、事あり顔なりや。（源氏物語・若紫）

まだ童女である紫上と風変わりな一夜を共にして、夜深く帰って行く光源氏の姿を、物語の語り手は、「何か事あり顔に見えることよ」と評している。語り手が、表面に顔を出して、以後の物語の展開を予告するかのように、解説している。

こうした「草子地」は、池田和臣によれば、物語の展開に必然性を与えるための方法であったという。[27] 確かに、『源氏物語』では、このような物語の語り手が、物語の展開を必然と思わせるように、巧みに読者を誘導しているふしがある。

『源氏物語』は、『竹取物語』『伊勢物語』に見られた語りの系譜を継承しているものの、それらとは違って、語りを虚構の方法として応用している。

『源氏物語』は、さらに『竹取物語』や『伊勢物語』で見出された和文体の可能性を見事に開花させている。その一つは、会話文による人物造型法、二つは、朧化の表現法である。

(2) リアルな会話文

まず、会話文に注目する。次の会話をしゃべっている人物は、いかなる人種と考えられるか。

「おほし垣下(かいもと)あるじ、はなはだ非常(ひざう)にはべりたうぶ。かくばかりのしるしとあるなにがしを知らずしてや、朝廷には仕うまつりたうぶ。はなはだをこなり。」　（源氏物語・乙女）

傍線部「はなはだ」「非常に（＝不作法で）」「しるしとある（＝著名な）」といった漢文訓読調のことばがあり、「はべりたうぶ」などといった古風な堅苦しい語感のすることばがある。もったいぶって、どこか威張った独特の堅い口調を感じさせる。この会話の主は、平素漢学に親しむ博士のセリフである。いかにも博士らしい会話文である。

では、次の短い会話文は、どうか。

「いざかし、ねぶたきに」　（源氏物語・若紫）

「いざかし」は、「いざたまへかし」の省略形。ややぞんざいな言い方である。「ねぶたきに」には、言い切らずに甘えかかる口調がある。この会話の主は、年端もいかない子供の紫上である。幼女らしいセリフである。

『源氏物語』の会話文は、このようにリアリティを持ち、いかにもその登場人物らしい言葉遣いをしている。『竹取物語』では未熟であった会話文を見事に使いこなし、人物造型法にまで高めている。

(3) 朧化の技法

次に、朧化の表現法に注目する。『源氏物語』は、『伊勢物語』の発見した朧化の表現法を吸収し、さらに発展させて、物語全体を朧化の世界の中に包み込んだ。

たとえば、『伊勢物語』に見られたような二重否定によるおぼめかしの表現は、『源氏物語』には、数多く見られる。

はかばかしうも、のたまはせやらず、むせかへらせたまひつつ、かつは人も心弱く見たてまつるらむと、思しつつまぬにしもあらぬ御気色の心苦しさに、うけたまはりはてぬやうにてなん、まかではべりぬる。（源氏物語・桐壺）

傍線部「思しつつまぬにしもあらぬ」という二重否定表現は、「御自制なさらぬでもない」の意である。つまるところは、「思しつつむ」という肯定表現に通ずるものであるが、そのニュアンスは異なる。「思しつつむ」状態と「思しつつまぬ」状態との間に、複雑に揺れ動く曖昧性をもった表現になる。

こうした二重否定表現による朧化性のほかに、『源氏物語』は、実にさまざまな表現法をとって、朧化の世界をつくりあげて行く。(28) たとえば、その一つ。

参う上りたまふにも、あまりうちしきるをりをりは、打橋渡殿のここかしこの道に、あやしきわざをしつつ、御送り迎への人の衣の裾、たへがたく、まさなきこともあり。（源氏物語・桐壺）

「あやしきわざをしつつ」とのみあり、具体的には、何をしたのか書かれていない。後に「御送り迎への人の衣の裾、たへがたく、まさなきこともあり」とあるから、汚物などをまき散らしたのであろうかと想像するのみである。具体的に記述せずに、「あやし」という感情語で抽象化しておぼめかす。

『源氏物語』は、和文体の特性をいかし、実にさまざまな表現方法を駆使して、物語の世界全体を漂渺とした情調の中につつみ込んでいる。

(4) 和歌的散文の達成

また、『源氏物語』は、『蜻蛉日記』によって発見された和歌的散文の可能性を、極限までおしすすめた。まず、散文部分に用いることばには、『蜻蛉日記』よりさらに歌語が多く含まれている。たとえば、石田穣二によると、(29)次の散文中の傍線部のことばは、すべて和歌で用いるものだという。

山がつのおどろくもうるさしとて、随身の音もせさせたまはず。柴の籬(まがき)を分けつつ、そこはかとなき水の流れどもを踏みしだく駒の足音も、なほ、忍びてと用意したまへるに、隠れなき御匂ひぞ、風に従ひて、主知らぬ香とおどろく寝覚めの家々ありける。（源氏物語・橋姫）

「山がつ」「柴の籬」「踏みしだく」「駒」「寝覚め」は、日常会話語には用いない歌語なのである。さらに、波線部「主知らぬ香」には、背後に和歌がある。

主しらぬ香こそにほへれ秋の野に誰がぬぎかけし藤袴ぞも（古今和歌集・秋上）

この歌が背後にある事によって、『源氏物語』の「主知らぬ香」という表現は、やって来る人への好奇の目、秋の野に咲く藤袴の香りをも含み込んだ豊かなものとなる。

また、『蜻蛉日記』以上に、掛詞や縁語といった和歌の修辞技法を、散文中に駆使する。

見し人も宿もけぶりになりにしをなにとてわが身消え残りけん

生けるかひなくぞ思しこがるるや。　（源氏物語・橋姫）

八宮が、亡き妻を思って詠んだ和歌に続く散文部分の「かひ」の「ひ」には、吉沢義則の指摘するごとく、[30]「火」の意味が掛けられている。掛詞なのである。さらに、この「火」は、石田穣二の指摘するように「思しこがるる」と縁語になっている。それは、歌の中の「けぶり」「消え」にも連なる縁語でもある。

ここまでは、『蜻蛉日記』の和文体が試みた方法を、『源氏物語』がさらに有効に使用したものである。だが、『源氏物語』は、これらにとどまらず、和歌的手法を次々に散文部分に持ち込んでいった。たとえば、顕著なのは、擬人法である。[31]『源氏物語』は、歌の世界特有の擬人法を、散文部分で積極的に利用している。

切懸だつ物に、いと青やかなる葛の心地よげに這ひかかれるに、白き花ぞ、おのれひとり笑みの眉ひらけたる。　（源氏物語・夕顔）

「白い花」が、「おのれひとり」「笑みの眉ひらけたる」である。「眉ひらく」は、心配事や憂いがなくなって、ほっと顔をほころばせること。人間のする表情である。「おのれひとり」も、花を人間扱いした表現である。白い花が咲いているだけなのであるが、『源氏物語』は、白い花を人間に見立て、「自分一人ほほえんでいる」と表現する。このような擬人法は、『源氏物語』の散文の随所に見られる。和歌の世界の技法の導入である。

こんなふうに、『源氏物語』の散文は、どこをとっても、和歌のにおいがする。

総じて、『源氏物語』の功績は何なのかと言えば、それまでの作品が開拓した和文体の可能性をすべて吸収し、それらを一層効果的に使用し、和歌的散文の極地を現出したことである。もはや『源氏物語』以上に巧みな和歌的散文をつくり出すことは、不可能に近い。

『源氏物語』によって、それまでの伝統的な和文体の可能性がすべて収斂されてしまった時、一体いかなる可能性が残されているというのか。

可能性は、『源氏物語』とは全く違った系譜の文章を開花させることである。『源氏物語』が、和歌との融和をはかり、和歌の技法を思う存分とりこむことによって達成された和歌的散文とでも言うべきものであるとすれば、残された可能性は、和歌とは手を切ったところに成り立つ散文らしい散文を作りあげることである。

9　対話の形式―大鏡―

(1)　対話の語法

それは、具体的には、どのような形をとったらなしとげられるのか。最も和歌的でないものと言ったら、日常の会話である。この会話体の方向をおし進めて行けば、『源氏物語』とは異質の和文体ができるはずである。こうして『大鏡』は、大宅世継、夏山繁樹、そして若侍といった三人の対話の場を設定した。

主たる語り手は、一九〇歳の世継。讃歎の声をはなって合槌をうつのが一八〇歳くらいの繁樹。こうした老人の話に鋭く切り込み、自分の見聞と異説を開陳する若侍。次は、世継の語り出す歴史の一コマ。

昔も、かかりけること多く侍りけるなかに、極楽寺・法性寺ぞいみじく侍るや。御年なんどもおとなびさせたまはぬにだにも思し召しよるらむほど、なべてならずおぼえはべるに、いづれの御時とはたしかにえ聞きはべらず、ただ深草の御ほどにやなどぞ思ひやりはべる。（大鏡・道長上）

聞き手を意識して、丁寧語「はべり」を用いて語りかける。また、文末には「や」を用いて、語り口調を演出する。そのほか、終助詞「な」「かし」「は」「よ」などを用いることも多い[32]。

殿の御夢に、南殿の御後、かならず人のまゐるに通る所よな、そこに人の立ちたるを、誰ぞと見れど、顔は戸の上に隠れたれば、よくも見えず。　（大鏡・中・伊尹）

傍線部に見るように、文の途中に上の句を説明するような挿入句をはさむのも、語り口の雰囲気を出すものであろう。

『大鏡』は、こうして散文らしい散文を求めて、対話によって展開する文章の様式を見つけ出した。

(2) 外面的描写

さらに、『大鏡』は、『源氏物語』のとった内面から人間を描く方法を捨てた。渡辺実の指摘するように、『大鏡』は、『源氏物語』とは全く反対に、外面から人間を描く方法をとったのである[33]。だから、『源氏物語』のような長々しい心理描写はない。記されているのは、人物の表情や行動・動作だけである。

次に、帥殿射たまふに、いみじう臆したまひて、御手もわななく故にや、的のあたりにだに近くよらず、無辺世界を射たまへるに、関白殿、色青くなりぬ。また、入道殿射たまふとて、「摂政・関白すべきものならば、この矢あたれ」と仰せらるるに、はじめの同じやうに、的の破るばかり、同じところに射させたまひつ。饗応し、もてはやしきこえさせたまひつる興もさめて、こと苦うなりぬ。　（大鏡・道長上）

道長と伊周との有名な競射の場面である。心理に関する唯一の記述は、「臆したまふ」だけである。しかし、これとて「御手もわななく」という動作から察せられる外側からみた心理にすぎない。『源氏物語』であれば、伊周の内面に立ち入って、彼のその時の複雑に揺れ動く心持ちを詳しく描写するはずである。同様に、傍線部「色青くなりぬ」「射させたまひつ」などの外面的な記述のあとに、『源氏物語』であれば、関白殿の狼狽した気持ち、射あてた瞬間の道長の勝ち誇った気持ち、相手方の興覚めな心持ちなどが、それぞれの人間の内面にたち入ってくまなく説明されるはずである。

『大鏡』は、そうした内側からする心理描写は、一切省略する。そのために、『源氏物語』とは違って、行動的な世界ができあがった。

『大鏡』は、対話の形式をとり、『源氏物語』とは違った散文らしい散文をつくりあげた。そして、行為・行動だけを記すことによって、『源氏物語』とは異質の和文体の可能性を模索した。

だが、『大鏡』の試みた外面的な描写方法は、ほぼ同じ頃成立した『今昔物語集』の方法でもあった。『今昔物語集』は、いうまでもなく、漢字カタカナ交り文で書かれ、和漢混淆文の先駆けとなった作品である。『今昔物語集』の外面的描写は、『大鏡』より一層力強く鮮烈である。(34)

もはや、和文体は、限界に達していた。『大鏡』は、和文体の最後の可能性を、必死で開花させたのである。

10　和文体の行方

和文体という一つの文体が生まれ、そのために多くの事が可能になり、『源氏物語』という世界最高の文学作品の一つを生み出した。だが、所詮、一つの文体である以上、限界をもち、描き得ぬ世界があった。それは、たとえば、力強く躍動する男の世界である。

和文という柔らかな文体が最も得意とする分野は、男と女のつくり出す情愛の世界であった。ダイナミックな戦場の場面などは、和文体のよくなし得ぬところなのである。このような世界を描くには、力強さを与える漢語、活力を与える俗語を多用してもおかしくない新しい文体が必要であった。こうして、和文体は衰え、和漢混淆文体が誕生して行く。

だが、和文体の流れが途絶えたわけではない。鎌倉時代以後、和文体は擬古文として存続しつづけた。鎌倉時代には、擬古物語が書かれ、室町時代には、お伽草子が、江戸初期には仮名草子が、擬古文で書かれるというぐあいである。また、江戸時代には、本居宣長・上田秋成なども、積極的に擬古文を書いている。

そこに使用される言葉は、平安時代の和文体のそれを模倣しつつも、その時代の話し言葉が多数入り込んできている。たとえば、お伽草子には、峰岸明の指摘するような「うろくづ」「かまくび」「すりむく」「めし」などの俗語が見られる。[35] また、「ごとし」「いまだ」「……くして」などの訓読語も入り込んでいる。[36] 語法も、平安時代の和文体をまねしつつも、かなり崩れた形になっている。

明治時代以後も、樋口一葉のように、和文体を生かして『たけくらべ』『にごりえ』といった擬古的な作品を生み出している。そして、現代でも、谷崎潤一郎、円地文子といった作家たちは、嫋嫋とした和文体の流れをくんで、男と女の情念の世界を描き続けている。

注

（1）清水好子『源氏物語の文体と方法』昭和五五年、東京大学出版会。
（2）渡辺実『平安朝文章史』昭和五六年、東京大学出版会。
（3）岡村和江「かな文の歴史と特色」『続日本文法講座3』昭和三三年、明治書院。岡村和江「仮名文」『岩波講座日本語10』昭和五二年。

(4) 原文は、佐佐木信綱編『南京遺文南京遺芳』(昭和六二年、八木書店)の写真複製による。ただし、一行目の一番下にはもう一字「美」の字があるが、衍字であろうといわれている。この稿も、それに従い「美」の字一字分を省略した。後述の文書乙種も、同書による。

(5) 奥村悦三「仮名文書の成立以前」『論集日本文学・日本語1上代』昭和五三年、角川書店。

(6) 山口佳紀「形容詞の活用」『研究資料日本文法3　用言編(二)』昭和五九年、明治書院。

(7) 奥村悦三「和語、訓読語、翻読語」『万葉』一二一、昭和六〇年三月。奥村悦三「仮名文書の成立以前」『論集日本文学・日本語1上代』昭和五三年、角川書店。奥村悦三「暮しのことば・手紙のことば」『日本の古代14　ことばと文字』昭和六三年、中央公論社。

(8) 小松英雄『仮名文の原理』昭和六三年、笠間書院。

(9) 阪倉篤義『文章と表現』昭和五〇年、角川書店。

(10) 引用した部分は、漢文体のように見えるが、同説話には「奈具志久(なぐしく)」という一字一音の万葉仮名表記の形容詞、「和奈佐(わなさ)」という万葉仮名表記の固有名詞などが入り込んでおり、変体漢文体である。

(11) 築島裕『平安時代の漢文訓読語につきての研究』昭和三八年、東京大学出版会。

(12) こうした仮説は、土肥経平『春湊浪話』、加納諸平『竹取物語考』をはじめとして、竹取物語研究の草創期から現在に至るまで続いている。

(13)『竹取物語』の素材となった漢文の出典文献については、契沖『河社』、小山儀・入江昌熹『竹取物語抄』、田中大秀『竹取翁物語解』などをはじめ、江戸時代から探索されているが、いまだしっくりしたものを見出していない。

(14) 山口仲美「竹取物語の文体と成立過程」『紀要　共立女子短期大学文科』二二、昭和五四年二月。本著作集2『言葉から迫る平安文学2　仮名作品』にも、同タイトルで収録してある。

(15) 築島裕『平安時代の漢文訓読語につきての研究』昭和三八年、東京大学出版会。

(16) 渡辺実『平安朝文章史』昭和五六年、東京大学出版会。
(17) 『伊勢物語』に漢文訓読語が全く見られないわけではなく、「いはむや」「ごとし」など、ごく稀には出現する。
(18) 折口信夫「歌及び歌物語」『国文学註釈叢書15』、益田勝実「上代文学史稿案」『日本文学史研究4』昭和二四年。
(19) 益田勝実『説話文学と絵巻』昭和四六年、三一書房。
(20) 山口仲美「平安仮名文における朧化性の問題—源氏物語を中心にして—」『国語学』一一二、昭和五三年三月。本著作集2『言葉から迫る平安文学2　仮名作品』にも、「仮名文学の朧化性の問題」と題して収録してある。
(21) 森野宗明「『伊勢物語』の語法と文体」『古文研究シリーズ』一〇、昭和五五年五月。
(22) 渡辺実『平安朝文章史』昭和五六年、東京大学出版会。
(23) 築島裕『平安時代の漢文訓読語につきての研究』昭和三八年、東京大学出版会。小林芳規「土左日記の文体」『王朝文学』一、昭和三三年一一月。峰岸明『平安時代古記録の国語学的研究』昭和六一年、東京大学出版会。
(24) 柿本奨「道綱母の歌」『学大国文』昭和三六年一月。
(25) 柿本奨「蜻蛉日記の引歌」『大阪学芸大学紀要』昭和三九年四月。木村正中「蜻蛉日記の文体—引歌について—」『東書高校通信国語』昭和四六年一〇月。上村悦子「蜻蛉日記散文中の引歌について」『源氏物語と女流日記　研究と資料』昭和五一年、武蔵野書院など。
(26) 秋山虔「蜻蛉日記の文体形成—地の文に融合する引歌について—」『論叢王朝文学』昭和五三年、笠間書院。
(27) 池田和臣「源氏物語の草子地についての一視角—その方法的意義—」『中古文学』一八、昭和五一年九月。
(28) 山口仲美「平安仮名文における朧化性の問題—源氏物語を中心にして—」『国語学』一一二、昭和五三年三月。本著作集2『言葉から迫る平安文学2　仮名作品』にも、「仮名文学の朧化性の問題」と題して収録してある。
(29) 石田穣二『源氏物語論集』昭和四六年、桜楓社。
(30) 吉沢義則『対校源氏物語新釈　巻五』昭和二七年、平凡社。

(31) 山口仲美「源氏物語の擬人法」『むらさき』二五、昭和六三年七月。本著作集1『言葉から迫る平安文学1　源氏物語』にも、同タイトルで収録してある。

(32) 秋葉安太郎『大鏡の研究　語法篇』昭和三五年、桜楓社。

(33) 渡辺実『平安朝文章史』昭和五六年、東京大学出版会。

(34) 山口仲美「説話文学の表現—総論—」『日本の説話』七巻、昭和四九年一一月、東京美術。本著作集3『言葉から迫る平安文学3　説話・今昔物語集』にも「説話文学の表現の問題」と題して収録してある。

(35) 峰岸明「物語の文体」『講座日本語学8　文体史Ⅱ』昭和五七年、明治書院。

(36) 鎌倉時代の和文にみられる訓読語については、東辻保和「鎌倉時代和文について」(『鎌倉時代語研究』一〇、昭和六二年五月)の調査がある。

感覚・感情語彙の歴史

1　はじめに―研究の現状―

感覚や感情をあらわす言葉は、人間の姿を映し出し、興味深い。その研究書や研究論文も、かなり多い。たとえば、古典語では、吉沢義則『源語釈泉』、犬塚旦『王朝美的語詞の研究』、原田芳起『平安時代文学語彙の研究』正編・続編、木之下正雄『平安女流文学のことば』、松尾聰『源氏物語を中心としたうつくし・おもしろし攷』、山崎良幸『源氏物語の語義の研究』、石川徹の『平安文学研究』連続掲載論文、などがある。その他、古典語については、数多くの論文がある。これら古典語関係の著書・論文では、感情をあらわす語のうち、特色のある語が取り上げられ、その意味・用法が検討されている。なお、感覚語は、殆どとりあげられていない。

現代語では、西尾寅弥『形容詞の意味・用法の記述的研究』、国広哲弥「日英温度形容詞の意義素の構造と体系」（『国語学』60集、『構造的意味論』にも収録）、渡辺実「語彙教育の体系と方法」（『講座正しい日本語４』所収）などがある。感情語ばかりでなく、感覚語がとりあげられているのが注目される。

さらに、歴史的な観点から、語の消長を論じたものもある。大野晋『日本語の年輪』、阪倉篤義『日本語の語源』、宮地敦子『身心語彙の史的研究』、佐竹昭広「意味の変遷」（『岩波講座日本語９』所収、佐竹昭広『万葉集抜書』にも収録）などである。これらでは、感情をあらわす語のうち、特に興味深い語が選ばれ、その史的推移が研究されている。

このように多くの研究書や研究論文が出ているにもかかわらず、未だ、殆ど手のつけられていない研究課題がある。それは、感覚・感情を表す語を、全体的に総合して論ずることである。感覚や感情をあらわす語のいくつかを個別的に部分的にとりあげるのではなく、それらを表す一群の言葉をとりあげ、考察することである。すなわち、「感覚語彙」「感情語彙」の研究である。[1]本稿のテーマは、さらにその「語彙」の「歴史」を論ずることである。

感覚・感情をあらわす語には、どんなものがあり、どんな構造をしているのか、よく解らない現状にあって、さらにその史的推移を論ずることが、果たして可能なのであろうか。本稿のテーマは、余りにも大きく、未開拓である。しかし、全体的・総合的な語彙の歴史の研究は、必要であろう。そこで、この方面の研究の発端ともなればと考え、本稿は、意味の歴史といった観点から、感覚・感情語彙の全体的な推移の傾向を明らかにしようと努力してみた。もとより十分なはずはなく、暗中模索の域を出ないが、一つの問題提起となれば、幸いである。

この稿に記述した事柄は、おおよそ次のようなことである。まず、とりあげる感覚語彙・感情語彙の範囲を明確にし、次に、感覚語彙と感情語彙との密接な関係および共通する傾向についてのべる。最後に、感覚語彙・感情語彙の各々に特有な史的推移の傾向について考察する。なお、出来るだけこの方面の課題も記すように心掛けた。

2　感覚語彙とは

感覚語彙といっても、その範囲は曖昧である。ここでは、感覚語彙として、もっとも典型的な形容詞を中心に論ずることにする。

以下、具体例をあげ、この稿でとりあげる「感覚語彙」の輪郭を明らかにしておきたい。

赤鼻の五位は、それを真にうけた。久しく湯にはいらないので、体中がこの間からむづ痒い。（芥川龍之介『芋粥』）

するこ とができない。

「むづ痒い」は、主人公赤鼻の五位の感じる皮膚感覚である。当事者以外の人物は、その瘙痒感を、直接に体験することができない。

「肌寒い」「涼しい」「暑い」といった語も、温度に対する一種の皮膚感覚をあらわす言葉である。「だるい」「ねむい」といった体の深部から来る感覚をあらわす語もある。また、「息苦しい」「胸苦しい」といった心臓や肺が圧迫されているように感じる内臓感覚語もある。

このように、特定の個人にのみ感じられる主観的な感覚そのものを表す語を、「感覚語彙」としてとりあげることにする。

裏返せば、感覚を通して認識された外界の事物の性質や状態を表す語は、含まないということである。すなわち、「白い」「大きい」といった語、「甲高い」「けたたましい」といった語、「生ぐさい」「こうばしい」といった語、「あまい」「からい」といった語、「かたい」「やわらかい」といった語は、除外する。これらの語は、視覚・聴覚・嗅覚・味覚・触覚を通して把握された事物の性質・状態と認められ、感覚そのものをあらわす語ではない。通常、これらの語は、「久しい」「幼い」「しらじらしい」などの数多くの語とともに、対象自身にそなわる性質・状態とみなされ、状態語とか属性語とか呼ばれており、感覚語や感情語とは対立したものと考えられている。

しかし、個々の具体例にあたると、状態語なのか、感覚語なのか判別しがたいことも少なくない。その弁別方法について、西尾寅弥は、小山敦子・南不二男・国広哲弥・森岡健二などの立論を参考に、すぐれた見解を出している。(2) 西尾は、主観的な感覚語と感情語とを一つにまとめ、客観的な状態語との弁別の方法を、一〇項目にわたって考えているが、その中で、最も有効な弁別基準は、主語の制限であるという。すなわち、感覚語・感情語であるためには、①まず、「人」を主語にとり得ること、②さらに、言い切りの平叙文では、表現者しか主語になり得ないこと（つまり、「わたしはだるい」「僕はうれしい」と、表現者自身を主語にすることはできるが、それ以外の人称を主語にすることはできないということ。「あなたはだるい」「あの人はうれしい」とは言えず、無理に言ったとすれば、断定的で押しつけがましい言い方になってしまう。）の条件をみたす必要があるという。

ここでも、こうした主語制限の基準を参考にして、[3] 現代語から、まず感覚語を抽出してみる。「表1」に示した二八種の語が得られる。それが、本稿でとりあげる感覚語彙である。抽出に用いた資料は、国立国語研究所資料集6『分類語彙集』（秀英出版、昭和39年）である。同書は、現代雑誌九〇種にみられる語のうち、使用率の高い語彙、およびその他基本的と思われる語彙を収集し、意味分類したものである。したがって、現代、もっとも普通に使われている言葉を選び出すことができる。

なお、「表1」や、次の「表2」の単語の右肩につけた★印や☆印は、**5**で使用するためのものである。

表1　感覚語彙

あたたかい　あつい★　あつくるしい★　いきぐるしい★　いたい★　うすらさむい★　おもくるしい★　かゆい★　くすぐったい☆　くるしい★　けむい★　けむたい★　こそばゆい☆　さむい★　すずしい　だるい★　つめたい☆　ねぐるしい★　ねむい★　ねむたい★　はだざむい★　ひだるい★　ひもじい★　まばゆい☆　まぶしい☆　むしあつい★　むずがゆい★　むなぐるしい★

〔★印…不快な感覚、無印…快い感覚、☆印…快・不快のいずれとも決められない感覚〕

3　感情語彙とは

だんだん、或るひとが恋ひしくて、恋ひしくて、お顔を見て、お声を聞きたくてたまらなくなり、両足の裏に熱いお灸を据ゑ、じつとこらへてゐるやうな、特殊な気持になつて行つた。

（太宰治『斜陽』）

「或るひと」と一緒にすごす喜びを十分に知っているため、再びその人と出会うことを切に望む気持ち、それが「恋しい」である。こうした人間の内面的な心の状態をあらわす言葉の一群を、「感情語彙」とよぶことにする。ただし、この稿では、感覚語彙と同じく、その最も典型的な形容詞の類に限って、取り上げることにする。

この稿で対象とする感情語彙は、「表2」の九五種である。感覚語彙の場合と同様な基準で、『分類語彙表』から、抽出したものである。

表2　感情語彙

★あじけない　☆ありがたい　いじらしい　★いたたまれない　いとおしい　いとしい　★いぶかしい　★いまいましい　★うしろぐらい　★うすきみわるい　★うたがわしい　★うっとうしい　★うらめしい　☆うらやましい　★うるさい　うれしい　おかしい　☆おしい　☆おそれおおい　★おそろしい　★おぼつかない　おもしろい　★おもはゆい　☆かたじけない　☆かたはらいたい　★かなしい　かわいい　★きぐるしい　きづよい　★きまりわるい　★きみわるい　★くちおしい　★くやしい　★くるしい　こいしい　★こころぐるしい　こころづよい　★こころぼそい　★こころもとない　こころよい　★こにくらしい　このましい　★こわい　★さびしい　したわしい　★じれったい　★しんきくさい　★すえおそろしい　すえたのもしい　★せつない　★そらおそろしい　たのしい　たのもしい　★たまらない　★つまらない　★つらい　★つらにくい　★てれくさい　★なげかわしい　★なさけない　なつかしい　★なやましい　★にがにがしい　★にくい　★にくたらしい　★にくらしい　★ねたましい　☆のこりおおい　☆のこりおしい　★のろわしい　★ばかくさい　★ばかばかしい　★はがゆい　★ばからしい　★はずかしい　★はらだたしい　はれがましい　ほこらしい　☆ほしい　☆まちどおしい　★むなくそわるい　★めんどうくさい　★もうしわけない　☆もったいない　★もどかしい　★ものうい　★ものがなしい　★ものたりない　★やましい　★やりきれない　★やるせない　よろこばしい　★わずらわしい　★わびしい　★わるい（申し訳ない、すまないの意）

〔★印…不快な感情、無印…快い感情、☆印…快・不快のいずれとも決められない感情〕

感覚語彙と感情語彙とは、当事者だけの主観的な感じを表す点で、共通した性質をもっている。しかし、次のような差異点もある。すなわち、感覚語は、刺激に対する生理的な反応をあらわし、直接的、具体的な性質をもつのに対し、感情語は、刺激に対する精神的反応をあらわし、間接的、抽象的な性質を持つ。それは、感覚反応が生物的であり一次的であるのに対し、精神反応の方が、人間的であり二次的であるのに呼応している。

このような両語彙の共通面と差異面とは、やがて述べて行く意味の歴史に、反映して行くところとなる。

4　感覚語から感情語へ

感覚語と感情語とは、主観性といった共通する性質をもつが、それは、意味の面にも現れる。すなわち、感覚をあらわす語彙のうちの幾つかは、感情をも表すのである。

いま、瘙痒感をあらわす感覚語彙に注目してみる。「かゆい」「こそばゆい」「くすぐったい」「むずがゆい」の語があげられる。これらの語のうち、最も誕生の新しい「むずがゆい」の語を除いて、他の語は、いずれも、一様に、後世、〝照れくささ、きまり悪さ、あるいは物足りなさ〟といった感情をも表すようになって行く。具体的に説明してみる。

「かゆい」の語は、次例のごとく、奈良時代から見られる。

今日なれば　鼻の鼻ひし　眉かゆみ　思ひしことは　君にしありけり　（万葉集、二八〇九）

くしゃみが出、眉が痒いと思ったのは、あなたに会える前兆だったのですねと歌っている。上代では、眉が痒くなるのは、思う人に会う前触れと考えていたのである。

さて、江戸時代になると、「かゆい」の語は、単なる痒みの感覚ばかりではなく、次のごとく、思うようにならず、物足りない気持ちをも表している。

わさびは切れましたが、生薑ではどうでござります。ム、生薑ではちとかゆひがせうことがない、間合にしておけ（咄本『詞葉の花』）

「こそばゆい」「くすぐったい」の語も、同様に、成立当初は、感覚的な意味で用いられたが、次第に、つぎのごとく、物足りない気持ちやきまり悪く落ち着かない気持ちをも表すようになった。

◯此やうな小盃では、少しくすぐつたいやうじや。（洒落本『遊子方言』）

◯モシ、そんなにおかまひなすつちやア、まアこそつぱゆくつて居られやせん。（人情本『由佳里の梅』）

瘙痒感は、痛覚の一種であるが、刺激が微弱なために、いわゆる「痛さ」に至る前段階の、甚だ中途半端な感覚である。そうした感覚経験は、物足りなさ、きまり悪さ、恥ずかしさといった、もう一つはっきりしない中途半端な感情経験に類似している。

こうして、抽象的な精神作用である感情経験が、具体的で直接的な感覚をあらわす語で、比喩的に表されるようになる。

また、「痛い」「苦しい」「まばゆい」「まぶしい」「けむたい」の語も、感覚を表す他に、感情をも意味する。たとえば、「まばゆい」は、平安時代から例がみられ、強い光が目を刺激して、まともに見られない時の感覚をあらわす。そうした感覚は、やがて、気後れがし、まともに顔をあげて見ていられないといった恥の気持ちに転じてゆく。次のごとくである。

宮にはじめてまゐりたるころ、物のはづかしき事数知らず、……髪の筋なども、なかなか昼よりは顕証に見え

てまばゆけれど、念じて見などす。（『枕草子』、宮にはじめてまゐりたるころ）

「まばゆし」は、恥ずかしさをも表したのである。その他の語も、同様である。

このように、具体的な感覚を表す語は、抽象的な感情を表す語に、転用されて行く。ところが、逆に、感情語から感覚語へといった転化は、殆どみられない。(4)感情語から感覚語へといった意味の流れは、抽象から具体への推移となり、それは起こりにくいためであろう。

5　不快な勢力――感覚・感情語彙に共通の傾向――

感覚語彙と感情語彙とは、それぞれの意味の歴史にも、共通の傾向をもっている。それは、各時代を通じて、不快な感覚・感情を表す語は、快い感覚・感情をあらわす語に比して、多いことである。以下、具体的に説明してみよう。

感覚語彙・感情語彙の構造を、両者に共通な快・不快といった観点から、とらえてみることにする。もっとも、快・不快といった一元的な方向から、感覚・感情をとらえることに反対する心理学者もあり、学説のある所であるが、(5)一応快・不快を基準にして分類することは可能である。次の三分類にする。

(1)不快な感覚・感情と認められる語――(例)痛い、悲しい。
(2)快い感覚・感情と認められる語――(例)涼しい、うれしい。
(3)快・不快のいずれとも決められない語――(例)くすぐったい、待ち遠しい。

さて、まず、現代語から眺めてみる。

既に掲出した「表1」「表2」の、感覚語彙・感情語彙を、右に示した三分類にしてみる。快・不快の認定は、多少個人差があるけれども、ここでは、ひとまず、筆者個人の認定に従った。認定は、「表1」「表2」に示した符号の通りである。これらを数量化すると、「表3」のごとくになる。

表3

快・不快の別	感覚語彙	感情語彙	合計
(1)不快と認められる場合（★印の語）	21	64	85
(2)快いと認められる場合（無印の語）	2	20	22
(3)快・不快のいずれとも決められない場合（☆印の語）	5	11	16
合計	28	95	123

「表3」から、現代では、感覚語彙においても、感情語彙においても、(1)不快な場合が、(2)快い場合に比して、抜群に多いことがわかる。

この現象は、現代語についてのみ起こるのであろうか。決してそんなことはなく、時代を遡った上代から、ずっと続いている一つの傾向なのである。参考までに、上代・中古・中世の用例数を、それぞれ『時代別 国語大辞典 上代編』『源氏物語大成』『日葡辞書』によって示せば、「表4」の通りである。

「表4」から、各時代を通して、不快な感覚・感情をあらわす語が、快いそれよりも優勢であることがわかる。[6]

何故であろうか。

表4

快・不快の別	感覚語彙			感情語彙		
	上代	中古	中世	上代	中古	中世
(1)不快と認められる場合	10	8	13	45	87	39
(2)快いと認められる場合	2	1	2	30	10	13
(3)快・不快のいずれとも決められない場合	1	1	4	10	9	8
合　計	13	10	19	85	106	60

人間には、さまざまの欲求がある。飢餓・苦痛の回避、睡眠、性欲といった生理的な欲求から始まり、名誉、地位、金銭、支配といった意識的な意図による社会的な欲求まで、限りなく多くの欲求をもっている。しかしながら、現実の社会にあっては、欲求がいろいろの条件によって阻止され満たされないことが多い。欲求が阻止されると、そこに不快な感情が生じる。すなわち、人間は、つねに不快感を感じやすい状況にあるわけである。不快な感覚・感情を表す語が、快いそれよりも多いのは、こうした人間本来のあり方に根ざす傾向と認められる。

ちなみに、世界には、種々の民族がいる。その中には、不快感を言葉に表すことをタブーとする民族がないとはいえない。自己主張や闘争が影をひそめている民族があるように。そこでは、快感を表す語が多いかもしれない。ここには、文化人類学、民族心理学にまで広がって行く射程の大きいテーマが横たわっている。

6　感覚語彙の永続性と意味の不変性

感覚語彙と感情語彙とは、以上のべてきたように、密接なつながりを持ち、共通の傾向を持ったりする。しかし、一方、それぞれの語彙には、独自の推移の傾向がある。すなわち、感覚語彙は、意味が変わりにくく永続性をもつのに対し、感情語彙は、意味変化しやすく寿命が短いことである。以下、このことを6と次の7とを使って、具体的に説明してみる。

まず、感覚語彙の特性から始める。

「表1」の現代語の感覚語彙二八種を、一語一語、意味の推移を辿ってみる。すると、すべて、発生当初から殆ど意味変化せずに、現在に至っていることがわかる。

ただし、「寒い」「涼しい」「冷たい」の語だけは、現在の用法と少し異なる点があり、説明を要する。「寒い」「涼しい」の語は、奈良時代から、「冷たい」の語は、平安時代から見られるが、奈良・平安時代においては、これらの語は、現在のような用法上の区別はみられない。すなわち、現在では、「寒い」や「涼しい」の語は、気温などに対する感覚で、「直接の接触感覚を伴わずに感じる低温」(7)を表す。それに対して、「冷たい」は、液体や固体に対する感覚で、「直接の接触感覚を伴って感じる低温」(8)である。つまり、現在では、「寒い」「涼しい」系と「冷たい」系とを一応区別して使用する。

ところが、奈良・平安時代では、現在のような区別は認められず、現在なら「冷たい」の語を用いる所に、「寒い」「涼しい」の語も用いる。次例のごとくである。

○みづ寒く風もすずしきわが宿は夏といふことをしらでこそふれ　（『兼盛集』）

○冷シき水を以（て）面に灑（き）て、醒悟（す）ること得令（めよ）　（龍光院蔵『妙法蓮華経』康平元年点、巻二）

また、逆に、「冷たい」は、気温に対する感覚をも表し得たのである。「いとつめたき頃なれば」（『枕草子』、宮にはじめてまゐりたるころ）と言って、冬の寒い頃を意味している。(9)

このような語もあるが、これらの語とて、別に、意味の中心が変化したわけではない。用法が若干異なるだけである。

その他の感覚語彙は、いずれも成立した時の意味をそのまま保有し、現在に至っている。

こうして、感覚語彙は、殆ど一〇〇％意味変化しないのである。

なお、参考までに、それぞれの感覚語の、文献に見え始めた時期を調査し、「表５」にまとめておく。調査に用いた資料は、辞典類や索引類である。語形は、現代語の形で掲げる。

表5

上代	中古	中世	近世	近代
いたい／かゆい／くるしい／あたたかい／あつい／さむい／すずしい／だるい（上代では「たゆし」の語形）／はだざむい／	つめたい／けむたい（中古では「けぶたし」の語形）／まばゆい／ねむたい（中古では「ねぶたし」の語形）／あつくるしい／	ひだるい／ひもじい／ねむい／こそばゆい／	おもくるしい／むなぐるしい／ねぐるしい／くすぐったい／むしあつい／	むずがゆい／いきぐるしい／けむい／うすらさむい／まぶしい／

「表5」から、基本的な感覚語が、すでに奈良時代に出そろっていること、「肌寒い」といった複合語までが奈良時代からみられること、などの興味深い事実も指摘できよう。

さらに、感覚語彙は、一度生まれると、その後長く使われる永続性を持っている。ちなみに『時代別国語大辞典上代編』にみられる感覚・感情語彙が、それぞれどの程度、現在まで残存しているかを調査し、感覚語彙の、感情語彙に対する永続性を確認してみる。すると、「表6」の通りである。[10]

「表6」から、感覚語彙の残存率の高いことが伺えよう。

感覚語彙の意味の不変性と永続性は、感情語彙に比して、顕著な特色をなしている。

表6

	Ⓐ全語数	Ⓑ現在まで残存している語数	Ⓒ残存率（$Ⓒ = \frac{Ⓑ}{Ⓐ} \times 100$）
感覚語彙	13	10	76%
感情語彙	85	42	49%

7　感情語彙の意味の可変性

一方、感情語彙は、意味変化しやすく、寿命の短い語彙である。このことは、従来、ある程度気付かれ、指摘されたこともある。[11]

ここでは、具体的なデータで裏付けておくことにする。「表2」に示した現代語の感情語彙九五種に注目し、逐一その語の意味推移の跡を辿ってみる。

すると、意味変化の認められる語の多いことが証される。ただし、意味変化の有無を客観的に判定するのは、かなり困難であり、次の二つの場合だけを、変化した場合と認めた。

(1)発生当初から感情語ではあったが、あらわす感情的な意味が変化し、現在に至っている場合。

(2)発生当初は、事物の状態・性質をあらわす状態語であったが、途中から感情語となり、現在に至っている場合。

(1)の変化は、感情語内での意味変化、(2)の変化は、状態語から感情語へといった意味変化である。これら二つの場合に該当しない感情語を、意味変化のなかった語とみなす。

まず、意味の変化しなかった語を抽出し、整理すると、「表7」の通りとなる。「表7」は、感覚語彙の場合と同

表7

上代	いぶかしい／うたがわしい／うらめしい／おぼつかない／くるしい／さびしい／なやましい／はずかしい／ものがなしい／わびしい∥うれしい／おもしろい／こいしい／こころよい／たのしい／たのもしい／よろこばしい∥うらやましい／おそれおおい／ほしい／
中古	うるさい／おそろしい／おもはゆい／ききぐるしい／こころぼそい／そらおそろしい／はらだたしい／ものうい／わずらわしい∥こころづよい／このましい／ほこらしい∥のこりおおい／まちどおしい／
中世	たまらない／なげかわしい／にがにがしい∥したわしい／すえたのもしい∥
近世	いたたまれない／うっとうしい／しんきくさい／じれったい／つらにくい／てれくさい／にくらしい／ねたましい／はがゆい／ばかくさい／ばかばかしい／ばからしい／むなくそわるい∥いじらしい／
近代	うすきみわるい／きまりわるい／こにくらしい／すえおそろしい／にくたらしい／のろわしい／めんどうくさい／ものたりない／やりきれない∥のこりおしい／

〔語形は現代語の形で掲げる。また、∥で区切って、不快・快・どちらとも決められないの語順で掲出した。〕

じく、それぞれの感情語の、文献に見え始めた時期を調査して掲出したものである。さらに、調査範囲を広げれば、時代の遡れる語もあろう。また、今後、個々の語誌研究が進展することによって、変化が明らかになり、訂正される語もあろう。

「表7」を数量化して、変化しなかった語の割合を求めたのが、「表8」である。

表8

Ⓐ感情語彙数	ⓑ変化しない感情語彙数	ⓒ不変化率（Ⓒ＝Ⓑ/Ⓐ×100）
95	63	66%

「表8」のⓒ欄から、感情語彙で、誕生してから意味変化せずに現在に至っているのは、六六%であることがわかる。感覚語彙が、殆ど意味変化しないのに比べて、感情語彙は、意味変化しやすいことがわかる。

さらに、感覚語彙が永続性をもつのに対して、感情語彙の寿命が短いことは、すでに示した「表6」のデータから裏付けられよう。

感情語彙は、意味変化しやすく、寿命が短いのである。

なぜ、感覚語彙と感情語彙との間で、このような差異が生じたのであろうか。

次の二つの理由が考えられる。第一に、感覚語彙は、感情語彙ほど意味分化していないことである。感覚語彙には、基本的な語しかなく、語と語との間の意味の差が大きく、混同しにくい。従って意味変化しづらいし、また永続性をもつのである。一方、感情語彙は、網の目のように意味分化しており、語と語との間の意味の差が微妙である。そのために混同しやすく、変化しやすい。第二に、感覚語彙の方が、具体的な意味をもつ語群であるということである。すなわち、感覚語彙では、語とさし示す意味との関係が具体的であるのに対し、感情語彙では、語とさし示す意味との関係が抽象的でつかみづらい。感情語彙の意味の方が、曖昧になりやすく、変化をおこしやすいわけである。

このような両語彙の性質上の差異が、それぞれの意味変化の歴史の特色となって表れていると考えられる。

8　感情語彙の意味変化

さて、最後の8、9では、感情語彙の意味変化の様相に注目したい。

ここには、限りなく興味深い意味の世界が開かれているが、紙数の都合で、簡略な形で記述せざるを得ない。8では、感情語内での意味変化について述べ、9では、状態語から感情語へといった意味変化について述べる。

まず、感情語内部で意味変化した語をとりあげてみる。次の三つの変化のパターンに分けられる。

(1)当初の感情的な意味と異なる意味に変わってしまう場合。

(2)当初に持っていた感情的意味のうち、ある一つの方向の意味に偏っていってしまう場合。

(3)当初に持っていた感情的意味が薄れてしまい、類義語との区別がなくなってしまう場合。

(1)の変化に属する語には「いとしい」「いとおしい」の語があげられる。この語の意味変化については、宮地敦子のすぐれた論がある。[12] それを参照しながら、簡単に説明してみる。

「いとしい」「いとおしい」は、現在では、次のごとく、〝かわいい〟とか〝恋しい〟とかいった愛の気持ちをあらわす。

つと胸がつきあげられ、トエがいとしくてたまらなくなりました。じっとしておれないのです。

（島尾敏雄『島の果て』）

ところが、時代を遡ってみると、この語の前身である「いとほし」は、愛をあらわす語ではなかった。奈良・平安時代では、次の㋑の例のように、つらくてたまらない気持ちや、㋺の例のように、気の毒だ、かわいそうだといった気持ちを表している。

㋑風の、簾を外へ吹き内へ吹きまどはせば、簾をたのみたる者ども、我か人かにて、おさへひかへさわぐまに、なにか、あやしの袖口もみな見つらむと思ふに、死ぬばかりいとほし。

（『蜻蛉日記』下巻）

見苦しい女房たちの衣服をみな見たであろうと思うと、そこの主人である作者は、惨めで、死ぬほど「いとほし」い気持ちになるのである。「いとほし」は、つらくてたまらない気持ちであろう。

㋺をとこ、「おのれはとてもかくても経なむ。女のかく若きほどにかくてあるなむいとほしき。京にのぼりて宮仕へをせよ。……。」

（『大和物語』一四八段）

好きで一緒になった夫婦も、経済力がなければ、生活を続けることは出来ない。そこで、男は言った。「私は男だから、どのようにしてでもきっと過ごすことが出来るでしょう。けれど、あなたは、女の身で、こんな若い時に、こうして見苦しい様子をしているのは、本当に『いとほしき』」。女を思いやった男の気持ちで、気の毒だ、かわいそうだの意味である。

鎌倉室町時代になると、㋑のつらいといった苦痛の意味は、消えてしまい、㋺の気の毒だと相手を思いやる意味が残った。やがて、その憐憫の情は、次の㋩の〝かわいい、いじらしい〟といった憐愛の情に変わっていった。

㋩さりがたき妻、いとをしき子をふり捨てて、行方知らずなり給ひけん心のたふとさは、筆にものべがたく、詞にもつくしがたし。

（『撰集抄』一ノ四）

子供のかわいくない人があろうか。その「いとをしき子をふり捨てて」出家して行くことこそ、筆舌につくしがたい尊さだと『撰集抄』は述べている。

江戸時代を通じて、㈧の、かわいい・いじらしいの意味の用法が拡大し、親から子へ使うばかりではなく、子から親へ、男から女へ、女から男へといった具合に、上下の区別なく広く使われるようになり、現在に至った。「かわいい」の語も、同様に、最初は、恥ずかしい気持ちや相手への憐憫の気持ちを意味し、やがて相手への愛憐の気持ちへと意味推移して行き、現在に至ったものである。

このように、日本においては、愛の気持ちが、憐みの気持ちから推移したものであることは、日本人の愛のあり方を暗示すると、宮地敦子は指摘している。

生まれた時の意味が、次第に変わって行き、ついに変身してしまう感情語としては、右にあげた「いとしい」「いとおしい」「かわいい」の他に、「おかしい」「かたはらいたい」「こころぐるしい」「こころもとない」「はれがましい」「もどかしい」の語があげられよう。これらの語については、先学の論のあるものが多く、参照せられたい。

さらに、変化が地味で目立たないが、「にくい」や「なつかしい」の語も、ここに含めてよいかもしれない。「にくい」は、意味する憎悪の程度に変化の跡がみられ[13]、「なつかしい」は、意味する親愛感の質に、変化が認められる[14]。

次に、第二の意味の片寄りを示す変化について簡単に述べる。

「かなしい」の語をとりあげよう[15]。この語は、現在では、専ら、不幸な状況に接し、心が痛むときに使用する。

妾(わたし)はたゞ何んとも口で言えない程悲しい。まるでお魚が一匹も棲んでいない海みたいな妾の心が悲しいのです。（小林秀雄『おふぇりや遺文』）

ところが、時代を遡った奈良時代では、現在の悲哀の意味の他に、〝いとしい〟といった妻や子供を可愛がる愛の気持ちをも表した。万葉歌人の大伴家持は、

父母を　見れば貴く　妻子見れば　かなしくめぐし　（万葉集、四一〇六）

と歌っている。このいとしい気持ちを表す意味は、年月とともに消えて行き、「かなしい」の語は、やがて、悲哀の気持ちを表す語になってしまった。

「おしい」の語も、古代には、人に深い愛着をもつ気持ちをも表したという(16)。とすれば、時が経つにつれて、その意味は消えてしまい、現在の、いわゆる「惜しい」といった意味の語に定着して行ったことになる。

「かたじけない」「もったいない」の語も、この第二の意味変化の型を辿ったと考えられる。

第三の、本来の意味が薄れ、類義語との区別の出来なくなってしまった語には、「くやしい」と「くちおしい」があげられる。「くやしい」は後悔の念を、「くちおしい」は予期に反して落胆した気持ちを表し、両語は、長い間、意味の区別があったけれども、次第にその区別が薄れ、現在では、どちらも、思い通りにならず、残念で腹立たしい気持ちを表す(17)。

こうして、意味変化の跡を辿って行くと、そこに人間の心の推移を垣間見る思いがする。たとえば、「かなしい」「おしい」「なつかしい」「にくい」などの語の意味変化の過程には、人と人との暖い心の結びつきが次第に薄れ、悲しく孤独になって行く人間の心の軌跡が投影されているように思われる。

感情を表す言葉の意味の推移は、日本人の心のあり方の歴史を探ることにつながり、興味深い課題である。

9　状態語から感情語へ

おわりに、状態性の語から感情語へといった変化の過程をとる語を説明してみる。この変化は、いうなれば、具体的な状態をあらわす語から、抽象的な精神作用をあらわす語へといった変化のパターンである。

なお、ここには、文献にみられる最初の時期では、状態性の意味と感情性の意味の両方があったが、歳月とともに、感情性の意味だけになっていった語も含むことにする。

さて、「なさけない」の語を例にとってみよう。

「なさけない」は、現在では、次のように用いるのが一般である。

私つくづく考えて情けなくなったの。わたしはどうして政夫さんよか年が多いんでしょう。

（伊藤左千夫『野菊の墓』）

「情けない」は、普通、無力感におそわれ、みじめな気持ちを表す語として用いられる。

この語は、平安時代から用例がみられるが、当初は、〝情愛がない〟といった客観的な状態を意味する。[18]

むかし、世心つける女、いかで心なさけあらむ男にあひ得てしがなと思へど、いひいでむもたよりなさに、まことならぬ夢がたりをす。子三人を呼びて語りけり。ふたりの子は、なさけなくいらへてやみぬ。三郎なりける子なむ、「よき御男ぞいで来む」とあはするに、この女、けしきいとよし。こと人はいとなさけなし。

（『伊勢物語』六三段）

子供達の、母親に対する冷淡な通り一遍の答えをする態度を「なさけなし」と表現している。つまり、「なさけ」

が「無い」の意味で、状態語なのである。男女の間の愛情、あるいは、それを解する心、いわゆるもののわかった所がないという意味なのである。平安時代では、おおかた、こうした状態性の意味で機能している。

中世末期の『日葡辞書』でも、まだ、〝むごたらしい〟とか〝憐れみの心の無い〟といった状態性の意味である。ところが、江戸時代になると、次例のごとく、〝なげかわしい〟といった感情的意味が生じている。

ア情ない実に嘆息するのみだ。（滑稽本『浮世床』初・上）

〝憐れみの心がない〟仕打ちは、それを受けた側からすれば、〝なげかわしく、みじめな〟気持ちになってしまう。こうして、状態性の意味が、やがて感情を表すようになっていったと考えられる。

「あじけない」の語も、〝筋道が立たない、道理をわきまえない〟といった状態性の意味から、やがて、そうした状態に接する側の〝どうにもならない、なさけない〟といった感情を表す語になって行く[19]。

「こわい」の語も、〝堅い、力が強い、頑強だ〟といった状態を意味する語から、そうした状態に接したときに起こる恐怖の気持ちをあらわす語に、「つらい」の語も、〝むごい、冷酷だ〟といった状態性の意味から、そうした状態に出会った時の〝身をきられるような耐え難い〟気持ちを表す語に、変化していった。

このように、状態をあらわす語が、やがてそうした状態に接する心持ちを表すようになって行った語を、列挙してみると、次の通りである。

★あじけない／あ☆りがたい／★いまいましい／★うしろぐらい／きづよい／★きみわるい／★こわい／★せつない／★つまらない／★つらい／★なさけない／★もうしわけない／★やるせない／★わるい／

「日本語の形容詞は、主観的な感情をあらわす語から客観的な状態をあらわす語に変化することが多く、その反対は稀である[20]」といわれることもあるが、つぶさに語誌を辿ってみると、右のように多くの語が求められる。

そして、面白いことに、こうした意味推移を辿った語は、殆どすべてが、不快な感情語なのである。列挙した語の右肩にある★印は、不快な感情語群に属することを表す。これは、もともと不快な感情語が多いといった事からのみ起こる現象としては片付けられない一つの傾向と認められる。

なぜ、不快な感情語には、状態性の語から転じるものが多いのであろうか。

不快な状態とは、自分の欲求が阻止され、満足させられない状態である。そうした状態は、快い満足した状態と比べものにならないほど、人間の心に強い緊張を強いる。そのため、不快な状態を表す語は、その状態にある人間の気持ちをあらわす語にまでエスカレートして行きやすいのではあるまいか。なお、周到な検討が必要であろう。

感覚語彙や感情語彙の意味の歴史を辿ってみると、快感にひたるより、不快感に悩む人間の姿がみられる。感覚語や感情語研究の面白さは、人間のあり方に深くかかわって行く所にあるのだろうと思う。

問題は、山積している。[21] 不十分な本稿が、これから始まるであろう感覚語彙・感情語彙研究の発端ともなれば、願ってもないことである。個々の語の意味について、十分な検討を行なうことができなかったのは、最後まで心残りである。

注

（1）　この方面に関する論としては、東辻保和「古典語感情形容詞の一視点」（『文学語学』56、昭和45年6月）、東辻保和「『枕草子』の語彙から見た感情表現」（『月刊文法』3巻4号、昭和46年2月）といった論が、管見に入っただけである。

（2）　西尾寅弥『形容詞の意味・用法の記述的研究』（秀英出版、昭和47年）。また、西尾寅弥「語彙論と意味論」（『文学語学』57、昭和45年9月）にも同趣の内容が含まれ、参考になる。

（3）主語制限を基準にしても、主語を人にとり得るか、表現者しか主語になり得ないかなどといった認定に個人差があり、微妙な意味の語については、やはり判定がゆれてしまう。従って、ここでは、西尾のこの基準を出来るだけ生かしてみたが、意味の微妙なものが多く、結果として、この稿の筆者山口の主観的判断に従って抽出したことになってしまった。客観的な状態語なのか、主観的な感覚語・感情語なのかの判定が、いかに微妙であり、困難であるかを、痛切に感ずる。

（4）感情語彙のうち、「ものうい」の一語だけは、次第に感覚的な意味をも、持ち始めているように思う。

（5）大脇義一「情緒・感情論」（『心理学講座6』中山書店、昭和28年）、大脇義一『感情の心理学』（培風館、昭和33年）、相良守次編『人間の欲望・感情―人をかりたてるもの―』（大日本図書、昭和36年）、相良守次『心理学概論』（岩波書店、昭和43年）などを参照。

（6）中古については、「注1」に示した東辻保和の論が、仮名日記にみられる形容詞を対象に、快・不快を論じている。日記でも、不快感をあらわす語が、快感よりも抜群に多いことが報告されている。

（7）渡辺実「語彙教育の体系と方法」（『講座正しい日本語4』明治書院、昭和45年）

（8）渡辺実「語彙教育の体系と方法」（『講座正しい日本語4』明治書院、昭和45年）

（9）「つめたい」の語は、相当後まで「寒い」と区別されていないようである。『日葡辞書』では、いわゆる現在の〝冷たい〟の意味の他に「非常に寒く感じられる、あるいは非常に寒い天候である」（『邦訳日葡辞書』引用）といった意味も記されている。

（10）「表6」のⒷ欄に記した「現在まで残存している語数」とは、①現在まで本来の意味で残っている場合、②途中で意味変化があっても、その変化が、もとの感覚語内、あるいはもとの感情語内にとどまっている場合、の二つの場合をさす。

（11）原田芳起『平安時代文学語彙の研究』（風間書房、昭和40年）、宮地敦子『身心語彙の史的研究』（明治書院、昭和54年）参照。

（12）宮地敦子『身心語彙の史的研究』（明治書院、昭和54年）。なおこの語に関する論は多く、既にあげた著書・論文でふれられている他に、次のような論文もある。後藤貞夫「源氏物語における『いとほし』の意義用法について」（『国文学攷』23、昭和35年5月）、関宦市「いとほしの語義」（『国文鶴見』6、昭和46年3月）、中川正美「源氏物語における『いとほし』と『心苦し』」（『国語語彙史研究㈠』和泉書院、昭和55年5月）

(13) 大野晋『日本語の年輪』（新潮文庫、昭和41年）

(14) 石川徹「平安文学語意考証（その三）」（『平安文学研究』19、昭和31年12月）

(15) この語は、随所でとり扱われているが、阪倉篤義『日本語の語源』（講談社現代新書、昭和53年）、木之下正雄『平安女流文学のことば』（至文堂、昭和43年）、佐竹昭広「意味の変遷」（『岩波講座日本語9』岩波書店、昭和52年）、福島邦道「貧乏考」（『言語と文芸』65、昭和44年7月）などが、史的推移を考えるのに参考になる。

(16) 阪倉篤義『日本語の語源』（講談社現代新書、昭和53年）

(17) たとえば、「注（13）」「注（14）」の著書・論文参照。

(18) 犬塚旦『王朝美的語詞の研究』（笠間書院、昭和48年）参照。

(19) この語に関する論も多い。「注（13）」に示した著書をはじめ、石川徹「平安文学語意考証（その二）」（『平安文学研究』18、昭和31年6月）、竹内美智子「『あぢきなし』考」（『中田祝夫博士功績記念国語学論集』勉誠社、昭和54年）、山崎良幸『源氏物語の語義の研究』（風間書房、昭和53年）など参照。

(20) 宮地敦子『身心語彙の史的研究』（明治書院、昭和54年）

(21) たとえば、紙数の都合によって、この稿では全くふれることが出来なかったけれども、感情語から状態語へといった意味変化のパターンをとりあげることができる。そうした変化をする語を調べてみると、何か一定の傾向があるように思われる。いかなる語が状態語化しやすいのかといった面白い課題がある。

売薬名の歴史

1　資料と概観

(1)　はじめに

われわれは、いままでにずいぶん薬の世話になってきた。たった今でも風邪をひいて、「ルル」や「ベンザ」や「コンタック600」を飲んでいるかもしれない。あるいは、疲労感を覚えて「アリナミンA」や「ポポンS錠」で元気づけようとしているかもしれない。

この稿では、あふれる商品群の中から、一般に売られている薬を特にとりあげ、その命名法に焦点をあててみることにする。ここで多数の商品の中から売薬を選び出したのは、次の二つの理由からである。第一に売薬は、常に新聞広告のトップグループの一角を占め続けてきたこと(1)、つまり、宣伝広告されることの最も多い商品の一つといえるからである。第二に売薬は、われわれが生きている限り、ほとんどの人がなんらかの形で世話にならねばならず、われわれと最も密接で深いかかわり合いを持つ商品だからである。

薬は、われわれの生命にかかわるものであるから、もっと慎重にとりあつかってほしいと思うのであるが、実際には、われわれの、少しでも健康でありたい、長寿でありたい、美しくありたいというやみがたい願望に支持されて、いささか性急に開発され、製造され、販売される商品なのである。商品であるからには、できるだけ売れるような名前をつけなければならない。いったい、薬には、どんな名前が効果的と考えられ、つけられているのであろうか。いつの時代でも、現代のような名づけ方だったのだろうか。時代によって売薬の命名法は、変化しているのではあるまいか。

ここでは、売薬の盛んになった江戸時代から現代までの売薬名をとりあげて、時代によって、どのような名前が効果的と考えられていたのかという推移のあとを明らかにしてみようと思う。

(2) 時代区分と資料

売薬名の歴史を、薬の内容の推移に合わせて次の三期に分けて辿っていくことにする。

(一) 旧薬の時代＝江戸時代の売薬
(二) 新旧薬交代の時代＝明治時代の売薬
(三) 新薬の時代＝大正時代以後の売薬

さらに、(三)新薬の時代については、

(イ) 新薬突入時代＝大正時代の売薬
(ロ) 新薬全盛時代＝昭和時代の売薬

の二期に区分して、話をすすめることにする。

さて、まずそれぞれの時期の概観および売薬名の調査に用いた資料について、簡略な説明を加えておこう。

旧薬の時代　売薬は、江戸時代から、固定した店舗を構える薬種店でとりあつかわれるようになった（図1参照）。それ以前は、市や座、行商などであつかわれていた。江戸時代になると、幕府の積極的なくすり製造奨励が功を奏して、薬種店がつぎつぎに誕生した。のみならず、それらの薬種店であつかう売薬の宣伝も、さまざまな手段を通じて行なわれ始めた。江戸時代は、まさに売薬が活況を呈した最初の時代である。売られる薬は、もちろん漢方薬系のものが中心である。売薬の名前も、旧薬系の漢方薬名が主流である。

では、この時代の売薬名を知るには、どんな資料を使ったらよいだろうか。考えられるのは、戯作を資料とすることである。たとえば、戯作『浮世風呂』には、こんな文章がある。

「イエモウ、是でも病身でございますがネ、本町二丁目の延壽丹と申すねり薬を持薬にたべます所為か、只今では持病も發りませず至極達者になりました。」

「ハイ、それはお仕合せでございます。あの延壽丹は私の曾祖父の時分から名高い薬でございますのさ。あれは一丁目でございましたつけ。私も暑寒にはたべますのさ。」

「ハイ、只今は二丁目の式亭で賣ます。」

（式亭三馬『浮世風呂』三編巻之上）

戯作者式亭三馬は、本町二丁目で薬種店を経営していた。彼は、自作滑稽本『浮世風呂』の中で、ちゃっかりと自家販売の売薬「延寿丹」を宣伝している。江戸時代の戯作者たちは、戯作かたがた薬種店を営むことが多く、自家の売薬を著作中で宣伝広告してしまうという手を使った。したがって、売薬名も、戯作を通読していけば、何種類かは探し出すことができる。「金勢丸」「玄妙散」「読書丸」「小児無病丸」「神女湯」「奇応丸」など。しかし、江

図１　江戸の薬種店の様子。（「江戸名所図会」影印本・人物往来社より）

戸時代の売薬名の全体像をつかむには、いささか例が少なすぎる。

当時の売薬名の資料として、最も便利なのは、文政七年（一八二四年）に、中川芳山堂から刊行された『江戸買物独案内』であろう（図2参照）。この本には、江戸の薬種店とその売薬名が列挙されている。しかも、その売薬の効能や使用法まで詳細に記されている。ほかにも類書として、『浪華商工名家集』（弘化三年、寿栄堂刊、図3参照）、『先達案内』（延宝六年、堺屋庄兵衛刊）などがある。[2] 前者は、書名からわかるとおり、大阪の薬種店とその売薬名が収録され、後者は、京都の薬種店とその売薬名が掲載されている。これら二書は、『江戸買物独案内』にくらべると、収録売薬名が少なく、しかも薬名だけが列挙されているので、何の薬なのか不明なことが多い。そこで、以下『江戸買物独案内』収録の売薬名を、江戸時代の売薬名の資料として用いることにする。この本には、二九一種類の売薬名が見られる。[3]

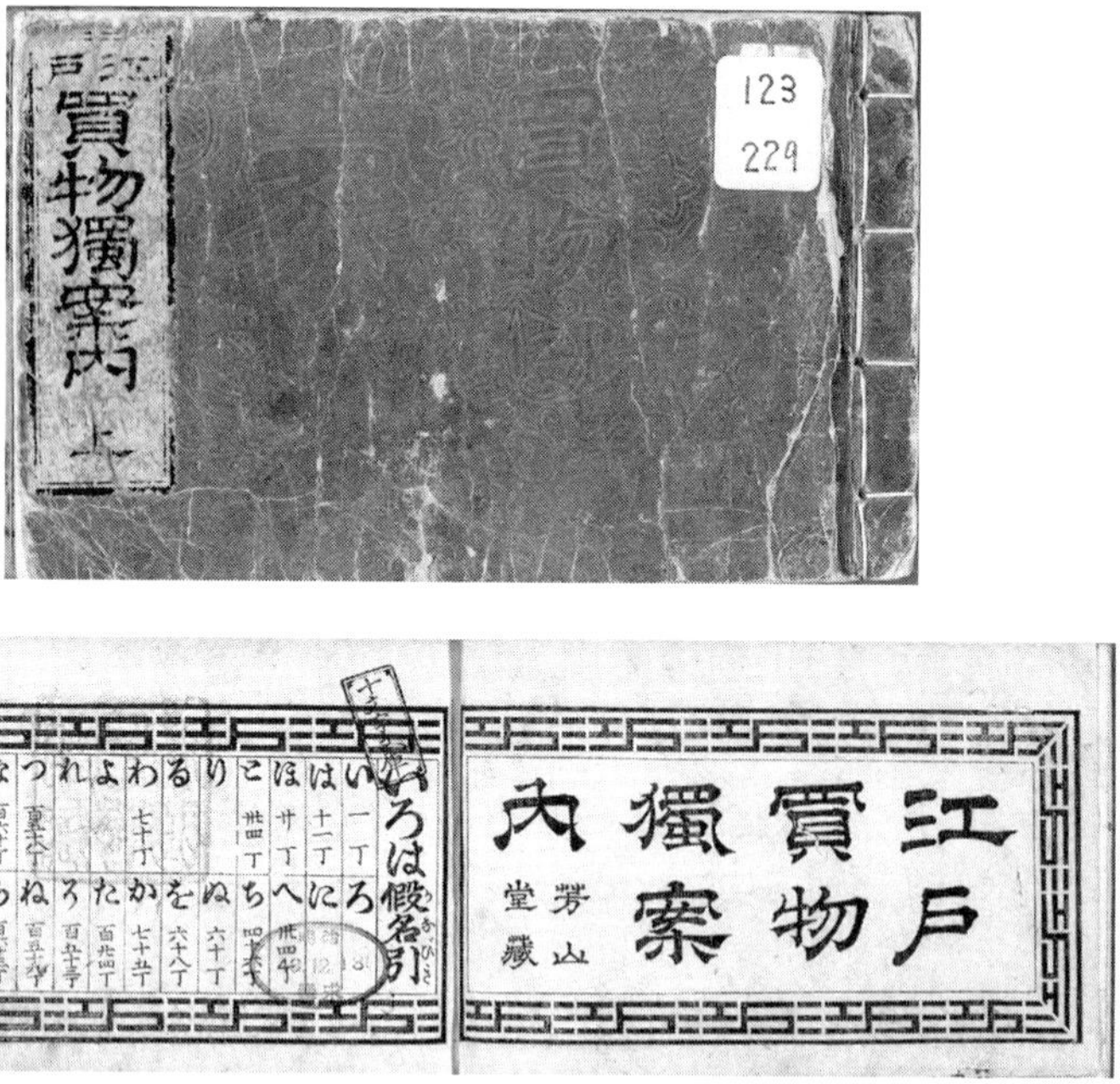

図 2　『江戸買物独案内』（国立国会図書館蔵）

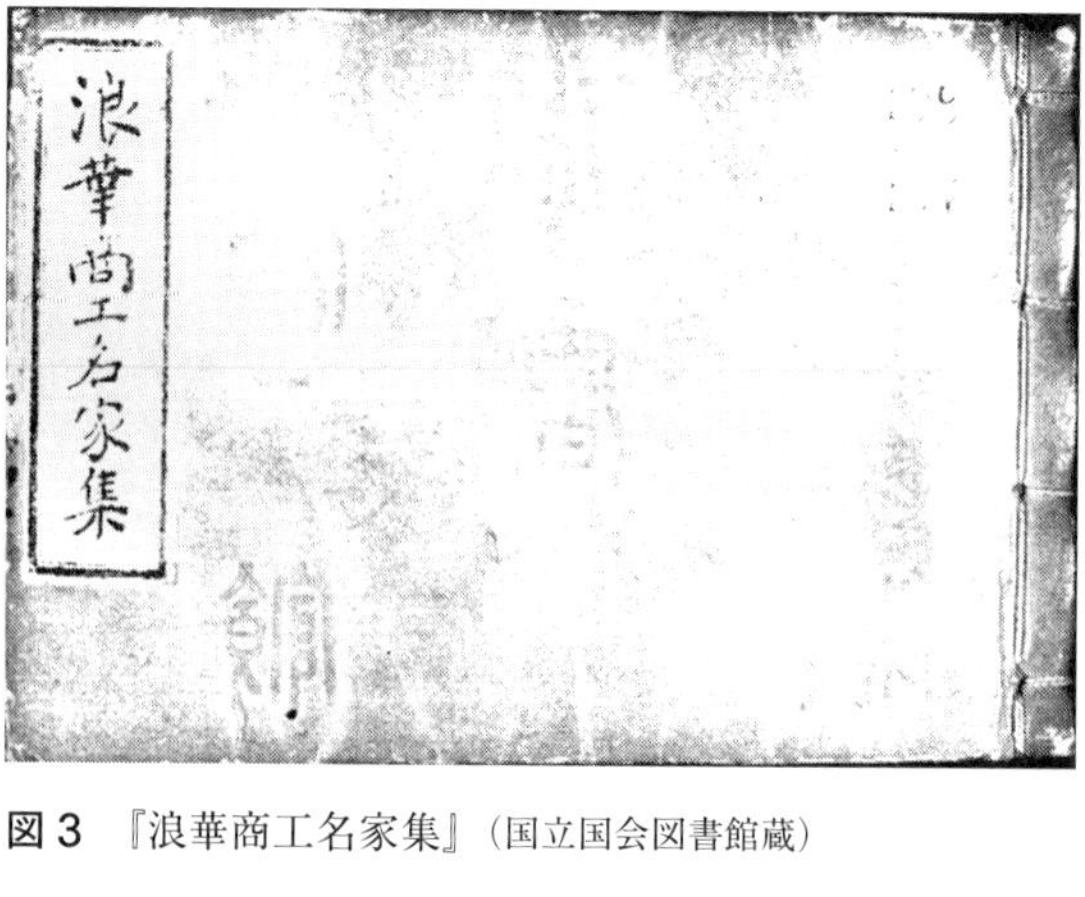

図 3　『浪華商工名家集』（国立国会図書館蔵）

新旧薬交代の時代　明治維新を迎え、西洋科学が怒濤のごとくおし寄せた。売薬広告は、明治初期の新聞広告から目立っていたが、明治八、九年にもなると、書籍、化粧品とともに、三大広告のグループに仲間入りし、以後、売薬広告は、新聞広告のトップグループの一角を占め続けていく。ただし、福沢諭吉から厳しい誇大広告批判を受け、明治一〇年代後半には、一時的に売薬の新聞広告が減少したことはあった。しかし、それもつかのまのことであり、明治後期にいたっては、売薬広告が、新聞広告の第一位に躍り出ている。[4]

また、明治一八年から三〇年代にかけては、近代的な製薬会社も、つぎつぎに設立された。同時に、売薬名も、新薬らしい名前が見られ始める。いわば、明治時代は、伝統的な旧薬と、西洋薬学系の新薬との交代の時期にあたっている。

図４　明治の売薬広告（『明治の大衆薬』ライフサイエンスより）

ここで、明治の売薬名調査の主たる資料としたのは、小泉次郎著『明治の大衆薬』（ライフサイエンス、昭和五七年刊）に掲出された売薬名一四一種類である。この本は、売薬広告がめざましい伸びを示した明治三八・三九年に新聞広告された売薬を中心に、その広告の図柄を模写し（図４参照）、あわせて広告文を掲げた昔懐しい本である。この頃目立つ売薬広告は、「淋病丸」「ゴノキューア」「毒滅」「毒掃丸」といった性病薬や、「脳丸」「健脳丸」といった脳病薬の広告である。

明治三八年頃からの売薬広告の異常な伸びは、織田久氏[5]によれば、「時代閉塞の状況」を反映しているという。日露戦争後

図5　中将湯の一頁大型広告。「東京日日新聞」大正8年3月3日。

にあって、薬に対する過大な期待が渦巻いていたのであろう。

新薬時代　さて、薬業界は、大正三年にはじまる第一次世界大戦の後、有機合成製薬時代をむかえ、新薬時代に突入する。この新薬突入時代の売薬名については、「東京日日新聞」の大正八年七月・大正九年一月・大正一〇年一月の三ケ月間の広告を調査して得た売薬名一九二種類を資料とする。大正八年以降、売薬広告は、新聞広告のトップに立ち、「仁丹」「中将湯」「ロート目薬」「胃活」などは、一頁の大型広告を行なったりしている（図5参照）。また、広告文では、「〜にきく新薬」のキャッチフレーズが目につく。薬業界は、まさに現代への旋回を見せるのである。

しかし、大正一〇年四月になると、広告表現に対する旧法が廃止され、新たに虚偽・誇大広告などの広告表現の規制が行なわれた。そのため、大正一〇年三月から大正一一年九月までの新聞には、売薬広告が一切見られない。調査した年月は、新薬広告が盛んになり始め、しかも広告規制の行なわれる直前の年月にあたっている。

また、新薬全盛時代の売薬名については、「朝日新聞」の昭和三七年七月・昭和三八年一月・昭和三八年一〇月の三ケ月間の広告を調査して得た売薬名一六五種類を資料とする。昭和三七・三八年は、新薬発売の広告合戦の華やかなりし最後の時期にあたっている。というのは、翌昭和三九年になると「医薬品等適正広告基準」によって、薬品の広告規制が一段と強化され、薬品の新聞広告は、姿を消してしまうのである。さらに、昭和四二年には、一般薬（つまり売薬）と医療薬（つまり医家用薬）との分離が明確化され、医療用医薬品の一般向けの広告は、禁止されてしまう。(6) したがって、現在、われわれ一般人の目に触れ、耳にする薬品は、すべて一般薬である。

さて、こうした薬自体の内容の推移に対して、売薬名は、いかなる変化の様相を見せるであろうか。具体的な考察に入っていくことにする。

(3) 漢字名からカタカナ名へ

①平産丸、生殖器病専門薬、龍角散
②いぼぢの大妙薬、脚気根切の薬、りん病ばい毒請合薬
③ヘルタス、コルゲンパンチ、ローゼリー
④ワダカルシウム錠、タカヂアエース錠、コデイン散

①は、漢字だけの売薬名、②は、漢字ひらがなまじりの売薬名、③は、カタカナだけの売薬名、④は、カタカナ

表1

表記の形態＼時代	旧薬時代（江戸）	新旧薬交代時代（明治）	新薬時代（大正）	新薬時代（昭和）
①漢字名 ②漢字ひらがな名	282 （96.9 %）	106 （75.2 %）	61 （31.8 %）	9 （5.5 %）
③カタカナ名 ④カタカナ漢字名	2 （0.7 %）	35 （24.8 %）	128 （66.7 %）	123 （74.5 %）
その他	7 （2.4 %）	0 （0 %）	3 （1.6 %）	33 （20.0 %）
合計	291 （100 %）	141 （100 %）	192 （100.1 %）	165 （100 %）

漢字まじりの売薬名である。①と②が、漢方薬・民間薬であることを示す旧薬系統の薬名であり、③と④が、西洋薬学の影響を受けた新薬系統の薬名であることは、誰しも一見して納得するであろう。

ただし、ここで旧薬・新薬というのは、あくまで薬の名前についての発言である。薬の内容が実際に新薬なのか旧薬なのかということとは、一応切り離して考えていただきたい。というのは、たとえば、よく新聞広告されている「ボラギノール」は、立派な新薬名であるが、そのじつ、薬の内容は漢方薬系のものであるという場合があるからである。[7]

さて、最も了解しやすい、外形的な表記の形態から、売薬名の移りかわりをまず把握しておくことにする。すなわち、江戸から昭和までの売薬名を、①②の旧薬系の薬名と、③④の新薬系の薬名との対立としてとらえてみる。ほかに「りういんしやくのくすり」といったひらがなだけの名前や「ラムールQ」「QエンドPコーワ80」といったローマ字や数字を含んだ特殊な場合もあるけれど、用例数は多くないので、「その他」として一括する。すると、

表1に示したような推移のあとを見せる。

表1から、江戸の売薬は、旧薬時代を反映し、その名も旧薬にふさわしい漢字や漢字ひらがなまじりで書かれることが圧倒的に多く、九七％に達していることがわかる。次の明治時代になると、カタカナ名やカタカナ漢字名が増え始め、新薬系の名前は、二四・八％も見られることがわかる。一方、旧薬系統の漢字名や漢字ひらがな名が、その分減っている。明治の売薬名は、新旧薬交代の様相を如実に表わしている。

さて、次の大正時代は、明治時代からわずか一五年しか経過していない年月の調査であるのに、カタカナ名やカタカナ漢字名の比率が激増し、六六・七％と、約六割五分も新薬系の名前になっている。それにくらべて、漢字名や漢字ひらがな名が大幅に後退し、わずか三割になってしまう。新薬時代に突入したことが、こうして売薬名にも見事に反映している。

最後の新薬全盛時代の昭和では、旧薬系の名は、わずか五分で一割を割ってしまう。一方、カタカナ名やカタカナ漢字名が、七割を越えている。さらに「その他」の薬名が、二〇％見られるが、これは、すでに示した「QエンドPコーワ80」や「ラムールQ」のように、カタカナにローマ字や数字を混入した名前であり、新薬系のものである。とすれば、昭和時代では、新薬系の名前が九割五分にも達することがわかる。旧薬系の名前が、九割七分にも達していた江戸時代の状態と、きわめて対照的な様相を呈している。

このように、表記の形態から大きく把握してみると、売薬の名前が旧薬全盛時代から新旧薬交代時代を経て、やがて新薬全盛時代に移りゆく姿が、かなり明確に浮かび上がってくる。売薬の名前は、漢字中心の名前を志向した時代から、カタカナ中心の名前を好む時代へと移りかわってきたのである。

では、次に、具体的に個々の時代の売薬名に照明をあてていくことにしよう。まず、江戸時代の売薬名に注目する。

2　旧薬の時代—江戸時代—

(1)　漢方薬名の全盛

赤蛙丸、痛治散、保童圓、萬病丸、牛肉返本丸、順血妙効散、疱瘡安全湯、龍王順気湯

これが、ごくふつうの江戸の漢方薬系の売薬名である。漢語から成り、剤形（＝煎じ薬か粉末薬かなどという薬の形）を示す「丸」「散」「圓」「湯」などの接尾辞をとって、体系的に名づけられている。

それに対して、次のような薬名がある。

あづき薬、御目洗薬、首より上の薬、たんのねり薬、虎の油、よねくすり

くだけた感じのする売薬名である。和語を含み、剤形を示す接尾辞をとらず、かなり自由に名づけられた薬名である。これらを、漢方薬名に対して、民間薬系の売薬名とよぶことにする。薬の処方内容によって、旧薬を漢方薬と民間薬に分類するのにならって、薬名の上でも二分してみたのである。ただし、ここでも、もちろん、名前にもとづいてのみ、漢方薬名、民間薬名の名称を使用している。すなわち、漢方薬系統の名前というのは、漢語だけか

らなる薬名を言い、民間薬系統の名前とは、漢語の他に和語をも含む薬名をさしている。剤形を示す接尾辞の有無は、時代が下るにつれて曖昧になるので、両者を区別する根拠とはしない。

さて、江戸時代の旧薬系統の売薬名を、漢方薬名、民間薬名に区別し、その数値を示してみると、表2のとおりである。新薬系統の売薬名も、わずかであるが見られるので、あわせて表2に掲げておく。新薬系統の名前とは、外国語や外来語から名づけられたと考えられる薬名をさす。表2が『江戸買物独案内』を資料とした時の、江戸の売薬名の全貌である。

表2から、江戸時代では、やはり漢方薬名が圧倒的に多く、約八割を占めていることがわかる。江戸時代は、漢方薬名が勢力を誇った時代なのである。一方、民間薬名も二割を占めている。そして、江戸時代でも、洋薬名が、三例だけ見られる。鎖国状態にあっても、オランダ医学薬学が、徐々に浸透していたことがうかがわれる。

表2

薬名の系統		用例数	表記との対応関係　( )内は用例数
旧薬	漢方薬系の名	229 (78.7%)	漢字名(220)、漢字ひらがな名(7)、ひらがな名(2)
	民間薬系の名	59 (20.3%)	漢字名(17)、漢字ひらがな名(38)、ひらがな名(4)
新薬	洋薬系の名	3 (1.0%)	漢字名(1)、カタカナ名(2)
合計		291 (100%)	

なお、表2の下欄に「表記との対応関係」を示しておいた。表記の形態と薬名の系統とは、だいたい一致しているが、完全に一致しているわけではないからである。たとえば「あんたいさん」「ふくぼんしゑん」などは、ひらがなだけで表記されているが、れっきとした漢方薬名であるし、「中風根切薬」「痔之薬」「御目薬」などは、漢字だけで表記されているが、傍線を付した部分に和語を含み、民間薬名である。このように、両者の一致しない場合があるので、その対応関係を示しておいたのである。そこから、漢方薬名は、当然のことながら漢字で表記されることが圧倒的に多いこと、民間薬名は、漢字ひらがな表記が最も多いが、漢字表記も少なくないことがわかる。そして面白いことに、洋薬名まで漢字で表記した古めかしいものがあることである。

三字名と五字名　さて、江戸の売薬名の主流をなした漢方薬名に注目してみる。すると、江戸の漢方薬名は、後の時代の漢方薬名とちがって、きわめて整った形をしていることに気づく。すなわち、漢方薬名の大部分が、二字もしくは四字の漢語を、名前の本体として、その本体に、表3に示したような接尾辞をつけて、三字名、五字名にした形をしているのである。「安産万全＋丸」「薄荷＋圓」「金明＋丹」「錦袋＋子」「五寶＋散」「龍王調血＋湯」というぐあいである。

こうしてできた三字名・五字名の漢方薬名は、二一四例も見られ、漢方薬名全体の九三・四％を占めている。ほかに、二字名（妙膏）、四字名（五痔名湯）、六字名（神仙巨勝子圓）、七字名（天地三神霊妙香）、九字名（人参補血順気薬王湯）が、ごく少数見られるだけである。江戸の漢方薬名は、このようにきわめて固定した形をもっている。

接辞をとらない例外的な漢方薬名は、二例だけである。「薄荷仙」と「天一寶」である。しかし、これらも、接辞こそとらないが、やはり三字名である。

表3

薬の形	剤形を示す接尾辞	用例数（百分率）	合計
丸剤（蜜や糊で丸めた薬）	―丸（例、安産万全丸）	65例（二八・六％）	131例
	―圓（例、薄荷圓）	32例（一四・一％）	
	―丹（例、金明丹）	30例（一三・二％）	
	―子（例、錦袋子）	4例（一・八％）	
散剤（粉末）	―散（例、五寶散）	42例（一八・五％）	42例
湯剤（煎じ薬）	―湯（例、龍王調血湯）	21例（九・三％）	26例
	―陽（例、神教陽）	2例（〇・九％）	
	―煎（例、金花煎）	1例（〇・四％）	
	―飲（例、婦人萬病飲）	1例（〇・四％）	
	―剤（例、順気剤）	1例（〇・四％）	
膏剤（塗り薬）	―膏（例、菊花膏）	15例（六・六％）	24例
	―香（例、白龍香）	7例（三・一％）	
	―油（例、神功油）	1例（〇・四％）	
	―脂（例、天明脂）	1例（〇・四％）	
その他	―錠（例、紫金錠）〈坐薬〉	1例（〇・四％）	4例
	―煉（例、盛気煉）〈なめぐすり〉	1例（〇・四％）	
	―雪（例、紫雪）〈現在の注射薬に匹敵するか〉	2例（〇・九％）	
	合計	227例（九九・八％）	227例

(2)　神秘性を志向する

では、江戸の漢方薬名は、どんな名づけ方がなされているだろうか。接辞を除いた名前の本体に注目してみる。

不老不死　すると、次のような薬名が最も多く、江戸の漢方薬名を特色づけている。

〈売薬名〉〈その意味〉

延　命　散＝命を延ばす薬

長　寿　丹＝寿（よわい）を長くする薬（図6参照）

保　命　丹＝命を保つ薬

益寿不老丹＝寿（よわい）を益（ま）し、老いない薬

延寿反魂丹＝寿（よわい）を延ばし魂をよみがえらせる薬

延齢固本丹＝齢を延ばし、本をしっかり固める薬

といった薬名である。服用すると、健康になり、老いず、長生きしそうな気のする薬名である。つまり、不老不死の思想と深いかかわりを持った語句を用いて、抽象的に薬効を訴える名前である。具体的に何に効くという効能を述べるのではなく、服用すると効き目がありそうだという印象を与える名前、つまり効能を暗示する名前である。不老長寿の霊薬というイメージをねらって命名された薬名である。

ことごとしい名前のわりに、効能は概してふるわない。「延齢固本丹」のごとく、腎臓をはじめ万病に効き淋病にまで薬効のあることをうたう、恐れ入った能書もあるが、多くは、暑気払いや気つけ、痰や咳という軽い病状に

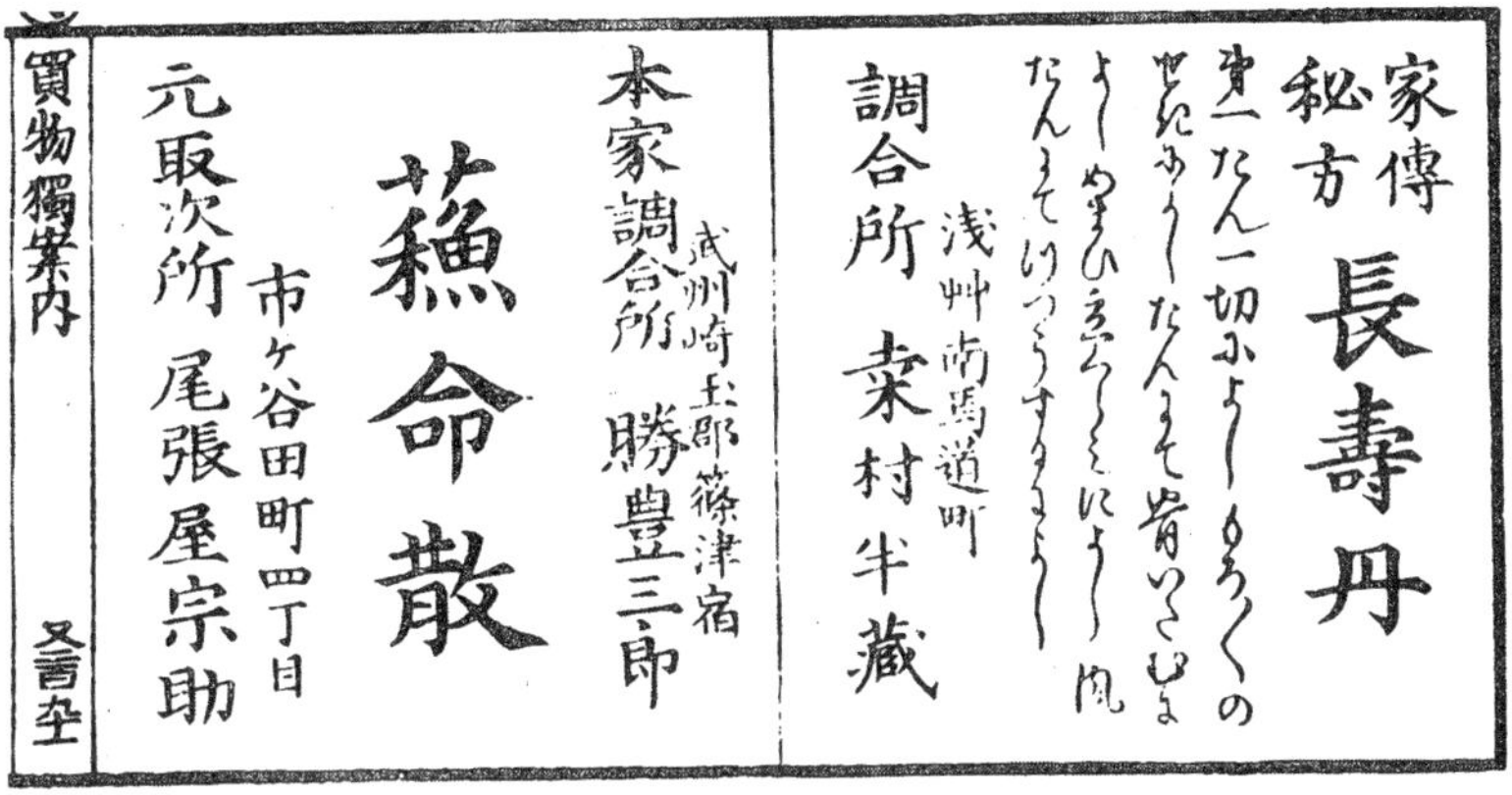

図 6　不老不死をにおわせる薬名。(『江戸買物独案内』より)

用いた薬と推測される。なかには「はら一切によし。水のかわりによし」(延命散)などという能書も見られる。「延齢固本丹」にしても、現在からみると、滋養強壮の保健薬の類と思われる。しかし、いずれも薬名だけは勇ましく、いかにも効き目がありそうである。

このような不老長寿をにおわせる薬名は、中国における神仙術の影響によって生じたものであろうが、江戸時代にはきわめて多くみられ、江戸の漢方薬名の一大特色をなしている。

回生丸、寿世丹、蘇命散(図6参照)、打老圓、天寿圓、反魂丹、養寿湯、御延命散、延寿金命丸、延寿長光丸、儒門反魂丹、長方長久丸

などと、枚挙にいとまがない。式亭三馬の『浮世風呂』に宣伝されていた「延寿丹」も、この種の薬名である。

さらに不老不死の思想に関係づけられる、次のような売薬名もある。

七仙散、神仙香、神仙黄利香、神仙金龍丸、神仙巨勝子圓、桃林八仙丹

不老不死の思想が理想とする境地は、神仙境である。その「神仙」の語をそのまま薬名にとりいれたものや、「七仙」「桃林八仙」

などと不老不死の法を体得した仙人を意味する語句が用いられている。これらの売薬名も、不老長寿の霊薬のイメージをめざして名づけられた名前といえよう。

錬金術　また、次のような売薬名もある。

一粒金丹、金勢丸、洪寶丸、五寶散、七寶美髯丹、世寶丸、仙方金徳圓、天一寶、寶重丹

いずれも、「金」や「寶」の語を用い、貴い価値ある薬であることを主張した名前である。これらの売薬名は、不老不死薬の研究から派生した錬金術とのかかわりが考えられ、やはり、秘術をつくした不老長寿の霊薬というイメージを求めて名づけられたものであろう。

霊力　また、霊力をもった事物をもりこんだ薬名も見られる。たとえば、次のとおりである。

神教丸、神効散、神宰丸、神如散、神妙散、天地三神霊妙香、天女丸、黒錫丹、紅龍圓、黒龍丹、清龍丹、蒼龍丸、白龍香、龍王湯

「神教丸」から「天地三神霊妙香」までは、不可能を可能にしてしまう「神」をよみこみ、神秘的な効力を信じさせようとした薬名である。神のごとき不思議な霊力をもつ薬であるといってはばからない「神効散」「神如散」「神妙散」。神がつかさどり教えてくれた秘薬であると主張する「神教丸」や「神宰丸」。始終誤りを犯す人間が処方した薬では効き目はおぼつかない。人間以上の神の処方こそ信頼できる絶対のものであると考えているわけである。

「天地三神霊妙香」にいたっては、神社仏閣のお札(ふだ)めいており、思わず額(ぬか)ずきたくなるような薬名である。事実、この薬があると、その家には雷が落ちず、疫病悪病などの不浄の気を防ぐという、厄除け薬である。江戸時代を彷彿とさせる薬である（図7参照）。

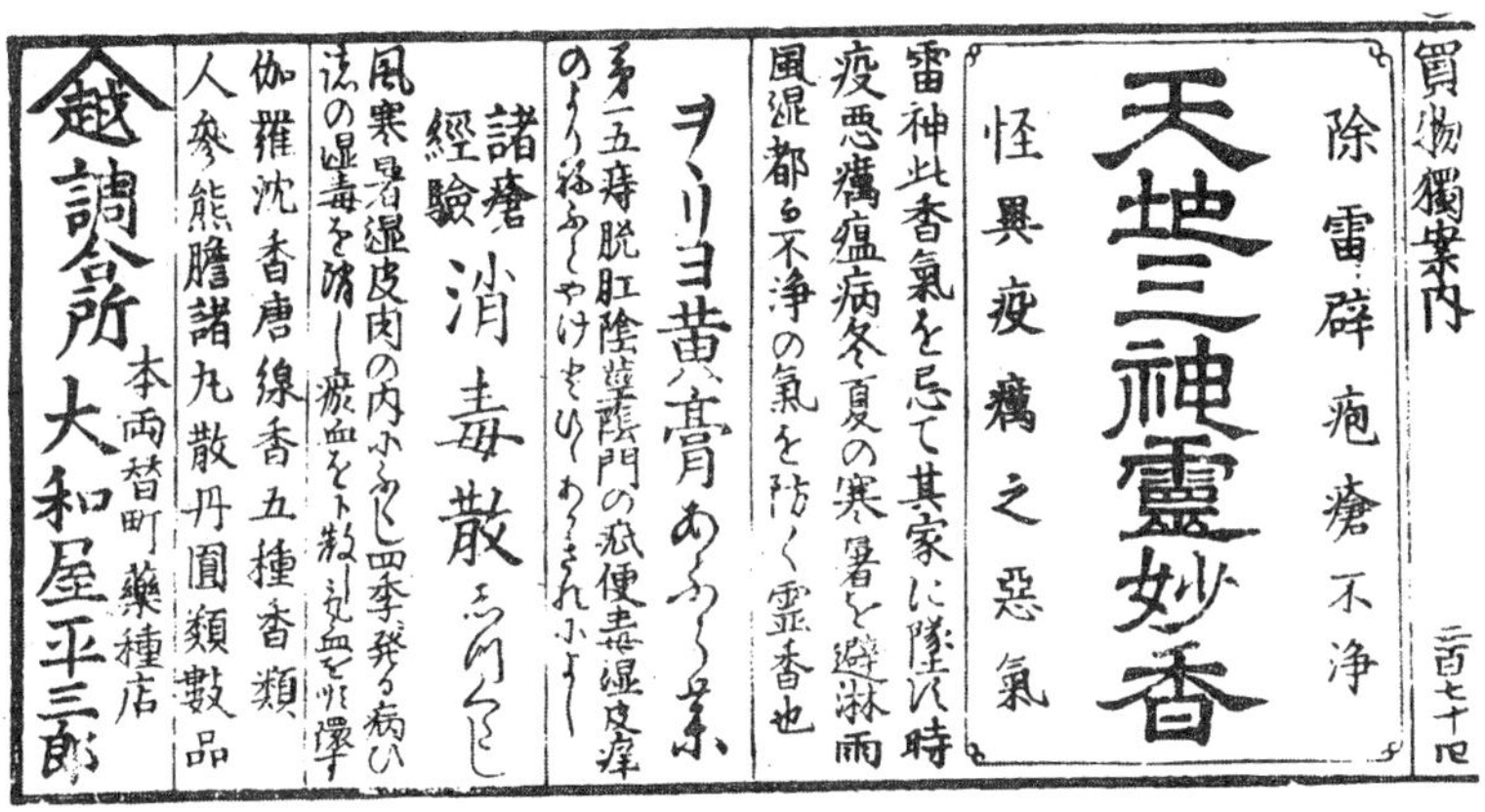
買物獨案内
二百七十四
除雷辟疱瘡不浄
天地三神靈妙香
怪異疫癘之悪氣
雷神此香氣を忌て其家に墜ル時
疫悪癘瘟病冬夏の寒暑を避淋雨
風湿都而不浄の氣を防く霊香也
ヲリヨ黄膏
諸瘡經驗
消毒散
伽羅沈香唐線香五種香類
人參熊膽諸丸散丹圓類數品
調合所
本両替町
藥種店
大和屋平三郎

図７　霊力を感じさせる薬名。（『江戸買物独案内』より）

「天女丸」も、人間のなしえぬ神秘的な力を感じさせ、「黒錫丹」も、霊力のやどる錫杖を暗示する。「紅龍圓」から「龍王湯」まで、摩訶不思議な力をもつ想像上の動物「龍」を名前にもり込んでいる。

これらの売薬名は、いずれも服用すれば、霊験あらたかな効き目のあることをにおわせている。

こうして、江戸の売薬は、不老長寿の秘薬、黄金や宝に匹敵する秘術をつくした霊薬、霊力をもつ事物に関係のある秘薬、というイメージをねらって名づけられていることがわかる。いってみれば、神秘性を強調することによって、薬の効き目を絶対的に信じさせようとした命名なのである。このような売薬名は、一〇三例も見られ、漢方薬名全体の四割近くに達している。つまり、江戸の漢方薬名で効果的であると考えられたのは、霊薬のイメージを与える名前だったのである。

現在とちがって、科学の発達していない時代にあって、薬効を信じさせようとすれば、勢い霊薬や秘薬という神秘性にたよる以外に手立てはなかったのである。

つの書き　神秘性の強調は、薬の名前にみられるだけではなく、「つの書き（＝薬名の上に書かれている簡単な内容説明の語句）」にも顕著である。たとえば、図８のごとく、薬名の上に「秘授神剤」の語句を

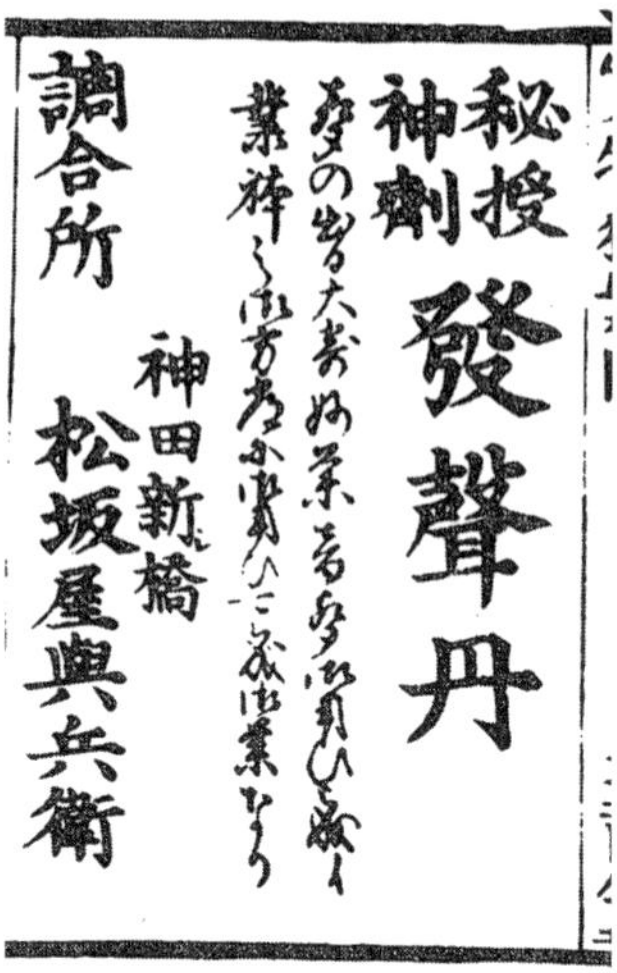

図８　つの書き「秘授神剤」。
（『江戸買物独案内』より）

つの書きして、神や仙人からひそかに授かった処方であると宣伝している。「神法」「仙方」「天授」「仙授」「仙傳」「神仙秘方」「神傳家秘」「神方家秘」「神授家傳」などの語句がつの書きされることもある。さらに、霊薬は、秘方性をもっている。自分の家だけが、代々その霊薬の処方を伝えているのだということを示すつの書きも多くみられる。すでに挙げたつの書きに見られる「秘方」「家秘」「家傳」の語句にも、秘方性は十分に出ているが、ほかにも「秘家」「本法家秘」「家傳秘法」「家傳名方」「家傳妙法」「家秘直方」「一子相傳」などの語句がつの書きされることもある。

このように、江戸の主流を占めた漢方薬名は、不老長寿の霊薬であるといった神秘性を志向して名づけられることに、大きな特徴があった。

(3)　さまざまな漢方薬名

そのほか、江戸の漢方薬名には、さまざまな名づけ方がある。しかし、いずれも、霊薬のイメージをねらってつけられた売薬名ほど、多量に見られるわけではない。

具体的効能名　まず、効能でも、具体的に何に効くかということを述べて薬名にする場合がある。(2)でとりあげたように、神秘性を訴えて抽象的に効能を暗示する薬名ではなく、具体的効能名ともいうべき薬名である。これ

は、ごくふつうの漢方薬名の名づけ方である。[8] このような具体的効能名は、江戸時代でも見られる。たとえば、

〈売薬名〉　〈その意味〉

調　痢　丸＝下痢を調（ととの）える薬

痰　解　散＝痰を解く薬

調血安神散＝血を調え、神経を安んずる薬

というぐあいである。このように具体的な薬効をもり込んだ名前は、比較的多く見られ、なかには、次のような面白い薬名も見られる。

歯　固　散＝ぐらつく歯を固める薬

酒　禁　丸＝酒を禁ずる薬

人馬平安散＝人も馬も平安である薬

「歯固散」は、歯槽膿漏などで、ぐらぐらした歯をしっかりさせる効能をもつ。江戸時代の人々も、歯で悩むことが多かったのであろう。後述の民間薬名にも歯の薬が意外に多く見られる。「酒禁丸」は、大酒飲み、アルコール中毒の人、酒乱の人が服用すると、「酒を飲（のま）んとする心疎（こころうと）くなりて、自然と下戸とな」り、酒によって起こる諸病を治すという。実際の薬効は、はなはだ疑わしいけれども、これもまた、江戸の人々の切ない悩みに答える売薬ではあったのだろう。

「人馬平安散」は、今日からみると、誠に奇妙な印象を受けるが、この薬を鼻へ吹き込んだりつけたりすると厄除けとなり、人も馬も平安であるという。いささか迷信めいているけれども、当時よく売れた薬だったらしく、『江戸買物独案内』でも四軒の薬種店から売り出されている。風邪薬に類するものではなかったかと思われる（図

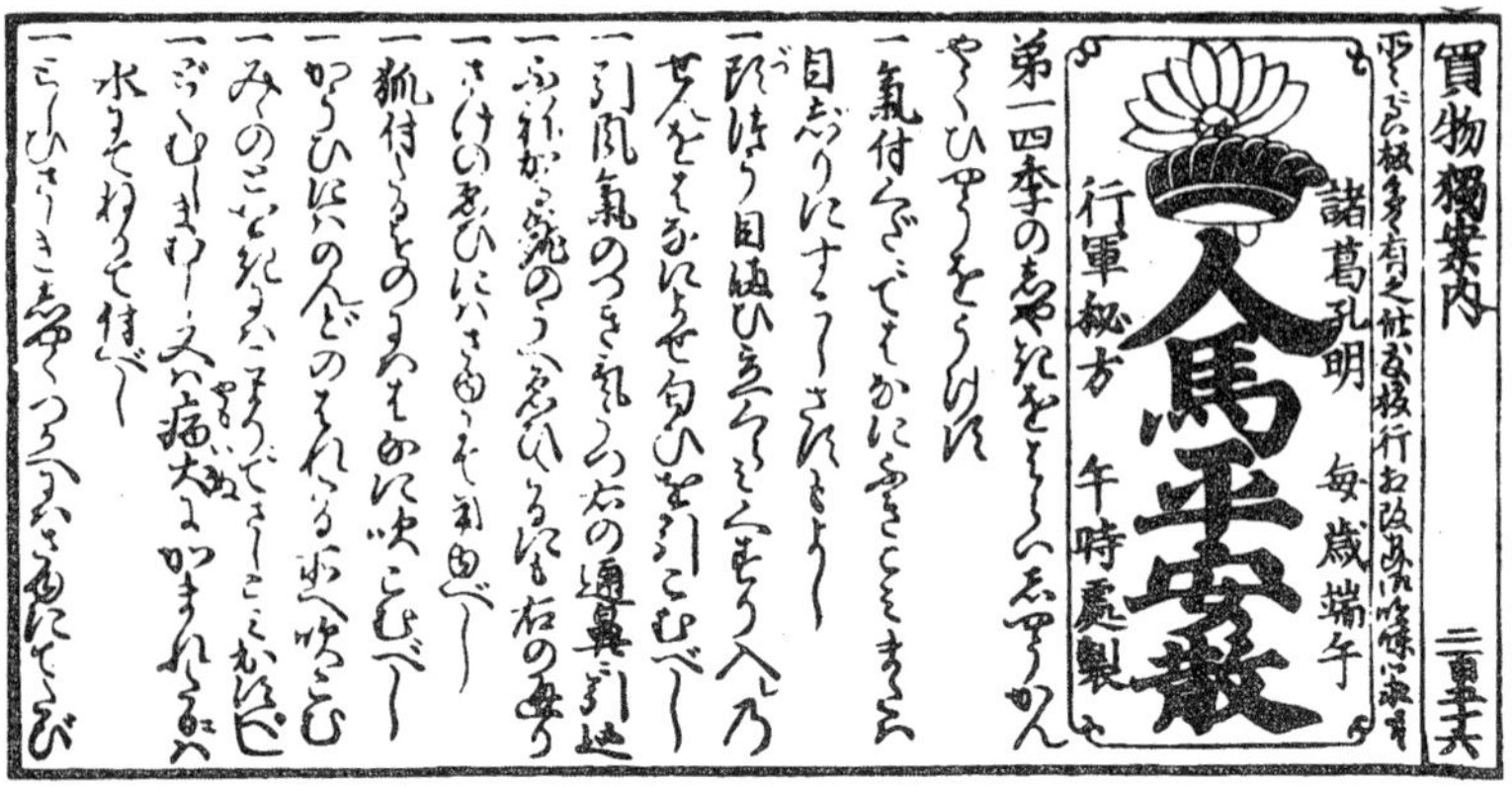

図９　効能をうたった薬名。(『江戸買物独案内』より)

9参照)。さらに注意されるのは、「人馬」とあって、人と馬とが対等にあつかわれていることである。当時は、動物も人間と共通の薬を飲むことが珍しくないらしく、「真珠龍虎圓」のように、能書に「鳥けだもの牛馬に用いてよし」と書いてあるものもある。このような具体的な薬効をふくんだ名前は、現実的で、その意味もわかりやすい。漢方薬名全体の二割五分強見られる。したがって、すでに**(2)**であげた神秘的な薬効を強調する名とあわせて、効能強調型の名前とすると、江戸の漢方薬名の六割五分が効能をうたった薬名であったことになる。

材料名病症名　そのほか、

地　黄　丸＝地黄（図10参照）を主材料とする薬

熊参牛黄丸＝熊胆、人参、牛黄を材料とする薬

のごとく、漢方用薬である材料をもとに名づける場合も二割程度見られる。[9]

また、

金瘡膏＝金瘡（＝刃物による外傷）のための薬

疝積(ママ)散＝疝気・癪気のための薬

のごとく、病症による名前も若干見られる。関連する薬名としては、

「肝臓圓」のように、病症箇所をいれた名前もある。

また、薬の色や形による名前もある。たとえば「紫金膏」である。「紫（し）はむらさき、金こがね、斯様（かやう）にのばせば金の色切口（きりくち）は紫、さるによって紫金膏と申す」（善教寺猿算『色道懺悔男』巻三の二）とあるところから、「紫金膏」は、薬の色によって命名された薬名であることがわかる。また、小児万病の薬「太郎丸」のごとく、用途に関連した前もある。

複合名　また、以上にあげた例のごとく単一の要素で命名する場合のほかに、二つ以上の要素をもりこむ場合もある。たとえば、

真珠明眼散＝漢方用薬の「真珠」と具体的効能を表わす「明眼」とを複合した目薬の名

人参精神圓＝漢方用薬の「人参」と病症箇所を表わす「精神」とを複合した薬名

人参補血順気薬王湯＝漢方用薬の「人参」と、具体的効能を表わす「補血」「順気」と、抽象的に効能を感じ

図 10　地黄。漢方で用いるのは、根の部分。増血強壮剤になる。（『和漢三才図絵』巻 94、影印本・新典社より）

表4　江戸の漢方薬の命名理由

命名の理由	用例数（百分率）
①　効能による場合	103例　（三八・〇%）
㋑抽象的な効能（霊薬）	
㋺具体的な効能	74例　（二七・三%）
②　材料（漢方用薬）による場合	53例　（一九・六%）
③　病症による場合	15例　（五・五%）
④　薬の色・形による場合	10例　（三・七%）
⑤　用途による場合	6例　（二・二%）
⑥　病症箇所による場合	4例　（一・五%）
⑦　年号による場合	2例　（〇・七%）
⑧　その他（風俗、準商標、処方出典、精製過程、それぞれ一例ずつ）	4例　（一・五%）
合　計	271例　（一〇〇・〇%）

させる「薬王」とを複合した仰山（ぎょうさん）な薬名

このような複合名は、単一要素名八二%に対し、一八%程度見られる。

こうして、江戸の漢方薬名の名づけ方の概容が、次第に明らかになってきた。最後に参考までに、命名の要因とその用例数とを掲出した表4を示しておくことにしよう。二つ以上の要因からなる名前は、各要因に分解した形で用例数を掲げておく。

命名の理由は、観察者である筆者、つまり私の推測であるから(10)、あるいは命名の当事者の真意とは異なっている場合もあろう。あくまで、表4は参考程度にとどめていただきたい。なお、命名理由の不明であった薬名が、一例ある。「粒甲丹」である。傍点の部分が、何を意味するのか、わかりそうでわからないのである。あるいは、「最もすぐれた（＝甲の意味）丸薬（＝粒の意味）」を表わす効能名かとも推測されるのだが。

(4)　おおらかな民間薬名

つぎに二割強みられた民間薬系の名前について、簡単にふれておくことにする。

病症名　民間薬名では、次のような薬名が最も多い。

犬にくわれたる薬、陰気癬妙薬（いんきたむしのめうやく）、おこりの大妙薬、御目薬、痔一切之大妙薬、しつひぜんの妙薬、しもやけの薬、小児五かんの妙薬、疝気の薬、瘡毒一道の妙薬、たいどくくさの妙薬、たんのくすり、は一道の大妙薬、むしばくすり、やけど妙薬

これらの薬名は、いずれも「病症＋（の）＋薬（妙薬・大妙薬）」という名づけ方である。つまり、民間薬名で最も多い命名は、病症による名づけである。三〇例も見られ、民間薬名全体の半分以上を占めている。「痔一切之大妙薬」「瘡毒一道の妙薬」「は一道の大妙薬」などと、見ていると思わず笑い出してしまう名前も少なからずある。また、「犬にくわれたる薬」などがあるところからすると、当時狂犬病で悩まされたのであろう。

いずれの薬名も、多少のちがいはあるものの、これが薬名かと思われるほど、普通名詞的である。「御目薬」「しもやけの薬」「疝気の薬」「たんのくすり」「むしばくすり」などは、その最たるものである。したがって、これらの薬名から、おこり、しつ、ひぜん、痔、胎毒、くさ、といった、当時の病症名の俗称を知ることができる。

具体的効能名　病症による名についで多いのは、具体的な効能をもりこんで薬名にする場合である。たとえば、

一生歯ぬけざる薬、毛はえぐすり、こころよくつうじ丸、乳のたる御薬、とげぬき薬、夜のまになをる風薬、りうゐん請合薬

などという売薬名である。「一生歯ぬけざる薬」が、ほんとうに薬名どおりの効能をもっていたら、どんなにすばらしいことであろうか。別の薬種店からは、「一生歯のぬけぬ妙薬」という売薬が売り出されている。「毛はえぐすり」は、あの式亭三馬の営む薬種店で売られている。ほかに、馬喰町の薬種店でも「けしからん奇妙（きめう）」のキャッチフレーズを出して、「けはへぐすり」を販売している。人間の永遠の願いをになった薬名である。「こころよくつうじ丸」は、服用すると、大便がこころよく通じる薬である。現在でも、この薬名の便秘薬が寺田薬品から売り出されていて、誠に興味深い。「夜のまになをる風薬」は、一夜のうちに治ってしまう、効き目抜群の風邪薬と名のっている。一夜で治ると訴えるのは、当時はやっていたらしく、式亭三馬の息子の小三馬も「引風一夜なほし」という狂言題目めいた名前をもつ風邪薬を、売り出している[11]。

民間薬名には、このように江戸庶民の悩みと願いが、そのまま反映されていて、見ていて飽きないところがある。それは厳めしい漢語からなる漢方薬名と対照的に、民間薬名が、親しみやすい和語をとり入れ、日常語的に名づけられているからであろう。おおらかな民間薬名に、限りない愛着を覚えながら、われわれは、最後に、江戸の洋薬名に一瞥を与えることにしよう。

(5)　わずかに見られる洋薬名

『江戸買物独案内』に掲載された売薬名を通覧していくと、ハッとする名前に三度出会う。それは、旧薬系統の薬名の中にあって、きらりと光る三種の洋薬名である。

まず、両国にある松本屋から販売されている「テリヤカ」、つぎに、兵庫にある太真堂製の「墨埵設印（メデセイン）」、そして、長崎にある健寿堂製「ウルユス」である。オランダ医学が、江戸時代を通じて細々と学ばれていたことは周知の事実であるが、売薬の名前にも、わずか三例ではあるが、見られることは特筆すべきことである。ともに、薬名の上に「蘭方」とつの書きされており、洋薬であることを印象づけている。

「**テリヤカ**」は、ラテン語 theriaca（テリアーカ）をそのまま用いた売薬名である。解毒作用をもつ薬物、テリヤカと蜂蜜を練り合わせた薬であるので、この名がある。つまり、「テリヤカ」は、材料によって名づけられた薬名である。殿村彦八の薬種店では、「テリヤアカ」として、サフラン、ウニカウル（＝一角獣の角といわれる。実際には象牙だったらしい）などとともに、材料そのものを売り出している。ただし、テリヤカの原義は、有毒動物にかまれた時に用いる毒消しの意味で、六〇種から七〇種の薬物を練り合わせた複雑な方剤であったらしい。中世ヨーロッパで使用されており、奇跡的な解毒・治療力があると信じられていたという。(12) 日本にも、この「テリヤカ」の名が、江戸時代にそのまま受け入れられ、売薬名に登場しているのは、興味深い。

図 11　「ウルユス」の看板。（『江戸買物独案内』より）

「**墨埵設印**（メデセイン）」は、漢字を万葉仮名式に使用して表記した薬名である。今日からみると、古めかしくいかにも江戸時代らしい洋薬名である。「墨埵設印（メデセイン）」とは、「薬」を意味する蘭語であろう。英語で「薬」は、medicine だからである。薬名に「薬（メデセイン）」とつけただけで、洋薬のイメージを与えることができた素朴な時代なのである。ただし、新しいのは名前だけで、薬の処方の実際は、旧薬と何ら変わるところがなかったのではないかと推測される。痰・留飲をはじめ、中風・脚気、その他各種の病に効くという。万病に効く、ちょっと胡散くさい旧薬と五十歩百歩だったのだろう。

「ウルユス」（図11参照）も、痰・留飲・癪気の薬であるが、能書には「然といへども万病を治するといふ方にあらず。只、痰留飲積気の諸症を治する大奇薬なり」と述べ、これまでの万病薬と異なっていることを主張している。さらに、オランダのヘシストルの処方を受けたものであることも明記している。「ウルユス」の命名の由来については、諸説があり定まらないが、中でも有力なのは「空ス」説である。たとえば、吉岡信氏は、次のように説明しておられる。(13)

ウルユスというコトバが蘭語というのは偽りであった。本当は〝空す〟という漢字を分解してウルユスとしたもので、腹が空になるということからつけたらしい。内容とて特別な舶来のものでも何でもなく、たんなる健胃剤のたぐいだったのであろう。（『クスリと社会』一六二頁）

つまり、この薬は、腹を「空ス」（＝すっきりと空にする）の意味から、「空ス」を分解して、「ウルユス」と名づけられたというわけである。この「空ス」説は、もとを辿ると、大槻文彦著『大言海』から出ているようであるが、(14)筆者・山口には、やはり蘭語を用いた名づけであったように思われるのだ。というのは、明治・大正・昭和の洋薬名をさぐってみると、西洋医学薬学の流入の初期ほど、素朴な意味の外国語をそのまま受け入れ、名前とすることが多いからである。漢語や和語をカタカナ表記にして、洋薬名にみせかけるのは、ずっと後のことだからである。「空ス」を「ウルユス」と書いて、洋薬名めかすことが、江戸時代に起こったとは考えにくいのである。なにしろ「メデセイン」が洋薬名として立派に通用する時代なのである。

とすると、「ウルユス」は、いかなる意味の蘭語なのか。蘭語で痰を意味する fluim（フロイム）を考える説もあるそうであるが、[15] やや音が離れすぎている。もっと適切な蘭語はないのだろうか。蘭語に疎い筆者には、明確な解答を与えることができないのであるが、胃潰瘍を表わす蘭語ではなかったかと密かに考えている。というのは昭和になって発売された胃腸薬に「イスウルクス」というのがある。この薬名は、宮木高明氏によると、[16] 胃潰瘍の学名 Ulcus ventriculi の前部の傍線部から「ウルクス」をとり、これと「医す」という日本語を複合したものだという。この「ウルクス」と関係があるのではないかと思うのであるが、いかがであろうか。

『江戸買物独案内』には、以上の三例が見られるだけであるが、ほかに「カスパル一七方膏薬」（カスパルは人名）、「ヘイムストサルフ」「ズボウドウ」「ホルトス」などの洋薬名の売薬もあったという。[17]

いずれにしても、江戸時代では、まだ洋薬名はごく稀であり、総じて漢方薬系統の名前が、大勢力を誇っていた時代である。不老長寿の霊薬のイメージが志向された時代であった。

3　新旧薬交代の時代――明治時代――

(1) 減少する漢方薬名

幾星霜を経て、日本は明治維新を迎えた。西欧に大きく門戸を開き、西洋医学薬学の洗礼を受けた。そんな時代の波を受けて、売薬名は、どのようなものが志向されていったであろうか。

まず、表5を参照されたい。明治も三八・三九年になると、漢方薬系の名前も、民間薬系の名前も減少している。つまり、旧薬の売薬名が減っている。それに対して、新薬の名前がふえて、二割以上になっており、目立ち始めている。明治時代は、旧薬名から新薬名へ移りゆく過渡期なのである。

さて、減ったといっても、まだ六割近くはある漢方薬に、まず注目してみる。すると、江戸の漢方薬名とは、形態からみても、内容からみても、変わってきている。まず、表6に示すように、剤形を示す接尾辞のない薬名が多くなっている。

また、表7に示すように、江戸の漢方薬名にくらべて五字名が減少し、二字名が増えるなどして名前の短小化が起こっている。

ちなみに、二字の漢方薬名を列挙してみると、次のとおりである。

胃寶、胃活（図12参照）、貴圓、仁丹、神薬、天授、毒滅、脳丸、萬歳、寶丹、薬神、淋丸、煉丹

これらの薬名では、剤形を示す接尾辞がついていない場合が多く、たとえ「圓」「丹」「丸」という接尾辞が付されていても、形骸化しており、それと気づかないほどである。二字一体となって、分解不可能な感じを与える薬名になってきている。

表5

薬名の系統		用例数	表記との対応関係（（）内は用例数）
旧薬	漢方薬系の名	84（59.6％）	漢字名(84)
旧薬	民間薬系の名	25（17.7％）	漢字名(10)、漢字ひらがな名(11)、漢字カタカナ名(1)、カタカナ漢字名(3)
新薬	洋薬系の名	32（22.7％）	漢字名(1)、カタカナ名(21)、カタカナ漢字名(10)
合計		141（100％）	

表6

接尾辞の有無	旧薬時代（江戸）	新旧薬交代時代（明治）
接尾辞のない漢方薬名（例、次亜燐）	2（〇・九％）	10（一一・九％）
接尾辞のある漢方薬名（例、快腸丸）	227（九九・一％）	74（八八・一％）
合計	229（一〇〇％）	84（一〇〇％）

表7

薬名の字数	旧薬時代（江戸）	新旧薬交代時代（明治）
二字名	2（〇・九％）	13（一五・五％）
三字名	145（六三・三％）	56（六六・七％）
四字名	8（三・五％）	4（四・八％）
五字名	71（三一・〇％）	7（八・三％）
六字名	1（〇・四％）	2（二・四％）
七字名	1（〇・四％）	2（二・四％）
八字名		
九字名	1（〇・四％）	
合　計	229（九九・九％）	84（一〇〇・一％）

明治の漢方薬名は、漢方薬らしい形をした名前が、次第に崩壊してきている。

(2) 現実性を志向する

さらに、明治の漢方薬名は、内容的な変化を起こしている。それは、江戸時代の漢方薬名の特色であった神秘性を志向する名前が、わずか一三例（漢方薬名の一割五分）となり、かわりに、具体的効能を訴える薬名が、三八例（漢方薬名の七割弱）にも増えていることである。

毒掃丸、梅毒一切清治丸、痳（リン）消丸、保証丸、健胃散、健胃固腸丸、肺治散、健脳丸、頭痛静靖丸、聾調丸、流経丸、毎月丸、今治水、壮眼水、全治水

といったぐあいである。「**毒掃丸**」（図13参照）は、体毒を一掃する薬という意味で、具体的効能をうたった薬名。梅毒・淋病特効薬である。現在も、山崎帝国堂から発売され続けているが、いまは、便秘薬となっている。「**梅毒一切清治丸**」も、服用すると梅毒が一切きれいに治ってしまいそうな薬名であるが、サルバルサン発見以前の薬であるから、実際の効能ははなはだ疑わしい。やはり便秘薬程度のものではなかったかと推測される。「**痳（リン）消丸**」は、読んで字のごとく、淋病（＝痳病とも書く）を消す薬。「**保証丸**」は、「如何なる頑固の永遠のりん病をも忽（たちま）ち根治」

することを保証する薬である。「早く試し見よ」とある。すでにあげた二字名の「**毒滅**」も、「梅毒、淋病、リウマチス新剤」とうたわれている。このような梅毒、淋病などの性病治療薬が、群を抜いて多く、当時、いかに多数の人々が、花柳病に悩まされていたかがわかる。

漢方薬系の名では、胃腸薬名も比較的よく見られる。「**健胃散**」は、胃を健やかにすることを、「**健胃固腸丸**」は、胃を健康にし、下り腹を固くすることを約束する薬名である。能書には、赤痢やコレラにまで「実効速(すみやか)なり」とある。誇大広告である。類似した名であるが、さらに仰々しいのもある。「**健胃強腸回生丸**」である。これは、明治の漢方薬名中、最も長い名前でもある。すでにあげた二字名の「**胃活**」も、胃が活き活きすることを宣伝した薬名である。

図 12　明治 33 年の新聞広告。（『日本の広告美術』美術出版社より）

「**肺治散**」は、肺病の治することを、「**健脳丸**」は、脳を健康にすることを訴えている薬名。「**頭痛静靖丸**(せいせい)」は、頭痛を静め、靖(やわ)らげることを、「**聲調丸**」は、声を調(ととの)えることを述べたてた薬名。「**流経丸**」は、月やくおろしの妙薬。「血塊にしても安々流経す。礼状沢山あり」と記されている。「**毎月丸**」も、同種の薬。月経異常がなくなり、毎月きちんとの意味をもたせて名づけている。「**今治水**」（図14参照）は、現在も有名な歯痛止め薬。「いかなる歯(は)痛(いた)でもゆめのごとくにいまなをるはぐすり」と言う。「**壮眼水**」

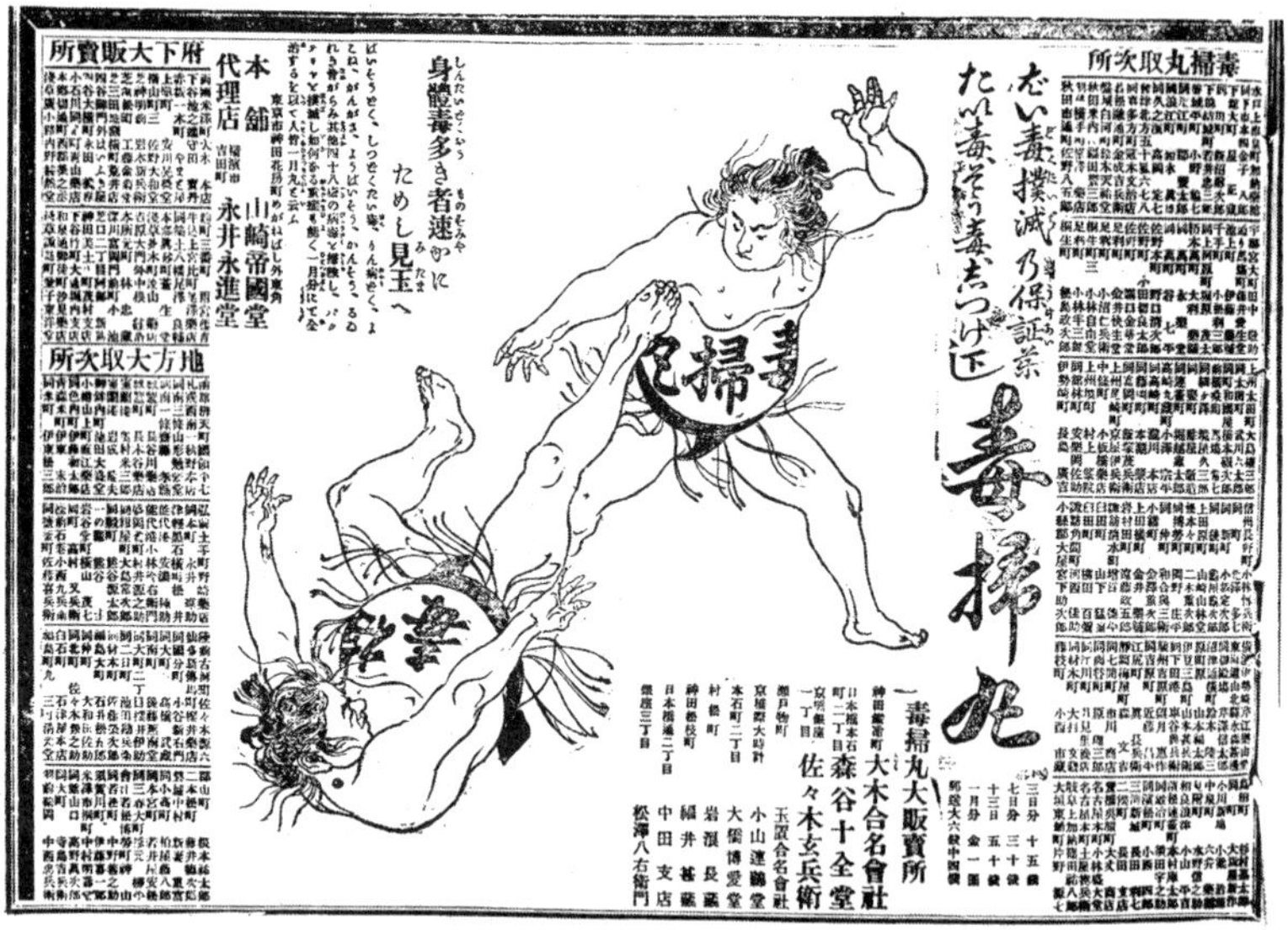

図 13　明治 33 年の新聞広告。(『日本の広告美術』美術出版社より)

は、眼を壮くする薬で、目薬。「**全治水**」は、たむし・水虫・いんきんなどの皮膚病を全くなおす薬である。

　このように、明治の漢方薬名は、江戸のそれとちがって、現実的効能を強調する名前に変化してきている。人々は、何にでも効くという神秘的な霊薬のイメージに、以前ほど、惑わされなくなってきた。寿命の延びることも、不老であることも現実にはかなわぬ夢である。それよりも、さしせまって今悩む具体的な病気に効く薬がほしい。こうして、明治時代の漢方薬名は、具体的効能を訴える名前をめざして、命名されていくことになる。

　ところで民間薬系統の名前も、漢方薬名に踵を接して、具体的効能を訴える名前を志向していく。

　毛のはへる薬、毒下シ丸、毒ざらへ、毒さらひ、わきが根治確証新薬、肺病根切薬、月やくおろし、脚気根切の薬

というぐあいに、民間薬系の名前も、具体的効能による名前が多くなってきている。江戸時代の民間薬名で、トップだった病症による名づけは、ぐっと減ってきてし

まう。

こうして、明治時代の売薬名は、漢方薬名にしろ、民間薬名にしろ、具体的効能を訴える薬名が中心になってきていることがわかる。明治時代の人々は、西洋科学にふれ、神秘的な霊薬に対する絶対的信頼感も揺らぎ始めていた。現実に目覚め始めたのである。それに呼応して、売薬名も現実性を志向する名に変化してきたのである。

(3) 洋服に下駄ばきの新薬名

しかしながら、人々は、一気に新しい西洋のものに飛びついていったわけではなかった。明治の新薬名には、その間の事情が、まことに端的に表われている。次に列挙する新薬名を見ていただきたい。

アスマ丸、アンチピリン丸、ハート丸、ヘブリン丸、ヘミプレギー丸、ヘルチン丸、パウル氏丸、レプラ丸

これらは、カタカナ表記の外国語に、漢方薬系の接尾辞「丸」が付されている。一気に外国語だけの薬名にならずに、古い漢方薬系の接尾辞をひきずっている。これらの薬名は、洋服に下駄ばきといういでたちを思い起こさせる。いかにも明治らしいと思

図14　明治44年の新聞広告。（『日本の広告美術』美術出版社より）

う。

また、「レウマチス根治剤」のように、カタカナ表記の外国語と漢語とを複合させた薬名もある。逆に、「金線草丁幾(チンキ)」のように、上部が漢語、下部が外来語「丁幾(チンキ)」という場合もみられる。これらは、新薬名と旧薬名の混種型の薬名であり、これまた過渡期の様相を象徴している。

こうした新薬名のあり方に刺激されて、和語や漢語からなる旧薬名であるにもかかわらず、カタカナ表記し、新薬名らしく装った旧薬名も出てきている。「田ウゴキ丸」「ドクトリ丸」「ビックリ丸」の三種である。これらは、どこにも外国語や外来語を含んでいないので、語種から見ると、旧薬系の名前である。しかし、外見上は、洋服に下駄ばきの新薬名を思わせる。

さらに、明治の新薬には、思想的にも古い面が残存しており、その意味でも過渡期であった。というのは、新薬名をもっているにもかかわらず、広告文やキャッチフレーズに古い「霊薬」のイメージにたよる語句が見られるからである。たとえば、新薬「リウマテア」の広告文には「リウマチス病の特効舶来霊薬」のキャッチフレーズが見られる。また、新薬「ハート丸」の広告文には、「故に服用すれば決して老衰することなき所謂不老の仙丹なり」のごとき文が見られる。

西欧語をくみいれた薬名をつけても、それを支える思想は古く、まだ旧薬時代の神秘性にたよっている。新しいはずの新薬に、古い霊薬の亡霊が、時折顔をのぞかせる、これが明治の新薬の実態である。

(4) 新薬名の名づけ

こうして目立ち始めた新薬名は、いったい、どのようにして名づけられているであろうか。外国語によほど強くないと、新薬名の命名はわかりにくい。以下、時代とともにふえ続ける新薬名の命名理由は、筆者・山口が、辞典・医学薬学関係書・商品広告関係書などによって、探りえたものを中心に述べていく。[18] 現時点で命名理由の不明なものも決して少なくないが、大きく売薬名の流れをつかむことは可能であるので、筆者の解明しえた売薬名を中心に話をすすめていくことにする。ただし、命名理由の不明な売薬名については、それを明示し、識者の御教示を仰ぎたく思う。

さて、明治の新薬名は、三二例見られるが、命名理由の一応判明したものは、二四例である。命名理由の不明なものは、次の八例である。（　）内の語句は、広告文を参考に、何の薬かを示したもの。

イーセリン（皮膚病新薬）、ギーネル（梅毒根治新薬）、キーロン（淋病新治療薬）、ギフトール（強壮成血元素）、ダービン（ハンセン病新治療薬）、バロール（淋病新薬）、メソルピン（月経通経剤）、ラーベン（滋養新剤）

病症関係名　さて、命名理由の判明した二四例のうちで、最も多いのは、病症や病症箇所を外国語で述べた薬名である。

アスマ丸、ゴノキューア、ゴノボール、ヘミプレギー丸、ヘブリン丸、リウマテア、レプラ丸、ソマトーゼ、ハート丸、ブライン、ブラニール、ブルート

などが、その例である。「**アスマ丸**」は、喘息根治薬とうたっている。ドイツ語で、喘息のことを、asthma（アスマ）という

ので、その病症名をそっくり使って薬名としたものと考えられる。「**ゴノキューア**」と「**ゴノボール**」は、淋病治療薬である。これらの新薬名は、淋病を意味する gonorrh(o)ea（英語）・Gonorrhöe（独語）をもじって命名されたものであろう。「**ヘミプレギー丸**」は、中風治療薬である。中風は、半身不随の病状である。ドイツ語で、半身不随のことを Hemiplegie という。病症を表わすドイツ語をそのまま使って、「ヘミプレギー丸」と名づけたものである。「**ヘブリン丸**」は、「かぜ・ねつ・りうまちす」に効くという。ドイツ語で、熱のある状態を fiebern いうので、それを日本語的に読んで命名された薬名と推測される。「**リウマテア**」は、病症そのものを表わす語をほんの少しだけ変えて薬名にした、まことに素朴な新薬名である。「**レプラ丸**」も、病症により名づけられた薬名である。Lepra は、ドイツ語でハンセン病を意味する。

「**ソマトーゼ**」は、滋養強壮剤である。図15に見るように、服用前と服用後の人を対照的に示した図柄の広告で、小泉次郎氏によると「ソマトーゼ」の名は、かなり根強く当時の人達の間に浸透していたという。[19] 英語で somato- は、「身体の、人体の」という意味を表わす接辞である。それに「ゼ」を付して新薬名らしくしたものであろう。病症箇所を表わす英語を用いて薬名をつくったものであるが、服用すると身体の益になるという効能を図柄でも暗示しているのであろう。「**ハート丸**」は、心臓強壮薬である。heart と病症箇所を端的に表わしており、一度聞いたら忘れられない薬名である。「ブライン」「ブラニール」は、ともに神経脳病の治療薬である。「**ブライン**」は、もちろん、脳や脳髄を意味する英語 brain を日本語的に読んで薬名にしたものであり、「**ブラニール**」は、さらにそれをもじったものであろう。「ブラニール」の方は、広告文に「本剤は北米シカゴ病院ドクトルカペア氏の発見薬也」と宣伝している。最後の「**ブルート**」は、強壮滋血剤である。ドイツ語で、血や血液を Blut という。したがって、病症箇所を表わす独語による命名ということになる。

このように、病症や病症箇所を意味する語からつけられた新薬名が一番多い。しかも、ドイツ医学の影響の強い当時にあっては、当然のことながら、ドイツ語から来る薬名が目立っている。

効能名　次に、新薬名の名づけ方で多いのが、具体的効能を外国語でのべて命名する場合である。

グロース、ベグネス、ラピヨン、レウマチス根治剤、ヘルチン丸などが、その例と考えられる。「**グロース**」は、毛生薬で、成長・伸長・茂りを意味する英語の growth（グロース）から来た薬名である。「**ベグネス**」も、毛生薬である。これも、植物のように生長することを意味する vegetate のもじりではないかと考えられるのだが、なお検討を要しよう。

「**ラピヨン**」は、わきが治療薬である。迅速なという意味の独語 rapid[e]（ラピート）や英語 rapid（ラピド）に関係づけられる、即効性を訴えた名前ではないかと推測される。「**レウマチス根治剤**」は、見てすぐにわかるとおり、効能をうたった名前である。最後の「**ヘルチン丸**」は、生殖器病・脳神経系統の薬である。健康を意味する health（ヘルス）をもじった薬名であろう。能書には、「米国医学博士ウェストメタル氏処方、米国医学士小林山卿先生有効証明、内外博士学士諸大医賞讃及証明」と書き、肩書をずらりと並べ、舶来の新薬であるという印象を与えようとしている。し

図 15「ソマトーゼ」の新聞広告。（『明治の大衆薬』ライフサイエンスより）

かし、「生殖器病未曾有の霊薬」「悉く日を期して必治する霊薬」などと神秘性を強調したりして、[20]非科学性を暴露している。

成分名　また、用例は多くないのだが注目される薬名として、薬の有効成分による名前がある。

　アドラ、アンチピリン丸、キニトール、グリコナール錠

図16　「アドラ」の新聞広告。（『明治の大衆薬』ライフサイエンスより）

である。「**アドラ**」は、目薬であるが、アドレナリンを主成分としている。その成分名の上部をとって、「アドラ」と名づけたものである（図16参照）。「**アンチピリン丸**」は、「世界一のかぜねつ薬」と広告されている（図4参照）。解熱・鎮痛の効果のあるアンチピリンを成分とすることによる名前である。成分名をそのまま薬名にしてしまった単純な名である。「**キニトール**」は、肺病治療薬であるが、解熱・健胃・強壮の効果も掲げてある。それらの薬効をもつキニーネを成分としているために名づけられた薬名であろう。「**グリコナール錠**」は、滋養強壮剤ならびに肺病治療薬である。牡蠣（かき）に多く含まれる多糖類グリコーゲンを成分とすることによって命名された名である。これらの成分による薬名は、明治時代ではまだ多くは見られないけれども、やがて次の新薬時代には、主流となっていく命名法である。

　このほか「金線草丁幾（チンキ）」「ゼム」「パウル氏丸」などの薬名がある。

「**金線草丁幾（チンキ）**」は、金線草を主材料とすることから名づけられた薬名で

ある。「**ゼム**」は、口中香錠であるが、宝石を意味するgem（ゼム）から来た名前である。宝石のように貴重な薬という意味で命名されたものであろう。「**パウル氏丸**」は、「男女梅毒根切の薬」という。同じ薬館から発売されている薬の能書に、「彼の有名なる独逸（ドイツ）国輓近（ばんきん）の大博士パウル先生にして、先生が一生一代の大発明薬なれば……」と書かれている。「パウル氏丸」の「パウル」も、この大博士の名をとって命名した薬名であろう。

　こうして明治の新薬名の名づけ方を見渡すと、病症や病症箇所を外国語で述べた薬名が、最も多いことがわかる。そして、外国語を使って薬名をつくる場合、病症や病症箇所あるいは効能や成分などを表わす外国語をそのまま薬名にうつしかえてしまうといった素朴な場合が少なくない。すなわち、この後にやってくる新薬時代の薬のように、二種類以上の外国語をもじったり合成したりする複雑な命名はなく、一種類の外国語をそのまま使ったり、あるいは下だけ略すといった単純な名づけ方である。明治の一般のひとびとは、われわれ以上に外国語には縁遠いわけであるから、新薬名の意味などほとんどわからなかったであろう。だから単純な外国語そのままの名前であっても、西欧からやってきた新薬のイメージを与えることができたのであろう。

(5)　保証金付き

　明治時代には、いま見たように、確かに新薬名が現われ始めたが、まだ思想的には霊薬の亡霊にすがっていた。しかし、もはや霊薬のイメージを求めて命名することは少なくなっていた。西洋科学にふれ、霊薬の信仰が薄れて、ひとびとは目覚めつつあった。まじないの効力が消え始め、現実的に目に見えて効く薬を求め始めた。薬名は、こうした風潮を反映して、具体的効能を訴える名前をつけることが多くなった。このような現実性の志向は、薬名ば

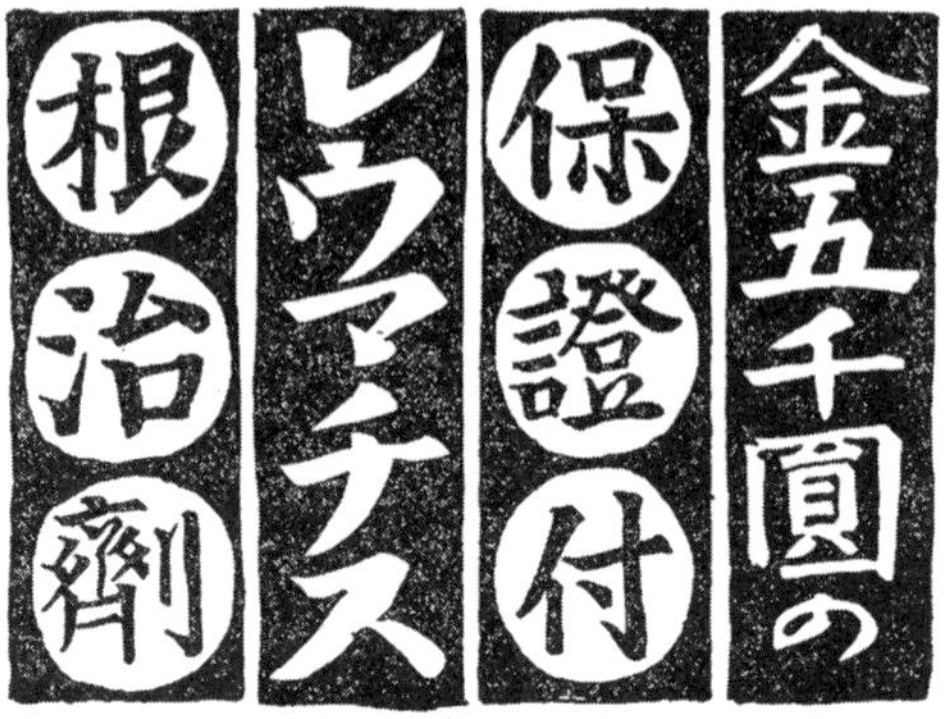

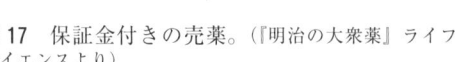

図 17　保証金付きの売薬。（『明治の大衆薬』ライフサイエンスより）

かりではなく、「保証金付」とか「無効返金」と書かれた広告文にも見ることができる。現金というはなはだ現実的なもので薬効を保証するのである。たとえば、広告文には「グロース」では、薬名の上に「無効返金」と記されており、広告文には「若し効果がない場合は返金す」と記されている。「ヘミプレギー丸」では、薬名の上に「保証付」と記されており、広告文には「此薬四剤を服用して、万一効験なきときは薬価百倍にして返金す」と記されている。また「レウマチス根治剤」のごとく、効かない場合は、五千円の高額金支払いを約束する薬もある（図17参照）。

江戸の売薬が、「神授」「家秘」などとつの書きして、神秘性を強調して効き目を信頼させたのと対照的に、明治の売薬は、保証金を約束して、現実的効能を信じさせようとした。今日から見ると、効果があったとは到底思われない薬に、当時の薬舗は、堂々と保証金をつけて販売している。だが、薬効なしと誰かが訴えていったら、ほんとうに高額の保証金が支払われるのであろうか。

4　新薬突入時代──大正時代──

(1)　新薬名の台頭

第一次世界大戦後、日本は、農業国型国家から工業国型国家へ転換した。新聞広告も、泥臭い明治型から脱皮して、スマートな近代型へ変貌した[21]。大正八年には、薬品広告が、それまでトップだった化粧品広告を抜いて第一位に踊り出た。各製薬会社は、新薬の発売に躍起となり、広告合戦をくりひろげたのもこの頃である。

大正八年七月、大正九年一月、大正一〇年一月の三ケ月間の新聞広告を調査した結果、旧薬名・新薬名の割合は、表8のとおりである。

表8から、純粋の漢方薬名がきわめて少なくなっており、二五・五％で、二割台にとどまっていることがわかる。同じ旧薬系の薬名でも、民間薬名の方は、江戸時代や明治時代より若干増えて、三割台になっている。

ところで、新薬名は、漢方薬名・民間薬名のいずれよりも多く、薬名全体の四割以上に達している。明治の売薬名調査の年月から、わずか一五年しか経過していないのに、表5に示した明治の新薬名の比率の二倍近くになって

表8

薬名の系統		用例数	表記との対応関係　（ ）内は用例数
旧薬	漢方薬系の名	49（25.5%）	漢字名(49)
	民間薬系の名	64（33.3%）	漢字名(5)、漢字ひらがな名(7)、カタカナ漢字名(46)、カタカナ名(4)、漢字ひらがなカタカナ名(2)
新薬	洋薬系の名	79（41.1%）	カタカナ名(66)、カタカナ漢字名(12)、ひらがな名(1)
合計		192（99.9%）	

いる。この時期に、いかに急激に新薬名が台頭してきているかがわかる。

新薬らしい名前をもった薬名は、七九例あるのだが、命名理由の一応推測できたものは、五七例である。次の二二例は、命名理由が、いまのところ不明である。識者の御教示を乞う。（ ）内の語句は、広告から抜粋したものである。

アヂホリン（盗汗鎮静新薬）、エタイノキシール（化膿性諸症内服新薬）、エルボン（結核性解熱剤）、エルモール（淋病新薬）、オイン（小児用の風邪熱の薬）、オートミン（耳だれ）、オスゲン（結核及虚弱者に賞用）、カロピス（結核滋養剤）、コリゾル（下熱新剤）、サンゲノル（最新強壮剤）、セモリ（膣内殺菌錠）、複方タルリン（リン病アラヒ薬）、チーカ（緩下剤）、ハイレン（最も進歩せる皮膚病薬）、ピローゲン（黒い毛が確に生へる）、ホルミン（脚気新薬）、ユゴール（妊娠悪阻特効薬）、リタノール（淋病）、リッシ（たんせき喘息専門）、リノソール（肺結核内服新剤）、レグモン（滋養強壮剤）、ロリカ毛生液。

(2) 科学性を志向する

さて、新薬突入時代を代表する薬名は、たとえば、次のようなものである。

成分関係名　アフロン、オリザニン、タカヂアスターゼ、ビオフェルミン、フルクチン、ぷろちもーる、ブロチン、安川コロダイン、ワダカルシウム錠

これらは、いずれも薬の有効成分をもりこんだ新薬名である。

「**アフロン**」は、「最新陰萎特効薬　神経強壮剤」と広告されている。泰昌製薬株式会社から発売されていた。アフロクァロンという筋緊張性疾患治療剤に使われる物質がある。この薬名は、アフロクァロンを主成分とするために名づけられた薬名と察せられる。「**オリザニン**」は、「脚気新薬」である。米糠に含まれる有効成分「オリザニン」をそのまま薬名にしたものである。この有効成分名は、稲の学名oryza sativa（オリザ　サテイバ）にちなんで、名づけられたものである。[22]「**タカヂアスターゼ**」については、ご存じの方も多いであろう。「ヂアスターゼ」は、デンプン分解酵素であり、含有成分である。「タカ」は、その酵素をこうじ菌から抽出することに成功した高峰譲吉のタカである。苗字（みょうじ）の一部分と有効成分とを合成した薬名である。現在も、三共株式会社から発売されているが、一般薬ではなく、医療薬になっている。

「**ビオフェルミン**」（図18参照）は、整腸消化剤として有名である。「ビオ」は、英語bio（ビオ）から来たもので、生きて

図18　大正11年の新聞広告。（『日本の広告美術』美術出版社より）

いるといった意味を表わす接頭辞。「フェルミン」は、酵素を意味するドイツ語 ferment（フェルメント）から来たものである。英語とドイツ語とを合成した薬名である。「生きている酵素」の意味で、含有成分を象徴的に表わしたものである。実際は、酵素を含んでおらず、乳酸菌を生きた状態で閉じ込めてあるそうである。[23]「**フルクチン**」は、龍門製薬から発売されていた緩下剤である。ところで、フルクトースは、大量に経口投与すると下痢や腹痛を起こす。このフルクトースを成分として含有していたために、語末をもじって「フルクチン」と名づけたと考えられる。「**ぷろちもーる**」は、新薬であるのに、ひらがな書きされた珍しい例であるが、「癌治療新薬」と広告されている。「プロ」は、化学で、「……の前駆物質」という意味を表わす接頭辞。それに、殺菌・防腐の効果をもつ「チモール」を結合させて、薬名としたのではないかと推測される。

「**ブロチン**」（図19参照）は、鎮咳袪痰剤で、病症名と主成分とを合成した複雑な名前である。気管支炎を意味する英語 bron（ブロン） chitis（カイティス） の語頭の bro chi と、主成分のサポニン saponin の語末とを合成したものである。[24]「**安川コロダイン**」は、胃痛腹痛薬である。「安川」は、発売者名の安川栄次郎の苗字である。「コロダイン」は、麻酔鎮痛薬を意味する英語 chlorodyne（クロロダイン） から来ている。クロロダインは、クロロホルム、モルヒネなどを含む製剤で、含有成分に関係づけて名づけられた薬名である。「**ワダカルシウム錠**」は、和田卯助商店の発売しているカルシウム剤である。発売元名と成分名の複合である。

その他、「アドラ目薬」「アンチピリン丸」「オキシフル」「柏木ヂアスターゼ」「キナエン丸」「キナピリン」「グリコナール」「グリコラクチン」「ヂアサン」「ヂキシン」「ヂゲスチン」「鉄フイチン」「人参へモグロエキス」「ネオピリン」「ファゴール」「ヨーヂ水」「ラクトスターゼ」なども成分関係名と考えられる。

このように、含有している成分に関係づけて命名した薬名が最も多く、二六例も見られる。それは、命名理由の判明した新薬名の四六%にあたっている。明治の新薬では、病症や病症箇所による薬名が目立ったけれども、大正の新薬時代になると、成分による薬名がぐんと伸びてくる。

図 19　大正 11 年の新聞広告。（『日本の広告美術』美術出版社より）

成分名を薬名にもり込むのは、科学性の強調である。科学の進歩によってもたらされた専門的な薬であり、すばらしい効き目をもつという印象を与えようとした薬名である。ここに、科学性を志向する大正時代の薬名の特色を指摘することができる。

科学性への志向は、薬品広告に、「保証金付」の文面が、全く見られなくなったことにも現われている。新旧薬交代の明治では、薬も商品であり、保証金を付けて売ってしまえばよいという露骨な現実主義が見られたけれど、大正の新薬時代には、そうした現実性志向の精神は薄れ、科学性志向の精神が高揚してきたのである。西欧的な科学思想が、少しずつ浸透してきているのであろう。

(3) さまざまな新薬名

効能関係名　前節(2)であげた成分関係名の次に目立つのが、効能をよみこんだ名前である。「アンチヱヌレシン」「アンチベリベリン」「ウリトール」「ツベルクロストローミン」「ネオミルヒン」「レスピラチン」など、一七例が、それと推測される薬名である。成分関係名にくらべると、その割合は、ずっと低い。

「**アンチヱヌレシン**」は、「夜尿症新治療薬」である。「アンチ」は、英語・ドイツ語のanti（アンチ）で、「抗」とか「反」といった意味を表わす接頭辞である。「ヱヌレシン」は、寝小便を意味する英語enuresis（エヌリシイス）をもじって語末に「ン」を添えたものであろう。つまり「抗寝小便（＝寝小便に対抗する）」という意味で、具体的な効能を意味する薬名である。「**アンチベリベリン**」は、南信堂薬局から発売されていた脚気治療薬である。ベリベリンという成分名があるので、一見成分関係名のようであるが、ベリベリンは、解熱剤に用いられる成分なので、おそらく関係あるまい。「ベリベリン」は、脚気を意味するドイツ語beriberi（ベーリベーリ）に、「ン」を付したものであろう。「アンチ」は、「抗」という意味を表わす接頭辞であるから「抗脚気」の意味で、やはり具体的効能を訴える薬名である。

「**ウリトール**」は、ラジウム製薬株式会社から「淋毒性利尿剤」と広告されて発売されていた薬である。「ウリ」は、英語の「尿の」という意味を表わすuric（ウリック）の上部をとったものであり、「トール」は、和語の「通る」を合成したものと推測される。「尿のトール」薬の意味をこめた効能名と考えられる。「**ツベルクロストローミン**」は、「結核治療及予防注射新薬」と書かれている。後藤風雲堂から発売されていた薬である。「ツベルクロ」は、肺結核を意味するドイツ語Tuberkulose（ツベルクローゼ）の上部をとったものである。「ストローミン」は、同じくドイツ語で「流す」の意味を表わすströmen（ストレーメン）をとったものであろう。「ツベルクロストローミン」で「肺結核を流す」という効能を表わす薬名だったと考えられる。

「**ネオミルヒン**」は、塩野義商店（現、塩野義製薬）から発売されていた「乳汁分泌催進薬」である。「ネオ」は、ドイツ語neo（ネオ）で、「新しい」の意味をもった接頭辞である。「ミルヒン」は、「乳を出す」という意味をもつドイツ語milchen（ミルヒエン）である。乳を出す新薬である。「**レスピラチン**」は、大阪化学研究所から発売されていた「呼吸器病新薬」である。吸入できる、呼吸できる、という意味のドイツ語respirabel（レスピラーベル）や、呼吸の・呼吸に用いる、などの意を表わす英語respiratory（レスピラトリ）に関係づけられる薬名であろう。

そのほか、「イーズ」「カルモチン」「クラフト」「スパルタ」「トリート」「ビータ」「ビットル散」「ヘールピン」「ヘルプ」「ママー」「ラキサトール」も、効能名もしくは効能暗示名と考えられる。なお、消化剤「ゴルフ」も、あるいは、うちこむ（＝服用する）とよい、という効能暗示名だったかもしれない。

病症関係名　また、病症や病症箇所による薬名もある。「ゴノクロール」「セキヂン」「ネルヘナ」「ノイラミン」「ヘブリン丸」「ネオヘマトパン」「ブルトーゼ」「ボイス」である。

たとえば、「**ノイラミン**」は、富強製薬株式会社から発売されていた「神経復活新剤」である。神経症を表わすドイツ語Neurose（ノイローゼ）、もしくは英語noiroze（ノイローゼ）をもじり、語末に薬名らしくする「ン」を付したものであろう。最後にあげた「**ボイス**」は、「声をよくし、元気を増す」と広告されている。声がれ・のどあれを防ぐ薬である。声を意味する「ボイス」を薬名としており、病症箇所による命名である。

また、右に列挙しなかったが、「梅毒・淋病」の「一回頓服最新剤」と広告された「**柏木スピナール**」は、梅毒の病原体スピロヘータに関係づけて命名したものと推測される。病症や病症箇所による名ではないが、関連名としてあげることができよう。

材料関係名など　また、材料関連の名前も、若干見られる。「オピアト」「タラコン」「銀皮エキス」である。**「オピアト」**は、「治淋特効剤」と宣伝されている。「オピアト」は、阿片剤を意味するドイツ語 Opiat（オピアート）もしくは英語 opiate（オウピアト）を、そのまま使用した薬名である。**「タラコン」**は、胃腸薬である。健胃剤となるセンブリを表わすドイツ語 Tarant（タラント）のもじりによる薬名と考えられる。つまり材料関連名である。

このほか、**「ボンボン」**という咳止め薬がある。糖菓を意味する英語 bonbon（ボンボン）から来た薬名で、薬の味を暗示する薬名である。

このように、大正の新薬名を見渡してみると、割合に単純な名づけもあるが、「ブロチン」「アンチベリベリン」のように、外国語を合成したりすることも多くなり、明治時代の新薬名よりはるかに複雑な命名法になってきている。

(4) 語末に「ン」をつける

さて、新薬の名前をみてくると、薬名の語尾が「ン」で終わるものの著しく多いことに気づく。

アフロン、オリザニン、キナピリン、グリコラクチン、ヂアサン、ヂキシン、ヂゲスチン、鐵フイチン、ネオピリン、ビオフェルミン、フルクチン、ブロチン、コロダイン

と、語末が「ン」で終わっている。また、われわれは、すでに語末に、わざわざ「ン」を付して薬名らしくしてい

る例に、しばしば出会ってきた。

さらに、命名理由の不明である薬名をみても、

アヂホリン、エルボン、オイン、オートミン、オスゲン、タルリン、ハイレン、ピローゲン、ホルミン、レグモン

と、語末に「ン」があり、意味はわからないけれど、薬名らしく感じる。

こうした風潮は、新薬突入時代の大正になってから、きわめて顕著な形をとって現われてきた薬名の特色である。明治の売薬では、表9にみるように、新薬名三二例のうち、一〇例が語末に「ン」をとった薬名である。新薬名の用例そのものが多くないので、さほど目立ちはしなかったけれど、新薬名の語末に「ン」がつくという傾向は、じつに明治の頃からすでに形成され始めていたことがわかる。大正の新薬時代になると、堰を切ったように、新薬名の語末には「ン」がつくようになり、それは、昭和の売薬にそのまま継承されていく。現在でも、われわれは、新薬の名前というと、

表9

薬名＼時代	旧薬時代（江戸）	新旧薬交代時代（明治）	新薬時代（大正）	新薬時代（昭和）
(A)新薬名	2	32	79	139
(B)語末「ン」の新薬名	1	10	38	57
(C)比率 $\left(\frac{(B)}{(A)}\right)$		（31.3%）	（48.1%）	（41.0%）

アリナミン、アスレタン、アトラキシン、アスピリン、アルペン、イソジン、オクタミン、グレラン、キャベジン、コルゲン

などと、語末に「ン」のつく薬名を、つぎつぎに思い浮かべる

ことができる。[25] 語末に「ン」がつくと薬の名前、という観念は、この大正時代に強固に形づくられたわけである。

では、なぜ、新薬名は、語末に「ン」のつくことが多くなったのであろうか。最も大きな理由としては、薬の有効成分名が、「ン」で終わることが多いことである。たとえば、薬の有効成分となるのは、

アザチオプリン、アザプロパゾン、アジマリン、アズレン、アセグラトン、アセチルキタサマイシン、安息香酸ナトリウムカフェイン、塩酸アカミロフェニン、塩酸エフェドリン、塩酸ジフェンヒドラミン、塩酸チアミン、塩酸パパベリン、ジプロフィリン、スルプリン、セルロシン、ノスカピン、パンクレアチン、ビリグラフィン、プロキシフィリン、マレイン酸クロルフェニラミン、リボフラビン

などと、「ン」で終わることが、きわめて多いのである。とすれば、これらの成分名に関係づけて命名することの多い新薬名は、当然「ン」で終わることが多くなる。逆に、成分による薬名でなくても、語末に「ン」を付すと、成分関係名らしくなり、科学性を印象づけることができる。そのために語末の「ン」が一層好まれることになる。また、「ブライン」「ヘブリン」「ボンボン」のように、もとになった外国語そのものから「ン」のついている場合がある。この場合も、語末の「ン」を生かしておけば、科学性を感じさせることができる。こうして、新薬名は、科学性を志向する風潮に助長されて、語末に「ン」をとることが多くなったと考えられる。

さらに、薬も商品である以上、「運」がついてすばらしい売れ行きを示すことが望まれる。薬業界は、新薬発売の競争にあって、自社開発の新薬を、少しでも多く売りたい。「ン」のついた薬名は「運（ン）」のつく商品である。[26] こうした製薬会社側の必死の願いをも背負って、新薬名にはますます「ン」がつくことになった。

(5) 変化してゆく民間薬名

さて、最後に、民間薬名に注目してみる。すると、二つの注目すべき傾向を指摘することができる。

新薬のイメージ　第一は、民間薬名も、新薬のイメージを求めてしきりにカタカナ書きをしていることである。民間薬名の中には、次のようなものが見られる。

ビホー、ホータン錠、カルクス錠、西洋アンマ膏、ドクトリ丸、ビックリ丸、ビックリ目薬、ロート目薬、カオール、ツヨール、ユーキリン

「**ビホー**」は、もとは「美宝」と表記されていた薬名をカタカナ書きにしたものである。「女のくすり」「月やく不順、こしけ女の病」と広告されている。「**ホータン錠**」も、明治初期に一躍有名になった口中良薬「宝丹」のカタカナ書きである。守田治兵衛（図20参照）商店の発売薬であるが、彼は宣伝の才に恵まれ、あらゆる広告媒体を巧みに利用した。「ホータン錠」は、明治初期においては、岸田吟香の目薬「精錡水（せいきすい）」と並んで、売薬の二大広告として一世を風靡したものである[27]。守田商店らしく、時代の流れを逸早くキャッチし、カタカナ書きにしたものであろう。カタカナ書きにすると、ぐっと新しく見え、同時にもとの漢字名を知らない限り、名前の意味がわかりにくくなってくる。何か深い意味がありそうな気がしてくる。表音文字

図20　守田治兵衛。（『日本広告発達史（上）』電通より）

であるカタカナの魔術である。「**カルクス錠**」は、脚気治療薬である。脚（あし）を「軽（かる）くす」という効能を訴えた薬名ではないかと思う。「**西洋アンマ膏**」とは、面白い薬名である。「按摩（アンマ）」はもともと東洋のもので漢語であるが、カタカナ書きにし、さらに「西洋」の語を冠して、舶来のイメージを出している。

「**ドクトリ丸**」は、明治の売薬から見られた梅毒治療薬である。サルバルサン発見後も相変らず、発売し続けている。「**ビックリ丸**」は、明治の売薬から見られたが、薬の種類・発売元が異なっている。明治の「ビックリ丸」は、感冒薬で二文字屋から発売されていたものであるが、大正の「ビックリ丸」は、「梅毒、しつ（＝湿瘡）、りん病」治療薬で、岡田順天堂発売である。岡田順天堂は、「ビックリ」の名前を商標のように使っていたようで、「**ビックリ目薬**」も、同社発売の目薬である。「**ロート目薬**」は、山田安民薬房（現、ロート製薬株式会社）から発売されている。「ロート」は、はしりどころの根を意味する。「はしりどころ」には、漢名「莨菪（ろうとう）」をあてていたので、ここから「ロート」が生じた。つまり、「ロート」の語の出身は、漢語「莨菪（ろうとう）」である。「ロート」は、シーボルトによって、眼病手術に欠かせぬものであることが明らかにされていたので(28)、目薬の名として採用されたのであろう。さらに、この目薬には、図21の下の方の絵に見るように、特殊な点眼器が添えられている。それが物を注ぎ込むのに便利な「漏斗（ろうと）」を思い起こさせるので、その意味も掛けて「ロート目薬」と命名したのかもしれない。

これらの民間薬は、いずれも和語や漢語であるのに、カタカナ書きし、新薬らしく装っているものである。掲出した例の最後の「カオール」「ツヨール」「ユーキリン」は、新薬らしい接辞「ン」や「ル」をとり、新薬名と見紛うほどである。新薬名の語末に「ン」のつくことはすでにのべたが、「ル」も「ン」にはおよばないが、しばしば薬名の語末に用いられる接辞である。「ン」と同じく、薬の有効成分名には、

マンニトール、アクリノール、ヒノキチオール、アセブトロール、メホバルビタール、l（エル）—メントール

などと「ル」のつくことが多いので、語末に「ル」を添えると、科学的な印象を与えることができたからである。
さらに、都合のよいことに、

かおる、する、だまる、とおる、とめる、なおる、……

のごとく、日本語動詞の終止形は「る」で終わることが多い。これは、和語を用いて新薬らしくみせかける名前をつくるのに、まことに有利な性質であった。それを実行したのが、「カオール」である。「**カオール**」は、口中清涼薬で、服用すると口中が「かおる」のである（図22参照）。「**ツヨール**」は、「淋病新薬」であるが、おそらく「強い」という和語に「ル」を付してもじり、新薬らしくしたものであろう。「**ユーキリン**」は、「神経衰弱特効」薬である。服用すると「勇気凛凛（ゆうきりんりん）」とするためにつけられた薬名であろう。

図21　大正1年の新聞広告。（『日本の広告美術』美術出版社より）

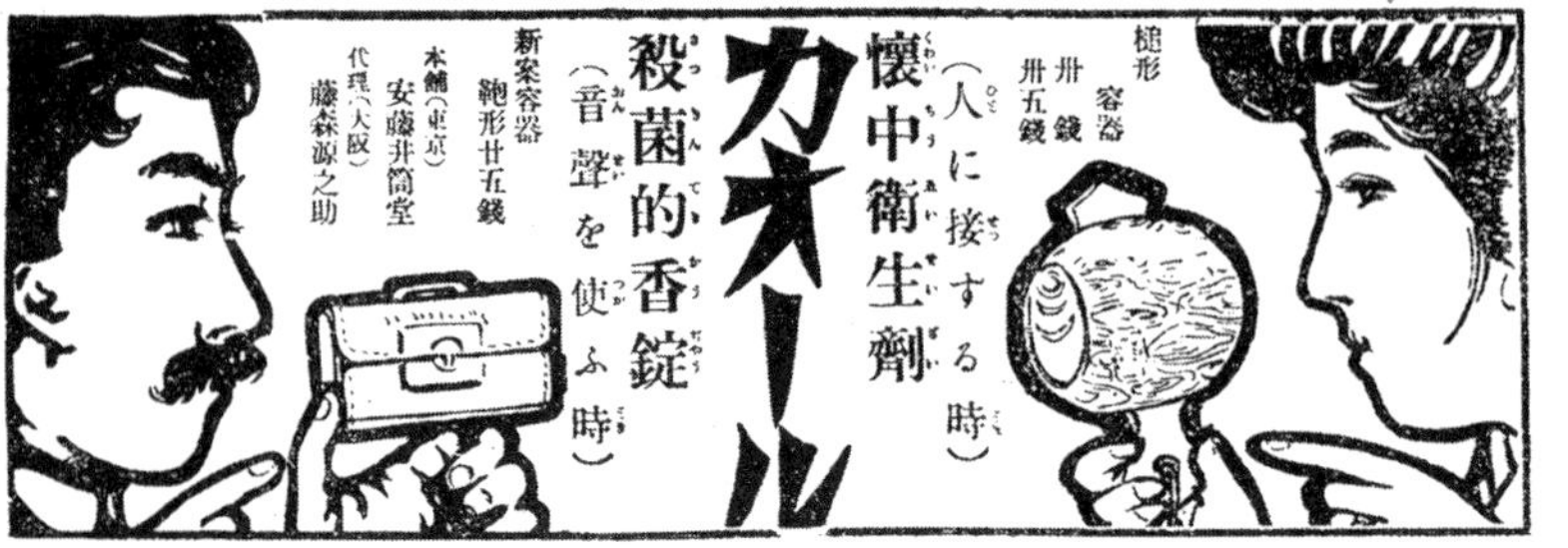

図 22　明治 45 年の新聞広告。（『日本の広告美術』美術出版社より）

こうして、民間薬も、カタカナ表記にしたり、語末に「ン」「ル」をつけたりして、新薬のイメージを求めて命名していることがわかる。

固有名詞化　民間薬に、特に顕著にみられるもう一つの注目すべき現象は、固有名詞化の傾向である。

すでに、われわれは、江戸時代の売薬・明治の売薬とながめ、民間薬名のきわめて普通名詞的であることを知った。ところが、新薬突入時代になると、民間薬が固有名詞化してくるのである。それは、次のような形をとる。

(A)　ミツワ鎮痛液、ミツワ祛痰錠、ミツワ健胃錠、ミツワ消化錠、ミツワ婦人湯薬

(B)　ホシ胃腸薬（図23参照）、ホシ小児風薬、ホシ小児胃腸薬、ホシ小児祛痰薬、ホシ小児疳の薬

(C)　小松ぢの薬、大木耳鼻薬

最初の(A)にあげた例は、ミツワ石鹸本舗丸見屋商店から発売された薬で、いずれも商標「ミツワ」を冠している。「鎮痛液」「祛痰錠」「健胃錠」「消化錠」「婦人湯薬」だけでは、江戸時代・明治時代の売薬と同じく、普通名詞的である。(B)の例も同様である。星製薬会社の社名「ホシ」を冠し、(C)の例も、小松盛林堂の「小松」や大木合名会社の「大木」を冠して、固有名詞化をはかっている。このように、商標や社名をつけて固有名詞化をめざした民間薬名は、四三例もみられ、

民間薬名全体の七割近くに達している。

明治一七年に商標条例が出され、明治三二年に商標法制定、さらにそれは、明治四二年と大正一〇年に改正され、商標制が次第に確立していくと、江戸の売薬の「痔の薬」とか、明治の売薬の「健胃散」とかいった普通名詞的な薬名では通用しなくなってきたのである。

こうした、社名や商標を、普通名詞的な薬名の上に冠して固有名詞化をめざす方法は、昭和の売薬名にも継承されていく一つの流れである。

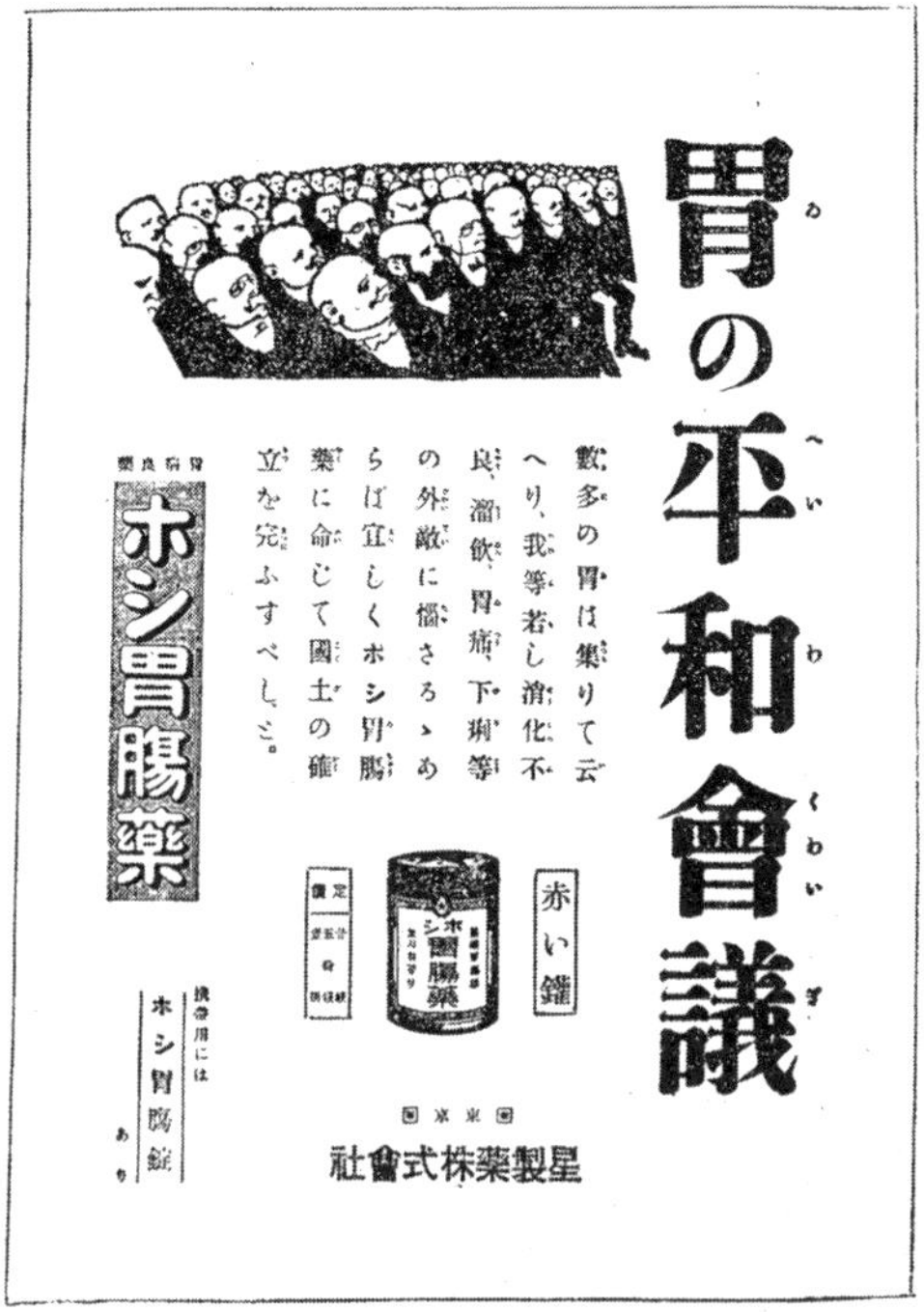

図 23　大正 10 年の新聞広告。(『日本の広告美術』美術出版社より)

以上、新薬突入時代の売薬名を概観してきた。このころは、もう漢方薬名の勢力は著しく衰え、新薬名が台頭してきていた。新薬は、科学性を志向して命名された。民間薬も新薬のイメージを求めて名づけられ、そして固有名詞化していった。大正の売薬名は、来たるべき新薬全盛時代をすでに予告していた。まさに、新薬突入時代であった。

5　新薬全盛時代―昭和時代―

(1)　新薬名の全盛

薬業界もすっかり近代化され、新薬全盛時代が到来した。昭和三七・三八年になると、売薬名は、どのようになるであろうか。

漢方薬系の名と洋薬系の名の状態を中心にまとめると、表10のようになる。

表10から、漢方薬系の名前は一割未満の七・九％にまで落ち込み、代わりに洋薬系の名前が八割五分を占めるに至ったことが分かる。新薬名が栄華を極めている。

では、具体的にその内容を検討していこう。

旧薬名　まず旧薬名と思われるのは、一六五例の売薬名のうち、次の一三例だけである。

宇津救命丸、太田胃散、救心、強力わかもと（図24参照）、強力仁丹S、三共胃腸薬、三共整腸薬、三共胃腸薬U、仁丹、美宝散、新ロート目薬、複合ワカ末、龍角散これらの旧薬名は、それまでの旧薬名とはちがって、「強力仁丹S―」「三共胃腸薬U―」に見るように、ローマ字が入ってきている。後に述べるように、薬名にローマ字を入れるのは、昭和の新薬の名づけ方の一つの特色である。こうした新薬名の特色が、旧薬名にまであらわれてきている。いかに新薬名の影響力が強かったかがうかがえる。

民間薬も新薬名らしく　さらに、カタカナ表記され、一見新薬と見えるのだが、じつは、日常的な漢語や和語からできた民間薬系の名前ではないかと思われるものがある。次の一三例である。

イボコロリ、カブS、ガンコリン、クラミン錠、サラリン錠、強力ダマリン、強力ダマリンC、トクホミン、トクホン、ノーシン、ノーソ、マスチゲンB_{12}、リキホルモ

「**イボコロリ**」以外は、れっきとした新薬名として通用しそうである。しかし、いずれも、外国語や外来語をもじってできたオーソドックスな新薬名ではない。たとえば、「**カブS**」は、「かゆい、いたい皮膚病に」とある広告

表10

薬名の系統		用例数	表記との対応関係 （）内は用例数
旧薬	漢方薬系の名	13 (7.9%)	漢字名(8)、漢字カタカナ名(2)、漢字ローマ字名(2)、漢字ひらがな名(1)
旧薬	民間薬系の名	13 (7.9%)	カタカナ名(7)、カタカナ漢字名(3)、カタカナローマ字名(1)、カタカナ漢字ローマ字名(1)、カタカナローマ字数字名(1)
新薬	洋薬系の名	139 (84.2%)	カタカナ名(88)、カタカナ漢字名(23)、カタカナローマ字名(17)、カタカナ漢字ローマ字名(9)、カタカナ数字名(1)、カタカナローマ字数字名(1)
合計		165 (100%)	

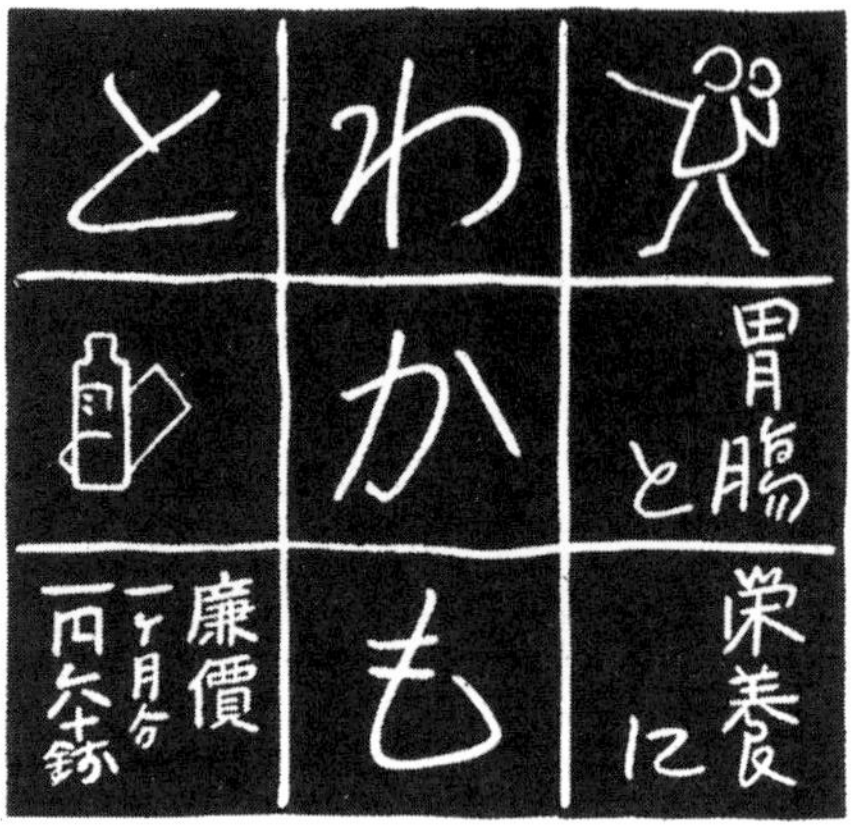

図 24　昭和７年の新聞広告。（『日本の広告美術』美術出版社より）

からみて、和語の「かぶれ」の「かぶ」をとってできた名前と推測される。Ｓは、英語 strong などの効きめを強調する意味の語の頭文字であろう。「**ガンコリン**」も、「ガンコな水虫に」というキャッチフレーズから察するに、漢語「頑固（がんこ）」をもじった薬名であろう。「**強力ダマリン**」「**強力ダマリンC**」も、水虫治療薬である。「水虫に痛撃」とあるから、水虫もこれをつけると「だまる」ところからきた薬名ではないか。水虫の薬には、この手の命名が目立つ。

また、同じく外用薬の「**トクホン**」（図25参照）は、かの有名な江戸初期の名医、永田徳本の名からつけた薬名。「トクホン」とカタカナ書きにすると、末尾に「ン」がついていることもあって、とたんに新薬名らしくなるところが面白い。「**トクホミン**」は、これまた水虫治療薬だが、「トクホン」と同じく鈴木日本堂から発売されているので、商標「トクホン」と関係づけて命名された可能性が高い。

内服用薬にしても同様である。「**クラミン錠**」は、「のりものよいに」とある。酔うとクラクラッとするから、その病状をもじって「クラミン」にしたものと推測される。「**サラリン錠**」は、便秘薬。これを飲むと快通し、サラリンとするから「サラリン」なのである。ともに、擬態語から命名された薬名である。「**ノーシン**」（図26参照）は、脳神経に効く薬の意味から「脳神」をとり、カタカナ書きにしたもの。「**ノーソ**」も頭痛薬であるが、「脳素」をカタカナ書きにした薬名。「**マスチゲンB12**」は、まことに新薬名らしくなった名前である。「血を増し、若さをまもる」をキャッチフレーズにしていることからも推測できるように、「増す血源」と和語や漢語の句による薬名である。あるいは、語末の「ゲン」は、アレルゲン、グリコーゲンなどにみる「……の生ずるもと」の意味を表わす接尾辞 gen（ゲン）とも考えられる。この場合には、和語による句に外来語を付した薬名ということになる。「**リキホルモ**」は「総合ビタミン×強肝剤×強精剤」と広告されている。「リキ」は、漢語「力（リキ）」を表わし、効能を暗示した薬名であろう。外来語「ホルモン」を意味する「ホルモ」が付されているので、よけい新薬らしい感じがしてくる。

図 25　昭和 30 年の新聞広告。(『日本の広告美術』美術出版社より)

　このように、ここにあげた薬名は、いずれも新薬名らしく装ってあるけれど、和語や身近な漢語をもとにした薬名であり、大正時代の民間薬「カオール」「ツヨール」「ユーキリン」の延長線上にある薬名なのである。ただし、この昭和の時代になると、もはや民間薬の域を脱し、新薬名に入れても少しも不自然でないものとなってきている。というのは、「イボコロリ」以外の薬名は、もとが和語や漢語であったことをほとんど感じさせないからである。和語や漢語をもじったりひねったりして、新薬特有の接辞「ン」をとって、おまけにローマ字・数字まで入れて名づけているのである。こうして、列挙した薬名は、外国語や外来語

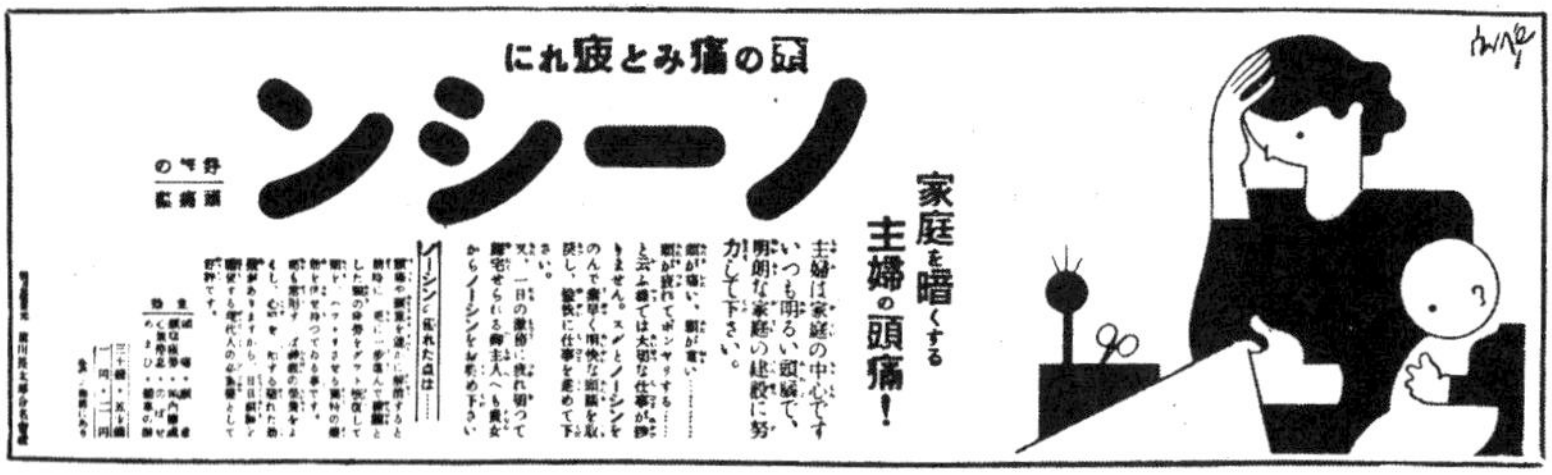

図 26　昭和 13 年の新聞広告。(『日本の広告美術』美術出版社より)

をもじって名づけた正統派の新薬名と、なんら変わるところのない名に昇格（?）してしまったのである。新薬突入時代の大正では、民間薬名が新薬名をめざして名づけられ始めていたが、昭和になると、民間薬出身の薬名が、ついに新薬名と区別がつかなくなって来た。

(2)　最新性を志向する

さて、外国語や外来語をもじって名づけた正統派新薬に注目してみる。

成分関係名　すると、最も目立つのが、薬の有効成分をもじって命名した名前である。次に列挙するごとく、五二例も成分もじり名が見られ、それは、命名理由の判明した新薬名一一六例の四五%にあたっている。新薬時代に突入した大正の頃と同じ割合である。新薬は、やはり成分を表わす化学名を名前にもりこみ、科学性を強調するのが一番効果的だと考えられている。このように成分もじり名があいかわらず新薬名の主流であるが、大正時代とほぼ同率にとどまっており、増加していかないところに、この命名法の限界が見える。

さて、成分もじり名のうち、説明の必要な薬名をいくつかとりあげて、具体的に紹介しておきたい。とりあげる薬名には傍線を付し、とりあげない薬名には、下の（　）内に、その薬名の由来となったと考えられる成分名を記しておくことにする。

アスパラ（アスパラギン酸）、アスピリン（アスピリン）、アチドール・ペプシン（ペプシン）、アリナミン（アリチアミン）、無臭性アリナミンF（アリチアミン）、イソジン液、イソジンガーグル、エスピレチン、ヱビオス、オクタミン（オクトチアミン）、カリクレイン（カリジノゲナーゼ）、カルラ（カルシウム）、カンゲルU、キャベジンコーワ、グロンサン（グルクロン酸）、グロンサンエース錠（グルクロン酸）、グロンサンCポ（グルクロン酸）、グロンサンバーモント、グロモント、サナクターゼ錠（サナクターゼ）、サロンパス、シナール（ビタミンC）、新E・P・ホルモン錠、スルキシン（スルファジメトキシン）、ダイメトン（スルファモノメトキシン）、強力チオクタン（チオクト酸）、チミコデシロップ（コデイン）、チミコデスーパー（コデイン）、トリコマイシンS（トリコマイシン）[29]、ネオラ（ネオラミンスリービー）、ノイビタ、ハイシー（ビタミンC）、バファリン、バラマイコーチゾン軟膏（バシトラシン＋フラジオマイシン＋ヒドロコルチゾン）、バリオチン（バリオチン）、パンシー錠（ビタミンC）、強力パント（パンテチン）、パントL（パンテチン）、パンビタン（ビタミン）、ビオタミン、ビオフェルミン（ビオ＋フェルメント）、フラジオ軟膏（フラジオマイシン）、プロバンM錠（プロパンテリン）、強力ヘクタリン錠（アクリノール）、ベンザ、強力ベンザ、ボネカ（ボーネカンプエッセンスナチュラル）、強力ミネビタール（ミネラル＋ビタミン）、メンフラ（*l*―メントール＋*dl*―カンフル）、モノフィリン（テオフィリン）、リポビタンD、ローゼリー（ローヤルゼリー）

下の（　）の中の成分名と、薬名とを見くらべると、アスピリンやサナクターゼのように、成分名がそのまま薬名になっているもの、アリナミンやチオクタンのように、成分名を少しもじったもの、アスパラやネオラのように、成分名の上部だけとったもの、スルキシンのように、成分名の上と下とをとったもの、メンフラのように、二成分名の上と下とをとってもじったものなど種々の場合がある。

さて、傍線を付した薬名について、若干説明しておこう。少々くだくだしいが、ご海容願いたい。「**イソジン液**」「**イソジンガーグル**」は、ともに明治製菓薬品部より発売されている。「イソジン」は、成分のヨードを意味する英語 iodine をもじって命名したアメリカの商品名をそのまま頂戴したものである。「ガーグル」は、うがい薬を表わす英語 gargle である。したがって、「イソジンガーグル」は、単なる成分もじり名ではなく、用途をも含みこんだ薬名である。「**エスピレチン**」は、エスエス製薬発売の感冒薬である。「エス」は、社名の一部をとったものである。「ピレチン」は、解熱鎮痛の効果のある成分「スルピリン」をもじったものではないかと推測される。現在「エスピレチン」は発売されていないが、同製薬会社から医療薬として、スルピリンを主成分とする「エスピレ坐薬」が発売されている。

「**ヱビオス**」も、社名関連語と含有物質とを合成した薬名である。「ヱビ」は、ヱビスビールの会社が発売しているので、その「ヱビ」をとる。「ビオス」は bios（ビオス）というビール麦芽汁からの抽出物質を表わす語である。(30) 両語を合成して「ヱビオス」となった。「**カンゲルU**」は、総合胃腸薬である。組成を調べてみると、内層がカンゾウエキス末を主成分としており、外層が乾燥水酸化アルミニウムゲルを主成分としている。内層の成分名の上をとって「カン」、外層の成分名の末尾をとって「ゲル」、両者を組み合わせて「カンゲル」の名になったものであろう。Uは潰瘍をあらわす英語 ulcer の頭文字と考えられる。「**キャベジンコーワ**」も胃腸薬。キャベツなどの新鮮な野菜汁に含まれるメチルメチオニンスルフオニウムクロリドを主成分とするところから名づけられた。成分を含有する材料（＝キャベツ）による命名といった方が、適切かもしれない。「コーワ」は発売元の社名、興和株式会社の「コーワ」である。

「**グロンサンバーモント**」は、含有成分グロクロン酸に、りんごと蜂蜜によるバーモント療法とを合成した薬名である。「グロンサンバーモント」の語頭の二字と語末の三字をとって「グロモント」の薬名が誕生した。「**サロンパス**」は、主成分サルチル酸メチルをもじって「サロン」とし、「パス」は、糊状のこねたものを意味するドイツ語pasta（パスタ）の語頭二音節をとって合成したものである。「**新E・P・ホルモン錠**」は、帝国臓器の出している黄体・卵胞ホルモン混合製剤である。Eは、卵胞ホルモンを意味するestrogen（エストロゲン）の頭文字、Pは、黄体ホルモンを意味するprogesterone（プロゲステロン）の頭文字である。つまり、含有成分の頭文字をとって命名した薬名である。

「**ノイビタ**」は、藤沢薬品から発売されている「結合新活性ビタミン剤」である。「ノイ」は、ドイツ語neu（ノイ）で、新しいの意味を表わす。「ビタ」は、もちろんビタミン剤の意味。広告にうたわれているとおり、新しいビタミン剤の意味で名づけた薬名である。「**バファリン**」は「アメリカ生れの鎮痛・解熱剤」と広告されている。これも、単純な成分もじり名ではなく、効能を表わす英語buffer（バファ）と合成された薬名である。buffer（バファ）は、衝撃を緩和するという意味である。「リン」は、成分aspirin（アスピリン）の語末である。つまり、「**バファリン**」は、痛み・熱をやわらげるアスピリンの意味で名づけられた薬名である。「**ビオタミン**」は、「新活性型ビタミン」という広告文からうかがえるように、生命・生・生物などの意をもつ接頭辞bio（ビオ）を冠したビタミン剤である。

「**ベンザ**」は、宮木高明氏の『新薬千一夜』（毎日新聞社）や相沢正夫氏の『社名・商品名雑学事典』（毎日新聞社）で、その命名の由来が述べられているが、両者でまったく異なる説明を与えている！　ともに命名者である製薬会社からの説明にもとづいた解説と考えられるのだが、社内の誰が説明するかによって、異なる解説となってしまうという事実は、記憶にとどめるべき重要事項である。この種の命名の問題を考える際の、警鐘でもあるからである。

さて、宮木氏は、風通し・通風・換気といった意味をもつ英語ventilation（ベンティレイション）の上部venti（ベンティ）からvenza（ベンザ）となり、さらに薬名benzaが生まれたと説明しておられる。風を通すことは、風邪を体からぬく、つまり治すことだというわけである。ただし、この場合は、空気の「風」に、病気の「風邪」を掛けて考えねばならず、さらに薬名benza（ベンザ）にするためには、頭文字vをbにかえねばならない。

一方、相沢氏は、「抗ヒスタミン剤のビリベンザミンをふくんでいるので、そのなかの三字をとったもの。ビリベンザミンとは塩酸トリベナミンによるアメリカの商品名である」と説明される。相沢氏の説の方が、命名理由として自然である。ただし、塩酸トリベナミンを主成分とするアメリカの商品名は、ビリベンザミンではなく、ピリベンザミンである。誤植であろう。（ちなみに、現在発売されている「ベンザ」の組成を調べてみたところ、塩酸トリベナミンは含有されていない。）

「**強力ベンザ**」は、「ベンザ」の後に発売されたもので、昭和三八年一〇月の新聞広告に「強力カプセル　強力内服液新発売」と出ている。含有成分を若干変えて、新しく発売したものであろう。最後は、有名な栄養保健薬「**リポビタンD**」である。ちょうど調査対象とした昭和三七年に発売されたもので、「新発売　清涼強肝剤」と広告されている。相沢正夫氏によると、「リポ」に特別の意味はないそうであるが、含有成分のリン酸リボフラビンナトリウムにヒントを得て「リポ」が出てきたのではないかと思う。「ビタン」は「ビタミン」のもじりである。Dはdrink（ドリンク）剤を表わしている。

このように、成分名を省略したり、もじったり、他の語と合成させたりしてつけた薬名が、新薬では最もよく使われる名づけなのである。昭和時代も、新薬突入の大正時代の薬名の傾向を継承し、成分関係名で科学性を強調し、薬効を信じさせようと努力している。

最新性の強調　しかし、昭和の新薬全盛時代では、もはや科学性を印象づけるだけでは足りなくなってきている。科学の生んだ最新薬のイメージが必要なのである。こうして、昭和時代の薬名は、最新性を志向して名づけられるようになる。

最新性の強調は、たとえば、すでにみた薬名でいえば、「新Ｅ・Ｐ・ホルモン錠」のように「新」という接辞を冠することによって、あるいは「強力チオクタン」「強力パント」「強力ベンザ」のように「強力」という語を冠することによって行なう。あるいは、まだ例としてあげていないが、この頃にみられる「アナヒストルーキー」のように、新人を意味する「ルーキー」という語をつけたり、「ダンプラス」のように「プラス」という語をつけたりすることによって、新しい成分をもり込んだ最新のものであることを訴える。また、「ハイベンザ」「ハイマイティア」のように、「ハイ」をつけて、品質改善のなされた最新のものであることを示す。

最新性は、さらにローマ字や数字をもり込むことによって強調される。「オロナイン」は、やがて「オロナインＨ軟膏」に、「シロン」はやがて「シロンＳ」に、「強力チオクタン」は、やがて「強力チオクタンＷ」に、というぐあいに、ローマ字を付して、成分の改良された最新のものというイメージを出している。旧薬名にしても、大正時代には「三共胃腸薬」だったのに、昭和時代には「三共胃腸薬Ｕ」となる。

このように、昭和の売薬は、改良に改良を重ねた最新のものであることを強調している。最新だから、これまでの薬よりもさらに優れた効き目があると訴えかけている。薬の有効成分をもりこんで科学性を強調しただけでは足りない。科学は日に日に進歩している。新薬全盛時代の薬名は、日進月歩の科学の歩みとともに、最新性をめざして名づけられている。そして、いま、われわれの生きているこの現在、発売されている一般薬をながめると、次のような、ローマ字や数字を使って、最新薬のイメージを求めて命名された薬名に出会う。

マッハⅡＡ、トッピー600Ａ、新コーピタンＡ３、エスタックＧＴ、エスピラＣＰ、カルツＤＸ、カルツＢＢ、レポチリンＨＤ、ピラＣＰＷ

これらの名前を見て、ただちに薬名とわかる人が何人いるだろうか。カメラやラジカセやパソコンなどの精巧な機械の名前のようである。ちなみに、こちらの商品名の一例を示してみれば、

ＳＸ―七〇（ポラロイドカメラ）

ＴＰＲ一〇一、ＲＴ―二〇〇Ｆ（ラジカセ）

ＰＣ８０００、ＰＣ６０００（パソコン）

といったぐあいである。[31] 薬の名前も、ここまで来てしまったという気がする。最新性を志向して名づけられる薬名、これが昭和の売薬名の特色である。

(3) ひとりよがりな新薬名

以上、成分関係名を見てきたが、説明されないと意味のわからない薬名も多かったのではないだろうか。とくに二語の合成名はわかりにくい。科学性・最新性を志向して薬名をつけているうちに、薬の名前は、いつの間にか手の施しようがないほど、ひとりよがりな名前におちいってきている。薬名を見ても、無意味な音節や記号の連なりとしか映らない場合もある。

ローマ字の意味　だいたい、昭和の売薬になって使われるようになったローマ字や数字の意味を、われわれは知っているだろうか。いくつかのローマ字についてはすでに説明を試みたが、それも調査して初めてわかったものが多い。よほどその道に詳しいか、調べてみない限り、その意味を知る由もない。調査の結果、ローマ字や数字の意味が少しずつわかってきたが、同じローマ字でも薬名ごとにちがった意味をもっていることが少なくない。つま

り、ローマ字は、もはや一般に通用しない、仲間うちの記号でしかないのである。

たとえば、薬名によく見られるローマ字Sをとりあげてみる。

　アドナS、ポポンS、マクニンS

このようにSのつく薬名がある。「アドナS」のSは、成分レセルピンを抽出する植物serpentina（セルペンチナ）の頭文字である[32]。「ポポンS」のSについては二説ある。一つは、どれと特定できないが、super（スーパー）・strong（ストロング）・special（スペシャル）などの頭文字という説である[33]。他の一つは、Sはフィーリングがよいから選んだまでで、特に意味はないという説である[34]。いずれが真実なのかにわかに断定できない。「マクニンS」のSは、古くから回虫駆除の特効薬として知られたsantonin（サントニン）の頭文字である。このように、S一字についても、薬ごとに意味が異なっている。

また、「ハイシーA」のAと「アリナミンA」のAは、ともに、医家用ではなく、一般向けの薬であることを示す社内区分番号である。それに対して、「命の母A」のAは、錠剤化して発売した一番最初のものという意味で、社内での発売順序を表わす。新調剤のB、Cが続くことを予想してつけた命名である。社内区分番号や社内発売順序まで、一般に市販される薬名にもり込む必要が本当にあるのだろうか。ここには、現代の薬名の性質が、暗示されている。すなわち、薬名は、今や一般のひとびとから遊離し、ひとりよがりな性質を帯び、まさに仲間うちの記号と化し始めているからである。

数字にしても「コンタック600」の600が粒子の数を、「QエンドPコーワ80」の80が、胎盤エキス含有量を、「コルゲンコーワエイト」の8（エイト）が、含有成分の種類数を表わしていることをわれわれは知っていただろうか。次に参考までに、いくつかのローマ字の表わす意味を列挙しておこう。（　）内が、そのローマ字の表わしている内容である。

Q―エンドP―コーワ80（Qualityの頭文字、Perfectの頭文字）
ラムールQ―（図27参照）（Queenの頭文字）
アスレタンK―（社名の頭文字）
オロナインH―軟膏（主成分の頭文字）
パンシロンG―（主成分の頭文字）
強力チオクタンW―（成分を新配合して効果が二重に、の意味でWを使う）
オータD―錠（消化作用を意味するDigestionの頭文字）

このように、新薬名では、まず、ローマ字や数字の意味が、一般にわかりにくい。さらに、名前の本体にしても意味のわからないものが多い。すでに列挙したような成分関係名なら、有効成分さえつかめれば、薬名の由来が判明しやすい。しかし、そのほかの種々雑多な名づけ方の場合には、その意味の解明が、かなり困難である。というのは、一つには、英語・ドイツ語・ラテン語・スペイン語とさまざまな外国語を使っているので、見当がつけにくいのである。また、二つ以上の語を省略したりもじったりしてさらに合成することが多いので、もとの語が、きわめて推定しにくいのである。

ふり返ってみると、明治時代の新薬名は、一つの外国語をそのまま使ったり、略したりする単純な薬名であった。ところが、新薬突入の大正時代になると、二種の外国語を合成したりすることもあり、複雑な薬名になってきた。そして、昭和では、複雑さをとおりこして難解とでもいえそうな名づけ方になってきている。昭和の売薬で、関係書や辞典などから命名理由の推測できなかった薬名は、次の三六例である。識者の御教示を乞う。（　）内の語句は、広告から抜粋したものである。

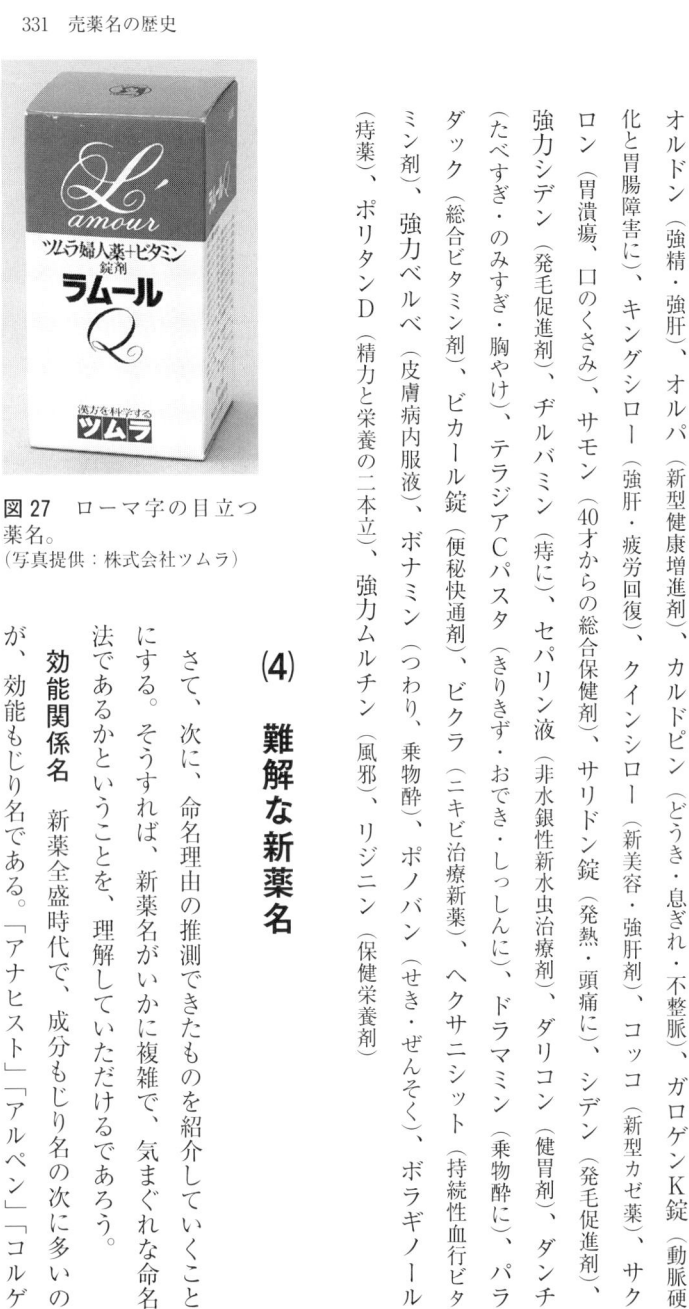

アクロマイシンV（赤痢・肺炎に）、アラージン（水虫に）、イベルザール（口中薬）、M・ベルベ（皮膚病に）、エレストール（リウマチ・神経痛・筋肉痛治療剤）、オイラックスH（かぶれ・かゆみに）、オーゼット錠（疲労回復剤）、オルドン（強精・強肝）、オルパ（新型健康増進剤）、カルドピン（どうき・息ぎれ・不整脈）、ガロゲンK錠（動脈硬化と胃腸障害に）、キングシロー（強肝・疲労回復）、クインシロー（新美容・強肝剤）、コッコ（新型カゼ薬）、サクロン（胃潰瘍、口のくさみ）、サモン（40才からの総合保健剤）、サリドン錠（発熱・頭痛に）、シデン（発毛促進剤）、強力シデン（発毛促進剤）、ヂルバミン（痔に）、セパリン液（非水銀性新水虫治療剤）、ダリコン（健胃剤）、ダンチ（たべすぎ・のみすぎ・胸やけ）、テラジアCパスタ（きりきず・おでき・しっしんに）、ドラマミン（乗物酔に）、パラダック（総合ビタミン剤）、ビカール錠（便秘快通剤）、ビクラ（ニキビ治療新薬）、ヘクサニシット（持続性血行ビタミン剤）、強力ベルベ（皮膚病内服液）、ボナミン（つわり、乗物酔）、ポノバン（せき・ぜんそく）、ボラギノール（痔薬）、ポリタンD（精力と栄養の二本立）、強力ムルチン（風邪）、リジニン（保健栄養剤）

図27　ローマ字の目立つ薬名。
（写真提供：株式会社ツムラ）

(4) 難解な新薬名

さて、次に、命名理由の推測できたものを紹介していくことにする。そうすれば、新薬名がいかに複雑で、気まぐれな命名法であるかということを、理解していただけるであろう。

効能関係名　新薬全盛時代で、成分もじり名の次に多いのが、効能もじり名である。「アナヒスト」「アルペン」「コルゲンパンチ」「セデス」「バランス」「ユベロン」「ルル」などをはじめ、二五例の効能もじり名が見られる。

「**アナヒスト**」は、北村日出夫氏らの『広告キャッチフレーズ』[35]に、その命名理由が記されている。「アナ」はギリシア語の「対」とか「抗」の意味を表わす接頭辞ana（アナ）である。「ヒスト」は、英語histamine（ヒスタミン）のもじりである。ヒスタミンとは、蛋白質の分解により生じるアレルギー源を意味している。つまり、アレルギー源に対抗するという意味で名づけられた効能名である。ギリシア語と英語という二種の外国語を合成した複雑な薬名なのである。

「**アルペン**」も風邪薬である。これも、ドイツ語と英語という二種の外国語の合成語である。「アル」は、ドイツ語alle（アレ）で終わったの意味、「ペン」は、痛みを意味する英語pain（ペイン）のもじりである。つまり、「アルペン」は、痛みが終わったという意味の効能名である。「**コルゲンパンチ**」も、いうまでもなく風邪薬。「コル」は、風邪を意味するcold（コールド）から、「ゲン」は、風邪の原因を意味するallergen（アレルゲン）の語末から、「パンチ」は殴る、打つの意味のpunch（パンチ）である。つまり、風邪のもとをパンチする薬というわけである。三語を合成した薬名である。

「**セデス**」は、英語sedative（セダティブ）のもじり名である。sedative（セダティブ）は、鎮静作用のあるという意味をもつので、効能名である。解熱鎮痛消炎剤である。「**バランス**」は、神経症や鬱病の薬であるので、心のバランスを保つという、効能を表わす名前である。「**ユベロン**」は、ラテン語と英語の合成語である。青年を意味するラテン語iuvenis（ユベニス）と英語long（ロング）とを合成した薬名である。青年（＝若さ）を長く保つという効能を述べたてた名前の更年期障害治療剤である。

「**ルル**」は、『日経ブランド・イメージ調査』[36]によると、一番知名度の高い風邪薬であるという。「ルル」は、語感がよく、覚えやすい。この軽快なr音の重なりがすばらしいために命名したとする説もある。[37]一方、相沢正夫氏は、「ルル」を英語lull（ラル）のもじりと説明される。lull（ラル）はしずめる、和らげるの意味をもっているので、相沢氏によれば、効能名ということになる。「アトラキシン」「アナヒストルーキー」「アンダントール・ゼリー」「強力ゴルフ」「ゼム A」「トランコパール」「複合ビタスU錠」「ヘルスロング」「ヘルタス」「マッハ」「ユベラ」「ユベラ軟膏」「強力ルル」「ルルエース」「ルルA B錠」「ルル点鼻薬」「ルルドロップ」「ルル内服液」なども効能関係名である。

さまざまな名づけ　以上とりあげてきた成分関係名、効能関係名のほかに、さまざまな名づけ方が、少しずつ見られる。そのいくつかを、紹介しておくことにしよう。

「**オロナイン**」は、原料象徴名ともいうべき薬名である。アメリカのオロナイトケミカル石油会社が、この薬の原料供給元である。このオロナイトという社名と関係づけられる名前である。スペイン語の「金」を意味するoro（オロ）、英語の「黒」を意味するnight（ナイト）をあてて考え、「黒い金」を暗示させた。黒い金とは何か。それは、原料の石油である。つまり、原料を象徴させた名前だったのである。さらに、語末を「ン」にかえて薬名らしくしたものであろう(38)。

また、病症箇所を外国語でもじってつける薬名もある。たとえば、「**アテロ**」。脳溢血や動脈硬化予防治療剤である。英語で、動脈のことをartery（アーテリー）というので、それをもじってつけた名前と推測される。病症箇所による薬名である。胃腸剤「**スマック**」も、同様の名づけ方である。胃のことを、英語でstomack（ストマック）というので、そのもじり名と考えられるからである。頭痛・歯痛薬「**ナロン**」、胃腸薬「**シグナル**」なども、病症箇所そのものや病症箇所を暗示する外国語から来た薬名と考えられる。

また、薬の用途を外国語でもじって名前にすることもある。たとえば、乗物酔に効果のある「**トラベルミン**」。旅行を意味するtravelに接辞ミンをつけたものである。旅行の時にという用途をにおわせた名前である。水虫治療薬「**アスレタン**」、風邪薬「**プレコール**」も、その薬の用途を暗示する外国語から来た名前である。「お忙しい方の風邪薬」と宣伝される「**ルピット**」も、愛用性を訴えるpet（ペット）のもじりであり、用途関連名といえよう。

また、変わった薬名のつけ方がある。「**パロチモン**」は、「老化を防ぐ補給作戦」というキャッチフレーズがついていることからもわかるように、ホルモン剤の一種である。主成分は、唾液腺ホルモンである。このホルモンは、耳下腺から分泌される。耳下腺は、英語でparotid（パロチッド） gland（グランド）という。語頭の「パロチ」をとって、これにホルモンの「モン」を合成して「パロチモン」とする。主成分含有箇所をもじってできた名前である。また、「**シロン**」「**パンシロン**」は、薬の内容とはほとんど無関係な薬名で、気まぐれな名前の典型である。「シロン」は、昭和二九年発売であるが、当時の社長は、山田輝男氏。スイスのレマン湖畔を訪れた時、古城シロンの美しさにうたれ、それが忘れられなかったので、胃腸薬名にとったというものである。「パンシロン」は、さらに語感のよさをもった「パン」を語頭に付してできた薬名である。このような命名理由をもつ薬名は、薬の内容とかけ離れており、外から推測することが困難である。

以上、昭和の新薬名の命名法を、具体的にながめてきたが、われわれが日常接しえないような耳遠い外国語をもってきて、合成したりする難解な場合の少なくないことがわかってきた。

面白い名づけ　最後に、調査した昭和三七・三八年の新聞広告にはみられない薬名であるが、その命名理由の面白いものを、三例だけ紹介してみる。

まず、いかにも外国語や外来語をもじってできた新薬らしい名前であるのに、その実、和語からできたという事例をあげてみる。「ストナ」と「ゼノール」である。「**ストナ**」は、総合感冒薬で、いかにも新薬らしい名前である。主成分の上部だけとった名前のように見える。ところが、この薬を飲むと「すっとなおる」から「ストナ」と命名したそうである。「**ゼノール**」は、三笠製薬発売のパップ剤である。末尾が「ル」であることも手伝って、れっきとした新薬名にみえる。ところが、和語ばかりでできた句から誕生した薬名である。「これでなおる」を、漢字をまじえて「是（これ）でなおる」と書く。「是（これ）」を音よみすると「是（ぜ）」である。是（ぜ）（で）なおる→ゼナオル→ゼノールとなるのだそうである。

また、「**ドミアン**」という、大日本製薬から出ているサルファ剤がある。現在は、売薬ではなく、医療薬なので市販されていない。親しみをこめて人を呼ぶ時の語感に似ており、ユーモラスな響きをもつ薬名である。一体、どうして「ドミアン」と名づけられたのか。じつは、成分関係名なのだが、ふつうの成分関係名とはちがったもじり方なのである。この薬の主成分は、スルホンアミド。語末から順に四字目までさかのぼって読むと、「ドミアン」になる。

こんなふうに、おどけた命名のしかたによる薬名であるが、外からみている限り、立派な新薬名に見えるのである。

(5) 語感のよい名前の出現

このように、現代の新薬は、ひとりよがりで意味のわからない名前が氾濫している。

考えてみると、われわれは、とっくの昔に、新薬の名前はわからないとあきらめて、意味を考えようとすることの、きわめて少なかったことに思いいたる。のみならず、ほしい薬の名前が覚えられなくて、何回も舌をかみそうなややこしい名前を唱えてみてから、薬屋さんに買いに行った経験もあるにちがいない。雑誌『言語生活』には、胃腸薬「イスウルクス」の名が、どうしても覚えられなくて困り、「椅子（イス）を売（ウ）るクスリ」と考えたら、ようやく頭に入ったという話が報告されている。[39] 新薬名は、一般に意味がわからないので、覚えにくいのである。

図28　昭和26年の新聞広告。（『日本の広告美術』美術出版社より）

こうした趨勢をいちはやくキャッチして、覚えやすさをモットーに、語感のよさだけを目指す薬名が登場してくる。成分や効能を外国語でよみこんで合成した薬名をつくっても、一般には意味がわからないので、単なる無意味音節の連続に等しい。しかも、苦労して命名したにもかかわらず、そうした薬名は、記憶しにくいことが多い。だとしたら、最初から、意味を犠牲にしても、記憶しやすい薬名の方がよいというわけである。そうしてつくられた薬名は、調査した昭和三七・三八年にも見られる。「**ダン**」（図28参照）「**パブロン**」「**ポポンS**」が、それである。いずれも響きがよく、言いやすく覚えやすい。意味内容は、何ら持ち合わせていない。

そのほか、目につく薬名では、「**クララ**」「**タイロン**」「**ピオ**」「**ペル**」も、響きのよさだけで命名されたものである。もちろん、これらの薬名は、薬の内容との結びつきを、全く持っていない。これらは、いってみれば、覚えやすい無意味音節の連続名なのである。外国語をもじったり合成したりして作る複雑な名前とは、ちょうど反対の極にある名前である。ひたすらフィーリングに訴えかける薬名なのだ。

6　まとめと明日への展望

(1)　まとめ

以上、江戸時代から昭和までの売薬名の歴史を追究してきた。それらをまとめてみると、次のようなことが明らかになってきた。

①　売薬名を表記から見ると、江戸時代から昭和への推移は、大きく漢字からカタカナへという流れでおさえることができる。そして、漢字が優勢な時代には、西洋語から来た薬名も「墨垤設印（メデセイン）」と漢字書きすることがあり、逆に西洋薬が台頭し始めると、漢語から来た薬名も「ビホー」「ホータン」とカタカナ表記する傾向がある。つまり、時代の趨勢に敏感に反応して表記を変えているのである。

②　売薬名を漢方薬系の名前か洋薬系の名前かという観点からとらえると、漢方薬から洋薬に切り替わっていく過程が実に鮮明な形で現れてきていた。

江戸時代では、漢方薬系の名前が八割を占めていたのに対し、新旧薬交替の明治時代になると、漢方薬系の名前は六割に減じた。一方、洋薬名は二割を占めている。したがって、新旧薬交替の時期といっても、漢方薬名の方がまだまだ圧倒的な力を持っていた。一気に洋薬名が漢方薬名を追い抜き交替したわけではないのである。しかも、洋薬名にしても、「アスマ丸」「アンチピリン丸」のように、カタカナ表記の外来語に漢方薬名の接辞「丸」をつけたものも多く、洋服に下駄ばきといったいでたちを思わせる。

大正時代になると、ようやく漢方薬系の名前は二割五分まで減じ、代わりに洋薬名が四割を占め、洋薬名がトップに躍り出たことが分かる。昭和になると、漢方薬系の名前は一割にも満たないという状況になり、代わって新薬名が八割五分を占めるに至った。江戸時代の売薬名と正反対の状況が、昭和の売薬名に現出している。

③　民間薬系の名前は、江戸時代では、「一生歯ぬけざる薬」「とげぬき薬」など普通名詞的でおおらかな名前であったけれど、明治時代になると、「わきが根治確証新薬」などと、「新薬」らしさを装った名前も出現する。

さらに、大正時代には洋薬めかして、「ドクトリ丸」「ツヨール」などとカタカナ化する。あるいは、「小松ぢの薬」のように、会社名を冠して固有名詞化していた。昭和になると、さらに「カブS」「マスチゲンB12」のように、ローマ字・数字を入れ込むので、洋薬名と区別がつきにくくなった。

④　漢方薬系の名前に注目すると、江戸時代の名前は、「延寿反魂丹」「五寶散」「神教丸」などと、三字名・五字名というきわめて整った形をしている。そして、名づけは、不老不死や錬金術や霊力を感じさせる神仙思想に基づくものが大半を占めていた。いわば、神秘性を強調することによって薬の効き目を信じさせようとした名付けが全盛であった。「つの書き」にも、「神授」「仙授」などとあって、神や仙人からひそかに授かった処方であると宣伝している。

しかし、明治時代になると、漢方薬系の名前は、不定形なものが増え、名づけかたも「毒掃丸」「梅毒一切清治丸」など、現実的な効能を訴えるものに変化している。宣伝文句にも「金五千圓の保證付」などとあって、現実的な保証金を約束して効能を信じさせようとしていた。

⑤　一方、洋薬系の名前は、明治時代では、「ゴノキューア」「ヘブリン丸」などと病症や病症箇所もしくは効能を意味する外国語を使って名付けることが多かったが、大正時代になると、「オリザニン」「ビオフェルミン」など と薬の有効成分を前面に出した名前が優勢になった。科学性を強調することによって効き目を感じさせる名前に変化したのである。

その傾向は、昭和ではさらに促進され、洋薬名の半数が成分を読み込んだものになった。さらに、「新」「強力」「ハイ」などの語を冠したり、消費者には意味の分からないローマ字や数字まで入れ込んで最新性を感じさせる名前にしている。そのため、洋薬名は、きわめて分かりにくく覚えにくいものになって来ている。

そうした風潮を逆手にとって、最初から意味を切り捨て、語感のよさだけを求めた名前が出現しはじめている。「ダン」「パブロン」「ポポンＳ」のように。

(2)　明日への展望

では、こうした語感のよさだけをめざした薬名が、明日の売薬名となるであろうか。

たしかに、覚えやすさという点では、響きのよさから命名された薬名は、優れている。しかし、しょせん無意味音節の組み合わせである。日本語にある音節数は、限られている。とすると、いずれ頭うちになってしまうので、無限にふえ続け、勢力をほこるとは思えない。響きのよさは覚えるのに大切である。しかし、それに意味の伴った方が、はるかに記憶に堪える。いくら語感がよくても、有意味の語の記憶のされ方に比して劣っていることはいうまでもない。

いったい、明日の売薬名は、どうあるのが効果的なのだろうか。やはり、語感のよさだけでなく、意味のある名前の方が効果的である。意味がわかって効果的な薬名とは、何か。最有力候補は、薬の効能をよみこんで、意味をもたせる薬名である。

考えてみると、薬は効かなければならない。これが、薬の第一の使命である。とすれば、その薬の効きめを信じさせる名前が、いつの時代でも、最も効果的なわけである。これが、売薬名の基本線である。ただ、薬の効くことを信じさせる手段が、時代によってちがい、江戸時代や明治時代の薬では、効能をもりこむことであり、大正や昭和の薬では、有効成分をもりこむことだったわけである。しかし、成分による名前は、わかりにくいし覚えにくい。もはや、これ以上に勢力が増すとは思えない。その徴候は、すでに大正・昭和と時間が経過しているにもかかわらず、成分関係名の割合が増えていかずに横這い状態であったことにも現われている。

浮き沈みはあったけれども、昔ながらに絶えることなく流れ続ける効能強調名が、そろそろ頭をもたげてくるのではあるまいか。効能を訴える名前が、最も効果的な薬名として、明日の売薬を背負っていくように思われる。

しかし、効能を、耳遠い外国語でもじったり、合成したりする名前では、結局、意味のわからない売薬名になってしまう。よく知られた外来語、あるいは日本人に一番ぴったりした和語や漢語を使って、効能を訴えた薬名をつくることである。

たとえば「**ジナオール**」「**ハナトール**」「**ラクトール**」などという薬名はどうであろうか。(40)「ジナオール」は、もちろん痔の治る薬、「ハナトール」は蓄膿症の薬、「ラクトール」は便秘薬である。一度聞いたら忘れられないこと請合いである。和語や漢語を巧みに生かしている。ただし、こうしたわかり過ぎる薬名は、買いに行ってもあまり恥しくない薬に限る。たとえば、「**ケデール**」（養毛剤）までいくと、ちょっと露骨すぎる。薬の種類によって、カムフラージュした方がよい場合もあるが、その場合でも、よく考えるとなるほどもっともだという名前がよい。たとえば、毛髪用剤に例をとれば「**不老林**」（図29参照）などは、成功した名前といえよう。「老いない林」という意味を持ち、効能を暗示しえている。ちなみに、この毛髪剤は、ヒット商品の一つになっている。名前のよさも力あってのことではあるまいか。

人の世は
悩みが
多すぎるのだ
なにはともあれ、気はおおらかに
髪はすこやかに。抜け毛の手当て
お早目に。暑さの折柄、ご自愛を。
（医薬部外品）……三、五〇〇円
新発売・小型……一、〇〇〇円
資生堂
薬用
不老林

図29　「朝日新聞」昭和59年8月27日朝刊。

また、表記に関していえば、表音文字であるカタカナ名は限界に達している。省略すると、表音文字なので、意味がわからなくなってしまうのである。新薬名の意味のわからなさは、カタカナ名であることにも起因している。表意文字である漢字をもっと活用していくのが、明日の効果的な売薬名であろう。「不老林」は、その意味でも、時代を先取りしている。というのは、戦前に同社から発売されていたヘアートニックは、FLORINE（フローリン）と表音文字で表記されていた。新製品になって「不老林」と漢字表記してヒットしたのである。[41] 漢字は、表意文字なので、カタカナより情報量が多いのである。「**加美乃素**」という養毛剤も、「カミノモト」とカタカナで書かれると、平凡な名前になってしまうが、「加美乃素」と漢字表記しているので、「美しさを加える」という効能が暗示されてくる。漢字でなければ出せない魅力である。

以上、明日の売薬名として効果的だと思われる薬名の輪郭を述べてみた。だが、実際の薬名の将来は、現実にその時がやって来なければわからない。

売薬名は、これからどのような歴史の糸を紡いでいくだろうか。われわれは、売薬名のゆくえを興味深く見守ることにしたい。

注

（1）内川芳美編『日本広告発達史（上）（下）』（電通、昭和51年8月・昭和55年5月）参照。

（2）このほか、花咲一男氏によって、『商人買物独案内』（文政三年、中川芳山堂）をはじめ、京都地方の買物独案内、甲府地方の買物独案内などの類書の存在が明らかにされており、すでに同氏によって複製本も刊行されている。

（3）このほか、江戸の売薬名の掲出されている文献については、清水藤太郎著『日本薬学史』（南山堂、昭和24年7月）に詳しい。また、江戸の宣伝広告の実態については、遠藤武「江戸時代の宣伝広告」（『電通広告論誌』11号、昭和32年7月）が、参考になる。なお、調査に用いた『江戸買物独案内』は、国立国会図書館蔵本である。同本は、乱丁、落丁がみられるが、それを他本によって補充し、縮写複製したものが、花咲一男編『江戸買物独案内』（渡辺書店、昭和47年3月）として刊行されている。

（4）内川芳美編『日本広告発達史（上）』（電通、昭和51年8月）。

（5）織田久著『広告百年史　明治』（世界思想社、昭和51年12月）。

（6）内川芳美編『日本広告発達史（下）』（電通、昭和55年5月）。

（7）井上秀幸著『効く漢方薬効かない漢方薬』（主婦と生活社、昭和57年12月）参照。

（8）漢方薬名の一般的な名づけ方については、西山英雄著『漢方薬と民間薬』（創元社、昭和38年12月）、大塚敬節著『症状でわかる漢方療法』（主婦の友社、昭和52年3月）など参照。

（9）三浦三郎著『くすりの民俗学』（健友館、昭和55年8月）は、こうした漢方用薬を川柳とからめて説いており、当時のひとびとの考え方・風俗がうかがえる面白い読物である。

（10）命名理由の推測は、難波恒雄著『原色和漢薬図鑑（上）（下）』（保育社、改訂3刷、昭和59年7月）、木村雄四郎著『和漢薬の世界』（創元社、昭和50年11月）、宗田一著『日本の名薬―売薬の文化誌―』（八坂書房、昭和56年10月）、清水藤太郎著『日本薬学史』（南山堂、昭和24年7月）、吉岡信著『クスリと社会』（薬事日報社、昭和56年6月）、西山英雄著『漢方薬と民間薬』（創元社、昭和38年12月）、花咲一男編『絵本　江戸薬粧志』（近世風俗研究会、昭和38年8月）、各種辞典類を参照しながら行なった。

（11）式亭小三馬は、自作『戯作花赤本世界』（弘化三年刊）の中で、自家販売の薬粧品名を列挙している。「引風一夜なほし」もその一つ。

（12）C・H・ラウォール著、日野巌他訳『世界薬学史』（厚生閣、昭和7年）参照。

（13）吉岡信著『クスリと社会』（薬事日報社、昭和56年6月）。

（14）大槻文彦は、『大言海』の「序」で、次のように述べている。「この薬名、片仮名なれば、阿蘭陀薬ならむと思ひ、遍く和蘭の辞書を探りたれども得ず。然るに、何ぞ図らむ、離迷字ならむとは。この薬は、緩和の下剤なれば腸内を「空（ムナ）シウス」の心にて「空」の字を三分して作りたる名なるを知りて、捧腹絶倒せり」。この「空ス」説の出所については、宇野義方氏に御教示いただいた。なお、遠藤武「江戸時代の宣伝広告」（『電通広告論誌』11号、昭和32年7月）の挿絵に「ウルユス」の大阪淡路町肥後屋丈右衛門の引札が掲載されている。写真が小さいため、引札に書かれた文章が読めないのが残念であるが、ウルユスの命名理由についての手かがりがあるかもしれない。
(15) 平凡社の『大辞典』に「蘭語 fluim（フロイム）（痰）の誤写」とある。この記述のもとになった文献を探してみたが、現在のところ見つかっていない。
(16) 宮木高明著『新薬千一夜』（毎日新聞社、昭和32年9月）。
(17) 宗田一著『日本の名薬―売薬の文化誌―』（八坂書房、昭和56年10月）、花咲一男編『絵本　江戸薬粧志』（近世風俗研究会、昭和38年8月）参照。
(18) 新薬名の命名理由の推測にあたっては、相沢正夫著『社名・商品名雑学事典』（毎日新聞社、昭和51年5月）に負うところが大きい。その他、宮木高明著『新薬千一夜』（毎日新聞社、昭和32年9月）、久保田孝著『ネーミング―ヒットする名前を考えよう―』（オリオン出版社、昭和42年9月）、『ステッドマン医学大辞典』（メジカルビュー社、昭和59年3月第1版第4刷）、日本医薬情報センター編『医療薬　日本医薬品集　第7版』（薬業時報社、昭和58年7月）、日本医薬情報センター編『一般薬　日本医薬品集　第3版』（薬業時報社、昭和56年12月）などをはじめ、各種辞典類を参考にした。
(19) 小泉次郎著『明治の大衆薬』（ライフサイエンス、昭和57年11月）。
(20) 小泉次郎著『明治の大衆薬』（ライフサイエンス、昭和57年11月）。
(21) 内川芳美編『日本広告発達史（上）』（電通、昭和51年8月）参照。
(22) 斉藤実正著『オリザニンの発見』（共立出版、昭和52年12月）。
(23) 相沢正夫著『社名・商品名雑学事典』（毎日新聞社、昭和51年5月）。
(24) 相沢正夫著『社名・商品名雑学事典』（毎日新聞社、昭和51年5月）。
(25) 柴田武氏は、昭和50年頃の医薬品名を調査され、その六割近くが語末に「ン」のつくことを報告されている。医療薬名は、一般薬名よりさらに語末に「ン」をとる割合の高いことがわかる。柴田武「命名の言語学」（『月刊言語』6巻1号、昭和52年1月）参照。

(26) フリーランス雑学ライターズ編『雑学のタネ本』(永岡書店、昭和57年7月)。
(27) 内川芳美編『日本広告発達史(上)』(電通、昭和51年8月)。
(28) 清水藤太郎著『日本薬学史』(南山堂、昭和24年7月)参照。
(29) 有効成分「トリコマイシン」は、久保田孝著『ネーミング』(オリオン出版社、昭和42年9月)によると、トリコモナス(こしけの病原虫)、トリコフィートン(水虫菌)に著効をあらわすことから命名されたという。
(30) ビオスについて、椎橋勇氏は、「ラテン語のビオス(生命力)」をあてて考えておられる。語源は、椎橋氏の言われるとおりだが、売薬名「ヱビオス」の「ビオス」は、ビールと関係の深い麦芽汁からの抽出物質を意味すると考えた方がよかろう。椎橋勇「販売・広告の武器―商品名―」(『言語生活』92号、昭和34年5月)参照。
(31) 赤塚行雄監修『ヒット商品グラフィティ』(三省堂、昭和57年12月)参照。
(32) 宮木高明著『新薬千一夜』(毎日新聞社、昭和32年9月)。
(33) 宮木高明著『新薬千一夜』(毎日新聞社、昭和32年9月)。
(34) 相沢正夫著『社名・商品名雑学事典』(毎日新聞社、昭和51年5月)。
(35) 北村日出夫・山路龍天・田吹日出碩共著『広告キャッチフレーズ』(有斐閣、昭和56年10月)。
(36) 日経広告研究所『日経ブランド・イメージ調査―化粧品・医薬品―』(日本経済新聞社、昭和51年)。
(37) 北村日出夫・山路龍天・田吹日出碩共著『広告キャッチフレーズ』(有斐閣、昭和56年10月)。
(38) 相沢正夫氏は、「オロナイン」の命名理由をこう説明しておられる。

アメリカのオロナイトケミカル石油会社の、そのオロナイトの名をヒントに、スペイン語のオロ(金)、ナイン(黒)、つまり黒い金(石油を意味する)にひっかけて名づけられた。(『社名・商品名雑学事典』149頁)

ところが、スペイン語に、ナインで黒を表わすような語は見当らないのである。清泉女子大学のスペイン語科主任教授でいらした佐久間正氏にうかがってみたが、該当するようなスペイン語は目下見当らないとのことであった。そこで筆者は、本文で述べたような解釈に修正してみたのだが、いかがであろうか。

(39) 久保田孝「種々のアングルから商品名のありかたを」（『言語生活』181号、昭和41年10月）。

(40) 草島時介氏は、「薬の名づけかた」（『言語生活』10、昭和27年7月）のなかで、「カノビール」「カパターン」などが、蚊取線香名や殺虫薬名として効果的ではないかとしておられる。参照されたい。

(41) 雑誌『実業の日本』（実業之日本社、昭和58年8月）、丸の内企画人クラブ編著『最新ヒット企画カタログ—おもしろく読めて企画力が身につく本！—』（産業能率大学出版部、昭和58年12月）。

『薬品名彙』の翻訳語

1　はじめに

『薬品名彙』は、明治七年に成立した薬学関係の術語集である。編者は、伊藤譲（ゆずる）。当時刊行されていた二、三の洋書から薬名に関する語を抄出し、それを翻訳して編んだ書物である。初学者のための術語集を意図している。見出し語数は、二三五五項。英語の原語を掲げ、その訳語を記すという形式である。原語に、いかなる訳語をあてて、薬学関係の術語としていったであろうか。以下、訳語に焦点を合わせて、この術語集の性格を解明しておくことにする。

2　訳語概観

日本は、江戸時代から細々とではあったが、西洋医学薬学の影響を受け始めた。それまでは、中国からの漢方系の医学薬学であった。明治時代になると、西洋医学薬学が激しい波のごとくに押し寄せ、江戸時代を通じて培われてきた学問的蓄積の上に、西洋医学薬学の花が開いた。この術語集は、そうした時代の機運にあって、いささか拙速の気味はあったけれども、新しい西洋薬学を受け入れるのに必須なものとして出版されたものである。公的性格を帯びた術語集ではないが、その後の薬学の基礎となったことは間違いない。

さて、西洋の薬学関係の術語を、どのように翻訳して、日本語に組み入れていったであろうか。翻訳に際して使用したことばに注目すると、次の四通りの場合がある。第一は、漢語訳したものである。たとえば、Cod-liver oil

という原語に対して、「肝油」という漢語をあてる例である。第二は、外来語訳したものである。たとえば、Magnesiaという原語に対して、原語の音に近い「麻偪涅失亜(マグネシア)」をあてる例である。いわば、外来語として受け入れたものである。この術語集では、外来語は、漢字の音を利用して表記されている。詳しくは、「6」で述べる。第三は、和語訳したものである。たとえば、Asparagusという原語に対して、「キジカクシ」という和語をあてる例である。第四は、混種語訳するものである。たとえば、Cerii oxalasという原語に対して、「蓚酸摂溜母(セリウム)」という訳語をあてる例である。「蓚酸」は漢語、「摂溜母(セリウム)」は外来語であるから、漢語と外来語を複合した混種語である。

以上四通りの翻訳術語のうち、第一の漢語訳、第二の外来語訳、第四の混種語訳が、この術語集の主流である。第三の和語訳術語は、ごく僅かしか見られない。和語は、俗語的なニュアンスを持ち、また新しい語を造り出す力が弱いので、明治初期の術語造りには、余り参加しなかったのであろう。

3　基本単位

このように原語を四通りの方法で翻訳して、次々に術語を造っていった。具体的に、どのように術語造りをしているであろうか。

漢語訳・外来語訳・和語訳・混種語訳のいずれの術語にしても、意味の通じる最小の基本単位が認められる。その基本単位を結合させて、次々に術語を造り出していく。たとえば、漢語訳術語「次硝酸蒼鉛」をとりあげてみる。この術語は、「次」「硝酸」「蒼鉛」という三つの基本単位に分けることができる。「硝酸」「蒼鉛」は、これ以上分割すると意味が異なってしまうので、これを基本単位と認める。「次」は、次|醋酸銅・次|炭酸蒼鉛・次|醋酸鉛・次|

炭酸鉄・次醋酸鉛液などと接頭語として機能し、術語造りの基本単位となっている。「硝酸」も、硝酸銀・硝酸重土・硝酸汞軟膏・硝酸銅・硝酸鉄などの術語にも使用されており、基本単位となっている。「蒼鉛」も、次炭酸蒼鉛・白蒼鉛・纈草酸蒼鉛・丹寧酸蒼鉛・枸櫞酸蒼鉛安謨尼亜（アンモニア）などの術語にも用いられ、基本単位となって活躍している。このように、術語には、意味の通ずる基本的な単位が認められる。この基本単位を、ここでは「語基」とよぶ。

漢語訳術語では、一字漢語と二字漢語が、語基となっていることが多い。ごく稀に、三字漢語全体を、語基と認めざるを得ない場合がある。たとえば、薬草名「蜀羊泉」である。この三字漢語は、途中で分割することができない。このような三字漢語の語基は、きわめて珍しく、他に「阿没勃」「夏枯草」「猪殃々」「喜望峯」が見られる。ほとんど薬草名である。これら以外は、すべて一字漢語と二字漢語を語基として形成された術語である。

外来語訳の術語についても、他の術語を造り出して行くことの出来る基本単位を認めることができる。たとえば、外来語訳術語「沃顛安謨尼亜（ヨーチンアンモニア）」をとりあげてみる。この術語は、「沃顛（ヨーチン）」と「安謨尼亜（アンモニア）」という二つの語基に分けることが出来る。「沃顛（ヨーチン）」も「安謨尼亜（アンモニア）」も、これ以上分割すると意味をなさない。また、「沃顛（ヨーチン）」も「安謨尼亜（アンモニア）」も、他の術語を造り出す要素となって活躍する。沃顛嘉度密烏母（ヨーチンカドミウム）・沃顛加里（ヨーチンカリ）・沃顛丁幾（ヨーチンチンキ）・蒲魯母安謨尼亜（ブロムアンモニア）・水素格魯児（コロル）酸安謨尼亜（アンモニア）・枸櫞酸安謨尼亜（アンモニア）という具合にである。

混種語訳の術語は、その殆どが漢語と外来語との複合語である。従って、術語を構成する語基は、一字漢語語基、二字漢語語基、外来語語基である。いま「複方安質蒙（アンチモン）丸」という混種語訳術語を例としてみる。「複方」「安質蒙（アンチモン）」「丸」という三つの基本単位に分けることができる。「複方」は、二字漢語語基で、複方石灰水・複方水銀膏などと、次々に他の術語を造り出す。「安質蒙（アンチモン）」は、外来語語基で、安質蒙（アンチモン）散・酸化安質蒙（アンチモン）などと、他の術語を造り出す。

「丸」は、一字漢語語基で、水銀丸・炭酸鉄丸などと、専ら接尾語として術語造りに参加している。

こうして、この術語集で、基本単位となって次々に術語を造り出して行くのは、一字漢語語基と二字漢語語基と外来語語基の三種であることがわかる。和語語基は、そもそも和語訳術語が少ないために、殆ど活躍しない。そこで、以下、これら三種の語基を順次説明して行くことにする。

4　一字漢語語基

一字漢語語基は、一一二種類見られる。漢語語基全体の二一・一%にあたる。

一字漢語語基は、それだけで自立して術語になることは少ない。多くは、接頭語や接尾語となって、術語造りに参加する。主に接頭語として機能する一字漢語語基は、次の三五種類である。

亜・黄・過・甘・桿・乾・稀・強・金・苦・硬・黒・三・山・次・重・純・生・焦・硝・青・赤・蔵・単・吐・土・軟・肉・白・半・米・野・熔・硫・緑

これらの接頭語となる語基は、化合物関係の術語造りに貢献している。たとえば、「亜」は、亜砒酸・亜硝酸・亜砒酸剝篤亜私（ポトアス）のように、酸化の程度を意味する接頭語となって、化合物関係語を造り出す。過（例・過蔵化鉄）、稀（例・稀醋酸）、強（例・強磠砂精）、三（例・三硫酸鉄液）、次（例・次硫酸鉄液）、重（例・重炭酸曹達（ソーダ））、純（例・純亜爾箇保児）、生（例・生石灰）、蔵（例・蔵加里（カリ））、半（例・半炭酸鉄）、硫（例・硫依的児（エーテル））などの一字漢語語基も、例から解るように、化合物関係の術語造りに活躍している。とくに、色彩を表す一字漢語語基、黄（例・黄硫酸汞）、金（例・金硫黄）、黒（例・黒酸化汞）、青（例・青汞丸）、赤（例・赤硫化汞）、白（例・白降汞）、緑（例・緑沃顛汞（ヨーチン））が、揃って化合物関係の術語を造り出している。

接尾語として機能することの多い一字漢語語基には、次の六二種類のものがある。

英・液・塩・鉛・化・花・灰・殻・学・蔲・丸・菊・銀・元・汞・香・膏・湏・根・菜・剤・錯・産・酸・散・子・脂・実・酒・樹・汁・薯・錠・浸・水・性・精・石・屑・煎・草・僧・粟・苔・炭・泥・鉄・豆・糖・銅・乳・仁・皮・礬・物・粉・木・末・薬・油・葉・蠟

これらの接尾語となる一字漢語語基は、次のような術語造りに参加する。一つは、薬草薬剤などの薬学独特の術語をつくる場合である。二つは、化合物などの化学関係の術語をつくる場合である。接頭語となる一字漢語語基が、主に化合物関係の術語を造っていたのとは違って、接尾語となる語基の方が、多方面の術語造りに参加する。具体例を示すと、次の通りである。

(イ)　薬草薬剤関係語をつくる接尾語の例。

菜—耬斗菜|・白屈菜|・山萮菜|・蓬子菜|

草—酢漿草|・龍牙草|・金盞草|・鹿蹄草|

剤—白亜混和剤|・擦油剤|・安謨尼亜(アンモニア)混和剤|・枸櫞酸剝篤亜私(ポトアス)混和剤|

煎—幾那(キナ)煎|・大麦煎|・蒲公英煎|・烏華烏爾失(ウハウルシ)煎|

(ロ)　化学関係語をつくる接尾語の例

鉛—醋酸鉛|・炭酸鉛|・硝酸鉛|・沃顚(ヨーチン)鉛|

化—格魯児(コロル)化鉄|・鉄蔵化鉄|・沃顚(ヨーチン)化加里(カリ)|・酸硫化安質蒙(アンチモン)|

汞—醋酸汞|・重蔵化汞|・複沃化汞|・格魯児(コロル)汞|

一字漢語語基は、このように接頭語や接尾語となって、術語造りに参加している。

5 二字漢語語基

二字漢語語基は、四一六種類ある。一字漢語語基の四倍近く見られる。漢語語基全体の七八・二%にあたる。

二字漢語語基は、一字漢語語基と違って、それだけで自立して術語になってしまうものが多い。たとえば、薬草薬剤関係の術語としては、次のようなものが、単独で一つの術語となっている。

阿魏・亜麻・茴香・遠志・芥子・海葱・甘草・錦葵（以上薬草関係語）
丸剤・肝油・鯨脳・下薬・擦剤・佐薬・酒剤・軟膏・没薬（以上薬剤関係語）

また、化学関係の術語としては、

亜鉛・塩酸・降汞・鉱酸・醋酸・硝酸・醸酸・水銀・猛汞・硼酸

などの語が、自立して一つの術語となっている。このように、二字漢語語基は、それだけで自立し、術語となれる点に、大きな特色がある。

しかし、そればかりではなく、一字漢語語基、二字漢語語基、外来語語基と結合して、次々に術語を造り出す力も持っている。たとえば、「醋酸安謨尼亜（アンモニア）水」という術語がある。二字漢語語基「醋酸」は、まず「安謨尼亜（アンモニア）」という外来語語基と結合する。そして「醋酸安謨尼亜（アンモニア）」となり、次に、一字漢語語基「水」と二次結合して「醋酸安謨尼亜（アンモニア）水」という術語を造り上げる。

また、「次醋酸鉛水」という術語がある。二字漢語語基「醋酸」は、まず一字漢語語基「鉛」と一次結合して

「醋酸鉛」となる。次に、一次漢語語基「次」と「醋酸鉛」とが二次結合して「次醋酸鉛」となる。これに、一字漢語語基「水」が、三次結合すると、「次醋酸鉛水」が出来上がる。

このように、二字漢語語基が中心になって、次々に他の語基を結合させて、新しい術語を形成して行くのである。

6　外来語語基

この術語集では、外来語の九割以上が、漢字の音を借りて表記されている。たとえば、次の通りである。

	（原　語）	（外来語訳術語）
(イ)	Alcohol	亜爾箇保児
(ロ)	Antimonii oxysulphuretum	結爾蔑斯密涅刺列
(ハ)	Creasote	結列阿曹篤
(ニ)	Strychnia	私的列幾泥涅

これらの漢字で表記された外来語を、正確に読み解くのは、かなり困難な作業であった。筆者・山口は、原語や稀に付されたふり仮名、当時の化学用語を参照しながら、個々の漢字の読みを推測した。確実性に問題を残すものもあるが、役立つことも多かろうと思い、筆者の試読一覧表を、次に掲出しておく。カタカナが、下に列挙した漢字の読みを示している。

ア＝亜・安・遏　イ＝伊・乙　ウ＝烏　エ＝依・越・薈　オ＝阿　カ＝加・嘉・葛・括・却　キ＝幾・芰・吉　ク＝苦・屈　ケ＝結　コ＝箇・格・哥・哥・古・菰・骨　サ＝撒・薩・雑・沙・西　シ＝矢・知・失・施　ス

=子・斯・私・蘇　セ=摂・設　ソ=曹　タ=荅・達・淡　チ=質・窒・底　ツ=黜　テ=的・爹　ト=多・篤・度　ナ=那　ニ=尼・泥・紐・扭・嘔　ヌ=奴　ネ=涅　ノ=納　ハ=発・華　ヒ=比・非・菲　フ=夫・布・弗　ヘ=黒・勿・歇　ホ=保・福　マ=麻・瑪・茉　ミ=密　ム=謨・母　メ=蔑・黙・墨　モ=謨・莫・木・没　ヤ=葯・耶　ヨ=沃　ラ=刺・蘿　リ=利・里・栗　ル=爾・児・律・露・耳　レ=列・連　ロ=落・蘆・魯・羅・禄・囉・碌　ン=音　／ガ=瓦　ギ=危　グ=倔・虞　ゲ=傑・厄　ゴ=護・国・趯　ジ=蒔・実・地　ダ=達　デ=垤　ド=度・柁・拕　バ=抜・巴・波　ビ=比・毘・非　ブ=蒲・布・襪　ベ=別　ボ=僕　パ=巴　ピ=必　プ=布　ペ=百・白　ポ=剝

これらの読みは、時には、長音・促音を伴って読まれる。たとえば「ソ」の音を表すとした漢字「曹」は、「ソー」とも読まれるという具合にである。この一覧表から、先に示した外来語訳術語は、(イ)アルコホル、(ロ)ケルメスミネラレ、(ハ)ケレオソート、(ニ)ステレキニーネと読めることになる。

右記の清音濁音を表す漢字の他に、撥音を伴って読まれる漢字、拗音に読まれる漢字などがある。次の通りである。

アン=安　イン=印・応・因　カン=甘・羯・侃　ガン=俺・侃　コン=昆　サン=散・珊　シン=聖・菫　セン=蘚・旃　タン=丹・単　チン=丁・顛　チャン=瀦　デン=電　ニン=寧　ビン=並　ヘン=賢　ペン=扁　マン=満・曼　ミン=民　メン=面・綿　モン=蒙　ラン=藍　リン=林　ロン=倫　キュ=鳩　ショ=知　チュ=丟　ニュ=紐・肉　ピュ・ビュ=彪　ミュ=繆　リュ=律・𠐫　セイ=舎　パイ=湃・拝　ペイ=孛　シウ=叟　ジウ=冑　ニウ=紐　リウ=𠐫・溜・僂

外来語語基は、一九四種類も見られ、術語形成に大きな役割を果たしたことがわかる。主として、外来語語基は、化合物などの化学関係術語を構成している。

亜爾加里（アルカリ）・亜児垤非度（アルデヒド）・安律密紐母（アルミニウム）・安質蒙（アンチモン）・依的児（エーテル）・格魯児依的児（コロルエーテル）・沃顛安謨尼亜（ヨーチンアンモニア）・蒲魯母加里（ブロムカリ）

といった具合である。これらの化学関係の術語は、西洋科学の生み出した概念であったため、漢語訳が不可能であったのであろう。原語に近い外来語の形で受け入れ、現代に継承されている。

7　注記形式の翻訳

この術語集の見出し語となった原語は、二三五五項であった。そのうち、一九五項だけは、以上述べたような術語の形では翻訳できなかった。それらは、次のように、注記の形式で翻訳している。

（原　語）	
Altris farinosa	北米産草名
Bladder-wrack	海藻ノ名
Cornus circinata	山茱萸ノ属
Stalagmitis cambogioides	藤黄ヲ出ス樹
Wild-lettuce	萵苣ノ属

このような注記形式の翻訳は、とくに薬草関係の語に多く見られる。なかには、次のように産地や効用をも説明したものも見られる。

Pinus maritima　　欧ノ南部ボルデアウキス辺ニ多ク産スル大ナル松樹

Dog's-bane　北米産　此草蝿ヲ殺スノ毒アリト云

薬草名は、漢方用薬に既に見られるものであれば、たやすく漢語訳できる。注記形式の翻訳は、それの不可能な、西洋から新しく入ってきた薬草なのである。外来語訳では長すぎる。適切な術語を見出し兼ねて、やむを得ず注記形式の翻訳としたものであろう。

注記形式の翻訳は、薬剤関係語や化学関係語にも若干見られる。たとえば、次の通りである。

(イ)　Antigalactic　乳汁泌別ヲ減ズル薬

(ロ)　Apiol　洋芹ノ成分

(ハ)　Barilla　不潔ノ炭酸曹達

これらの例は、薬草の場合と違って、工夫すれば、漢語訳や外来語訳ができたのではないかと思われる。たとえば、(イ)は「制乳汁薬」、(ロ)は「アピオール」(表記は、たとえば安必阿保児(アピオホル))、(ハ)は「不潔炭酸曹達」というふうに、術語の形で示すことも不可能ではなかっただろう。にもかかわらず、そうしなかったのは、初学者のために内容のわかる術語集たらんと欲した編集方針にかかわっているのであろう。熟さない語は、術語の形にせず、注記形式で翻訳して示した方がわかりやすいと考えた結果であろう。

しかし、術語集のあるべき姿を考えてみると、注記形式の翻訳ですませてしまうのは、やはり望ましくない。最大限の努力をはらって適切な術語を考案し、あてて行くのが、術語集の役目である。この点からみると、この『薬品名彙』は、まだ検討の余地を残した未完成品であったと言える。けれども、押し寄せる西洋薬学に、早急に対応しなければならない当時の状況にあっては、ともかくこうした術語集の出版が、待たれていたのである。『薬品名彙』の序言でも、遺漏は他日を期して補うことを、約束している。

『学術用語』翻訳の歴史と問題点

1　はじめに

明快な思考のためには、明快な学問的術語が必要である。これは、江戸時代の化学者、宇田川榕菴（うだがわようあん）の確固たる思想であった(1)。

学術用語ほど、明確な概念規定を要求されることばはない。しかしながら、西洋科学を日本人が受け入れようとした時、それらを受け入れることばがなかったのである。ひとびとは、該当する新しい用語を見つけ出し、考案していかなければならなかった。それは、大変な苦労である。この章では、

（Ⅰ）学術用語が、いつ、どのように誕生し、どんなふうに名づけられていったのか。

（Ⅱ）その結果、どんな問題が生じたのか。

ということを、述べてみたいと思う。

2　学術用語の形成

いったい、日本の学術用語なるものは、いつごろ誕生したのだろうか。

学術用語は、学問の誕生とともに、存在するものである。古くは、漢学がさかえ、多くの学問分野を支配していた。そこには、すでに特有の術語が存在していた。

学術用語の誕生

しかし、近代的な学問は、西洋の科学技術にはじめて接触した江戸時代中期に始まる。日本人は、書物をとおして西洋の学問に触れ、驚嘆し、それを翻訳しようとした。その翻訳の努力をとおして、現代につながる学術用語が形成されていったのである。そこで、この章では、近代的な学問の黎明期から述べ始めることにする。

江戸時代の中頃、日本人は、オランダを窓口として、西欧の科学技術に接した。当時、日本は鎖国しており、西欧の文明は、オランダをとおしてしか知る術はなかった。オランダ語で書かれた学術書に触れた時、学者たちは、今までの漢学の知識では想像もつかないような科学性を直観した。訳出すれば、学問の発展に大益をもたらすことはまちがいない。ところが、残念ながら、彼らはオランダ語を読み解くことができないのであった。オランダ原書にむかうと、

誠に艫・舵なき船の大海に乗出せしが如く、茫洋として寄べきかたなく、たゞあきれにあきれて居たる

（杉田玄白『蘭東事始』上巻）

というこころもとない状態なのである。日がなオランダ原書にとりついても、「僅一二寸斗の文章、一行も解し得る事ならぬ(2)」日もまれではなかった。

しかし、何とか翻訳し、西洋の科学技術を日本のものとしなければならない。江戸の学者たちは、使命感に駆りたてられ、辛抱強く、ねばり強く、オランダ原書に取りついていた。苦節三年半、ついに訳出に成功したのであった。安永三年（一七七四年）のことである。オランダ医学書『ターヘルアナトミア(3)』を翻訳し、『解体新書』（図1・図2参照）と題して、出版したのであった。これが、最初の本格的な学術書の翻訳である。『解体新書』で苦労して訳出された医学用語は、その大部分が、現在まで継承され、近代医学の基礎を築いた。「外来の新しい科学を移入

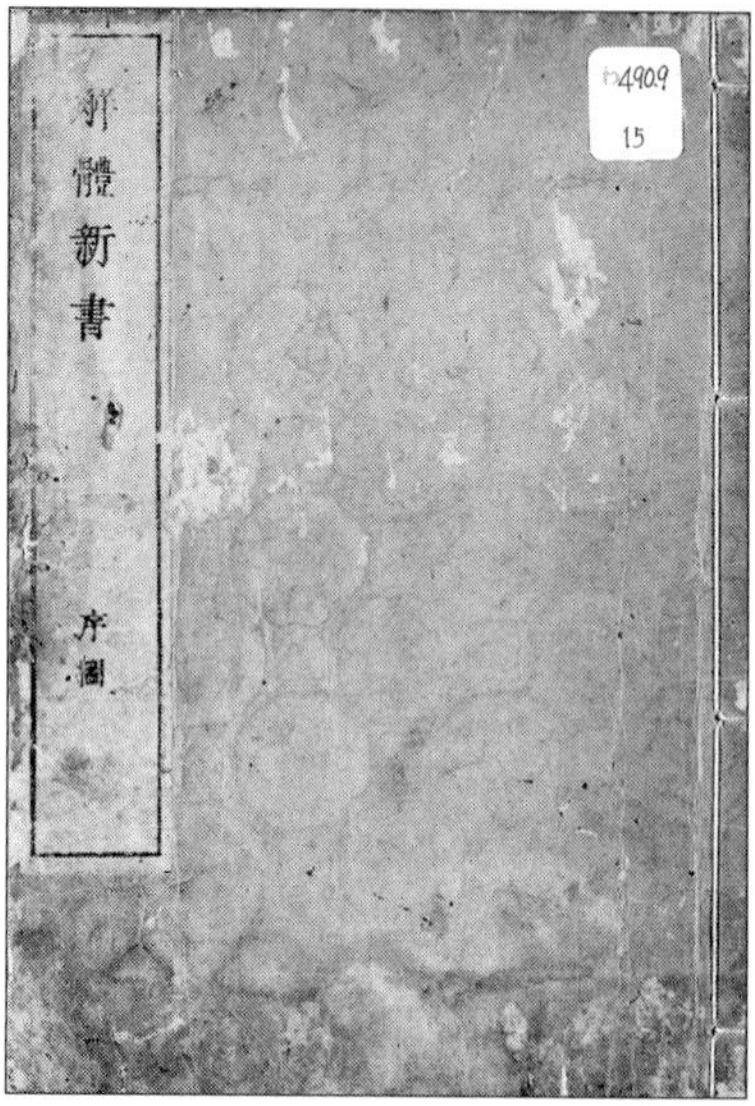

図1　『解体新書』安永3年刊。（国立国会図書館蔵）

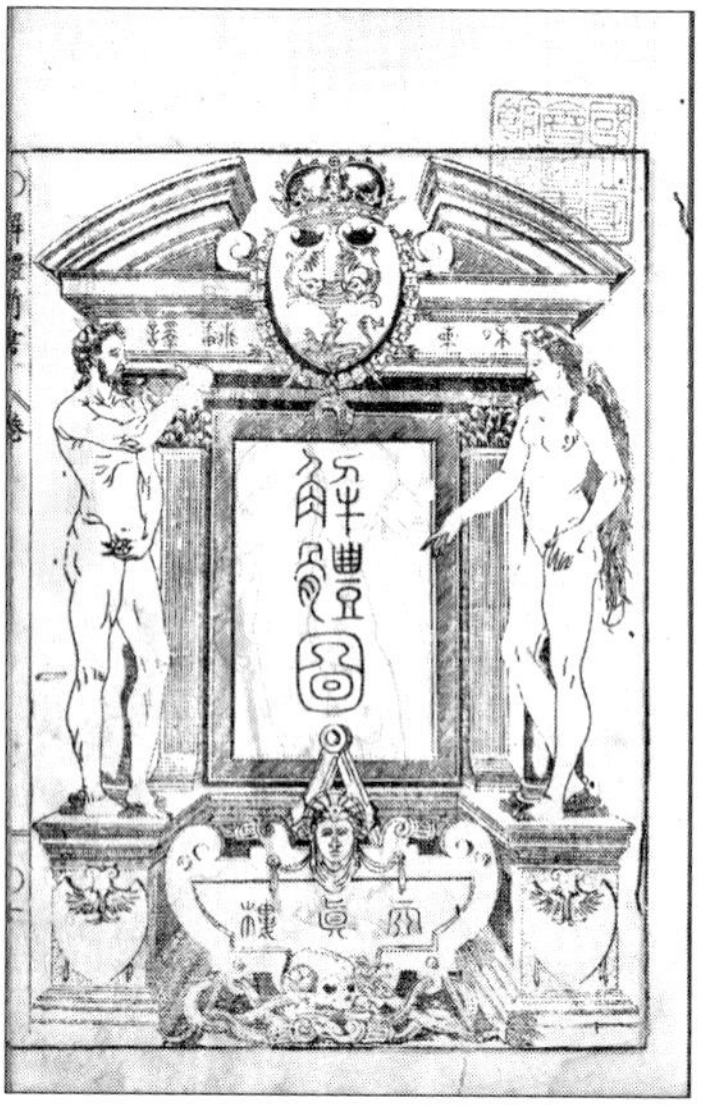

図2　『解体新書』の解体図扉の挿絵。（国立国会図書館蔵）

消化するためには、まず第一にその科学において用いられる術語を、その国の適当な言葉に翻案造語した一つの用語体系を作らねばならない」[4]のであるが、それはまず最初に、医学において成しとげられたのである。

ついで、天文・地理・物理化学・薬学・暦算・船舶・兵学といった分野でも蘭学の成果はあがり、翻訳書・解説書がつぎつぎに出版された[5]。こうして、蘭学は、自然科学のほとんどの分野にわたって、いまなお用いられている専門的術語の基礎をつくりあげていった。

術語集の出現　時移り、明治時代になった。鎖国は解け、同時に、西洋から新しい文明が怒濤のごとくおしよせてきた。なかでも、英米の学問の影響が大きく、蘭学にかわって、英学の隆盛をみた。英学時代の特色は、人文科学関係（いわゆる社会科学関係も含む）の書物の翻訳にある。人文系統の学問は、蘭学時代にはほとんどとりあげられず、この期になって、新たに、ことば選び・ことば造りをして、翻訳しなければならなかった。そして、社会学・経済学・宗教学・法律学・政治学・哲学と、

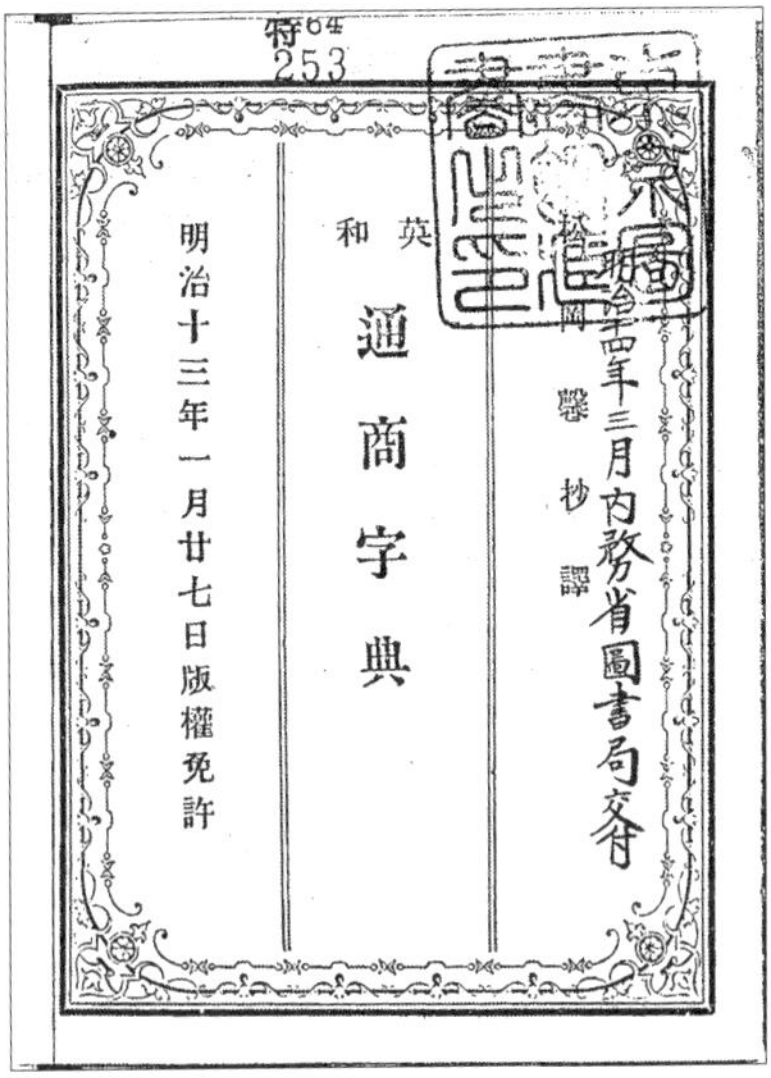

図3 『英和通商字典』(明治13年刊) の扉。
(森岡健二氏蔵)

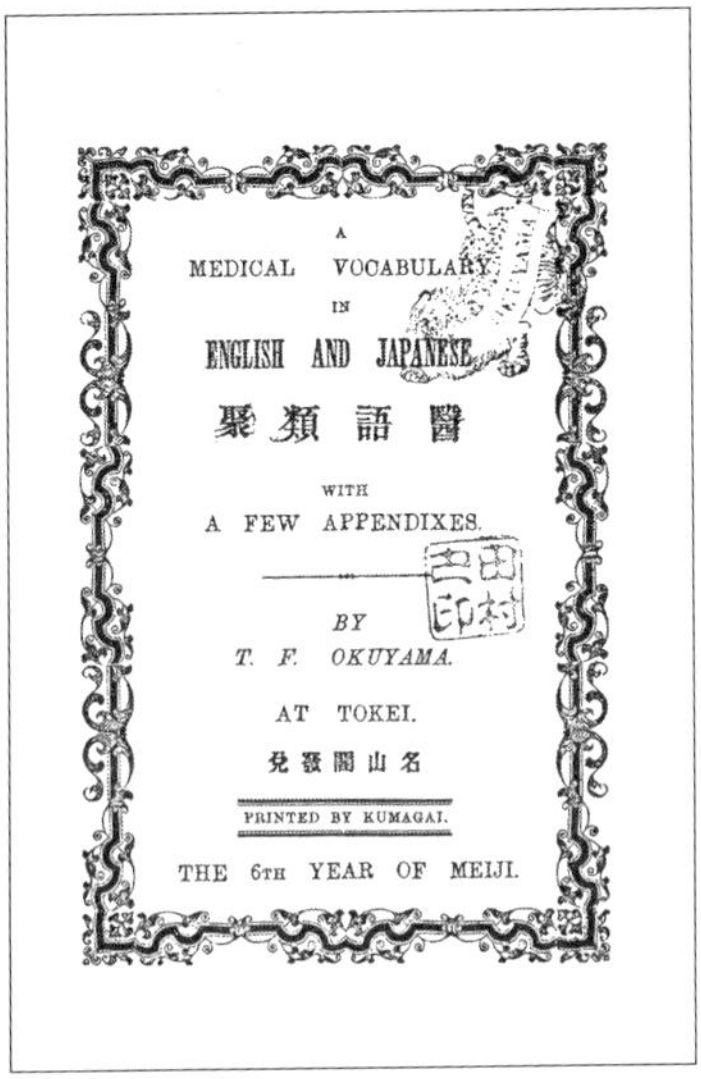

図4 『医語類聚』(明治6年刊) の扉。
(森岡健二氏蔵)

人文科学系の学問の地盤をつくりあげていった。また、明治一三年には、『英和通商字典』(図3参照)、同一四年には『哲学字彙』(同一七年に改定増補版) といった専門的術語集をも刊行するにいたった。

一方、自然科学方面でも、蘭学によってつちかわれた伝統を結実させ、専門的術語集を、つぎつぎに刊行していった。次のとおりである。(6)

○『解体学語箋』明治4年刊。
○『医語類聚』(図4参照) 明治6年刊。明治11年に増訂。
○『薬品名彙』(図5参照) 明治7年刊。明治16年に増訂。
○『化学対訳辞書』明治7年刊。
○『羅甸(ラテン)七科字典』明治10年刊。
○『生物学語彙』明治17年刊。
◎『工学字彙』明治21年刊。
◎『Butsurigaku ni mochiyuru go no wa-ei-futsu-doku taiyaku jisho (物理学に用ゆる語の和英仏独対訳

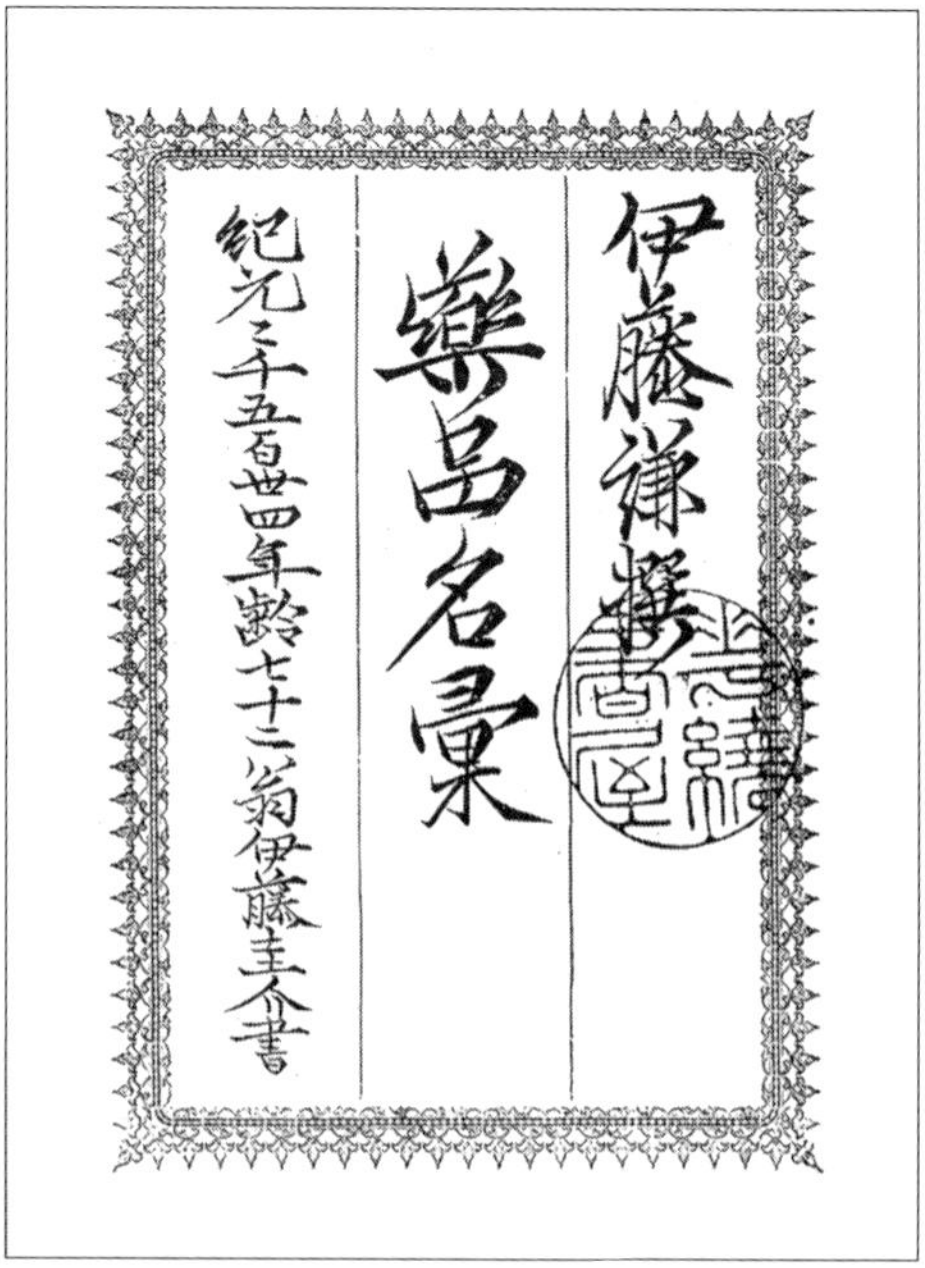

図5　『薬品名彙』（明治7年刊）の扉。（森岡健二氏蔵）

辞書）』明治21年刊。

○『Vocabulaire des Mots de Physique（仏和英独物理学語彙）』明治21年刊。

◎『数学ニ用キル辞ノ英和対訳字書』明治22年刊。明治24年に増訂。

◎『鉱物字彙』明治22年刊。

これらの術語集のうち、◎を付したものは、後に資料として使用する。

『学術用語集』の刊行　こうして、江戸時代から明治時代初期にかけて、近代的な学術用語は誕生し、その基礎がつくられていった。やがて、さらに多くの専門分野ごとの用語集・用語辞典、文部省の『学術用語集』（図6参照）などが刊行され、現在に至る。いま、刊行されている『学術用語集』は、次のとおりである。いずれも、後に資料とする。（　）内は、初版刊行年である。

○自然科学系の『学術用語集』

数学編（昭和29）、物理学編（昭和29）、天文学編（昭和49）、気象学編（昭和50）、海洋学編（昭和56）、地震学編（昭和49）、分光学編（昭和49）、化学編（昭和30、昭和49増訂）、動物学編（昭和29）、植物学編（昭和31）、遺伝学編（昭和49）、機械工学編（昭和30）、電気工学編（昭和32、昭和54増訂）、土木工学編（昭和29）、建築学編（昭和30）、採鉱ヤ金学編（昭和29）、船舶工学編（昭和30）、航空工学編（昭和48）、原子力工学編（昭和53）、計測工学編（昭和48）、歯学編（昭和50）。

○人文科学系の『学術用語集』

論理学編（昭和40）、キリスト教学編（昭和47）、地理学編（昭和56）、図書館学編（昭和33）。

このほか、自然科学系では、地学編、農学編、医学編の『学術用語集』の刊行が予定され、人文科学系では、仏教学編、心理学編、社会学編、教育学編、法律学政治学編、経済学編の刊行が計画されている。

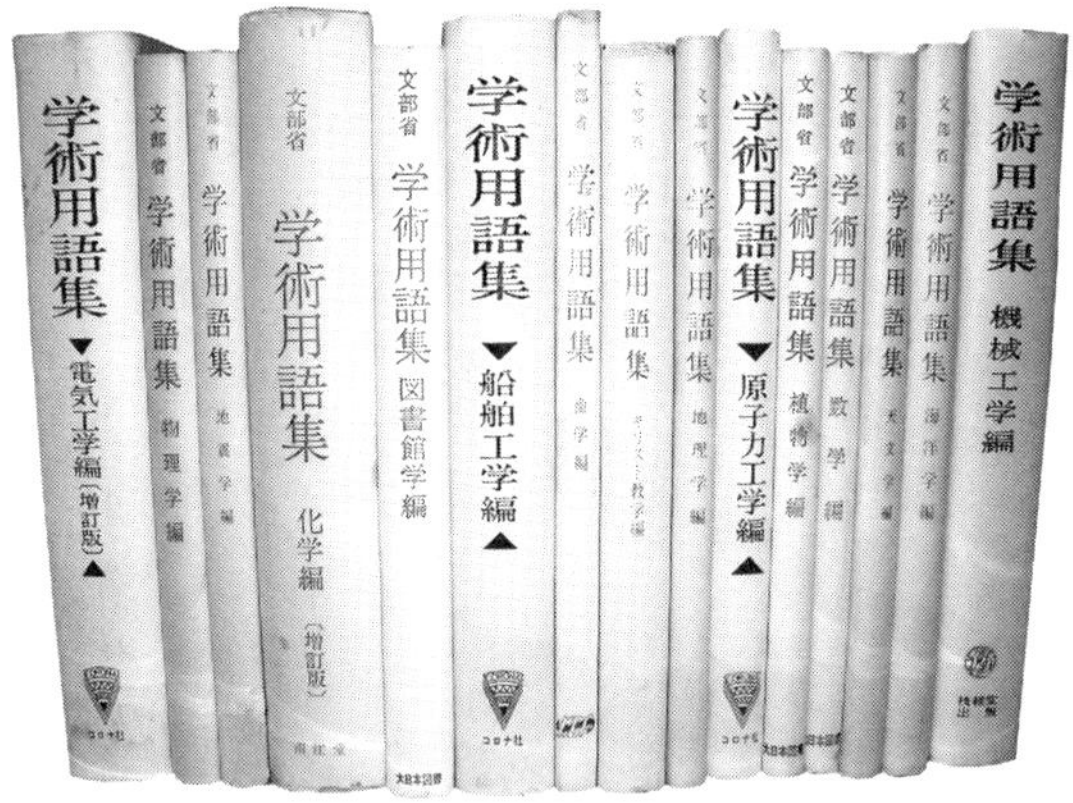

図６　『学術用語集』。この他にも多く刊行されている。
（写真：山口仲美）

3　学術用語の命名法

では、学術用語は、どのように翻訳され、名づけられていったのであろうか。

術語造りの方法を、草創期を中心に、観察してみる。命名のしかたから、次のように分類整理することができる。まず、その分類を示し、のちに詳しく説明することにしよう。

命名法四種　命名のしかたには、大きく分けて、次の二つの場合がある。(7)

(一)　西洋から入ってくる事物概念を、日本語らしく翻訳命名して受け入れる場合。これを「義訳法」とよぶことにする。

㈡　西洋から入ってくる事物概念を、原語のまま受け入れ、名称としてしまう場合。これを「音訳法」とよぶことにする。

㈠の「義訳法」には、さらに、次の三つの場合がある。

(1)　在来語で置きかえて、名称とする場合。「対訳法」とよぶことにする。

(2)　新しく中国製漢語を借用して、名称とする場合。「借訳法」とよぶことにする。

(3)　新しく和製漢語を造り出して、名称とする場合。「新訳法」とよぶことにする。

㈠の(1)**対訳法**は、西洋語に対応する在来語があり、ただちに置きかえて、名前とした場合である。たとえば、オランダ語「Beenderen（ベンデレン）」を翻訳命名するのに、すでに日本語として存在している「骨」という語をもってきて言いかえる、というものである。新たな名づけの行為をしなくても済んだ場合である。

㈠の(2)**借訳法**は、西洋語に対応する在来語が見あたらず、それまで一般に使用していない中国製漢語を借りてきて、名前とした場合である。たとえば、オランダ語「Opium（オッピウム）」に対して、適切な在来語がないので、中国製漢語「阿芙蓉（あふよう）（現在の阿片（あへん））」を借用して命名する、という場合である。

㈠の(3)**新訳法**は、西洋語に対応する在来語が見あたらず、新たに用語を考案して、名称とした場合である。たとえば、オランダ語「Windsel（ウヰンドセル）」を意味する在来語を求めても、適切な語が見あたらない。原語は、傷などに塗薬した後、巻きつけるものを指すので、その意義内容に合わせて「巻き木綿（まきもめん）（現在の繃帯（ほうたい））」という語を考え、名前とする場合である。また、「Dierenriem（ヂーレンリーム）」を「獣帯（＝天文学関係の術語。黄道に帯状にひろがる部分をいう）」とする類である。「Dieren」は「獣」、「riem」は「帯」に該当する。「獣」も「帯」も、当時すでに一般化していた語である。

それを逐字訳式に組み合わせて、新漢語をつくり名称とする、というものである。いずれも、新語を考案し、命名したものである。

次に、㈡の**音訳法**は、西洋語の発音をそのまま受け入れ、名称とした場合である。たとえば、オランダ語「Quinine（キニーネ）」を、原語のまま「キニーネ」と受け入れる場合である。古くは、「規尼涅（キニーネ）」とか「幾尼涅（キニーネ）」というぐあいに、漢字の音を借りて、表記している。音訳法は、いってみれば、外来語として受け入れ、命名した場合である。

命名法の優劣　以上、合わせて四通りの場合があるが、対訳法は、名づけという観点からは、あまり問題にならない。在来語で置きかえただけだからである。しかし、注意しないと、8で述べるような意味のずれをひき起こすことがある。

名づけの観点から重要なのは、借訳法、新訳法、音訳法、である。いずれも、西洋から入ってきた事物概念に対し、在来の日本語でまかなうことができずに、新しく名づけを行なわなければならなかった場合である。ただし、借訳法と音訳法は、新訳法に比して、安易な命名法といえる。というのは、借訳法は、新しい事物概念を表わす語を、自ら考案することなく、中国製漢語の借入で間に合わせてしまったと考えることができるし、音訳法は、西洋の原語そのものを名前としてしまう場合であり、日本語らしく命名しなおすことができなかったと考えられるからである。これらの命名法は、苦心して、新しく名前を考え出した新訳法にくらべて、明快性・体系性においてやや劣る面がある。

以下、これらの術語造りの方法を、学問分野とのかかわり合いで、とらえてみよう。

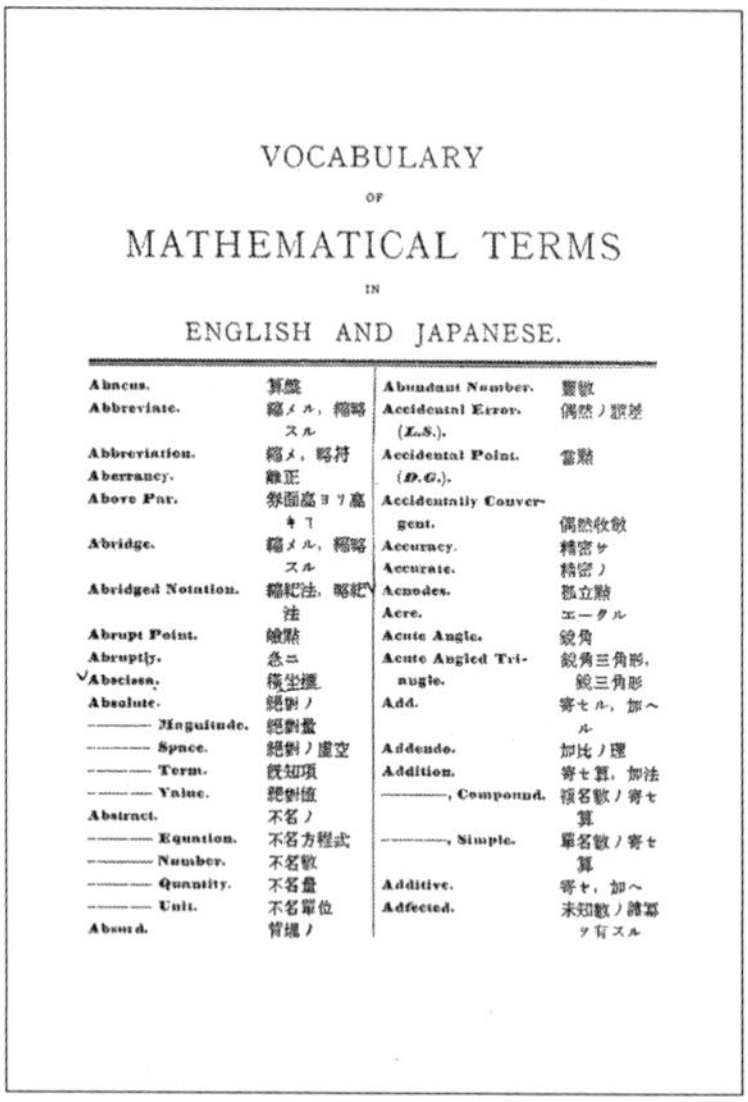

VOCABULARY
OF
MATHEMATICAL TERMS
IN
ENGLISH AND JAPANESE.

Abacus.	算盤	Abundant Number.	豐數
Abbreviate.	縮メル，縮略スル	Accidental Error. (L.S.).	偶然ノ誤差
Abbreviation.	縮メ，略符	Accidental Point. (D.G.).	當點
Aberrancy.	離正	Accidentally Convergent.	偶然收斂
Above Par.	券面高ヨリ高キコ	Accuracy.	精密サ
Abridge.	縮メル，縮略スル	Accurate.	精密ノ
Abridged Notation.	縮記法，略記法	Acnodes.	孤立點
		Acre.	エーケル
Abrupt Point.	鍛點	Acute Angle.	鋭角
Abruptly.	急ニ	Acute Angled Triangle.	鋭角三角形，鋭三角形
Abscissa.	横坐標	Add.	寄セル，加ヘル
Absolute.	絕對ノ		
——— Magnitude.	絕對量		
——— Space.	絕對ノ虛空	Addendo.	加比ノ理
——— Term.	既知項	Addition.	寄セ算，加法
——— Value.	絕對值	———, Compound.	複名數ノ寄セ算
Abstract.	不名ノ		
——— Equation.	不名方程式	———, Simple.	單名數ノ寄セ算
——— Number.	不名數		
——— Quantity.	不名量	Additive.	寄セ，加ヘ
——— Unit.	不名單位	Affected.	未知數ノ諸冪ヲ有スル
Absurd.	背理ノ		

図7　『数学ニ用キル辞ノ英和対訳字書』（明治24年刊）の第1頁。（森岡健二氏蔵）

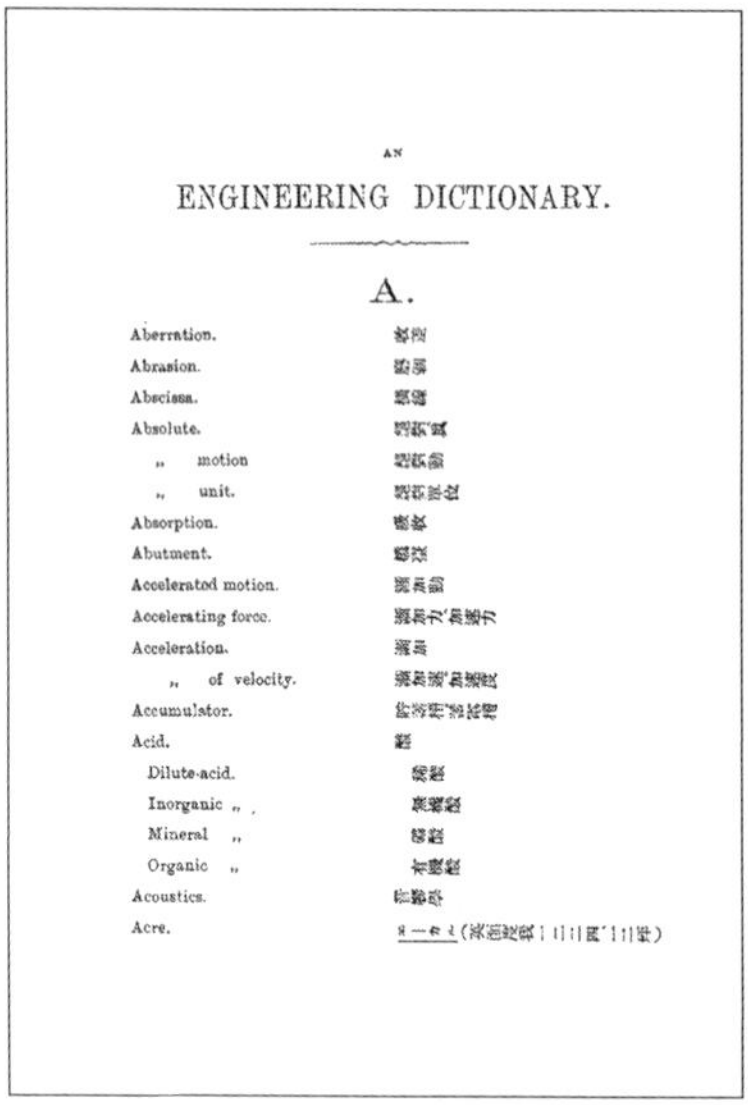

AN
ENGINEERING DICTIONARY.

A.

Aberration.	[illegible]
Abrasion.	[illegible]
Abscissa.	[illegible]
Absolute.	[illegible]
〃 motion	[illegible]
〃 unit.	[illegible]
Absorption.	[illegible]
Abutment.	[illegible]
Accelerated motion.	[illegible]
Accelerating force.	[illegible]
Acceleration.	[illegible]
〃 of velocity.	[illegible]
Accumulator.	[illegible]
Acid.	[illegible]
Dilute-acid.	[illegible]
Inorganic 〃	[illegible]
Mineral 〃	[illegible]
Organic 〃	[illegible]
Acoustics.	[illegible]
Acre.	[illegible]

図8　『工学字彙』（明治21年刊）の第1頁。（森岡健二氏蔵）

4　対訳法による術語

最初に、対訳法に注目してみる。西洋の事物概念を、在来語で言いかえ、術語とする場合である。

和語と漢語　在来語といっても、二つの種類がある。一つは、日本で生まれた和語であり、他の一つは、中国から伝えられた漢語である。したがって、原語を在来語で言いかえるといっても、和語を使うのか、漢語を使用するのかという問題が起こる。たとえば、supportという原語に対し、「ささえ」という語で置きかえれば、日本古来の和語を使ったことになるし、「扶助」と訳せば、すでに日本に定着している漢語を使用したことになる。和語「ささえ」の方が、日常会話語的で親しみやすく、漢語「扶助」の方が、文章語的で堅い感じがする。

自然科学と人文科学　さて、人文科学系の学問が対訳に用いたのは、漢語であるのに対して、自然科学

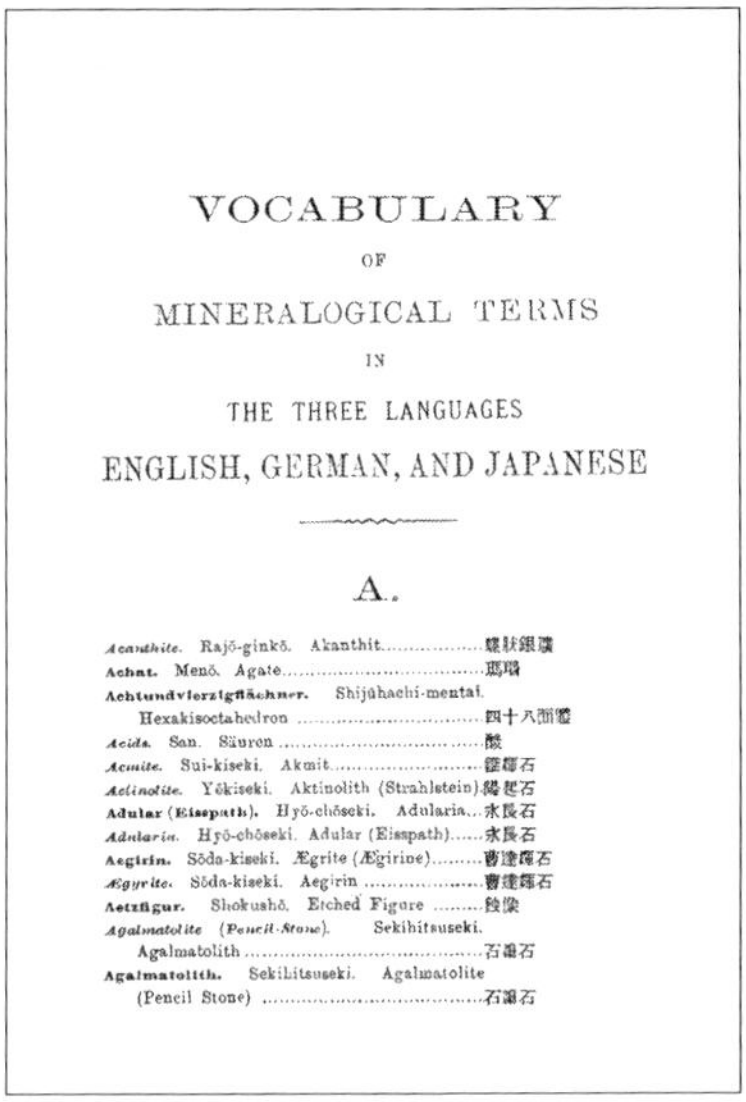

VOCABULARY
OF
MINERALOGICAL TERMS
IN
THE THREE LANGUAGES
ENGLISH, GERMAN, AND JAPANESE

A.

Acanthite. Rajō-ginkō. Akanthit……………螺狀銀礦
Achat. Menō. Agate……………瑪瑙
Achtundvierzigflächner. Shijūhachi-mentai. Hexakisoctahedron……………四十八面體
Acids. San. Säuren……………酸
Acmite. Sui-kiseki. Akmit……………錐輝石
Actinolite. Yōkiseki. Aktinolith (Strahlstein)陽起石
Adular (Eisspath). Hyō-chōseki. Adularia…氷長石
Adularia. Hyō-chōseki. Adular (Eisspath)……氷長石
Aegirin. Sōda-kiseki. Ægrite (Ægirine)………曹達輝石
Ægyrite. Sōda-kiseki. Aegirin……………曹達輝石
Aetzfigur. Shokushō. Etched Figure………蝕像
Agalmatolite (Pencil-Stone). Sekihitsuseki. Agalmatolith……………石筆石
Agalmatolith. Sekihitsuseki. Agalmatolite (Pencil Stone)……………石筆石

図10 『鉱物字彙』(明治23年刊)の第1頁。(森岡健二氏蔵)

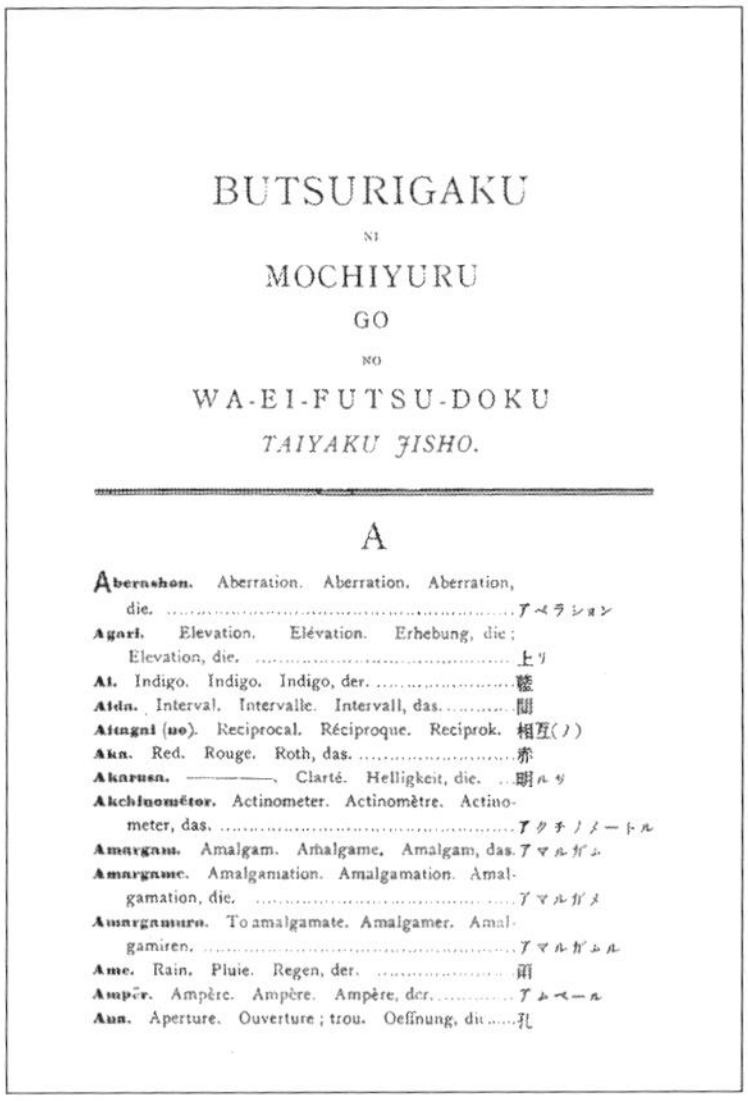

BUTSURIGAKU
NI
MOCHIYURU
GO
NO
WA-EI-FUTSU-DOKU
TAIYAKU JISHO.

A

Aberashon. Aberration. Aberration. Aberration, die.……………アベラション
Agari. Elevation. Elévation. Erhebung, die; Elevation, die.……………上リ
Ai. Indigo. Indigo. Indigo, der.……………藍
Aida. Interval. Intervalle. Intervall, das.……………間
Aitagai (no). Reciprocal. Réciproque. Reciprok. 相互(ノ)
Aka. Red. Rouge. Roth, das.……………赤
Akarusa. ————. Clarté. Helligkeit, die. …明ルサ
Akchinomētor. Actinometer. Actinomètre. Actinometer, das.……………アクチノメートル
Amarugamu. Amalgam. Amalgame. Amalgam, das. アマルガム
Amarugame. Amalgamation. Amalgamation. Amalgamation, die.……………アマルガメ
Amarugamuru. To amalgamate. Amalgamer. Amalgamiren.……………アマルガムル
Ame. Rain. Pluie. Regen, der.……………雨
Ampēr. Ampère. Ampère. Ampère, der.……………アムペール
Ana. Aperture. Ouverture; trou. Oeffnung, die……孔

図9 『Butsurigaku ni mochiyuru go no wa-ei-futsu-doku taiyaku jisho』(明治21年刊)の第1頁。(森岡健二氏蔵)

系の学問が対訳に使用したのは、漢語ばかりでなく、和語も多く含まれている。この点において、両系統の術語は、対照的である。

以下、明治初期の術語集を使って、このことを具体的に示してみる。(8) ここで用いた術語集は、次のものである。

① 『数学ニ用ヰル辞ノ英和対訳字書』(図7参照)訂正増補第二版、藤沢利喜太郎著、明治24年刊。

② 『工学字彙』(図8参照)野村竜太郎編、明治21年刊。

③ 『Butsurigaku ni mochiyuru go no wa-ei-futsu-doku taiyakujisho』(図9参照)山口鋭之助著、明治21年刊。

④ 『鉱物字彙』(図10参照)小藤文次郎・神保小虎・松島鉦四郎共編、明治23年刊。

⑤ 『改訂増補哲学字彙』(図11参照)井上哲次郎・有賀長雄増補、明治17年刊。

①~④までが、自然科学系の術語集、⑤が、人文科

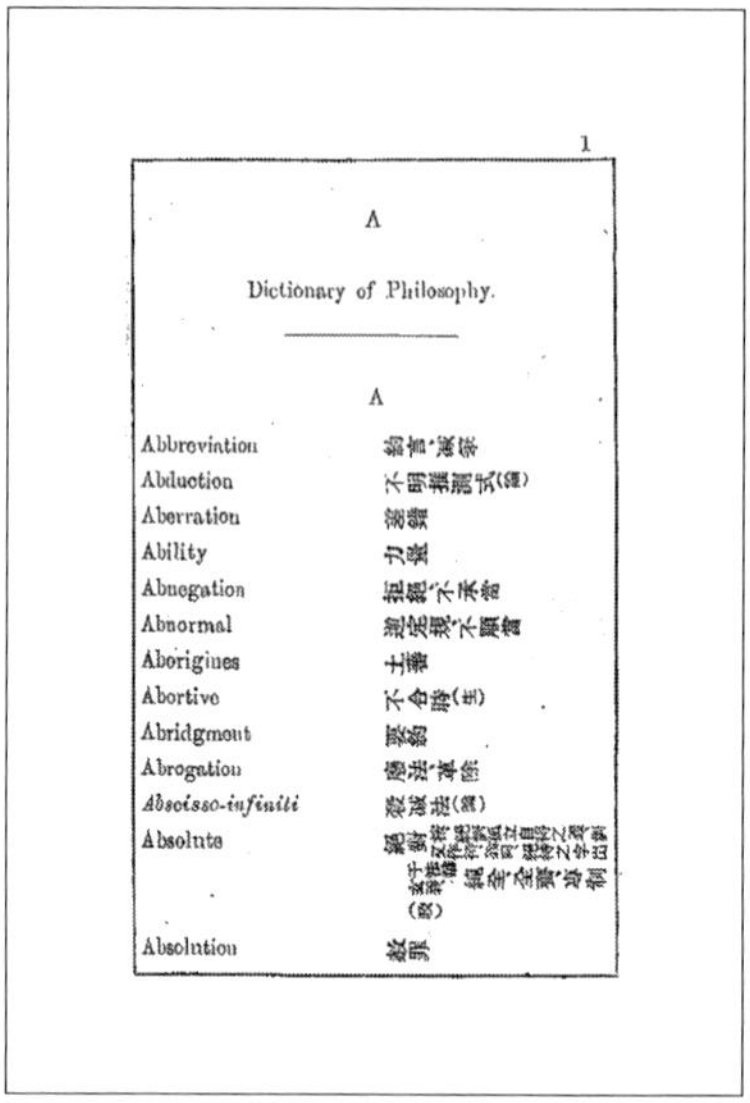

1

A

Dictionary of Philosophy.

A

Abbrevintion
Abduction
Aberration
Ability
Abnegation
Abnormal
Aborigines
Abortive
Abridgment
Abrogation
Absoisso-infiniti
Absolute
Absolution

図11　『改訂増補　哲学字彙』（明治17年刊）の第1頁。（国立国会図書館蔵）

学系の術語集である。人文科学系としては、⑤のみであるが、同書は、いわゆる哲学用語のほかに、倫理学・心理学・論法（＝論理学）・世態学（＝社会学）・理財学（＝経済学）・宗教・法理学（＝法律学）・政理学（＝政治学）などの、人文関係全般にわたる用語を含み込んでおり、人文系術語集の代表たりうるものなのである。(9)

さて、これらの術語集において、事物概念を表わす原語を、冒頭から一〇〇語とりあげてみる。この一〇〇の原語に対して、和語訳をしている割合を調査してみると、表1のようになる。表の(A)欄の「調査した訳語数」が、いずれも一〇〇以上あるのは、一つの原語に対して、二つ以上の訳語をつけることがあるからである。哲学では、一〇〇の原語に対し、一六九もの訳語がつけられている。人文系の諸分野での訳語を並記しているからである。

自然科学と和語　表の(C)欄から、人文系の術語では、対訳に際して、話しことば的な和語は使用していないのに対して、自然科学系では、和語を使っていることがわかる。(10) 特に、物理学では、和語を使用することが多く、訳語の二割を越えている。たとえば、和語を、次のごとく愛用している。

（原語）	（訳語）
Artesian well	噴キ井戸

Agent　働クモノ

Achro matism　色消シ

Argument　目安

いずれも、訳語には、日本で生まれた和語を使用している。

このように、自然科学系の訳語に和語が見られるのは、考えてみれば、当然のことかもしれない。なぜなら、自然科学の対象となる事物概念は具体的なことが多く、日常使用している和語で、言いかえることが可能だからである。それに対して、人文関係の学問の対象となる事柄は、具体的な事実ではなく、社会的・精神的な問題に深くかかわる観念であることが多い。それは、日常的な和語で言い表わすことが、きわめてむずかしいのである。では、どうしたのか。

表1　和語訳の割合

学問＼分野	自然科学				人文科学
	①数学	②工学（電気に限る）	③物理学	④鉱物学	⑤哲学
(A)調査した訳語数	110	100	105	101	169
(B)和語で訳された数	10	7	25	7	0
(C)和語訳の割合	9.1%	7.0%	23.8%	6.9%	0%

5　借訳法による術語

人文科学と中国製漢語　抽象的な観念をとりあつかう人文科学では、もっぱら漢語を使って翻訳命名した。しかし、在来の漢語ではまかないきれず、大量に中国製漢語を借用して、新しい名づけを行なっていった。[11] 借訳法による命名は、人文関係の術語の特色である。

借用の実態　『改訂増補哲学字彙』には、次のごとく、訳語の出所が記されていることがある。

○Asceticism　嚴括主義　按、揚子修身篇、其為外也、嚴括則可以禔身、

○Beginning　太初　按、列子天瑞、有大易、有太初、有太始、有太素、太易者未見氣也、太初者氣之初也、……

○Category　範疇　按、書洪範、天乃錫禹洪範九疇、範法也、疇類也

○Homogeneity　純一　按、法華経、純一無雑、又朱子語録、純一無偽

○Metaphysics　形而上學　按、易繫辞、形而上者、謂之道、形而下者、謂之器

○Reality 眞如 按、起信論、當知一切法不可説、不可念、故名為眞如

用例に付した傍線部が、その訳語の典拠である。いずれも中国の文献である。したがって、□で囲んだ訳語は、中国製漢語の借用によるものである。

また、訳語の出所が注記されていない場合でも、中国製漢語の借用による命名と考えられるものがある。たとえば、原語 Accusation に対する訳語「控告」である。「控告」は、法律関係用語であるが、(12) 明治以前の日本の文献には、用例が見られない。ところが、中国の文献には、次のごとく用例がある。

○剪焉傾覆、無レ所二控告一。（春秋左氏傳、襄、八）

○三江五湖、皆為二虜庭一、臨レ時困厄、無レ所二控告一。（蜀志、許靖傳）

○不レ若三歸レ命投レ誠、控二告於君父一。（蘇軾、乞二常州居住一表）

したがって、「Accusation」の翻訳命名は、中国の文献から借用して行なったと考えられる。「拒絶」「齊備」「解除」「行政」「勧解」「制慾」「箴言」「賞歎」「代言」「全能」「虚形」「原告」「附従」「苦楚」「集合」「聚曾」「協和」「合同」「總計」「美妙（学）」「推原（学）」「功名（心）」などの訳語も同様である。

このようにして、『改訂増補哲学字彙』の訳語の冒頭から一六七例をとりあげ調査してみると、六七例が、中国製漢語の借用なのである。(13) まさに、訳語の四割にも達している。

人文科学の伝統 こうして、人文科学系の術語造りは、権威ある中国の文献の漢語を借用して進められたことがわかる。すでに、中国には、人文系の学問の伝統があり、抽象概念をあらわす語が、ふんだんに存在していた。それを、われわれ日本人が借用して、命名することが可能だったのである。(14) 中国製漢語の借用による命名は、西洋

語の借用による命名（＝音訳法）とちがって、日本人にとって、意味のとれる名づけであったことは、注意しておく必要がある。

自然科学では、このような中国製漢語の借用による命名は、あまり行なわれなかった。借用したくても、中国には、適切な自然科学系の術語がなかったからである。

6　新訳法による術語

自然科学と和製漢語　自然科学では、人文科学と対照的に、日本で工夫をこらして漢語をつくり出し、命名していった。いわゆる和製漢語による名づけである。(15) 自然科学系の学問は、中国に伝統がないので、日本人が独自に術語を考案する必要にせまられたのである。**新訳法**による命名は、自然科学系術語の特色である。

ここで活躍したのは、漢語である。漢語は、和語にくらべて簡潔であり、また新しいことばを造る力を持っている。つぎつぎに、術語を考案していかなければならない時、漢語ほど便利なものはないのである。

zenuw に対する訳語「神経」、gasthuis に対する訳語「病院」、aders に対する訳語「静脈」、spons, spongieus に対する訳語「海綿」などは、蘭学者たちが、苦心して造り出した和製漢語である。

逐字訳式命名法　けれども、ひとたび、このような基本的な語が考案されてしまうと、あとは、逐字訳式に和製漢語をつくり、命名していくことができた。たとえば、「神経」という語が造り出されたあとでは、次のように多くの関連術語ができてくる。

（原　語）　　（訳　語）

Zenuw(神経)pijnen(痛) ⇩神経痛

Zenuw(神経)zwakte(衰弱) ⇩神経衰弱

Zenuw(神経)knoopen(節) ⇩神経節

Reuk(嗅)zenuw(神経) ⇩嗅神経

Rugge(脊)nmerg(髄) Zenuwen(神経) ⇩脊髄神経

というぐあいである。

また、語の基になる部分に、在来の漢語を使用した場合も、同様に、そこからつぎつぎと逐字訳式に和製漢語をつくり出し、命名していった。たとえば、オランダ語 vlies に対しては、「膜」という在来漢語で訳出したが、それを基にして、連鎖的に、新しい名前をつくっていった。[16] 次のように。

○ Been(骨)-Vlies(膜) ⇩骨膜　○ Borst(胸)vlies(膜) ⇩胸膜

○ Hoorn(角)vlies(膜) ⇩角膜　○ Binde(結)vlies(膜) ⇩結膜

○ Klap(瓣)vlies(膜) ⇩瓣膜　　○ Harde(鞏)vlies(膜) ⇩鞏膜

○ Maagden(処女・孃)vlies(膜) ⇩処女膜・孃膜　　○ Net(網)vlies(膜) ⇩網膜

○ Slijm(粘)vlies(膜) ⇩粘膜　　○ Ribbe(肋)vlies(膜) ⇩肋膜

○ Trommel(鼓)-Vlies(膜) ⇩鼓膜　　○ Schijn(偽・仮)-Vlies(膜) ⇩偽（義）膜

このような逐字訳式の命名は、医学をはじめ、近代科学の洗礼を受けた多くの分野にわたって行なわれた。次に、それぞれの分野から、二、三例ずつ用例を掲げてみる。

医学

○ Ademhalings(呼吸)werktuigen(器) ⇩呼吸器

○ Blinde(盲)-Darm(腸) ⇩盲腸

○ Onder(下)buiks(腹)gewest(部) ⇩下腹部

薬学

○Blaar「発泡」-Pleister「膏」⇩発泡膏

○Kwik「水銀」middelen「剤」⇩水銀剤

○Ijzer「鉄」middelen「剤」⇩鉄剤

化学

○Nul「零」punt「点」⇩零点

○Water「水」stof「素」⇩水素

○Zwavel「硫黄」-bloem「華」⇩硫黄華

物理学

○Aantrekkings「引」kracht「力」⇩引力

○Goede「良・好」Geleider「導体」⇩好導体・良導体

新訳法の術語の最大の特色は、このような逐字訳式の命名法にあった。それは、機械的で、少々意味のとりにくいこともあるけれども、組織的な術語体系をつくりあげることを可能にした。そうした術語体系は、自然科学の発展に、多大の貢献をすることになった。

7　音訳法による術語

最後に、音訳法に注目してみる。西洋語の発音を受け入れ、新しい名づけとする方法である。

蘭学時代の音訳名　音訳法による術語は、蘭学時代から、次のごとく、さまざまな分野にわたって見受けられる。上段の原語はオランダ語、下段がその音訳名である。音訳に使われている漢字の音は、斎藤静氏によると、中国杭州の音であるという。[17]

（原語）　（訳語）
○ Alkali＝亜爾加里（アルカリ）
○ Calcium＝加爾叟謨（カルシウム）
○ Kobalt＝箇抜爾多（コバルト）
○ Lakmoes＝勒佉母斯（ラッカムース）（現在の「リトマス紙」のこと）
○ Creosot（Kreosot とも）＝結麗阿曹多（ケレオソート）
○ Morphine＝莫爾比涅（モルヒネ）
○ Arabische-Gom＝亜剌比亜護謨（アラビアゴム）

○Electriciteit＝越列機（エレキ）
○Digitalis＝実芰答利斯（ヂキタリス）
○Anijs＝渇泥子（アネス）（薬草）
○Influenza＝印弗魯英撒（インフルエンザ）
○Hypohonder（Hypochondrie とも）＝依剥昆埕児（イポコンデル）

これらの音訳名の多くは、現在まで継承されており、われわれがよく知っている語である。特に、「印弗魯英撒（インフルエンザ）」の語が、こんなに古くから見られるのは、興味深い。化学物質名・医薬品名・物品名・薬草名・病名などに、音訳名が用いられている。

自然科学と音訳名　音訳による命名は、人文科学系の学問ではあまり用いられない。もっぱら自然科学系で活躍する。自然科学系の中でも、具体的な事物を対象とする専門分野において、一層よく使用される。

いま、このことを明治初期の術語集で、確認しておこう。4でとりあげた術語集で、同じように調査を進めると、表2のようになる。

表の(c)欄から、人文科学系では、音訳名はあまり使用しないことがわかる。『哲学字彙』の訳語全体を調査しても、音訳名は、きわめて少なく、二%に満たない。しかも、音訳されている語は宗教名や学派名という固有名詞的なものに限定されている。たとえば、次のようなものである。

○Arianism＝亜里亜尼教（アリアン）
○Aristotelianism＝亜里斯度徳學派（アリストテレス）
○Epicurianism＝以彼古羅學派（エピクロス）

表2　音訳名の割合

学問分野	自然科学				人文科学
	①数学	②工学（電気に限る）	③物理学	④鉱物学	⑤哲学
(A)調査した訳語数	110	100	105	101	169
(B)音訳された語数	3	4	23	18	0
(C)音訳名の割合	2.7%	4.0%	21.9%	17.8%	0%

○ Darwinism　＝達維尼（ダーウイン）學派

○ Occamism　＝阿加母（オカム）教

これらの名前は、音訳名以外に、名づけようのないものである。

また、表の(C)欄から、自然科学系列は、人文科学よりも、音訳名を使用することが多いことがわかる。さらに、自然科学の中でも、物理学や鉱物学に、音訳名が多いのに対し、数学や電気工学では、概して少ない。物理学や鉱物学は、物質や鉱物といった具体的な事物を対象とする研究分野である。これらの分野では、物との対応があるので、音訳名であっても、意味が不明になることはない。それに対して、数学や電気工学などの研究分野は、目に見えない事物を対象とすることが多い。そのため音訳名では、意味のとりにくい場合が多いのである。

音訳名は、日本語にうまく翻訳できない場合に限って用いられるべきものであろう。学術用語の初期の段階においては、それが守られている。現代では、どうであろうか。10の「術語のかかえた問題(3)」で、再び論ずることにしよう。

術語命名法概括 以上、術語造りの初期に焦点を合わせて、対訳・借訳・新訳・音訳という翻訳命名法を眺めてきた。その結果、自然科学と人文科学とでは、術語造りの方法が、かなり対照的であることが明らかになってきた。

自然科学系の術語は、人文科学系のそれに比して、和語による対訳や音訳による命名が目立った。そして、自然科学系の術語の最大の特色は、新訳法にあった。新しい事物概念に対し、和製の漢語を巧みに造り出して命名する。さらに、それを基にして逐字訳式につぎつぎに新しい術語を造り出していく。この方法は、自然科学系の術語を、きわめて体系的なものに仕立てあげた。

人文関係の術語では、和語による対訳や音訳による命名が少ない。ここでは、もっぱら漢語が活躍した。しかし、日本人が工夫して考案した和製の漢語ではない。典拠ある由緒正しい中国製漢語を、大量に借用して、新概念の命名に利用したのであった。

8 術語のかかえた問題(1)―意味のずれ―

こうして、蘭学・英学によって、自然科学・人文科学の学術用語が形成され、近代学問の基礎をつくったが、ここに困った問題がおきた。

それは、第一に、従来からある語を使用して翻訳命名したとき、在来語のもつ意味との間に、「ずれ」が生じ混乱をひきおこしたことである。第二に、同一の原語に対し、専門分野別に、異なった命名をしてしまうことである。第三に、音訳による命名は、翻訳術語不要論へと結びつきやすいことである。以下、これらの問題を、順次述べていくことにする。

意味のずれ―「自由」の場合　日本在来のことばが、西洋の新概念を伝えることばとして採用されると、問題をおこすことがある。それは、在来の日本語のもつ意味と翻訳語の表わす意味との間に、「ずれ」の生じる場合である。

たとえば、『改訂増補哲学字彙』にみられる Freedom や Liberty の対訳語「自由」をとりあげてみる。「自由」の語自体は、日本に相当古くから存在する語である。次のごとく、平安時代の文献に、すでにみられる。

○専レ政得レ志　升降自由　（『続日本紀』宝亀八年九月丙寅）

○而依二大衆申一　以二仁源法印一可レ為二執行別当一由　今日被二仰下一　頗難二自由一歟　（『中右記』康和四年五月九日）

○自由に任せて延暦寺の額を興福寺の上に打たせぬるこそ安からね　（『平家物語』巻一、額打論事）

右例からわかるように、日本古来の「自由」の意味は、思いどおりにふるまう状態を意味している。そして注意すべきは、その「自由」は、よい意味で使用していないことである。我儘勝手といった非難されるべき意味を持っている。

一方、翻訳語の「自由」は、社会の圧力、政府の権力からの支配をうけずに、自己の権利を主張する状態、もしくは、他からの拘束をうけずに自分の意志で行動を選べる状態を意味し、よい意味をもっている。ところが、この翻訳語「自由」は、しばしば日本在来の「自由」の語の意味と混同され、一般には、次にみるような意味で使われることも少なくなかった。

自由と云ふは、我思ふ儘をして、他人より故障の謂はれぬものにて、気随気儘なることなり。夫故に、自分の体に帽子を被らふとも、靴を穿ふとも、側から四の五のいふは、人の自由を妨ぐるといふもの、……

（辻弘想『開化のはなし』明治一二年）

翻訳語としての「自由」は、このように在来の日本語「自由」の意味と混同されて使用された。その結果、「自由」のはきちがえと言われたりするが、実は、在来語を翻訳語として採用したために起こった、意味のずれにすぎない(18)。

人文科学系術語の宿命　こうした問題が起こるのは、主として人文関係の領域である。人文関係の学問は、自然科学系の学問とちがって、対象とする事物概念が、きわめて抽象的・観念的である。それは、見ることも触れることもできない。したがって、意味のずれが生じやすいのである。こういう問題を起こした翻訳語については、柳父章『翻訳語成立事情』（岩波新書）に詳しい。柳父氏は同書で、「自由」のほかに、「社会」「個人」「近代」「美」「恋愛」「存在」「権利」「彼、彼女」の語をとりあげ、興味深く論じている。

在来語を新しい概念事物の翻訳語として命名に利用する時、意味のずれの起こりうることを念頭において、より適切な翻訳語の採用に努めねばなるまい。

9　術語のかかえた問題(2)――多様な術語――

さて次に、各専門分野は、それぞれ別個に自らの学術用語の翻訳に取り組んだために、同一の原語に対し、複数の異なった命名がなされることになってしまった。

明治の術語集　すでにとりあげてきた明治期の五つの術語集から、任意に、六つの原語を選び、調べてみると、表3のような状況であった。傍線は、人文科学系であることを示す。

表3　明治期の術語集

原　語	訳　語
① prism	●角壔（数学）　●三稜形（数学）　●プリズム（物理）　●柱（鉱物）
② symmetry	●対称（数学）　●シムメトリー（物理）　●等対（工学）　●相称（鉱物）
③ law	●定則（数学）　●定律（物理）　●法則（工学）　●法（哲学）　●法律（哲学） ●規制（哲学）　●條例（哲学）　●理法（哲学）　●格率（哲学）
④ accumulator	●越歴溜（エレキダメ）（物理）　●貯蓄槽（工学）　●蓄電槽（工学）
⑤ reduction	●約（数学）　●直シ[20]（物理）　●節約（哲学）　●還元法（論法）
⑥ power	●冪（ベキ）（数学）　●自乗（数学・工学）　●仕事ノ速サ（物理）　●力（工学） ●権勢（哲学）　●器能（哲学）　●権力（哲学）　●権威（哲学）

表3から、専門分野ごとに相当異なる翻訳命名をしていることがわかる。[19]自然科学系と人文科学系とで、同一の原語に対し、異なる訳語を与えていても、それは、ある程度やむをえないであろう。しかし、それぞれの系列の中で、同一の原語に対し、異なる訳語が与えられるのは、用語の関連を見失わせ、不都合である。

術語統一の機運　このような多様な学術用語を統一する必要性は、すでに明治、大正時代から唱えられていた。しかし、整理統一の機運は熟さず、昭和二二年になって、ようやく、文部省が学術用語調査研究会を設け、積極的に調査審議にのり出してきた。そして、専門分野間の連絡を密にし、学術用語の整備にあたり始めた。文部省刊行の『学術用語集』の「前書き」は、こう述べている。

学問の分野によっては、用語の関連が失われたり、種々難解な漢字の使用や重複・不統一があったりして、専門家の間にさえ混乱を招き、時としてそのため事実が誤解されるおそれさえも生じたのである。

さらに、『学術用語集・電気工学編』は、

学術用語の標準化は、学術情報の流通の基礎として極めて重要な役割を果たす（「主査のことば」）

と述べている。

現代の術語集　では、現在刊行されている『学術用語集』では、多種多様な術語の問題は、解決しているのであろうか。

表3で用いた原語を再びとりあげて、『学術用語集』での用語の整備統一の状況を調査してみよう。結果は表4のとおりである。明治期の術語集は、五種類だったのに対し、現代の術語集は二五種類である。

表3と表4とを比較すると、一見、現代語の方が多種多様になってしまったように見えるが、それは対象にしている術語集が多いためである。よく見ると、現代の方が、術語集の種類が多いわりに、術語の統一がなされている。とくに、①prism　②symmetry　③law に対する訳語は、現代の術語集では、かなり統一整備されている。すなわち、明治期では①の訳語は四種あったのに、現代では二種。②の訳語は、明治期四種、現代三種。③の訳語は、明治期九種、現代五種と、現代では、術語集が多いにもかかわらず、訳語の種類は少なくなっている。

表4　現代の『学術用語集』

原　語	訳　語（複合語や連語の形で見られる場合も含む）
① prism	●角柱（数学）　●プリズム（天文・物理・分光・化学・機械）
② symmetry	●対称（数学・物理・地震・分光・化学・機械・採鉱・論理）　●シンメトリー（建築）　●相称（動物・植物）
③ law	●法則（数学・天文・物理・海洋・地震・分光・化学・植物・電気・建築・船舶・航空・採鉱・論理）　●律（植物）　●法（建築・キリスト）　●律法（キリスト）　●法律（図書）
④ accumulator	●蓄電池（物理・電気）　●アキュムレータ（ー）（化学・機械・船舶）　●二次電池（電気）　●累算器（電気・計測）　●蓄圧器（航空）
⑤ reduction	●制約（天文）　●引直し（天文）　●還元形（型）（物理）　●還元（化学・植物・遺伝・原子力・採鉱・論理）　●縮分（化学）　●減力（化学）　●縮写（化学・図書）　●減数（動物・植物・遺伝）　●減速（機械・電気・計測・船舶）　●減音（建築）　●軽減（船舶）　●粉砕（採鉱）　●圧延（採鉱）　●変格（論理）　●変格法（論理）　●割引（図書）　●縮小（図書）
⑥ power	●累乗（数学）　●べき（数学）　●濃度（数学）　●整（数学）　●仕事率（物理・化学・機械・電気・計測）　●度（物理）　●強度（分光）　●動力（機械・電気・建築・土木・船舶・航空・計測・原子力・地理）　●力（機械・船舶・航空・採鉱・キリスト）　●原動（機械・船舶）　●電力（電気）　●パワー（建築・航空）　●電（建築）　●発電（建築・原子力）　●出力（船舶・原子力）　●発動（船舶）　●機力（航空）　●能力（キリスト）

再検討の必要性　しかし、現代の術語集でも、まだ不統一で、検討すべき余地が残されている。たとえば、④～⑥の訳語である。専門分野ごとに、本当に別の名称で呼ばねばならないほど、異なる事物概念を指しているのであろうか。とくに、⑥power の訳語は、もう少し統一できるのではないかと思う。たとえば、次のような例がある。

（原語）	（訳語）	
○power pump	㋑パワーポンプ（化学）	㋺動力ポンプ（船舶）
○power shovel	㋑パワーショベル（建築）	㋺動力ショベル（土木）

訳語は、㋑か㋺の、いずれか一方に統一することが可能ではあるまいか。

かなり統一されていると思われる②symmetry の訳語にしても、動物学・植物学の「相称」や建築学の「シンメトリー」を、他の多くの分野の訳語である「対称」としては、本当に不都合なのであろうか。

わずか数例の術語をとりあげてみても、さらに整備統一していく必要のあることがわかる。もちろん、それぞれの専門分野ごとに特殊性があるので、術語の統一の困難な場合もあろう。しかし、その場合でも、他分野の命名の実態を把握しておくことは、重要である。それは、よりよい術語造りを可能にする。

たとえば、capacity の語がある。この語は、多くの分野に見られ、「能力」「容量」と訳されている。ところが、図書館学だけは、「収蔵可能量」としている。しかし、他分野の術語の実態を把握し、かつ専門分野の特殊性も生かして、「収蔵能力」とでも名づけた方が、すっきりしたよい術語なのではないだろうか。

術語の統一整備は、学問間の交流のために、ぜひとも成し遂げていかねばなるまい。(21)

10　術語のかかえた問題(3)—音訳名の増加—

自然科学系の学術用語に音訳名の多くみられることは、すでに述べた。

音訳名の欠点　こうした音訳名がふえていくと、いっそのこと、原語のままですべてを受け入れた方がよいという議論が起こってくる。国際的立場からも、その方が好ましいと考えるのである。しかしながら、音訳名で受け入れると、専門家以外には通用しなくなる恐れがある。それは、日本語らしく翻訳命名した術語と音訳名とを並べてみると、一目瞭然である。まず、蘭学時代に、日本語らしく翻訳命名した病症名を列挙してみる。

（原語）	（訳語）
① Maagkramp	胃痙
② Maagverweeking	胃軟化
③ Onvolkomene fistel	未熟痔漏
④ Pis-vloed	尿崩
⑤ Plaatselijke Verlamming	局所麻痺

訳出された病症名から、われわれは、おおよそどのような病気・症状なのかを推測することができる。次に、同じ原語に対して、音訳しただけのものを掲げてみる。

（原語）	（音訳語）
① Maagkramp	マーグカラムプ

② Maagverweeking　マーグヘルウェーキング
③ Onvolkomene fistel　オンホルコーメネ・ヒスッル
④ Pis-vloed　ピスフルード
⑤ Plaatselijke Verlamming　プラーチェレイケ・フルラムミング

これらの音訳語から、それがいかなる病気なのか、われわれ一般人にはとんと見当がつかない。外国語に堪能な少数のエリートを除いては、ほとんど意味を解することはできない。音訳名は、専門家にしか通用しない名前なのである。

音訳名の増加　ところが、この音訳名が、次第に増加してきている。いま、現代の『学術用語集』で、音訳名の割合を調査し、明治初期の術語集の状態とくらべてみよう。『学術用語集』での音訳名の占める割合は、表5のとおりである。事物概念をあらわす原語を、冒頭から一〇〇語とりあげ、調査したものである。

表の(C)欄から、化学や計測工学では、音訳名が、三割以上に達していることがわかる。自然科学系の術語集では、音訳名が二割以上を占めるものが珍しくない。こうして、表2に示した明治初期の術語集の状態よりも、現代の方が、音訳名の比重が高くなってきていることがわかる。

危険な状況　音訳名がふえてくると、一体どうなるのか。科学をはじめとする学問が専門家だけのものになる、という危険な状況をもたらすかもしれない。坂本賢三氏は、このことを、次のように述べている[22]。

科学や技術においても、民衆から言葉を奪うべきではないのであって、科学者の言葉が民衆に近づけないものであれば、民衆にとってのみならず、科学にとっても不幸な結果を招くであろう。

坂本氏は、江戸時代から翻訳の努力をしてきたおかげで、日本での科学の教育・研究が日本語で行なわれている

表5　音訳名の割合

	専門分野	(A)訳語数	(B)音訳名	(C)音訳名の割合
自然科学	数学	110	10	9.1%
	物理学	107	14	13.1%
	天文学	108	20	18.5%
	気象学	109	10	9.2%
	海洋学	103	17	16.5%
	地震学	108	18	16.7%
	分光学	113	25	22.1%
	化学	111	37	33.3%
	動物学	107	3	2.8%
	植物学	110	17	15.5%
	遺伝学	112	7	6.3%
人文科学	論理学	108	5	4.6%
	キリスト教学	148	20	13.5%

	専門分野	(A)訳語数	(B)音訳名	(C)音訳名の割合
自然科学	機械工学	105	19	18.1%
	電気工学	106	20	18.9%
	土木工学	101	27	26.7%
	建築学	103	24	23.3%
	採鉱ヤ金学	103	22	21.4%
	船舶工学	105	23	21.9%
	航空工学	108	14	13.0%
	原子力工学	116	27	23.3%
	計測工学	105	32	30.5%
	歯学	131	20	15.3%
人文科学	地理学	106	8	7.5%
	図書館学	107	15	14.0%

という根本的な事実をおさえ、さらに、次の二点を指摘し、原語を翻訳することの必要性を切々と説いておられる。以下の二点は、氏の論点を要約したものである。

第一に、翻訳の苦心をすることによって、概念の明確化がなされ、そこにはじめて、本当の意味の移植が行なわれる。それは、同時に、その国での科学のめざましい発展を約束する。

第二に、翻訳することによって、科学思想を民衆までが理解することを可能にする。それは、すなわち、民衆による科学のコントロールを可能にする。

科学が一人歩きして、人類を不幸におとしいれることを防ぐために、一般人にもわかる命名をすることは、必須のことなのである。

自然科学の部門において、どこまでを音訳名で受け入れていくかは、考えてみなければならない重要な課題である。

11　現代的な術語をめざして

以上、江戸時代から多くの人々の努力によってつちかわれてきた学術用語翻訳の歴史と問題点を述べてきた。最後に、現代の『学術用語集』に再び注目し、いままで述べなかった問題点を指摘し、現代的な学術用語のあり方を考えて、結びとしたい。

略語　第一の問題は、略語による命名である。自然科学系列の学術用語には、とくに頭文字をとって略語化した名前が多い。

CPU＝Central Processing Unit
LCRM＝Logarithmic Counting Rate Meter
SG＝Steam Generator　（以上、原子力工学）

といったぐあいである。略語による命名も、学問の性質上やむをえない場合もあろうが、専門家にしか通用しない命名であることも確かである。音訳名とともに、略語による命名は、必要最小限にとどめる努力をすべきであろう。

複合語の命名　第二の問題は、複合語の命名である。単独の命名と無関係に行なっている場合が少なからず見受けられる。たとえば、

Symmetry＝シンメトリー
Symmetry frame＝対称骨組　（以上、建築学）

複合語は、単独語の命名を利用して、システマティックに行なうのがよい。たとえば、

Mass	質量
Mass flow rate	質量流量
Mass flow meter	質量流量計
Mass spectrograph	質量分析器
Mass spectrometer	質量分析計　（以上、計測工学）

といったぐあいに。自然科学においては、かつて蘭学者の行なった逐字訳式の命名法は、案外功を奏するように思う。

表記　第三に、命名の問題と密接なかかわり合いをもつ表記の問題がある。日本語には、和語・漢語・外来語という語種があり、ふつう、和語や漢語は、漢字や平仮名を使って表記され、外来語だけが片仮名表記である。多くの分野の『学術用語集』の表記も、音訳法による場合だけが、外来語扱いで、片仮名表記になっている。ところが、次のごとく、漢字と片仮名しか使用せず、和語と外来語との区別がつかない術語集もある。

アトガス（after gas）　（採鉱ヤ金学）
酸洗イタンク（acid bath）　（船舶工学）

「アトガス」は、「アト」がいわゆる和語の「後（あと）」、「ガス」が音訳名であるが、語種の区別がつきにくく、「アトガス」という一つづきの音訳名にみえてしまう。「酸洗イタンク」は、「イ」が和語「洗（あら）う」の活用語尾、「タンク」が外来語である。「酸洗（さんせん）イタンク」と読み、「イタンク」で一個の外来語と誤解しかねない。学術用語も、一般のことばと同じく読みやすいものにすべきであろう[23]。

明日の術語　このように、現行の『学術用語集』には、まだ検討すべき幾多の問題点が残されているのだが、一方、次のような好ましい傾向も見られる。それは、日常語的な和語をできるだけ用いて、一般の人々にも理解してもらおうとしていることである。たとえば、次の術語などは、親しみやすく、わかりやすいものである。

abomasum　しわ胃
anal fin　しりびれ　（動物学）
leather　なめし革
strain　ひずみ　（化学）

現代にふさわしい術語とは、いってみれば、平易で親しみやすく、対象の性質を端的に表わしているものであろう。しかも、術語どうしの関係が、体系的・組織的であるように命名されていなければならない。われわれは、こうした現代的な術語をめざして、新しく考案し造語していく努力を惜しんではなるまい。

注

（1）坂口正男「『舎密開宗』における化学命名法」（『科学史研究』85号、昭和43年3月）参照。

（2）杉田玄白著『蘭東事始』上巻（日本古典文学大系本）より引用。

（3）『蘭東事始』で、原書名を『ターヘルアナトミア』と記しているが、正式の書名は、別。絵扉にラテン語で「Tabulae Anatomicae」とあったので、「ターヘルアナトミア」の呼び名が一般に行なわれるようになった。日本古典文学大系『蘭東事始』補注58参照。

（4）坂口正男「舎密開宗攷」（『舎密開宗研究』講談社、昭和50年刊）より引用。

（5）蘭学時代の出版物については、斎藤静著『日本語に及ぼしたオランダ語の影響』（篠崎書林、昭和42年刊）、杉本つとむ著『江戸時代蘭語学の成立とその展開』第一部・第二部・第三部（早稲田大学出版部、昭和51・52・53年刊）に詳しく紹介されている。

（6）斎藤毅著『明治のことば—東から西への架け橋—』（講談社、昭和52年刊）に、さらに詳しく当時の術語集関係の出版物一覧が掲載されている。

（7）『解体新書』の凡例では、翻訳法を、①翻訳、②義訳、③直訳の三種に分類している。『和蘭医事問答』では、「①翻訳」を「対訳」と名称変更し、①対訳、②義訳、③直訳としている。『重訂　解体新書』では、さらに名称を変え、①直訳、②義訳、③対訳と呼び分けている。また、斎藤静著『日本語に及ぼしたオランダ語の影響』（篠崎書林、昭和42年刊）では、①直訳、②意訳、③音訳に分類している。しかし、いずれも、それぞれの翻訳法の概念規定が明確とはいいがたい。そこで、これらの分類を参考にしながら、新たな分類をほどこしてみた。「借訳法」「新訳法」の名称は、本稿で名づけてみたものである。

(8) ①〜⑤の術語集のうち、①③④⑤については、森岡健二編著『近代語の成立—明治期語彙編—』(明治書院、昭和44年刊)が、すでに詳しい調査を行なっている。ここでは、追究の観点が異なるので、基準を修正し、簡単な調査を行なって、資料とした。

(9) 『改訂増補　哲学字彙』には、生物学・数学・物理学という自然科学系列の術語も含まれるが、ここでは、もちろん除いて考えている。

(10) 森岡健二編著『近代語の成立—明治期語彙編—』は、動詞・形容詞・句をも含み込んだ用語全体の傾向について、大がかりな調査を行なっているが、その結果と、ここでの結果とは、だいたい一致している。

(11) このことは、斎藤毅著『明治のことば—東から西への架け橋—』、森岡健二「欧米における事物概念の翻訳」(『文学』48巻11号、昭和55年11月)に、すでに指摘されている。

(12) 明治初期の法律関係用語については、松井利彦「明治初期の法令用語と造語法」(『広島女子大学文学部紀要』19、昭和59年3月)参照。

(13) 中国製漢語の借用か否かの判定は、便宜的に『大漢和辞典』『日本国語大辞典』に掲出された用例をもとに、行なった。

(14) 斎藤毅著『明治のことば—東から西への架け橋—』(講談社、昭和52年刊)によると、中国には、西欧哲学との対比に堪える宋学のあったことが指摘されている。同書は、さらに、日本人が西欧哲学を消化するのに、宋学の用語をいかに多く借用したかを明らかにしている。

(15) 当時の和製漢語については、山田孝雄著『国語の中に於ける漢語の研究』(宝文館、昭和15年刊)、斎藤静著『日本語に及ぼしたオランダ語の影響』(篠崎書林、昭和42年刊)、杉本つとむ著『江戸時代蘭語学の成立とその展開』(早稲田大学出版部、昭和51〜53年刊)、佐藤亨著『近世語彙の歴史的研究』(桜楓社、昭和55年刊)などで、とりあげられている。

(16) 斎藤静著『日本語に及ぼしたオランダ語の影響』(篠崎書林、昭和42年刊)から、用例を抽出した。同書は、六五〇余語のオランダ語の翻訳術語を収集しており、この方面の研究には、必読の書である。

(17) 斎藤静著『日本語に及ぼしたオランダ語の影響』(篠崎書林、昭和42年刊)。

(18) 新村出著『語源叢談　語源をさぐる』(教育出版、昭和51年刊)、進藤咲子著『明治時代語の研究―語彙と文章―』(明治書院、昭和56年刊)、柳父章著『翻訳語成立事情』(岩波新書、昭和57年刊) 参照。

(19) 専門分野間で、どの程度、訳語が異なるのかについては、長沼悦子「訳語に関する一考察―術語集を資料として―」(『日本文学』東京女子大学　8、昭和32年3月) 参照。

(20) この例のみ『Vocabulaire des Mots de Physique』(明治21年刊) から引用。

(21) 昭和57年4月から昭和60年3月まで、文部省科学研究費補助金を受けて、「情報化社会における言語の標準化」というテーマで、研究が大々的におし進められてきた。その研究成果の一つとして『文部省学術用語集統合リスト』(主査・柴田武、藤原鎮男・藤原譲・大塚明郎編、昭和59年3月) が刊行された。同書は、各分野の術語が一覧できるようになっており、術語の統一整備の問題に、多大な貢献をなすであろう。

(22) 坂本賢三「科学技術における翻訳」(『文学』48巻11号、昭和55年11月)。

(23) 学術用語の表記の問題については、平山健三「化学用語の再検討」(『言語生活』89、昭和34年2月) の論があるので、参照されたい。

III　日本語の古典

本文中の表記について

太字で示したのが、原文の引用です。その現代語訳は直後の（　）の中に示しました。現代語訳だけを示す時には「　」に入れて、ふつうの字体で示しています。

原文は、できるかぎり底本にした本文表記を尊重して示していますが、他の注釈書などを参考にして私に改めたところがあります。また、原文がローマ字の場合は漢字かな交じり文に直して示しました。

なお、読みやすさを考えて、原文を歴史的仮名遣いに統一し、常用漢字表にある漢字についてはその字体を用い、促音・拗音になるはずの箇所は、そのように改め、適宜振り仮名・送り仮名をつけています。

プロローグ

1　なぜ古典を読まなければならないか

日本の古典は、今や瀕死状態。現代人にほとんど顧みられない状況を見ると、「もったいない」という気持ちがむくむくとわきあがってきます。自分たちの祖先の培ってきたさまざまな英知をなぜ現代人は学び、吸収しようとしないのか？　過去から学ぶ物は何もないと思えるほど、私たちは優れているのか？

一人思い嘆いている折に、ぱらぱらとめくった『水の文化』（三〇号）に掲載されていた宗教哲学者・山折哲雄さんの「共生とはなにか」という文章が目に飛び込んできました。日本が、明治以降、近代化に向かって驀進してきた過程の教育軸は、第一に科学技術立国、第二に社会科学であった。でも、今や第三の教育軸が必要だというのです。それが、文化・芸術・宗教。この軸が絶対に必要だと認識しなければ、生き残れないというんですね。そして、こんなことを力強くおっしゃる、「古典をしっかり教えれば、それで宗教教育になると考えている。万葉集とか源氏物語、平家物語などには、古代から現代に至るまでの日本人の宗教観というものが、自然観も含めて全部入っているので、それをしっかりバランスよく教えればいいわけです」。

そうか、やっぱり。日本の古典を現在の日本人は捨ててしまっているけれど、声を大にして、日本人が生み育ててきた古典の大事さを言う必要があるのです。ちょうどこの本を書き始めていた私に、山折さんの主張は限りなく大きな勇気を与えてくれました。むろん、宗教教育のみならず、古典を読むことは次にあげるような意味でも必要なのです。

2　相対化する目を養う

第一に、古典を読むと、物事を相対的に捉える目が養われます。現代だけしか知らないと、私たちは自分の生きている現代の価値観や習慣が絶対のものだと信じ込んでしまいます。古典は私たちの生きている現代とはかなり違った価値観や習慣を示してくれます。

たとえば、平安時代の作品に見る一夫一妻多妾制。現代の一夫一婦制からみると、とても不自然に思えます。でも、当時の貴族社会においては、当然のように受け入れられています。あるいは、江戸時代の作品に見る男色。現在から見ると、いささか異様に思えます。でも、その時代においてはそれがむしろ崇高なことですらあった。そうした現代とは全く異なる物の見方や生活習慣を知ることによって、私たちは現代を絶対と見る見方から脱出できるのです。物事を絶対と見るところには進歩はありません。なぜなら、現代が一番正しいと信じてしまい、傲慢になり、他から学ぶ必要は何もないと思うからです。

同じ日本人でも、時代によって発想や表現方法や価値観が違うことを知ることこそ、私たちに相対化の視点を与えてくれるのです。古典を読むこと、それはあなたの物の見方を相対化するチャンスなのです。

3　創造性の芽をはぐくむ

古典を読む第二のメリットは、創造性をはぐくむための養分が蓄えられることです。江戸時代の曲亭馬琴の『南総里見八犬伝』は、現在のゲームのように次々に事件が起こって格闘シーンがあり、読者をどきどきはらはらさせます。彼はあの長編の構想を『日本書紀』をはじめとする数々の日本の古典からヒントを得ているんですね。古典というのは、日本人の価値観や感性、表現方法が詰まっていますから、消化吸収しやすい。そうして吸収されたものは、すぐに養分となって、見事な花を咲かせるのに役立ちます。古典を読むことは、新しい花を咲かせるための豊かな土壌になるのです。

古典を読むのは、単に教養を養うといった消極的な理由だけではないのです。物事を相対的に捉える目を養うために、また創造性の芽を育むために、是非とも必要なことなのです。

4　言葉・表現から読む

では、一体、この本は、どういう観点から古典を取り上げようとしているのか？　私の専門は日本語の歴史です。だから、専門を生かして、主に言葉との関わり合いから古典を取り上げていく。これが、この本のスタンスです。幸い、言葉や表現や文章の特色にこだわって日本の古典を通史的にとりあげた本は、まだ出版されていません。新しい切り口です。本のタイトルは、「日本語」という「言葉」を感じさせたくて、『日本語の古典』。現在のグローバル社会を意識して、英語でもなく中国語でもなく、「日本語で書かれた古典」という意味ですが、「日本語から見た古典」という意味合いも込めています。

切り口がいままでの文学性や思想性の追究といったものとは違っていますので、当然取り上げる作品も若干違います。たとえば、今までだったら、あまり取り上げられることのなかった『伊曾保物語』や『蘭東事始』なども、この本ではとり上げています。『伊曾保物語』は、現在の『イソップ物語』の祖先です。四五〇年も前にすでに日本語に翻訳され、新たに日本人が作った話も含めて日本の津々浦々まで伝播し、日本人が自国の作品と同じように愛読した書物。日本人の血や肉になっています。日本の古典といっていい面を持っているからです。『蘭東事始』は、一般には『蘭学事始』として知られている作品です。オランダ語の翻訳創始をめぐる思い出話を書き記したものですが、後年、日本が翻訳大国になるきっかけを髣髴とさせ、重要な意味を持っています。こんなふうに、旧来とはいささか違った作品を取り上げているのは、言葉を中心に見ているからです。

言葉や表現から古典を取り上げていくと、従来指摘されていなかった新しい古典の魅力が見えてきます。たとえば、『源氏物語』なども、作者の紫式部がいかに言葉を操る天才であったかが具体的に示されてきますし、『蜻蛉日記』でも、言葉に焦点を合わせて読むと、作者の夫への気持ちがどのように推移して行ったのかが見事に浮かび上がってきます。言葉に即した作品の魅力は、どうか本文で存分に味わってください。

なお、この本では、『万葉集』のような韻文作品は除いています。韻文は、散文とは違ったレトリック上の要素が加わり、別に追究する必要があるからです。

5　一作品ごとにテーマを設ける

この本は、さらに、作品ごとにテーマを設定し、それを明らかにする方向で話をまとめています。たとえば、『徒然草』については、「兼好法師は、女嫌いなのか？」といったテーマを設定し、それを解決していく方向で『徒然草』の話をまとめていきます。あるいは、『今昔物語集』がたくましい女性を描出するのに成功した理由は何なのか？『平家物語』は、なぜかくもインパクトのある場面描写をすることができたのか？狂言は、即興劇の笑いをどのように作りだしているのか？『東海道中膝栗毛』が庶民の心を捉えたのは、どんな要因があったのか？などと、この本でとりあげた三〇作品は、それぞれ一つのテーマを持って、解決が図られる仕組みになっています。

ですから、基本的には、一話読み切り。どこからでも読み始められる。最後の『春色梅児誉美（しゅんしょくうめごよみ）』から読み始め、時代をどんどん遡っていく読み方もできます。『春色梅児誉美』は、江戸時代の若者たちを魅惑しましたが、現在の若者も惹きつけられるはずです。妖しい官能の香りがしますし、原文も現代語に近いので、楽しく読めること請け合いです。

6　各時代の特色

では、最後に言葉から見た各時代の特色を簡単に述べておきましょう。奈良時代は、ようやく日本人が漢字を借りて文章を書き表した時代です。口で語り伝えられていた時代の名残が根強く、言葉がまだ霊力を持っている。言葉には、現実を支配するエネルギーがある。だから、起こる事件も神秘的で面白い。まだ自己を客観化できずに無我夢中で文章を書いていた時代です。国家が作品の成立にかかわっているため、国家草創期の息吹が作品にみなぎっています。そしてまた、国家を作り上げるための荒々しい闘争も繰り広げられています。

平安時代には、日本独特の仮名を発明したおかげで、人々は自分たちの心の隅々まで表現できるようになり、愛し、悩み、苦しむ心の襞を表現した内省的な作品が数多く出てきます。貴族たちの優雅な生活も描写され、貴族文化が絢爛豪華に咲き誇っています。一部の特権貴族たちの間では、熾烈な権力争いをしていますが、前代とは違って心理戦の様相を帯びています。

鎌倉・室町時代は、公家たちが前代からの文化遺産を使い果たしているうちに、力でのし上がってくる人々が出てきます。武士です。相次ぐ天変地異、次々に起こる生死をかけた戦乱の中で、人々は地上に永遠なものは一つもないという無常観をいだきます。文章は、力強い漢語の力を使ってリズムある語り物を踏まえた和漢混交文を書いています。動乱に明け暮れていた鎌倉・室町時代の作品は、どの時代よりも暗く、宗教色が強い。人々は、その暗さ重さを吹き飛ばすべく一時の笑いを求めて狂言を発生させています。なお、ここでは、便宜上、安土桃山時代もこの時代に含めています。

江戸時代は乱世で勝ち抜いた人間が支配者になり、世の中はそれなりに安定しました。身分制度があってさぞかし窮屈だったろうという現代人の先入観とは違って、意外にどの作品も明るい。社会制度に目をつぶり、現実的に生きていく方向をとっているせいかもしれませんね。この時代には、読者を意識した職業作家が登場。文学作品が商品化したわけです。庶民が喜ぶような事件を考え、展開を考え、文章を工夫しています。作品には、会話が多く、理解も容易。「かうしていつまでも居たいねえ」などと、現代語にきわめて近く、注釈書なしに、すらすら読めます。

さあ、あなたはどこから読み始めますか。扉を開けて古典の世界でゆったりと時を過ごしてみませんか。

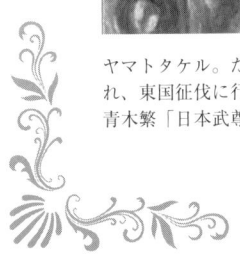

一　言葉に霊力が宿る——奈良時代——

ヤマトタケル。たけだけしさ故に父の景行天皇に嫌われ、東国征伐に行かされるのだが…
青木繁「日本武尊」（東京国立博物館蔵）の部分。

1　古事記 ――言葉が生む悲劇――

和銅五年（七一二年）成立
撰録　太安万侶

言葉は現実をあやつる

私たち現代人にとっては、「言葉」は単なる記号です。何らかの意味を表すしるしに過ぎないのです。だから、無責任な言葉でも平気で発しています。でも、奈良時代以前の日本人にとっては、口から発せられた言葉はその内容どおりの状態を実現する霊力があるものです。言葉に現実をあやつる力があると考えていたのですね。「言（こと）」として発せられると、「事（こと）」として実現してしまう。だから、言葉をむやみに発しては危険です。こうした「言霊（ことだま）信仰」の残っていた奈良時代の和銅五年（七一二年）に『古事記（こじき）』が誕生。

上・中・下の三巻からなります。上巻は、アメノミナカヌシノカミからウガヤフキアエズノミコトまでの神々の話。アマテラスの天の岩屋隠れの話あり、ヤマタノオロチの話あり、オオクニヌシと因幡（いなば）の白兎の話あり、ウミサチ・ヤマサチの話ありと、私たちが子供の頃絵本で読んで知っている神々の話が詰まっています。これらの神々の話は、天皇による天下統治の正統性を説く建国神話になっています。中巻・下巻は、天皇の世界の成り立ちとその継承を語る物語。中巻は神武天皇から応神天皇まで。そこでの中心人物は、神武天皇とヤマトタケル。ヤマトタケルは、国土平定のために大活躍したにもかかわらず、父に嫌われ、天皇になりそこなった悲劇の英雄です。第一二代景行天皇の条は、ヤマトタケルの物語で占められています。下巻は、仁徳天皇から推古天皇まで。そこでの中心人物は、仁徳天皇と雄略天皇。

さて、ここでとりあげたいのは、ヤマトタケルの話。彼の悲劇は、つねに「言葉」の問題から起こっているからです。それに、読んでいて涙がにじんでしまうほど、悲劇的な一生を送った人物です。一体、彼の悲劇はどのように展開していったのか？

「ねぐ」の意味を取り違える

景行天皇には、たくさんの妻があり、出来た子供の数は八〇人。このうち太子の名をうけたのは、三人。ヤマトタケルも、その一人。天皇になる可能性のある人物だったのです。ヤマトタケルの幼名は、オウスノミコト。彼には兄がいた。兄の名前は、オオウスノミコト。兄のオオウスノミコトは、父の天皇の命令を受けて美人の姉妹を召し上げに行った。本当に美しい姉妹だった。兄は、この姉妹を父親に差し出さずに自分のものにしてしまい、父には偽って別の女性を差し出した。父親はそれを知った。兄は、父の前に姿を現さない。父は弟のオウスノミコトに言った、「**何(なに)とかも汝(なむち)が兄(え)の朝夕(あしたゆふべ)の大御食(おほみけ)に参(ま)ゐ出(い)で来(こ)ぬ。専(もは)ら汝(なむち)ねぎし教(をし)へ覚(さと)せ**（＝どうしてお前の兄は朝夕の食膳に出て来ないのか？　よくお前からねぎらい教えさとしなさい）」。「ねぐ」という言葉に注目してください。現在の「ねぎらう」を派生させた言葉です。「いたわる」「慰労する」の意味。

こう言ってから五日たっても兄はやはり姿を現さない。父はオウスノミコトにまだ兄に教えさとしていないのではないかと言うと、彼は「**既(すで)にねぎ為(し)つ**（＝十分にねぎらってやりました）」と答える。父は再び聞いた、「**如何(いか)にかねぎしつる**（＝どのようにねぎらったのかね？）」。すると、オウスノミコトは答えるではないか、「明け方、兄が厠(かわや)

に入った時、待ち受けて捕えて押しつぶして、手足をもぎりとり、薦（こも）に包んで投げ捨てました」。なんと、オウスノミコトは、「ねぐ」の意味を取り違えて兄の息の根を止めてしまったのだ。西郷信綱『古事記注釈』（第三巻）が指摘しているように、ヤクザ仲間や運動部で「かわいがる」と言うと「痛めつける」「しごく」ことを意味する。それと同じように「ねぐ」を「痛めつけて始末する」の意味にとって処理してしまった！　意味のとり違えかたには、個性が現れる。父は、オウスノミコトの猛々（たけだけ）しさ・強さに恐怖した。彼の牙が何時（いつ）なんどき、父である自分に向けられるかもしれない。父は、オウスノミコトを自分のそばにおいておくのは危いと思い、彼を常時征伐の旅に出しておくことにした。父は、まず、オウスノミコトに西にいるクマソ兄弟を討ち取る命令を出した。オウスノミコトがまだ髪を額で結んでいる少年だというのに。

クマソ征伐とイズモ征伐

オウスノミコトは、叔母のヤマトヒメノミコトからその衣装をもらい、剣を懐にして出かけた。クマソタケル兄弟は、館の新築を祝う宴会を催していた。オウスノミコトは、結んでいた髪をといて垂らし、ヤマトヒメからもらった衣装を着て少女に成りすました。クマソ兄弟は、美しい乙女を見ると気に入り、呼び寄せて自分たちの間に座らせた。宴もたけなわ。オウスノミコトは、クマソ兄弟がすっかり注意を怠っている時に懐から剣を出して、兄のクマソの胸を突き通した。弟のクマソは逃げたけれど、オウスノミコトは追いついて剣を尻から刺し貫いた。弟のクマソは死を目前にしてこう言った、「大和国（やまとのくに）には、私たち兄弟にもまして強い男子がいらした。だから、あなたさまにお名前をさしあげましょう。今から後は倭建御子（やまとたけるのみこ）と名乗られたらよいでしょう」。相手に名前を与えることによって征服されたことを認めている。その名は「倭（ヤマト）の国の勇猛な皇子（タケルノミコ）」。名前は実体を与える。

ヤマトタケルは、そのまま出雲国（いずものくに）に行き、イズモタケルを征伐することにした。まずは、イズモタケルと親交を結び、油断させた。一緒に水浴びをした時、ヤマトタケルは川から先に上がり、イズモタケルの太刀を身に着けてしまい、「太刀を換えよう」と言った。イズモタケルは後から上がってきてヤマトタケルの太刀を身に着けた。それは、木で作った偽物の太刀だった。ヤマトタケルは、「さあ、太刀で打ち合いをしよう」と誘って、すかさず太刀を抜き、偽物の太刀を抜くことができずにいるイズモタケルをうち殺した。勝利するためには、相手を欺くのも一つの方法。

父に嫌われた息子は悲しむ

ヤマトタケルが、父の天皇の命令を立派に果たして帰京すると、父は、ヤマトタケルにやすむまもなく、東方十二の国々の征服を命じる。ヤマトタケルは、叔母のヤマトヒメに訴える、「天皇が私なんか死んでしまえと思うのは、どうしてなのでしょう？　西の方の悪者どもを討ちに遣わして、都に帰ってきてまだいくらも経たないのに、兵士も下さらないで、今度はさらに東国十二カ国の悪者どもの平定に私をお遣わしになる。これによって考えますと、やはり私など死んでしまえと、天皇は思っていらっしゃるのです」。ヤマトタケルはこう言って嘆き悲しんで涙をこぼす。ヤマトタケルにしてみれば、父の天皇のために身を粉にして働いているのに、父は自分を愛してくれない。努力しても努力しても、親に可愛がられない子供の嘆きが、私たちの心を揺さぶります。叔母は、ヤマトタケルに草薙（くさなぎ）の剣（つるぎ）と袋を授けた。

「ことむけやはす」

ヤマトタケルは、まず尾張（今の愛知県）に行ってミヤズヒメと結婚の約束をしてから、東国の山川の乱暴する神々や服従しないものたちを「**言向け和し**」て行った。「言向く」というのは、神野志隆光『古事記の達成』によれば、服属を誓う言葉をこちらへ向けるようにさせること。つまり、「私に従って仕え申すか？」という問いかけに「お仕え申し上げましょう」と服従誓詞の言葉を相手に言わせ服属させること。「やはす」は、平定すること。

相模国では、ヤマトタケルは、国造に騙されてあやうく命を落とすところだった。でも、叔母のくれた草薙の剣と火打石の入った袋のおかげで難を逃れた。走水海（浦賀水道）では、大波が起こり遭難しそうになった。その時に一緒にいた妻のオトタチバナヒメが身代わりになって海に入り、ヤマトタケルに任務を遂行するように励ました。ヤマトタケルは、流れ着いた彼女の櫛を拾いあげ、それで彼女の墓をつくった。ヤマトタケルは、常陸・甲斐・信濃にいる乱暴ものたちを「**言向け**」平定して尾張に帰り、ミヤズヒメと結婚した。

誤った「言挙げ」

結婚は、ヤマトタケルの気持ちに緩みを生じさせた。神威をもつ草薙の剣をミヤズヒメのところに置いて、伊吹山の神を「素手で直接討ち取ろう」と豪語して出かけた。思い上がりが不幸を招く。途中で出会った大きな猪を伊吹山の神とも思わずに、「言挙げ」して言った、「この白い猪の姿をしているのは、この山の神の使者である。今殺さなくても、山から帰るときに殺すことにしよう」。「言挙げ」というのは、言葉の呪力を働かせるために、大声で言い立てること。ただし、「言挙げ」した内容に誤りがある時には、呪力が逆に働いて「言挙げ」した側の力を無効にしてしまう。ヤマトタケルは、まさに間違った内容を「言挙げ」してしまった。その猪は、伊吹山の神そのものだった。伊吹山の神は大氷雨（ひさめ）をふらせ、ヤマトタケルは正気を失った。彼はさ迷い歩き、病気になる。死期は迫っている。三重県の能煩野（のぼの）にたどり着いて、故郷を思って、歌った、「**倭（やまと）は　国の真秀（まほ）ろば　たたなづく　青垣（あをかき）　山籠（やまご）もれる　倭し麗（うるは）し**（＝大和は国の中でも最もすばらしい所。重なり合った青い垣根のような山々、それらに囲まれた大和は何とも美しい）」。ヤマトタケルは、さらに三首の絶唱を歌い上げて、こと切れた。

父に嫌われ、にもかかわらず父の命令を最後まで勇敢に遂行し、日本を平定に導いたヤマトタケル。でも、その功績は称えられることなく、路傍で一人寂しく死んでいった。それは、人々の心に悲劇の英雄として刻印された。「言葉」によって、父の信頼を失い、服従の「言葉」を相手に言わせて諸国を服属させ、誤った内容の「言葉」を大声で述べ立てたことによって命を失ってしまった。ヤマトタケルの悲劇は「言葉」に始まり、「言葉」に終わる。「言葉」に出すことは、それほどに重い意味を持っていたのです。

2 日本書紀—リアルな歴史叙述—

養老四年（七二〇年）成立
撰修　舎人親王

大化の改新

『日本書紀』というと、「ああ対外的に国家の威信を示すために漢文体で書かれた無味乾燥な歴史書ね」と言われて敬遠されがち。私もその一人でした。でも、きちんと読んでみると、意外や意外。実に生々しく具体的でリアルな場面描写もあるのです。その一つの典型は、大化の改新の時の蘇我入鹿を暗殺するくだり。「大化の改新虫五匹」と語呂合わせをして、その年を六四五年と、しっかり記憶にとどめるくらい重大な事件。その事件を『日本書紀』は、鮮烈に眼前で展開しているかのごとくに描いています。なぜ、こんな風にリアルに描けたのか？　ここで考えてみたい問題です。

『日本書紀』は、全部で三〇巻あります。「神代」から第四一代持統天皇までの歴史がその内容。少し前にできた『古事記』は、「神々」の話から第三三代推古天皇までの記述。ですから、『日本書紀』の方が八代後の天皇まで扱っています。大化の改新は、第三五代皇極天皇の時代のこと。『古事記』には記されていない部分です。

『日本書紀』は、『古事記』の文章とは違って、中国人も読める純粋な漢文で書かれています。ですが、全巻均一な文体ではなく、森博達『日本書紀の謎を解く』が明らかにしたように、二つの層から形成されています。純粋な漢文を書くことのできる中国人によって書かれた巻々と、漢文に精通した日本人によって書かれた巻々との二層です。大化の改新の記された巻二四は、中国人によって書かれたと推定される巻です。それにしては、妙に具体的で生々しい。何か背後にあるのではないかと思わせます。早速読んでみることにしましょう。

生前に墓を造らせる

世は、蘇我大臣蝦夷とその息子・入鹿の勝手気ままな政治に悩んでいた。皇極元年（六四二年）のこと。蝦夷は、葛城の高宮に祖先を祭る廟をつくり、天皇しか行なえない舞楽を催し、力を誇示した。さらに、今来には、生前なのに、自分の墓と息子の入鹿の墓を並べて造った。その墓地の建設に上宮の乳部の民（＝皇子や皇女の出産・養育の仕事に携わる人々）をすべて集めて使ったので、上宮大娘姫王（＝聖徳太子の娘か）は慨嘆して言った、「蘇我の臣は、国政を思うままに動かし、天皇に多くの無礼を働いた。天に二つの太陽がないように、国に二人の王はない。どうして勝手にことごとく上宮の部民を使うのか！」

さらに、皇極二年（六四三年）、蝦夷は、ひそかに紫冠（＝大臣の身分を表す冠）を入鹿に授け、大臣の位に擬するという勝手なことをやってのけた。入鹿は、図に乗り、上宮の王たちの中心人物・山背大兄皇子を斑鳩寺に追い詰め、自害させた。これを聞いて、さすがに父も息子の暴挙に怒りののしって言った、「ああ、入鹿はホントに馬鹿で横暴な悪事ばかり行なったもんだ。お前の命も危ういのではないか」と。運命を予告するような発言です。

脱げた沓をうやうやしく

皇極三年（六四四年）正月になった。中臣鎌子連（＝中臣鎌足）は、神祇官に任じられたが、再三固辞してその官位につかなかった。彼の胸中にはある計画が芽生えていた。彼は、天皇側に優れた盟主となるべき人物を捜し求めていた。中大兄皇子（なかのおおえのおうじ）がそれにふさわしい人物だと思えた。鎌足は、中大兄皇子との出会いのチャンスをじっと待った。

たまたま中大兄皇子が法興寺で蹴鞠（けまり）（＝皮製の鞠（まり）を沓をはいた足の甲で高く蹴り上げて落とさないように受け渡しをする競技）をしている。鎌足はそれに加わり、中大兄に近づく機会をうかがった。中大兄が鞠を高く蹴り上げた拍子に沓（くつ）が脱げた。鎌足は、すばやくその沓を自分の手に収め、中大兄の前に跪いてそれをうやうやしく差し出した。中大兄も、鎌足に向き合って跪き、うやうやしく沓を受け取った。二人は瞬時に相通じるものを感じ取った。それから親密になって、思うところを述べ合い、なんら隠し立てがなくなった。

二人は頻繁に会うのを人が怪しむことを恐れ、同じ師のもとで漢籍を学ぶことにし、行き来の道中、肩を並べて密かに入鹿打倒の計画を練った。二人の考えは、ことごとく一致した。

鎌足は、大事を謀るにはもう少し味方が必要であると思い、中大兄に政略結婚を勧めた。自分たちの強い味方になってくれそうな人物の娘と結婚するのだ。姻戚関係を結べば、その父親は、決して中大兄を裏切れない。誰が最も適切な人物か？　蝦夷・入鹿と仲の悪い人物で、しかも剛毅果敢な人物でなくてはならぬ。選び出された父親は、蘇我倉山田麻呂（そがのくらのやまだまろ）。中大兄は、彼の長女と結婚することにした。ところが、結婚の日に、長女は一族の者に連れ去られた。中大兄との結婚に反対の親族の仕業である。父親が困り果てていると、次女の遠智娘（おちのいらつめ）が「私を進上なさってもよいのでは」と申し出て、進んで中大兄と結婚。彼女は中大兄に心から尽くした。

さらに、鎌足は、腹心の部下になるべき人物として、佐伯連子麻呂（さえきのむらじこまろ）と葛城稚犬養連網田（かずらきのわかいぬかいのむらじあみた）を中大兄に推挙。たった五人で重大な事を決行しようというのだ。重大な事とは？

恐怖のあまり反吐をはく

皇極四年（六四五年）六月八日。中大兄は、山田麻呂にその日に入鹿を殺害するという計画を打ち明けた。山田麻呂は、了解した。皇極天皇が大極殿（おおあんどの）にお出ましになった。入鹿も参上している。入鹿は用心深い性格で常に剣を隠し持っている。鎌足は、俳優（わざおき）（＝神意を伺い寄せるために神前で様々の芸をする人）を使って、入鹿に剣をはずさせた。入鹿は「**咲（わら）ひて剣を解き**（＝笑って剣をはずし）」、座についた。

山田麻呂が三韓（＝高麗・百済・新羅）からの上奏文を読み上げ始める。中大兄は、一二の門を一斉に封鎖し、警備隊を一箇所に集め、賞禄を与えるふりをした。そうしておいて、中大兄は長槍を取って大極殿のそばに隠れる。鎌足たちは弓矢を持って中大兄を守護する。子麻呂と網田には剣を持たせ、「油断するな。不意をついて斬れ」と命じた。子麻呂らは、決行に臨んで恐怖のあまり飯がのどを通らない。「**水を以ちて送飯（いひす）き、恐（おそ）りて反吐（たま）ひつ**（＝水で飯を流し込んだけれど、恐怖のために嘔吐した）」。「いひすく」は、「飯（いひ）を送（す）く」。「すく」は、物を喉へ流し込むこと。恐怖のために唾液が出なくなってしまい、水で飯を流し込んだのだ。でも、それも「たまひつ」。「たまふ」は、反吐（ど）をはくこと。なんと生々しい記述なのか。「神代紀」には、神々が反吐をはく行為をしているが、人間とは違って、火の神を生むためであったり、ご馳走を出すためであったりする。子麻呂らが恐怖のために嘔吐する行為にはリアリティが溢れている。鎌足は、反吐をはく子麻呂らを励ました。

山田麻呂は、上奏文を読み終ろうとするのに子麻呂らが来ないので不安になり、「**流汗身（いづるあせみ）に沃（うるほ）ひて、声乱（こゑみだ）れ手（て）動（わなな）く**（＝全身汗みどろになり、声は乱れ手が震えている）」。山田麻呂のおびえる気持ちが読者によく伝わります。入鹿は不審に思って聞く、「**何（なに）の故（ゆゑ）にか掉（ふる）ひ戦（わなな）く**（＝なぜ震えているのだ？）」。山田麻呂は答える、「**天皇（すめらみこと）に近くはべ**

ることを恐(かしこ)み、不覚(おろか)にも汗流(い)づる（＝天皇のおそば近いことが恐れ多く、不覚にも汗が流れたのです）」。うまく言い逃れた。

だが、子麻呂らは入鹿の威勢に萎縮してしまってどうしても行動に出られない。そこで、中大兄は、「**咄嗟(やあ)**」と叱咤して子麻呂らとともに、入鹿の不意をついて、頭と肩を斬り割(さ)いた。入鹿は驚いて立ち上がる。子麻呂は剣で入鹿の片脚を切った。入鹿は、転がりながら天皇の前にひれ伏して言った、「皇位につくべきは天の御子です。私に何の罪がありましょう。どうかお調べ下さい」。天皇はたいそう驚き、中大兄に尋ねた、「なぜ、こんなことをするのか？　一体何事があったのか？」。中大兄は答えた、「鞍作（＝入鹿）は、天皇家をことごとく滅して皇位を傾けようとしました。どうして天孫を鞍作にかえられましょうか」。

屍は生々しく横たわっている

天皇は、殿中に帰られた。子麻呂らは、入鹿の息の根を止めた。「**是(こ)の日に、雨下(あめふ)りて潦水(いさらみづ)庭(おほば)に溢(いは)めり。席(むしろ)・障子(しとみ)を以ちて鞍作が屍(かばね)に覆(おほ)ふ**（＝この日に雨が降り、溢れた水で庭は水浸しになった。敷物や屏風で鞍作の屍を覆った）」。折から雨が降って庭は水浸し。室内には敷物や屏風で覆われた入鹿の屍がごろんと横たわっている。雨音が聞こえ、目の前に見えそうな入鹿の屍。「屍」という語は『日本書紀』では、一二六回用いられていますが、最も具体的で生々しいのが、入鹿の屍です。

この後、入鹿の父・蝦夷は自害。以後矢継ぎ早に律令制を整えるべき大革新が断行された。

なぜリアルなのか？

これらの記述を読んでいると、具体性のもつ迫力に圧倒されます。だが、待てよ。これらの記述は、暗殺の現場に居合わせない限り知りえないことばかりではないか？　特に原文の引用箇所はそれに該当する。ということは、この部分を最終的に筆記したのは中国人だったかもしれないけれど、背後には暗殺現場に居合わせた人物の記した記録の存在が考えられるのではないか。そういえば、暗殺計画からその現場にいたるまで、ほとんど鎌足の視点から事件が描かれていた。ということは、鎌足側からの記録を基にした可能性が考えられる。あるいは、鎌足と死ぬまで盟友であり続けた中大兄（後の天智天皇）の話を基にした記録の可能性も考えられる。というのは、『日本書紀』の編集総裁は、舎人親王（とねりしんのう）。彼は、天智天皇の孫。大化の改新の話を耳にするチャンスはあり、記録にとどめさせることもできる。真相を具体的に記した資料を基にしたからこそ、これほどまでにリアリティに富んだ叙述になったのではあるまいか。『日本書紀』は、読んでいると、かぎりなく記述の背後を探りたくなる歴史書なのです。

3　風土記——タブーと地名由来——

和銅六年（七一三年）の詔をうけ、
各地で編集

風土記はなぜ編まれたか?

『古事記』が出来、『日本書紀』の編集事業も着々と進んでいる。そんな和銅六年（七一三年）五月、次のような官命が諸国に出されました。「①国名・郡名・郷名に良い字の名前をつけよ、②土地の産物を鉱物・植物・動物に分けて、詳細に記録せよ、③土地の肥沃状態を記せ、④山・川・原・野の名前の由来を記せ、⑤土地の古い伝承を記録せよ」という五項目にわたる報告を求める官命です。その官命に答えて諸国から提出されたのが『風土記（ふどき）』と総称される地理誌です。

現在、残っているのは、『出雲国（今の島根県）風土記』『播磨国（兵庫県）風土記』『豊後国（大分県）風土記』『肥前国（佐賀県・長崎県）風土記』『常陸国（茨城県）風土記』のみ。そのほか、現存していないけれど、後の時代の書物に引用されていて、その国の風土記があったことがわかるのは、尾張国（愛知県）・伊勢国（三重県）・山城国（京都府）など三六国に及びます。つまり、合計四一国以上の国が、きちんと官命に応じて報告書を提出していることが分かります。

大和朝廷は、なぜ、このような地理誌の提出を諸国に求めたのか？　全国の状況を掌握して、より強い国家体制の確立を目指したからです。特に、産物や土地の肥沃度を報告させて、租税の対象をしっかりと把握しておくことが必要です。

ところが、実際に提出された風土記はどうであったか？　五項目にわたる官命のうち①と④と⑤についての報告が中心だったのです。租税の対象になる②や③は、故意なのか偶然なのか、簡略だったり、省略されていたりする！　そのおかげで、税の取立てにはあまり役に立たないけれど、当時どんな伝説が伝えられていたのかなどを知るのに、格好の読み物になったというわけです。

さて、ここで採り上げたいと思っているのは、『肥前国風土記』の松浦郡（まつらのこおり）の話。当時の地名由来の考え方もうかがえるし、面白い伝説も楽しめるという一挙両得の話だからです。また、松浦郡の話は、『古事記』『日本書紀』『万葉集』にも記載が見られ、比較してみると、『風土記』の特色が鮮明になってくるというメリットもある。さらに、このあたりは、朝鮮半島や中国などに渡航するための出発地という重要な場所でもあった。これらが松浦郡を選んだ理由です。さあ、松浦郡ではどんな事件が起こるのか？

「めづら」から来た地名？

昔、オキナガタラシヒメノミコト（＝神功（じんぐう）皇后）が朝鮮半島の新羅を征伐しようと思って肥前国の松浦郡にやってきた。皇后は縫い針を曲げて釣り針にし、飯粒を餌にし、裳（も）から糸を抜いて釣り糸にして、神意をうかがう釣りをした。「新羅征伐が成し遂げられ戦勝できるなら、この河の鮎よ、私の釣り針を呑め！」。すると、すぐに鮎がかかった。皇后は言う、「**甚希見（いとめづら）しき物（もの）ぞ**（＝実にめずらしいものだ）」。だから、そこを「**希見（めづら）の国（くに）と曰（い）ふ**」。それが訛って、「**松浦（まつら）の郡（こほり）と謂（い）ふ**」と説明する。皇后の発言の「めづら」から、この地を「まつら」というようになったと説明している。

うーん、ホントかいなと思ってしまう地名由来ですが、当時の人はそう考えたというところがポイント。私などは、「松（が美しい）浦」だったから、まずは「まつうら（matu＋ura）」ができ、母音「u」が二つ重なるから一つ脱落して「まつら（matura）」となった、と言語学的にありうる変化を考えてしまいます。でも、当時の人は、皇后の「めづら」という発言から「まつら」という地名が出たと考える。その方が大和朝廷との結びつきを強調できるし、自分たちの土地の権威付けにもなる。だから、『風土記』に見られる地名由来の説明には、天皇や皇后の行為や発言から解かれている場合が多々ある。当時の人々の考え方がよく出ていますね。

褶振の峰

『肥前国風土記』の松浦郡は、さらにこんな伝説を記しています。宣化（せんか）天皇の御世（五三六年～五三九年）のこと。朝鮮半島では、新羅が百済や任那（みまな）に攻め込み、治安が乱れていた。天皇は、大伴の狭手彦（さでひこ）を使わして、任那の国を平和にし、百済を救援しようとした。狭手彦は、渡航するために松浦郡にやってきた。すると、篠原（しのはら）という村に、絶世の美女、弟日姫子（おとひひめこ）がいた。狭手彦は、彼女と結婚。けれども、狭手彦は天皇の命令を受けた身。そこにとどまることは許されない。狭手彦は、船に乗って朝鮮半島に行かなければならない。彼女は、身を切られるほどに別れが辛い。狭手彦は、彼女に大事な鏡を与えたけれど、彼女が松浦川を渡る時、鏡に結んである紐が切れてしまい、鏡は川に落ちてしまった。だからそこを「**鏡の渡（わたり）**」となづけた。

彼女は、狭手彦の船出を見送るために小高い山に上った。そこからは、唐津湾が一望の下に見渡せる。狭手彦は、任那に向かう船に乗りこんだ。彼女は、その船に向かって泣きながら、「**褶（ひれ）を用（も）ちて振り招（を）き**（＝肩にかけてある飾り布をとって振って招いた)」。まるで狭手彦の魂を呼び寄せるかのように。だから、その峰を「**褶振の峰**」と呼ぶ。

ここまでの話は、『万葉集』巻五にも記載されています。『万葉集』では、その時の彼女の悲痛な姿を見て、そばにいた人々は皆涙を流し、歌を詠んでいます。最初の歌は、

遠つ人　松浦佐用姫　夫恋に　領巾振りしより　負へる山の名　(=松浦佐用姫が夫を恋い慕って、領巾を振った時から名づけられたこの山の名ですよ。)

(万葉集、八七一番歌)

松浦佐用姫は、弟日姫子のこと。『万葉集』では続けて四首の切ない歌が掲載されている。けれど、話そのものはこれで終わり。このあと、弟日姫子がどうなったかは記していない。『万葉集』は、歌集ですから、いい歌を収録すれば、目的は達成されてしまうからです。

『肥前国風土記』には、このような歌は全く記されていません。かわりに、この後に起こった事件が記されています。一体、どんな事件が彼女を襲ったのか?

正体を探る

狭手彦が船出してから五日たった夜、弟日姫子の寝室に、狭手彦によく似た男性が現れた。男性は、弟日姫子とごく自然に共寝する。その男性は夜ごとにやってくる。弟日姫子は、不審に思った。狭手彦は、任那に行って日本にはいないはずだ。一体誰なのか? 彼女は、「**忍黙すること得ず**(=じっとしていられない)」。男の正体をつきとめようとしたのです。

彼女は、男が帰ってゆく時、「**窃かに続麻を用ちて、その人の襴に繋け**(=こっそりと麻をより合わせた長い糸を男の衣服の裾につけ)」た。男は麻糸を長く長く後ろに引いて去ってゆく。彼女は、その麻糸をたどって男の正体を

探ってゆく。

通ってくる男の衣の裾に麻糸を付けて、男の正体をつきとめる話は、『古事記』中巻の崇神(すじん)天皇の条にある三輪山伝説と同じ。でも、決定的に違っていることがあります。『古事記』では、その麻糸をたどって行くと、三輪山の神社のところで終わっている。ああ、やっぱり通ってきた男はこの山の神様だったのだとなって、話は終わっています。

一方、『肥前国風土記』の方は、この後さらに次に述べるような事件が展開しています。

見るなの寝姿

弟日姫子は、麻糸をたどって褶振の峰の頂(いただき)にある沼のほとりにたどり着いた。と、そこには「**寝(い)ねたる蛇(へみ)**」がいるではないか。沼の底に沈んでいる体は人間だけれど、頭は蛇。彼女をみると、たちまち人の姿になって、語って言った。

篠原の　弟姫(おとひめ)の子そ　さ一夜(ひとゆ)も　率寝(ゐね)てむ時(した)や　家(いへ)にくださむ　（＝篠原の弟姫の子よ、一夜でも共寝をしてくれるようなことがあったら、その時あなたを家に帰してやろう）

男の正体は、半人半蛇の魔物だった。その寝姿を彼女は見てしまった。彼女に災いが降りかかりはしまいか。彼女についてきた侍女は、大慌てで家に帰り、両親に知らせた。両親は大勢の人を連れてこの峰に上ってみると、魔物も弟日姫子もそこにはいない。沼の底をみると、人の屍だけがある。そこにいた人々は、それが弟日姫子の屍だといって、すぐに引き上げ、この峰の南にあたる場所に墓を作っておさめた。その墓は今もそこにある。『肥前国風土記』は、ここまで語ってようやく終わる。

鏡山の頂上にある蛇池。水面にはさざ波が立ち、言い伝えが事実であったと感じさせる。　（写真：松尾邦久）

『肥前国風土記』の話には、『古事記』の話とは違ってさらに別の伝説のパターンが加わっているのです。それは、現在でも「見るなの寝姿」として伝わる伝説パターンです。高知県などに数多く伝わっています。見てはならぬ寝姿をみたものは、家が没落したり、この世を去る運命にあるというもの。タブーを犯した人間がどうなるのかを『肥前国風土記』は、人々に教えています。この言い伝えを聞いた当時の人々は、事実として信じ、山頂にある沼に近づくことを極度に恐れた。それは、結果的に人が沼に落ちて死ぬ危険性を回避できるという現実的な効果をもたらしているのです。

この伝説の場所は今もあります。褶振の峰は、唐津にある鏡山がそれです。標高二八四メートル。その頂上には、弟日姫子が誘い込まれたという池があります（上の写真）。俗称「蛇池」。周囲約四〇〇メートルの池が浅緑の水をたたえています。

二　貴族文化の花が咲く
——平安時代——

かぐや姫は嘆き悲しむ翁たちを残して、月の都に帰って行く。
『竹取物語絵巻』（吉田幸一氏旧蔵、江戸初期の絵巻）

1 竹取物語──成長するかぐや姫──

平安時代初期（九世紀末〜一〇世紀初頭）成立
作者　未詳

ファンタジックなのに粗野な言葉

いつ、どこで、誰に教わったのかは分からないのだけれど、私たちは、かぐや姫の話を知っています。はっきりと絵本で親しんだという方もいるでしょう。竹の中から生まれた女の子が絶世の美女になり、求婚者が殺到。でも、誰とも結婚しないで、満月の夜、天人たちに囲まれて、月に昇天していくという話。ファンタジックで、女の子は「ああ、かぐや姫みたいに多くの男性の憧れの的になりたい」と心の奥底で誰しも一度は願った話。私は、かぐや姫の話をそんなに古くはない時代に出来たおとぎ話のように思っていました。

ところが、学生時代に、平安時代前期に物語文学作品『竹取物語（たけとりものがたり）』として成立していたことを知って、衝撃を受けました。そうなんだ、『源氏物語』に「物語の出で来（いき）はじめの親」とまで言われて、平安時代の人々にすでに親しまれていた文学作品だったのか。口で語り伝えられた話をもとに、創作の筆を振るって肉付けし、文字に書き記した物語文学。だから、民話の要素は持ってはいるけれど、全体としては、創作された物語文学としてとらえるべきなのです。

私は、興味をそそられ、『竹取物語』の原文を読んで、再びショックを受けてしまった。幻想的な筋立てなのに、

「**青反吐**（へど）」「**糞**（くそ）」「**大盗人**（おほぬすびと）」「**まり置ける**（＝排泄した）」「**さが尻**（＝そいつの尻）」「**かなぐる**（＝手荒くひきむしる）」などという、荒々しく野蛮な言葉が随所に出現するではないか。こんな言葉を平気で使う作者って、どんな人なのだろう？

作者は男性

作者は不明。でも、男性であることは確か。あんなに粗野な言葉を使うのは、平安時代にあっては男性しかいませんからね。他にも、男性である証拠があります。「**いはく**」「**いはんや**」「**しかるに**」「**そもそも**」「**なんぢ**」などの、漢文を訓読する時だけに用いる言葉が使われていること。当時にあっては、こういう漢文訓読語をおおっぴらに使って文章をつづれるのは男性しかいない。というわけで、作者は男性。しかも、仏典や漢籍を広く読みこなしている男性。かぐや姫が求婚者たちに出す難題は、『大唐西域記（だいとうさいいきき）』『南山住持感応伝』『水経注（すいけいちゅう）』『列子』『荘子』などの仏典や漢籍を読んでいないと、思いつかないものばかりだからです。

では、憧れのかぐや姫とは、一体どんな人物だったのか？

かぐや姫の言葉遣い

まず第一に注目したいのは、かぐや姫の言葉遣い。エレガントな女性らしいものだと誰しも想像します。ところが、かぐや姫ときたら、まるで漢文を訓読しているような固い言葉遣いをしています。たとえば、求婚者の一人である車持（くらもち）の皇子（みこ）に、かぐや姫は「蓬萊（ほうらい）の玉の枝」を取ってくれれば、結婚すると言い渡す。その木の様子をかぐや姫はこう説明する、「**銀**（しろかね）**を根とし、金**（こがね）**を茎**（くき）**とし、白き玉を実**（み）**として立てる木あり**」。なんだか理屈っぽい言い方ですね。当時の女性だったら、「根は銀、茎は金にて、白き玉の実のなる木あり」などというなだらかな表現をするはずです。築島裕『平安時代の漢文訓読語につきての研究』は、「—とし、—とし、—として」という言い回しは漢文を訓読する時のものだと指摘しています。

また、かぐや姫は、地上滞在の延長願いを月の都に出したけれど、まったく許されず、嘆いている理由をおじいさんにこんなふうに話す、「**さらに許されぬによりてなむ、かく思ひ嘆き（なげ）はべる**」。「によりて」も漢文を訓読する時に使う特有の言い回し。女性だったら「さらに許されねば」などと言うはずです。かぐや姫は、優美な女性だと思っていたのに、その言葉遣いは、漢文を訓読しているような色気のない口調なのです。どうしたことか？

恐らく作者が男性であったから。女性らしい言葉遣いが得意ではない男性が書いた作品だから、自然に男が話すような口調になってしまったのです。それでも、読んでいてあまり不自然でないのは、かぐや姫がもともと人間界の女性ではないという前提に助けられています。異郷の人なら、人間界の女性と同じように話す必要はないのですから。

では、かぐや姫の人柄はどうでしょうか？　やっぱりやさしいとは言いがたい面を持っています。

かぐや姫は失敗を喜ぶ

かぐや姫は、最後まで粘りに粘った五人の求婚者たちに、難題を出す。難題を解決した人が自分への愛情が一番深い証拠だから、その人と結婚すると言うのです。五人の求婚者は、石作（いしつくり）の皇子（みこ）、車持（くらもち）の皇子（みこ）、右大臣阿倍御主人（あべのみうし）、大納言大伴御行（おおとものみゆき）、中納言石上麿足（いそのかみのまろたり）。皇子や大臣、大納言に中納言といった錚々たるメンバー。石作の皇子には、インドの釈迦が持っていた「仏の御石の鉢」を持ってくるように、という難題が出された。車持の皇子には

「蓬莱の玉の枝」、阿倍の右大臣には火の中でも燃えない「火鼠の皮衣」、大伴の大納言には龍の頸にある「五色に光る玉」、石上の中納言には、ツバメが持っている宝貝である「子安貝」。どれも、入手困難なものばかり。のみならず、存在するかどうかもわからない伝説上のものばかり。

五人の男性は、頭を働かせたり、財力に物を言わせたり、自ら探しに出かけたり、それぞれのやり方で努力をする。でも、石作の皇子、車持の皇子、阿倍の右大臣の持参した物は、すべてニセものであることが判明する。その時のかぐや姫の態度が印象的。石作の皇子には、彼が歌を詠みかけても「**かぐや姫、返しもせずなりぬ。耳にも聞き入れざりければ**」という無視の態度をとる。車持の皇子の失敗にはかぐや姫は「**笑ひさかえて**（＝声を立てて盛んに笑って）」。阿倍の右大臣の失敗には「『**あな、嬉し**』**とよろこびてゐたり**（＝「ああ、うれしい」と喜んで座っている）」。求婚者の自滅を無視したり喜んだりしているんです。うーん、かぐや姫って冷たいなあ。相手の失敗に勝ち誇ったように喜ぶんだから。

四人目の大伴の大納言は、自ら龍の頸の玉を捜しに出かけ、ひどい目に遭い命からがら戻ってくる。そして、そんな難題を出したかぐや姫を非難して終わっている。彼はかぐや姫の前に姿を現さないので、かぐや姫の態度は記されていない。

少しずつ人間的に

五人目の石上の中納言のあたりから、かぐや姫の態度に変化が見られます。石上の中納言は、籠を作って自らそれに乗ってツバメの巣に手を入れて「子安貝」を得ようとした。だが、家来たちの操作ミスで中納言は籠からまっさかさまに転落して大怪我。かぐや姫はそれを聞いて「**とぶらひにやる歌**（＝お見舞いに送る歌）」を書いている。

怪我がもとで、石上の中納言はついに死んでしまった。それを聞いてかぐや姫は、「**すこしあはれとおぼしけり**（＝少し気の毒とお思いになった）」。心の痛みをわずかに感じる人物に変身しています。

五人とも求婚者から脱落したところで、最後の求婚者として、帝（みかど）が現れる。でも、かぐや姫は、帝の命令にも応じず、「**国王の仰せごとをそむかば、はや、殺したまひてよかし**（＝国王のご命令に背いているというのなら、早く私を殺してください）」と強い言葉で抗議する。帝がやってきて実力行使でかぐや姫を連れ去ろうとすると、消えうせてしまう。帝が諦めて帰った後は、かぐや姫は「**さすがに憎からず聞こえかはしたまひて**（＝お召しには応じなかったものの、帝からの手紙へのご返事はさすがに情を込めてやりとりなさって）」。かぐや姫は、常識をわきまえた人間的な振る舞いをしています。

さらに、月の都に帰る日が近づき、おじいさんに打ち明ける。おじいさんは、嘆き悲しみ慟哭する。その姿を見て、かぐや姫は「**御心惑（まと）ひぬ**（＝心が乱れた）」。負けん気一点張りだった心が、もだえ苦しんでいます。さらに、おじいさんへの手紙には「おじいさんを見捨てて月の世界に帰るのは、空から落ちてしまいそうに悲しい気持ちがする」と書き記している。人間界に暮らすうちに、やさしく繊細な感情を持つ人に成長している！

かぐや姫は罪人（つみびと）だった

それにしても、かぐや姫はなぜ月の世界から人間界にやってきたのか？　実は、一般にはあまり知られていないことだけれど、かぐや姫は月の世界から人間界に追放された罪人だったのです。ホントですよ。絵本などには決して出てきませんし、かぐや姫自身は「**昔の契りありけるによりてなむ、この世界にはまうで来たりける**（＝前世の宿縁によって、この人間界にやってまいりましたのです）」とかっこよく説明しています。

でも、月の世界から迎えに来た王と思われる人がはっきりと述べています、「**かぐや姫は罪をつくり給へりければ**（＝かぐや姫は天上で罪をおかしなさったので）」人間界に下された。でも、今は、「**罪のかぎりはてぬれば、かく迎ふる**（＝罪の期限が終ったので、このように迎える）」と。かぐや姫は、月世界から一時的に追放された罪びとだったのです！　どんな罪を犯したのかは分かりませんが。

いかがです、かぐや姫の実像はあなたの考えていたものと、ずいぶん違っていたでしょう？　男のような固い言葉遣いをするかぐや姫。相手への思いやりに欠けた残酷な面をもっていたかぐや姫。それでも人間界ですごすうちに人間的な温かみを獲得していったかぐや姫。最も大きなトピックは、かぐや姫が月の世界で罪を犯して追放された人であったことでしょう。

大きな満月を見ると、私は人間界で暮らしたことによって精神的に成長し、晴れて月の都に帰っていくかぐや姫の美しい姿を想像し、古代物語のすばらしさを実感します。

2　伊勢物語――命をかける、それが愛――

平安時代中期（一〇世紀末頃）成立
作者　未詳

歌を中心にした物語

『伊勢物語（いせものがたり）』は、何回読んでも楽しめる。歌を中心に簡潔に語られた小話の連続なので、書かれていない事柄を想像して読む楽しみがあるからです。一二五段の小話からなっています。さまざまな内容を含んでいますが、中心は男女間の多様な愛の姿。かりそめの恋、老いらくの恋、思い切れない恋、しのぶ恋など。ここでとり上げたいのは、一途な恋の話。『伊勢物語』二四段。愛するってどういうことなのかということを、現代人にも鋭く問いかけて来る話だからです。

再婚の夜に

昔、一人の男が片田舎に住んでいた。男は、宮仕えをしに都に行くといって、女との別れを惜しんで出かけたま、三年間も帰ってこなかった。当時は、法律で、夫が三年間も音信不通であれば、妻の再婚は認められていました。妻は、待ちくたびれて、とても熱心に誠実に求婚してきた別の男性に「今夜逢いましょう」と結婚の約束を交わした。

と、その日に、元の男が帰ってきたではないか！　男は、「この戸を開けて下さい」と叩いたけれど、女は開けずに、歌を詠んで男に差し出した。

あらたまの　年の三年を　待ちわびて　ただ今宵こそ　新枕すれ　（＝三年の間あなたを待ちわびて、ちょうど今夜、他の男とはじめて枕を交わすことになっているんですが）

女は、もう再婚の決意をしていたのです。でも、この歌の末尾に注目してください。言外には、元の男への愛情が失せてないことがほのめかされています。「こそ…すれ」という逆接的な意味をにおわせる言い回しをしているからです。「こそ…已然形」は、逆接を導く強調表現。

たとえば、「ひさかたの　天つみ空に　照る月の　失せなむ日こそ　我が恋止まめ」（『万葉集』巻一二）という歌があります。「大空高く照る月がなくなる時こそ、私の恋も静まるだろうけれど」といった意味です。「こそ…已然形」で逆接の意味が出ています。「大空高く照る月がなくなる時はないから、私の恋は止むときがない」という意味を言外に表しています。

もう一つ、今度は『伊勢物語』と同時代の『古今和歌集』の歌。「昨日こそ　早苗とりしか　いつのまに　稲葉そよぎて　秋風の吹く」（巻四）。この歌は、「つい昨日早苗をとって田植えをしたばかりだというのに、

別の男と再婚する直前に、待ち焦がれていた元の夫が帰って来て戸を叩く。　奈良絵本『伊勢物語』（國學院大學図書館蔵、江戸初期のもの）

いつの間にか稲葉がそよいで秋風が吹くことだ」という意味。「こそ…已然形」で、「昨日早苗をとって田植えをしたばかりだというのに」という逆接の意味が出ています。ですから、『伊勢物語』の女の歌も、言外に「再婚することにはなっているんですが、愛しているのはあなたです」といった意味がほのめかされているのです。元の夫は、どう反応するのか？

新しい夫と仲良く幸せに

男は、こんな歌を詠んで答えた。

梓弓（あづさゆみ）　ま弓つき弓　年を経て　わがせしがごと　うるはしみせよ（＝年月を重ねて、私があなたを愛したように、新しい夫に親しんで下さいよ）

男の歌は、あくまでやさしい。「幸せになれよ」と言って去っていく男の歌だ。男は、おそらく三年間も女を放っておいた自分が悪い、と、自責の念にかられたのであろう。男は、便りこそよこさなかったけれど、女を忘れたわけではなかった。現に、ちょうど三年目に帰ってきたのだ。女は、歌に託された男の優しさに打たれた。ああ、私が本当に愛していた人は、この人だった。女は、詠んだ。

梓弓　ひけどひかねど　昔より　心は君に　よりにしものを（＝あなたのお心はどうであっても、私の心は昔からあなたにお寄せしていましたのに）

女は、男への未練が断ち切れずに詠んだ。でも、だからと言って事態が変わるわけではない。男は、潔く身を引いて去っていった。女は、男の去っていく足音を聞き、激しい後悔の念に襲われる。あと一日、あと一日、あの人の帰ってくるのが、早かったら、私は、再婚なんか決意しなかったのに。いいや、今からでも遅くない、私が好きなのはあの人なのだ。誠実だからといって別の男と再婚を承諾したのは誤りだった。元の夫と暮らそう。女は再び決意しなおした。時間は刻々と経っていた。女は、すぐに飛び出して、男の後を追って行った。でも、男の姿は見えない。通りを一つ違えただけで、人は相手を見失う。女は走る。ここにもいない。じゃあ、あっちの道かしら？踵を返して男の姿を探し回る。いない、いない、いない。普段、走ったりしない女は、すぐに体にがたがきた。

命の絶唱を残して

女は、清水のある所に倒れ臥してしまった。心臓は激しく鼓動し、今にも破裂しそうだ。男を失った絶望感が全身に覆いかぶさってくる。それでも、女は男に愛の気持ちを伝えたかった。そこにあった岩に、指から出た血で歌を書き付けた。

あひ思はで　離(か)れぬる人を　とどめかね　我が身はいまぞ　消(き)えはてぬめる（＝私の愛に応じてくれることなく離れてしまった人を呼びとめることができなくて、私の身は消え果ててしまうようです）

女は、そう書いて、その場所で息絶えてしまった。以上が、二四段の話です。

現代なら

私は、この話を現在の女子学生に語ってから、「あなたなら、どうする？」と聞いてみました。すると、大半の学生はこんな答えを。「どちらの男も選べるチャンスを持ちながらも、どちらもダメにしてしまう女はどうかしています。死ぬなんて考えられない。苦しくなったら、追いかけるのをやめて引き返してきて、何事もなかったかのように、新しい男と再婚してもいいじゃあないですか」と。はなはだ現実的な答えです。また、こんなふうに言う人も。「新しい男があんまり好きじゃあないなら、再婚をとりやめてもいいんじゃあないですか。落ち着いてどうすべきかを考えてから行動すべきだったのではないか」。すこぶる冷静な答えです。

実は、私自身、最初に『伊勢物語』のこの話を読んだときに、妙に女を非難したくなったのを覚えています。女は、男が帰ってきたとき、戸を開けて事情を聞くくらいの余裕があってもよいのではないか。男にだって、音信不通にならざるを得ない事情があったかもしれないではないか。また、去っていった男を追って行って死んでしまうような女の無分別さも理解を超えている。死ぬほどの疲労感と絶望感に襲われる前に、男を追うのを止めて帰って来て、身のふりかたを考えればいいのに。つまり、学生と同じような感想を抱いたのです。

愛するということは

でも、『伊勢物語』を何回も読んでいるうちに、『伊勢物語』の言いたいことに気づかされました。愛するということは死をも恐れないこと、それが『伊勢物語』の主張だったのです。

待ちこがれた男が帰ってきた時、『伊勢物語』の女は適切な判断を下せぬほど、激しく混乱を来したのです。ちょうど、私たちが恋い焦がれていた人を予期せぬ所でふいに見かけ、心臓も飛び出さんばかりに動顚し、何も言葉を発することができないうちに、相手が去ってしまったときの混乱ぶりです。戸を開けて男に事情を聞くという分別もわかないほど、激しい感情にとらわれたのです。どうしていいか分からなくて、思慮をめぐらせる間もなく、ただありのままを告げる歌を詠んで、男に差し出してしまったのです。それが、取り返しのつかぬ行為だと気付いたときは、遅かった。男は去っている。女は、身を切るような後悔の念にさいなまれ、男を取り戻そうと、命の極限まで追っていく。だが、男の姿は見当たらない。通信手段が発達していない当時にあっては、一度見失ったら、連絡のとりようがない。永遠に男を失ってしまったのだ。女は、指から流れ出る血で命の絶唱を書き記し、男への純粋でひたむきな愛を貫いて死ぬ。

女が、死ぬところにこそ、『伊勢物語』の主張があるのです。愛するということは、死をも恐れないこと。愛に殉じることが出来る、それこそがすばらしいことだと言ってはばからない『伊勢物語』の精神が、ここにあるのです。自分の愛のかなわぬことを嘆きつつ、命の最後の炎で書き付けた歌こそ、記すに値するのです。

死をも恐れない行為

そう気付いて、『伊勢物語』を読んでみると、その証拠になりそうな話があります。たとえば、四〇段の話。男が、家で使う下女を愛した。親は、猛反対をして、女を追い出そうとした。男は、まだ親がかりの身だから、とめる術（すべ）がない。女は、人に連れられて出ていった。男は、血の涙を流して、歌を詠んだ。

出（い）でて去（い）なば　誰か別れの　難（かた）からん　ありしにまさる　今日は悲しも（＝彼女が私を嫌って望んで出ていくのなら、誰が別れをつらく思おうか。そうではないのだから、今日は今までのつらい思いの何十倍もせつなく悲しい）

男は、こう詠んで、気を失って人事不省に陥った。親は驚き、願を立てた。男は一日半後にかろうじて息を吹き返した。

この話の終わりに『伊勢物語』は、「昔の若者は、このような情熱的な恋をした」と褒め称えています。いちずに相手を愛し、命をも厭わぬ姿勢こそ『伊勢物語』の理想とするところだったのです。命の極限で詠まれた歌は、何にも勝る。愛するとはどういうことなのか、歌とは何なのかを、『伊勢物語』は、われわれに問いかけ語りかけているのです。

3 うつほ物語――理想の男性を造型する――

平安時代中期（一〇世紀末〜一一世紀初め頃）成立
作者　未詳

『源氏物語』に大きな影響を与えた

『源氏物語』以前に長編物語が誕生していた！　その名は、『うつほ物語』。二〇巻からなっています。『源氏物語』の陰に隠れてしまい、一般にはあまり知られていない作品ですね。でも、『うつほ物語』がなかったら、『源氏物語』は誕生していなかった。そう言っても過言ではないほど、『源氏物語』に大きな影響を与えています。

私は、三〇代の頃、『うつほ物語』を六ヶ月かけて読んで楽しみ、そのあと愕然とした記憶があります。あれれ、『源氏物語』の、闇夜に蛍の光で女性の顔を照らし出してしまうショッキングな場面は、すでに『うつほ物語』にあるではないか！　登場人物だって、『源氏物語』の理想的な女性・紫上（むらさきのうえ）は、『うつほ物語』の主人公・仲忠（なかただ）の母に似た人物設定。『源氏物語』では、光源氏のライバルとして頭中将が登場するけれども、『うつほ物語』で、仲忠の好敵手として涼（すずし）が配されている。そのほか、たくさんの『源氏物語』の場面・人物・構想の原型を『うつほ物語』に見出し、私はがっかりしてしまったのです。

表現にしても、『うつほ物語』にすでにモデルのある場合がある。たとえば、『源氏物語』では「面白き梅の花の開けさしたる朝ぼらけ（＝美しい梅の花の咲きかかった明け方）」の風情をした女性というぐあいに、女性をある特定の状況にある花にたとえる描写が目立つ。けれど、『うつほ物語』に、もうその原型がある！　仲忠の妻になった女一宮（おんないちのみや）は、「**面白く盛りなる桜の、朝露に濡れあへたる色合ひにて**」と形容されています。美しく盛りに咲いた桜が朝露に濡れた風情にたとえられています。なあんだと、『源氏物語』の価値が下がったかのように感じました。でも、考えてみると、傑作というのは、ヒントになる作品から多くの養分を吸い取って大輪の花を咲かせる作品のことなんですね。というわけで、気落ちする必要は無かったわけです。

揺れるテーマ

『源氏物語』に多大な影響を与えた『うつほ物語』は、この長編の物語で、何を描きたかったのか？　最初から長編を意図していたわけではなく、「俊蔭（としかげ）」「藤原の君」「忠（ただ）こそ」「春日詣」「嵯峨の院」「吹上（ふきあげ）」などの巻になっている短編を書いているうちに、それらを合成し、増大発展させて長編にしたものです。だから、全体としてみると、不必要な部分が増大して見えたり、テーマが揺れているようにみえます。中でも、次の二つのテーマが並存しています。一つは、琴（きん）（現在の「琴（こと）」ではない。以下「琴」は、振り仮名の無い限りすべて「きん」と読む）の秘義の継承という芸道の問題、二つは皇位継承などをめぐる政治の問題です。テーマは、どちらが本流なのか決めがたいのですが、作者が描きたかった人物は、主人公仲忠を通してかなり鮮明に浮かび上がってきます。それは、どんな人物なのか？　ここで明らかにしたい事柄です。

琴の霊力

俊蔭という学芸に秀でた男性が、中国に派遣された。ところが、途中で船が難破し、波斯国（はしこく）（今のスマトラ）に漂着してしまった。その地で仏の国さながらの体験をし、天人から霊木でつくられた琴を授かり、天女から琴の秘義を伝授されて日本に帰国。仕官したが、官位はままならず、邸宅に引きこもって一人娘に琴の奥義を伝授して亡くなった。荒れ果てた邸宅に身寄りのない一人娘が住んでいる。そこに、一人の貴公子が立ち寄り、一夜の契りを結ぶ。そうして誕生したのが、この物語の主人公仲忠。仲忠は、母を養うために、川に行っては魚をとり、山に行っては木の実を取ってくる。けれども、人々の好奇の目にさらされる。そこで、母子は、人目につかない北山の奥にある大木の空洞（うつほ）に移り住んだ。『うつほ物語』という物語名はここから来たもの。母は、毎日、仲忠に琴の伝授を行なう。その琴の音色に獣たちが集まり、聞きほれる。猿は木の実などの食べ物を母子のために運んでくれる。

ところが、その北山に、都に恨みを持つ者が大勢の武士を連れて陣取った。母子は空洞から外に出ることも出来ない。母は、その父・俊蔭の遺言を思い出した。幸・不幸が極まった時に、霊琴「なん風（ふ）」か「はし風（ふ）」を弾くようにという遺言を。母は、「なん風」を取り出し、弾いた。「**一声（ひとこゑ）かき鳴らすに、大きなる山の木こぞりて倒れ、山逆さまに崩る。立ち囲めりし武士（もののふ）、崩るる山に埋（うづ）もれて、多くの人、死ぬれば、山さながら静まりぬ。なほ明くる午（むま）の時ばかりまで、遺言（ゆいごむ）の手（て）を折り返（かへ）し弾く**（＝一声かき鳴らすと、山の大木はすべて倒れ、山は頂上から崩れ落ちる。空洞を取り囲んでいた武士たちは崩れた山に埋もれて、多くの人が死んだので、山はすっかり静かになった。母はなおも翌日の昼頃まで遺言の曲を繰り返し弾いていた）」。

霊琴は、災難を消滅させただけではなく、幸運をも呼び込んだ。その琴の音は、天皇のお供として近くに来ていた藤原兼雅（ふじわらのかねまさ）という人物を招き寄せた。彼は、不思議な琴の音に引き寄せられるように森の中に分け入り、木の空洞に住む母子を見出した。その母こそ、兼雅が一夜の契りを交わした女性なのであった。仲忠は父と初めて対面する。兼雅は母子を三条堀川の邸宅に引き取り、何不自由のない生活をさせた。仲忠は順調に出世をはたし、結婚適齢期になった。

貴宮を得ることが出来たか

政界の実力者・源正頼（みなもとのまさより）には、貴宮（あてみや）という美しい娘がいた。男性たちは、貴宮を得ようと目の色を変えて奔走している。仲忠も彼女に必死にプロポーズ。

だが、仲忠のライバルが現れた。紀の国（今の和歌山県）の吹上から上京した源涼（みなもとのすずし）という男性。涼は、仲忠と同じく、学問才芸にすぐれている。とりわけ、仲忠に勝るとも劣らぬ琴の名手。二人は貴宮を目当てに天皇の前で琴の技を競い合う。仲忠は「なん風」を、涼も伝来の名琴を弾奏する。仲忠が「なん風」をちょっとかき鳴らすと、「**天地ゆすりて響く**（＝天地を振動させて響く）」。涼が名琴を弾くと、その音色は雲の上から響き、地の底までとどろく。あたりがざわめき、小石ほどの雹（ひょう）が降る。二人で琴の手を尽くして弾奏すると、「**天人下りて舞ふ**」。

二人の琴は、こんな奇端をみせるほどすばらしかったけれど、二人とも貴宮を得ることはできなかった。貴宮は、父親・正頼の計らいで皇太子妃におさまったのだ。仲忠と涼は、落胆したが、天皇の宣旨で、仲忠は天皇の娘・女一宮を、涼は貴宮の妹・さま宮を賜ることになった。仲忠は、気が進まなかったけれど、女一宮と結婚すると、貴宮への失恋も徐々に癒され、円満な家庭を築いていった。犬宮（いぬみや）という美しい娘まで授かり、順風満帆であった。

源氏か藤原氏か

ところが、時移り天皇が退位し、それに伴う皇太子のポスト争いという一大事が生じた。「藤原」の家系から皇太子を出すのか、「源」の家系からか、政界は二つに割れて暗闘しだした。「源」には貴宮の皇子、「藤原」には仲忠の妹宮の皇子がいる。どちらが、皇太子のポストを獲得するのか？　仲忠は、事を決する重要な立場に立たされてしまった。仲忠の妻は「源」系統の皇女。仲忠はどうするのか？　彼は、権力欲の薄い人物であり、一番恐れたのは、家庭不和。だから、藤原に有利になるような動きをしなかった。だが、世間では、藤原方有利の情報が乱れ飛んでいる。いよいよ皇太子決定の日が来た。不利と伝えられた貴宮側は、敗れた時には出家するという覚悟で報告を待った。結果は、貴宮の生んだ皇子が皇太子に決定。源正頼も、貴宮も胸をなでおろす。藤原側の后は、悔し紛れに貴宮側に向かって信じられない暴言を吐く、「**すべてこの女(め)の子どもは、いかなるつびかつきたらむ。つきとつきぬるものは、みな吸ひつきて、大いなることの妨(さまた)げもしをり**（＝皆この正頼の家の娘たちはどんな女陰がついているというのかしらね。女陰のついている者ときたら、みんな男に吸い付いたように密着して大事なことの妨害をするんだから）」。ヒョエーなんて思わず声をあげてしまいそうな卑猥な発言。こんなことを平気で書き記せるのは、作者が男性の証拠。それに、政争を真正面からとりあげているのも、作者が男性の証(あかし)。政治の表舞台で活躍することが許されていない女性には政治を描くのは苦しいですからね。というわけで、『うつほ物語』の作者は不明だけれど、男性であることは確か。

　はてさて、后のすごい発言に戻ってみると、憎さがきわまったとはいえ、后の言葉としては現実にはありえないほど誇張されています。そういえば、琴の音色のすばらしさにしても、誇張されていましたね。遠くまで聞こえたり、山が崩れたり、天人が舞い降りてきたり、実際にはありえない。いくら霊琴だといっても、誇張されすぎた描写。「琴(きん)」は、現在の「琴(こと)」ではありません。現在の「琴(こと)」は、「箏(そう)の琴(こと)」と呼ばれたもので、琴柱(ことじ)があり、琴爪(ことづめ)を用いて弾くので、比較的大きな音が出ます。でも「琴(きん)（の琴(こと)）」は、琴柱もなく、琴爪も用いずに指で弾いて音を出ので、その音色は地味で小さい。あたり一帯に響き渡るなんてことは現実にはありえない。『うつほ物語』は、良きにつけ悪しきにつけ、事態を誇張して表現する。それが、この物語の一つの特色です。ちなみに、琴(きん)は、奏法が難しいこともあって、『うつほ物語』が成立した一〇世紀中頃から衰退し始める。『うつほ物語』は、そんな趨勢を惜しむかのように琴を称える。琴は、皇統などの尊貴な人が弾くという王者性を備えた楽器だったんですね。

さて、生臭い政界の動きが一段落すると、仲忠は祖父伝来の琴の奥義を娘の犬宮に伝授する決意をした。母親に琴の伝授を依頼。犬宮は、一年楼閣に籠もって季節と響きあう琴の秘義を習得。そのお披露目が天皇の前で催された。母親、仲忠、犬宮の三代に継承された琴の音色が高らかに鳴り響き、物語は幕を閉じる。

高雅な人物

政争の話も、琴の秘義の継承の話も、どちらも面白く、どちらが主旋律なのか決めかねます。でも、作者の描きたかった人物像は、はっきりと浮かび上がってきます。主人公・仲忠は、権力の中枢にのし上がっていくぎらぎらした男性ではない。学芸に秀で、それを精神的支柱にして生きていく高雅な人物。とりわけ、琴の奥義をきわめ、その伝承に心血を注いでいる。そして、両親への孝養も尽くす。特に、母親を最後まで敬い、大切にしている。さらに、仲忠は、貴宮を得られなくても、それに長く拘泥することなく、理性的に対処する円満で完成された人格の持ち主。妻一人を大切にし、決して浮気をしない。作者は、こういう人物を造型しています。実は、仲忠のような人物が平安貴族の女性たちの憧れの一つの典型だった！

『枕草子』の「返る年の二月二十余日」の章段では、中宮を交えて女房たちが、仲忠と涼のどっちがいいかという品定めをやっています。涼も、学芸に秀で、政略的策謀の渦巻く俗世間から一歩はなれたところにいる優雅な人物。仲忠と同じく、琴の名手。そして、たった一人の妻だけを愛して、平和な家庭を築いている誠実な男性です。

清少納言は、仲忠びいき。中宮定子は涼に軍配を上げている。仲忠・涼に女性たちのやんやの喝采が起こるのは、平安時代の女性たちの願望を体現しているからです。策略を弄して他人を蹴落とし、権力の階段をひたすら駆け上がって頂点を極め、何人もの妾妻をかかえる男性よりも、仲忠や涼のほうがステキなのです。『うつほ物語』は、そんな女性たちの憧れの男性を造型することに成功したのです。

4　蜻蛉日記―告白日記を書かせたもの―

平安時代中期（一〇世紀末頃）成立
作者　藤原道綱の母

結婚の真相を知らせたい

日記は、物語を読むのとは違った楽しさがあります。書き手の人柄や考え方が、白日の下にさらけ出されているからです。『蜻蛉日記』の作者は、藤原兼家の妻。兼家は、かの有名な藤原道長の父です。と聞けば、権力欲の相当強い辣腕政治家だと容易に想像できます。兼家には、多数の妻がいます。作者もその一人。兼家との間には、道綱という一人息子がいます。ですから、作者は、しばしば「道綱の母」と呼ばれます。彼女の本名は分からないですからね。作者の父は、藤原倫寧。大して身分の高くない受領階級です。

作者は、『蜻蛉日記』を書いた理由を冒頭でこう説明しています、「ありきたりのいい加減な作り事でさえ、もてはやされるのだから、人並みでない身の上でも日記として書いたら、なおのこと珍しく思われるだろう。この上もなく高い身分の男性との結婚の真相の一例にでもしてほしい」と。確かに、そうした理由はあったでしょう。でも、『蜻蛉日記』にはそのような理性的な理由ではないものがほとばしり、それが日記を書かせた本当の理由だと思えるのです。それは、一体何だったのか？　ここで明らかにしたいテーマです。

新婚なのに夫は女を

　作者と結婚して一年もしないうちに、夫は「町の小路（こうじ）の女」の所にも通いだした。当時の権門の男性にあっては、とりたてて兼家の行為が非難に値するわけではない。なにしろ、複数の妻を持つことが社会的に認められているのですから。けれども、女性の側からすれば、不満です。なぜ？　まだ新婚よ。私じゃあ不足ってこと？　私はその程度の女なの？　女性は傷つき悩みます。とくに、プライドの高い女性であれば、限りない屈辱感を感じます。傷つけられた自尊心をどう処理するか？　あなたなら、どうなさいますか。

　彼女は、夫がやってきても、意地を張って戸すら開けない。すると、夫は、「町の小路の女」の所に行ってしまう。のみならず、作者が意地を張れば張るだけ、夫は男の面子にかけて対抗してくる。妻はおまえだけじゃあないんだ。おまえよりいい女がいるよとばかりに、作者にあてつけをしてくる。夫は、「町の小路の女」を車に乗せて、わざわざ作者の家の前を大騒ぎをして通っていく！　「道はいくらでもあるのに」と侍女たちも大声で言っているのを聞くと、作者は「いっそ死ぬことができたら」とまで思う。

　そんなに作者を痛めつけたくせに、夫は、暫くすると「**みずからもいとつれなく見えたり**（＝当の本人がいとも平然と姿を見せた）」。「つれなし」は、相手の心に頓着することなく平然としている様子。作者にすれば、自分に謝ったり弁解したり慰めたりと誠意のあるところを見せてくれることを期待していたのです。なのに、夫はそんなことにはおかまいなく、平然と振舞っている！　「つれなし」の語の背後には、作者の憤懣やるかたない気持ちが込められています。一方、作者はといえば、夫に対して、「何の用で来たの？」とばかりに、まったく相手にもしない。夫は取り付く島もなくて帰ることが度重なった。作者の怒りは火を噴き、はらわたは煮えくり返っている。口もきかず、目も見合さない。そして夫を追い返す。こんなことを繰り返していれば、夫の心を取り戻すどころか、かえって夫の足を遠のかせてしまうのに。

仕立物なんかしてやるものか

少し経つと、夫は衣服の仕立を作者に頼んできた。仕立物は妻としての仕事の一つ。でも、ろくに通ってきてもくれないのに、用だけ頼むように作者には思える。腹立たしさで「目のくらむ思いがする」。誰がやってやるものかと、作者は負けん気を出して、夫にそのまま突き返す。夫も面白くないから、二〇日間もやってこない。作者も夫に詫びの手紙を出すでもない。ひたすら、意地を張りつつ、心の中では夫の訪れを切望している。どちらが折れたか？　夫だった。作者は若くて、美人。歌のうまさには定評がある。他の女とは違った強さにも不思議にひきつけられる。夫は、こう言ってきた、「行きたいんだけど、遠慮されてね。はっきり来いと言ってくれたら、おそるおそる」と。作者も受け入れ、夫婦のよりが戻った。「町の小路の女」のほうは、夫の愛情が冷め、あげくに生まれた子どもまで死んでしまった。作者は、「胸がすっとしたわ」と臆面もなく本音を吐き出しています。

自分だけが愛されたい

作者二二歳。結婚してからまだ二年余り。「町の小路の女」の事件のあと、夫婦仲は比較的うまく行っています。むろん、作者は、「こんなふうなはらはらする不安な時ばかりで、少しも心の休まることのないのが、やりきれないことであった」と結婚生活の絶えざる不幸を主張しているけれど、客観的に見ると、夫の愛情も深く、それなりに満たされた結婚生活を送っています。夫は、作者の母の死去に伴う葬儀なども立派にしてくれる。また、夫が作者の家にいるときに発病し、本宅に帰らざるを得ない時も、夫は作者を「じっとみつめて」愛情を伝えている。病気がよくなると、夫は「逢いたい」と言って作者を本宅に呼び寄せて逢うほどの愛情深さを示す。作者は、「**三十日三十夜はわがもとに**（＝三〇日、三〇夜全部私のところに通わせたい）」と言って、夫に甘えています。自分だけが特別に愛されている。そう信じられる時期もあったのです。

意地の張り合い

二人の仲が修復不可能になっていくのは、作者三五歳の頃。夫は、「近江」という若い女性に熱を上げ始めた。作者の所にはとんと無沙汰。そのくせ、仕立物だけは頼んでくる。作者は、例によって突き返す。夫は、余計に通ってこない。二人の間で熾烈な意地の張り合いが始まった。作者は、稀にやってきた夫に対して、岩木のように身を硬くしたまま夜を明かす。翌朝、夫は物も言わずに出てゆく。そして、作者の家の前にきらびやかに先払いをしながらやって来ては、そのまま通り過ぎて、今愛している女の所に行くことを繰り返す。もういやだ、こんなに惨めな結婚生活など耐えられない。尼になってしまおう。作者の苦悶は頂点に達し、出家を決意して鳴滝の般若寺にこもった。けれども、夫に強引に連れ戻され、結局自宅に戻ってきた。夫の訪れは相変わらず途絶えがち。作者、三八歳。自分の衰えも自覚された。作者は、夫の家から遠い父の別邸に引っ越してしまい、二〇年間に渡る結婚生活に幕を下ろした。

「つらし」から「憂し」へ

夫婦仲が荒れていく過程は、先ほどとり上げた「つれなし」という語や、「つらし」「憂し」という心を表す言葉の出現回数とその使用法に見事に表れます。私は以前に調べたことがあるのですが、相手に頓着しない様子を表す「つれなし」は、最初は作者に対する夫の態度を表すのに使われている。ところが、次第に作者自身の夫に対する態度にも用いるようになっていく。夫が一ヶ月以上もやってこない時に、作者は毎晩まんじりともせずに夫を待ち続けているのに、作者は「**つれなしをつくりわたる**（＝平気を装い続けていた）」と記す。作者も、夫に対抗して夫に無関心なふりを装い始めたのです。あなたが来なくても、私はなんとも思っていないんだから、という強がりによる対抗です。

さらに、夫婦仲が悪くない時期には、作者は夫に「つらし（＝恨めしい）」と言葉に出して訴えかけている。たとえば、夫に贈った長歌の中に、あなたの愛情が薄いので「**つらき心は**（＝恨めしく思う心は）」と訴える。「つらし」と相手に訴える時には、まだ相手との間に接点があります。ところが、次第に作者は、夫に「つらし」と訴えることもせずに、一人で「憂し」と思う心の状態に変化していく。尼になろうと鳴滝にこもった時に、作者は「**身の憂きことはまづおぼえけり**」と記す。「憂し」は、自分自身を情けなく厭わしく思う気持ち。一人で自閉的に悩み、悲しむ心です。もはや夫への働きかけはなくなり、心は完全に閉ざされています。そして破局に。「つれなし」「つらし」「憂し」という言葉をたどってみると、夫婦の溝がどのように広がっていったのかが実によく分かるんですね。

苦しくて書かずにはいられなかった

あなたは、作者がもう少し柔らかく夫に対応していたら、穏やかな結婚生活を送れたのに、と思うかもしれません。私も、最初は作者のことをわがままずぎる、といささか呆れ返っていました。でも、当時の結婚制度に思いをいたした時、『蜻蛉日記』の作者の猛烈な自己主張が貴重なものに思えてきました。男性が何人もの妻を持つことが許されている状況であれば、ふつうの女性は、夫に全面的な愛情を求めることを諦めます。そして、現実と妥協しつつ、それなりにスムーズな結婚生活を営もうとします。でも、作者は妥協しない。「いっそ関係がなくなったほうが、お義理で通ってきてくれるよりまだまし」と考える人なのです。最後まで夫に全面的な愛を求め続けた。そんな作者に、私は一種の敬意さえ覚えてしまう。作者は、一夫一婦制ではじめて可能になる愛のかたちを、一夫多妻制下で求めて傷つき敗れた女性なのです。

自己主張する女は、夫から見て、都合のいい女にはならない。兼家にすれば、抵抗する作者を何とか支配下におさめたい。だから、対抗して作者に嫌がらせをする。二人の結婚生活は、意地の張り合いだったともいえます。意地を張り合えば張り合うほど、緊張関係が高まってしまう。その緊張関係は、書かずにはいられないほど苦しく強烈だった！　そうして書いた日記は、いつの時代にも通用する普遍性を持った女の魂の叫びになったのです。

5 大和物語―歌物語から説話文学へ―

平安時代中期（一〇世紀中頃〜一一世紀初め頃）成立
作者　未詳

おなじ歌物語だけれど

『大和物語』は、『伊勢物語』とおなじ歌物語。でも、『伊勢物語』とは随分違った味わいがあります。『伊勢物語』では、和歌がつねに話のクライマックス。話の展開を説明する散文部分には重点が置かれていない。散文部分は、和歌そのものを盛り上げるためにあるといった趣の歌物語です。

ところが、『大和物語』では、和歌よりも、それにまつわる話の方に重点があります。だから時には「説話文学」の仲間に加えられることもあるくらい。『大和物語』の、『伊勢物語』とは違う説話的な要素とは、具体的にどんなものなのか？　ここで、考えたいテーマです。

『大和物語』は、一七三段の話からなっています。一四〇段以後になると、ぐっと説話的な話の集合になります。ここでとり上げるのは、一四九段。当時、有名な話だったらしく、『古今和歌集』や『伊勢物語』にも、出てきます。とりわけ、『伊勢物語』（二三段）に収録されていることは、『大和物語』と比較してみることができて便利です。

では、早速『大和物語』一四九段の話をその特色が出るようにしながら、紹介してみます。現代にも通用する話です。

妻の経済力がなくなって

大和国（今の奈良県）の葛城郡に一組の夫婦が住んでいた。長年二人は、愛し合って暮らしてきたのだけれど、妻の家が大変貧しくなってしまった。男は心では、妻を愛しつつも、生活が不如意なので、他に新しい妻を作ってしまった。「**今の妻は、富たる女になむありける**」。「なむ…連体形」という強調形を随所に使いつつ話を進めていきます。相手の眼を見ながら念を押しつつ語る口調です。もともと、宮廷サロンなどで語られていた歌語り（＝和歌を中心とした噂話）をもとにしているので、語り口調が残っているのです。現代語で言えば、「今度の妻は金持ちの娘でネ、あったんですよ」のような感じ。男は新しい妻をとくにかわいいと思っているわけではなかったが、男が通って行くと、下にもおかぬもてなしで、立派な衣装も調えてくれる。男は新しい女性の方に通い慣れ、元の妻のところには寄り付かなくなってきた。

当時は、妻の家の方で、夫の衣装などの面倒を見るのが慣わし。元の妻の実家は経済力がなくなり、夫に尽くしてあげられなくなってしまったわけです。男が新しい妻をつくった理由がきちんと説明され、話の運びはスムーズです。

嫉妬心を抑えて

たまに、元の妻の所にやってきてみると、みすぼらしい様子で暮らしている。でも、元の妻は夫が「**かくほかにありけど、さらにねたげにも見えず**（＝こんなふうによその女のところに行くのだけれど、いっこうに焼餅を焼いているようにも見えない）」。大事なところです。嫉妬心などおくびにも出さずに夫に優しく対処している。私たち現代人にも参考になります。

男はそんな妻がいじらしくなって、その日は、元の妻の所に泊まっていこうとした。すると、妻は言う、「**なほ、いね**（＝やっぱりあの人の所に行ってあげて！）」。

変だ、焼餅も焼かない。のみならず、新しい女のところへ行くことを勧める。もしや、別の男でもできたのではないかと、夫は疑った。それで、夫は、新しい女性の所に出ていくふりをして、庭の植え込みの中に隠れて、妻の様子を窺（うかが）った。

月が、夜空に美しい。妻は、縁側に出て、「**かしらかいけづりなどしてをり**（＝髪の毛をとかしたりして座っている）」。夜が更けるまで寝ないで、ひどく思い悩んでいる。他の男でも待っているのだろうと、夫は思う。すると、妻は、前にいた召使に言った。

風吹けば　沖つ白浪　龍田山　夜半（よは）にや君が　一人越（こ）ゆらむ（＝龍田山を、この夜半にあの人は、一人で越えているのかしら？）

なんと、夫の身の上を案じている歌だった。新しい女性の家は、龍田山を越えていく道にあったのだ。男は、妻がいとしくてたまらなくなった。なおも植え込みの中で見ていると、妻は泣き伏して、金属のお椀に水を入れて胸に当てた。「えっ、何するの？」と、夫は不審に思いながら、なおも見守る。すると、この水が熱湯になって沸き立ったので、湯を捨てた。また、水を入れる。見ているうちに、夫はキューンと胸が締め付けられて、庭の植え込みから飛び出して、「どんなお気持ちがするので、こんなことをなさるのですか！」と言って、妻をいきなり抱いて共寝してしまったんだとサ。

実に、描写が具体的。誇張されているけれど、水が熱湯になるくらい激しい嫉妬心を妻はじっと抑えて、なだらかに夫に対応していたのです。夫が見ているとも知らずに行なう妻の行動には、本心が表れています。夫の前でみせるおおらかな妻の態度の裏には、凄みを帯びた自己抑制力があった。夫はハッと我に帰って反省心が生まれたのです。こんなに妻を苦しめていたのだ、すまないと。そして、このあと夫は新しい女性のところには行かなくなってしまった。

新しい女とはどうなったか

こうして多くの年月がたち、夫はしみじみ思った、「**つれなき顔なれど、女の思ふこと、いといみじきことなりけるを、かくいかぬをいかに思ふらむ**（＝表面は何気ない顔をしているけれど、女が心で思うことはすごいことだったから、こんなふうに自分が行かないのをあの新しい女はどう思っているだろう）」。男は、行かなくなってしまった女のことが気になって、様子を見に行った。長く無沙汰をしていたので、気が引けて外に立っていた。そして、隙間からのぞいてみると、自分の前では上品に綺麗にみせていたけれど、すごく見苦しい着物を着て、大きな櫛を額髪に挿して、色気もへったくれもない。しかもあろうことか、自分で飯をよそっている！　召使によそわせるのが嗜みなのに。ああ、ひどいもんだ。男は、それきり新しい女のところには行かなくなってしまった。なにしろ、「**この男はおほきみなりけり**（＝この男は王族だったんだとサ）」。男が我慢出来なかった理由を説明して、『大和物語』はここでストンと終わっています。

どこが違うのか？

『伊勢物語』（二三段）は、この後に新しい女が、男を慕う歌を二首も詠んで男を待っているという展開にしている。こうなると、男が新しい女を嫌いになる必然性が薄くなってしまう。『伊勢物語』では、あくまで歌に重点があるから、話の自然な展開はある程度犠牲にする。

『大和物語』は、歌よりも話そのものに関心があるから、筋の展開は自然になるように工夫を凝らす。だから、話の展開はとてもなめらか。新しい女を作る理由も、妻のところに戻る理由も、新しい女を嫌いになる理由も明快に説明されており、説得力があるのです。さらに、話に具体性を持たせるために、煮えたぎる嫉妬心をおさえ込むための妻の鮮烈な行動をいささか誇張して書き加える。「髪の毛をとかす」などの微細な行動をちりばめて、話に具体性を与える。これらが、『伊勢物語』とは大きく違っている点です。『大和物語』は、当時語られていた歌語りをもとに、激しい嫉妬心に打ち勝つ女の話に仕立てたのです。

『大和物語』には、新しい女性のもとに走った夫を、元の妻が呼び戻す話が他にもあります。たとえば、一五八段。夫は、あろうことか新しい女を元の妻の住んでいる家に連れ込んだ。壁を隔てて夫は新しい妻といちゃついている。元の妻はこの上なく辛いと思ったけれど、恨み言も言わない。秋の夜長に鹿が鳴く。元の妻はその声にじっと耳を澄ます。すると、壁越しに夫が「鹿の声をお聞きになっていますか？」と元の妻に話しかける。元の妻は答えた、「**われもしか　なきてぞ人に　恋ひられし　今こそよそに　声をのみ聞け**（＝私も以前は雄鹿に呼ばれる雌鹿のように、あなたに恋い慕われました。今ではよそであなたの声を聞いているありさまですけど）」。男は心を打たれて、新しい妻を送り返して、以前と同じように元の妻と暮らし続けましたとサ。

こんなふうに、『大和物語』には、湧き上がる嫉妬心をぐっと抑えて、夫を愛し続けることによって、夫の心を見事に奪還する話がきらっと輝きを放っています。

6　落窪物語——セリフから人物が見える——

平安時代中期（一〇世紀末頃）成立
作者　未詳

継子いじめの物語

ずっと昔から、継子いじめの話って、世界中にあるんですね。ヨーロッパの昔話「シンデレラ姫」さながらの話が、日本でも語られていた。それは、平安時代の中ごろにできた『落窪物語』に結実しています。『枕草子』よりもちょっと前に書かれた物語。『枕草子』（「成信の中将は」の段）に「交野の少将を非難した落窪の少将などはカッコいいわ」と記されていることから、明らかです。「落窪の少将」というのは、『落窪物語』の男性主人公・道頼のこと。

『落窪物語』は、ともかく面白い。全編にみなぎる権勢至上主義的な思想に、いささか辟易するにもかかわらず、途中でやめることができない。ついつい終わりまで読んでしまうのです。『落窪物語』の吸引力は、一体どこにあるのか？　ここで明らかにしたいテーマです。では、具体的に原文を交えつつ紹介し、面白さの原因をさぐってみます。

継母の二枚舌

七、八歳の頃、母を亡くし、継母に育てられている姫君がいた。父は、中納言だが、継母の言うなりになっている気の弱い男。継母は、姫君が結婚適齢期になっても、ぼろぼろの着物を着せて、普通の床よりも一段低い床の狭い部屋に住まわせ、召使たちにも「落窪の君（＝一段落ち窪んだ所に住んでいる人）」と呼ばせて、さげすんでいた。

継母は、自分自身の娘たち四人をめっぽう可愛がる。長女、次女、三女は、無事に結婚し、幸せに暮らしている。残るは、四女の結婚だけ。姫君は、どう見ても、自分の娘たちよりもあらゆる点で優れている。さらに、姫君の母親は皇族出身。大した身分の出ではない継母のコンプレックスを大いに刺激する。いじめたくなる材料はそろっている。

父親がたまたま姫君の部屋をのぞくと、姫君はぼろぼろの薄い着物を着ている。さすがにかわいそうに思って、継母に古着を着せてやるように言うと、継母はすましてこう答える。「**常に着せたてまつれど、はふらかしたまふにや、飽くばかりもえ着つぎたまはぬ**（＝いつもお着せ申し上げるのですが、捨てておしまいなさるのでしょうか、飽きるほども着続けることがおできになりません）」。ウソもいいかげんにせいと、思わず読者が叫びたくなるほど、継母は二枚舌。姫君に、古着一枚与えたことなどないのだ。それでも、継母の言葉遣いだけは丁寧です。夫側の姫君には「たまふ」をつけて敬い、自分の行為には「たてまつる」という謙譲語を使ってへりくだっています。ただし、これは継母が優位にあって、平常心を保てるときの言葉遣い。そうでなくなった時は？　最後に述べます。

姫君は、暇な折に覚えた裁縫もうまい。継母は、それを見て、娘たちの婿の衣装を、少しの暇も与えず次々に縫わせる。ろくろく寝る間も与えずに縫わせる。ちょっとでも仕上がりが遅いと、がなりたてる。姫はこっぴどく責められて、「死んでしまいたい」と嘆き悲しむ。継母は、姫君を結婚もさせず、一生自分たちのために裁縫をする女として酷使しようとたくらんでいる。姫君は、ここを追い出されたら行く場所がない。ひたすら耐えて生きていく以外に方法がないのだ。

味方の登場

ところが、姫君には、たった一人の味方がいた。アコギという名の侍女。母親存命中から姫君付きの侍女として姫君に仕えていた。継母は、アコギまでを実の娘の三女の召使として使ってしまう。でも、アコギは、姫君に対する忠誠心を失わず、余りもひどい継母の仕打ちを見かねて、なにくれとなく姫君のために働いてくれていた。かわいそうな姫君。誰か、姫君を救い出してやるものはいないのか？

アコギは、その頃、自分の身分にあった帯刀(たちはき)（＝太刀を帯びて護衛にあたる人）の惟成(これなり)と結婚した。帯刀は、右近少将・道頼に仕えている。道頼とは乳兄弟(ちきょうだい)であるので、冗談も言い合う親しい仲。帯刀が道頼にかわいそうな姫君の話をすると、道頼はたちまち興味を示し、実際に忍んで行って姫君と契りを結んでしまう。会ってみると、惨めさは聞きしに勝っていた。寒いのに、破れて肌のむき出しになっているぼろをまとっている。でも、姫君は予想以上にかわいらしい。すっかり気に入り、自分の邸宅に引き取ろうとしていた。

危機的状況

その矢先、継母は、姫君に男がいるらしいことに感づいた。その男に引き取られでもしたら、大変だ。男の身分が高ければ、仕返しをされるかもしれない。それに、裁縫の人手も失ってしまう。継母は、自分の叔父で六〇歳すぎの爺さん医者に姫君を犯させる計画を立てた。まずは、姫君を物置のような部屋に幽閉。部屋は、漬物やら干物やらの臭いで失神しそう。夜になると、継母に誘導されて、爺さん医者が姫君のいる部屋に押し入ってきた。さあ、姫君はどうなるのか？　姫君は恐怖のあまりに胸が苦しくなる。医者は、「私を頼りにしなさい」とばかりに、診察を開始。

胸かいさぐりて手触るれば、女おどろおどろしう泣き惑へど、言ひ制すべき人もなし。こしらへかねて、せめて、わびしきままに、思ひて泣く泣く、「いと頼もしきことなれど、ただ今さらに物なむおぼえぬ」といらふれば、「さや。などてかおぼすらむ。今は御代(かは)りに翁こそ病まめ」とて、抱へてをり。北の方は「典薬(てんやく)あり」と思ひ頼みて、例のやうに錠などもさし固めで寝にけり（＝医者は姫君の胸元をさぐって肌に手を触れるので、姫君はひどく声を上げて泣き騒ぐ。でも、医者の行動を止めようとする人もいない。医者のいやらしい行為をあつかいかねて、姫君は困り果てたあげく、思いついて泣く泣く言う、「あなた様が側にいることは、本当に頼もしいことですが、今は苦しくて何も分かりません。」「そうですか。どうしてそんなにお苦しみになるのだろう。この爺があなたの代わりに病気になってあげたいものですね。」爺さん医者はそう言って、姫君を抱きかかえている。継母は、「医者がいる」と油断して、いつものように鍵をかけたりしないで、寝てしまった）。

アコギは、鍵が開いているのをすばやく見つけて、部屋に入っていった。爺さん医者が姫君を抱いている。でも、まだ着物を脱いでいない。間に合った！　アコギは知恵がよく回る。「胸を痛がっていらっしゃるから、胸を温める石を持ってきて差し上げたら」と爺さんに言う。それこそ、誠意の見せ所。爺さんは、温石(おんじゃく)を探しに部屋を出る。そのあいだに、アコギと姫君は策を練る。誰も助っ人のいない今夜は、爺さんを怒らせないようにしつつ何事もないように過ごそうと。

その晩は、無事に明けた。だが、翌日も、夜になると、爺さんは「今夜こそ」と思って、若者のように、おしゃれな薄着でやってきた。姫君は、入り口に物を置いたりして、外から戸が開かないように工夫の限りを尽くす。爺さんは、戸を必死で開けようとしている。季節は、冬。夜の寒さが足元から這い上がる。爺さんは、「**腹ごほごほと鳴れば**」、あわてて尻をおさえる。そのうちに「**びちびちと聞こゆるは、いかなるにかあらむと疑はし**（＝びちびちと音が聞こえるのは、どういう状況なのか、不可解ですな）」。「いかなるにかあらむと疑はし」ととぼけた言い回しが絶妙。「びちびち」と音がしたら、下痢便に決まっているのだけれど。爺さんは、せっかくのおしゃれ着に下痢便をひっかけてしまって、大失態。その日は退散した。翌日、中納言一家は、賀茂の臨時祭り見物。その間に、道頼は姫君を継母の所から連れ出し、無事に結婚。

ああ、よかったと、読者はおもわず胸をなでおろしてしまう。サスペンスに富んだ構成。しかもスピーディに事件が展開していく。そして、原文で示したようなリアルな場面描写。読者はこれらの魅力に引き込まれて、ぐんぐん読み進んでしまう。と同時に、継母のセリフにみるように、会話によって人物を造型していることにも注目！　この点をストーリーの展開に沿って、もう少し詳しく述べてみます。

継母の悪たれ

姫君が男に救出されたことを知った継母は、怒鳴りたてる、「**すやつはいづち行くとも、よくありなむや**（＝そいつは、どこに行っても、幸せになるもんか！）」。「すやつ」などという卑俗な言葉は、当時の女性は決して口にしない。男性でさえも、表立っては用いない。

さて、道頼はとんとん拍子に出世をし、中納言一家に思う存分仕返しをする。継母は、数々の嫌な出来事が姫君側からなされた復讐だと気づいたとき、こう言って騒ぎ立てる。「**この年ごろ、いみじき恥をのみ見せつるは、くやつのするなりけり**（＝この数年、ひどい恥ばかりをかかせたのは、きゃつのしわざであったよ）」。「くやつ」と言われているのは、姫君。継母は、この他「**血あゆ**（＝血がしたたり落ちる）」「**食はす**」「**殺す**」などという野蛮な言葉を平気で口にして怒鳴っている。いずれも、自分の意のままに物事が運ばない時のセリフ。継母の吐くこれらのセリフから、彼女の粗野で攻撃的な性格の一面が造型されています。でも、思い通りに事柄が運んでいる時は、継母は、最初に紹介したセリフにみるように、普通の女性らしく発言していました。こうした裏表のあるセリフから、継母のわがままな人間像が形成されてきます。継母は、自己中心的で、攻撃的。ウソも平気でつく。陰湿な悪人ではなく、多分に幼児性を残した「困った人間」なのです。「いるいる、こういう人！」などと言ってしまいそうなほど実在感があります。セリフから人物を造型して行く方法は、『落窪物語』の工夫です。

『落窪物語』の魅力は、サスペンスに富んだ構成、スピーディで快いテンポ、リアルな場面描写、そしてセリフによって行なう巧みな人物造型。それらが、読者を虜にする理由です。

7 枕草子——エッセイストの条件——

平安時代中期（一〇〇〇年頃）成立
作者　清少納言

虚構がある

日本初の随筆『枕草子』は、どのようにして生まれたのか？　作者は、「清少納言」という通称で親しまれている女性ですね。本名は分かりません。父親は、清原元輔（きよはらのもとすけ）。『後撰和歌集』の選者の一人で有名な歌人。『今昔物語集』（巻二八第六話）には、元輔が、巧みな物言いで人を笑わせるユニークな人物として登場しています。清少納言の優れた会話術も父親譲りのものでしょう。曾祖父は、清原深養父（きよはらのふかやぶ）。これまた、歌人として名を馳せた人。『古今和歌集』をはじめとする勅撰集に多くの歌を残しています。

そんな家系の力も働き、清少納言は中宮定子（ていし）のもとに出仕した。正暦（しょうりゃく）四年（九九三年）頃のことです。三〇歳近く（今だと四〇歳くらいですね）の落ち着いた年齢で初出仕です。宮仕えを終えたのは、それから七年後。定子が二四歳の若さで亡くなったからです。

『枕草子』は、定子に仕えた七年間に経験したことや感じたことを綴ったエッセイです。三〇〇近くの章段から成り立っていますが、どれも明るく、中には清少納言の自慢げな顔つきまで見える章段もあります。そうした清少納言に、反感を覚え、『枕草子』を嫌う人もいるほどです。でも、『枕草子』には虚構が施されています。定子の後宮の様子を事実そのままに書いているわけではないのです。定子が上昇気運だったのは、清少納言が出仕してから、せいぜい一年余。長徳元年（九九五年）には、定子の父・藤原道隆（ふじわらのみちたか）が亡くなり、翌年には、兄伊周（これちか）が流罪の憂き目に。定子は、孤立無援の状態で凋落の日々を送っていたのです。むろん、清少納言も、定子とともに惨めな状態を味わっていました。

にもかかわらず、『枕草子』には、それらの辛い思いを一切記さなかった。あくまで明るく輝き意気軒昂とした後宮の様子を描ききっています。暗く切ない涙をひたかくしにして、『枕草子』は明朗に、屈託のない筆致で書かれている！　この事実をおさえてみると、『枕草子』の得意満面な記述も、暖かく受け入れることができます。『枕草子』の魅力も、素直に受け取ることができます。一体、『枕草子』は、どんな魅力を持っているのか？　ここで明らかにしたいテーマです。

斬新な自然描写

『枕草子』といえば、誰でも知っているのが、四季折々の最も美しい風物を取り立てた第一段。「**春はあけぼの。やうやうしろくなりゆく山ぎは、すこしあかりて、紫だちたる雲のほそくたなびきたる**」。春といえば、夜明け！　それが春の風物の中で一番すばらしいと清少納言は主張します。そして、分単位で移り行く春の夜明けの光景を見事に写し出しています。山際の空がだんだん白んで、辺りがほんのり明るくなる。と、紫がかった雲が細くたなびいている。こういう情景を作りだすから、春の夜明けが一番だと、彼女は言い切ります。以下、「**夏は夜**」「**秋は夕暮**（ゆふぐれ）」「**冬はつとめて**（＝早朝）」と風情のある時間を指定し、それをささえる具体的な風物を目に見えるような描写で示します。

一見誰にでも書けそうに見えて、実はかなり難しい。まず、最も情趣ある事柄を時間という観点から切り取っていくこと自体が思いつかない。『枕草子』以前の歌集を調べてみても、「春歌」「夏歌」「秋歌」「冬歌」で、時間で切り取られた風物を取り扱ったものは皆無。美的感動を与えるものは、たとえば「春歌」ならば、「桜」「梅」「山吹」「柳」「鶯」「雁」「雨」「霞」といった事物なのです。清少納言が切り取って見せた情趣ある時間は、『枕草子』以後にできた『後拾遺和歌集』で初めてとり上げられています。「花ざかり　春のみ山の　あけぼのに　思ひ忘るな　秋の夕暮」（一一〇二番歌）という、『枕草子』の影響が見える歌まであります。『枕草子』の、時間から美を切り取る視点がいかに斬新で、人々に衝撃を与えたかが分かります。

さらに、その時刻を彩る具体的な風物が人々の意表をつき、しかも「なるほど」と思わせるものなのです。だから、例示された途端に「そうそう、夏の闇夜にたくさんの蛍が乱れ飛ぶ姿は幻想的ですばらしい。秋の夕暮れに山の端に日が沈まんとしている時にカラスがねぐらを指して三羽四羽飛んで帰る姿はいいわね。冬の朝、起きた途端に目にする雪景色って感動的よ」などと、読者が大きく頷き納得してしまう。ただものではない、と思わせるところです。

実は、渡辺実『古典講読シリーズ　枕草子』が指摘していますが、こうした風景描写を散文世界に持ち込んだのは、『枕草子』が初めて。しかも、その描写は、実にうまい。雨上がりの後のすばらしい風景描写（一二五段）など、清少納言を嫌った紫式部でさえ、『源氏物語』の場面描写にこっそり取り入れているほどなのです。

言葉に好奇心

清少納言は、風景のように眼に見える具体物にも限りない興味を示しましたが、まったく逆の目に見えない抽象的な言葉にも、好奇心旺盛です。たとえば、「里は」(六三段)という章段で、彼女は面白い村の名前を列挙しています。「**つまとりの里**」になると、彼女はこう言います、「妻を人に取られたのかしら、それとも人の妻を取って自分のものにしたのかしら。考えると興味引かれちゃう」と。確かに詮索したくなる里の名前。彼女は、物の名前を聞くと、その名前からただちに意味を連想し、思考をめぐらせて楽しみます。「草は」(六四段)の章段では、「**おもだか**」という草の名前を聞いて、「面高」という意味を思いうかべ、「昂然と顔を高く上げて思い上がっているのだろう」と思いを馳せて、くすりと笑っています。「**あやふ草**」。なるほど、「『あやふし(=危ない)』というとおり、崖の危ういところに生えているものね」。「**いつまで草**」は「崖っぷちの草よりも崩れやすそうな壁に生えているので、いつまで寿命が持つのやら、って感じだものね」と感想を漏らし、「いつまで草」を気の毒がっています。

中宮に「香炉峰の雪は？」と問いかけられて、ただちに御簾を巻き上げる才気あふれる清少納言。
土佐光起筆「清少納言像」(東京国立博物館蔵)

　名前が実際の物にいかにもふさわしいと見えるときは、清少納言はこんなふうに楽しんでいるのですが、名前と事物とが対応しているように見えないときは、鋭く批判し始めます。たとえば、「池は」(三六段)にみられる「水なし池」。彼女は不思議に思って、その名の由来を人に尋ねると、こんな答えが。「梅雨の季節など、例年より雨が多く降りそうな年には、この池に水というものがなくなるのです。逆に、ひどく日照りが予想される年には、春の初めに水がたくさん湧き出すのです」。彼女は、それを聞いてこんな反論をしています。「全然水がなく干上がっているならばこそ、『水なし池』とも言えるだろうけれど、水が湧き出る時もあるのよ。すごく一方的な名前のつけ方よ！」と。そうした批判は、やがて言葉遣いのマナーにまで及びます。

言葉遣いのマナー

清少納言は、訛りの入った言葉が特に嫌いです。「ふと心劣り（おと）とかするものは」（一八六段）では、発音を省略したり、訛ったりしているのを悪い例としてあげています。「言はんとす（＝言おうと思う）」と言わなくてはならないのに、「**言はんずる**」と縮めて発音したり、「ひとつ車」と言うべきところを「**ひてつ車**」と訛ったりすると、「もうそれだけでだめ！」と切り捨てています。現在に当てはめると、「うまい」と言わずに「うめー」と言ったり、「朝日（あさひ）」というべきところを「あさし」などと訛ったりすると許せないと言うわけ。確かに、と言いたくなりますね。でも、下品な言葉でも、悪い言葉でも、本人がそうだと心得た上で、わざと言ったりするのは認めています。そういう言葉の効果も心得ていて、柔軟です。

清少納言が許せないのは、教養を備えているべき人間が言葉のミスをするときです。たとえば、使用人が敬語の使い方をよく心得ていないで、自分のご主人に対してきちんと敬語を使ってしゃべれない時とか、逆に自分の行為に尊敬語をつけたりしているのを聞くと、清少納言は腹を立てます。

また、偉い人が傍にいらっしゃるのに、同僚同士が打ち解けた仲間言葉で「**まろ**（＝あたし）」なんて言ってしゃべり合っているのも戒めています。人に聞かれても聞き苦しくない会話をすべきだと考えているのです。「相手や場面や効果を考えて、言葉というものは使うものです」。これが、清少納言の主張。それは、古今東西普遍的な言葉の運用の仕方です。一千年も昔の清少納言がきっちりそれを言い切っている。さすがですね。

人としての礼儀

言葉遣いばかりではありません。彼女の批判は、人としてのマナー、男のマナー、女のマナーにまで及びます。「**にくきもの**」（二六段）をはじめとする多くの章段で、清少納言はそれらを開陳しています。たとえば、マナーに欠ける人とは、「人の家に訪れて、汚いとばかりに自分の座る場所をぱたぱたとゴミ払いをする人」「急用があるのに長話をする人」「つまらないことを満面に笑みをたたえて得意げにぺらぺらしゃべる人」（以上二六段）。男としての礼儀にかけるのは、「周りの人に知られたくない逢瀬なのに、大きな音を立てたり、鼾(いびき)をかいたりしてしまう男」（二六段）・「逢瀬の後で、そそくさとあわただしく女のもとを去る男」（六一段）・「口説き方も知らない男」（六段）・「女に妊娠させてにげちゃう男」（一二〇段）。女として心得違いをしているのは、「分不相応な服装をする女」（四三段）・「確証も無いのにつまらぬ焼餅など焼いて、家出して雲隠れする女」（一二一段）。なあるほど。鋭い観察眼から生まれる批判は、いつの時代にも通用する発言になっています。

『枕草子』は、清少納言という好奇心旺盛で斬新な考え方をする人間の存在によって初めて生み出された日本初の随筆文学。『枕草子』を分析していくと、エッセイストの資質も浮き彫りになってきます。①人と違った物の見方ができる、②興味関心の幅が広い、③観察力・批判力がすぐれている。あなたも、エッセイストに向いていたでしょうか？

8 源氏物語
―言葉に仕掛けられた秘密―

平安時代中期(一〇〇八年頃)成立
作者　紫式部

文章の不思議なリズム

私が『源氏物語』をきちんと最初から最後まで読んだのは、大学時代のこと。まずは、谷崎潤一郎の現代語訳で筋をしっかり把握してから、原文を読み始めました。すると、それまでに出会ったことのないような文章の不思議なリズムを感じました。現代文のような漢字かな交じり文にすると、二〇字から九九字までの中くらいの長さの文と、一〇〇字以上の長文とが基調になっているのですが、突然、一〇字以下の短文が入り込んで、文章をきゅっと引き締めるのです。次のような感じです。中文・中文・中文・長文・中文・長文・長文・中文・中文・長文・中文・長文・中文・中文・短文・中文・長文・中文…。これは、『源氏物語』の冒頭からの文章の実際のリズムです。平均一三六字の長文、平均五〇字の中文が続いた後に、いきなり「**御局は桐壺なり。**」という、句点を含めてもわずか八文字の短文をすっと入れて、袋の口を締めるように、文章を引き締める。なんか計算しつくしたような文章だなあ、と感じたのです。

その後、私は、興味の赴くままに、『源氏物語』の言葉をいろんな角度から調べてみました。すると、それまでの物語作品とは大きく異なる言葉の使い方をしていることが明らかになってきました。あれだけ多くの登場人物が登場しても、さまざまな情景描写が入り込んでいても、一つとして重なることなく、それぞれ見事に個性が出ているのです。一体、作者は、どんなふうに言葉をあやつって、あの長大なロマンを書き上げていったのか？　ここで述べておきたいテーマです。

多彩な恋愛と苦悩

『源氏物語』は、西暦一〇〇〇年を少し過ぎた頃に書かれた長編物語です。作者は、いうまでもなく、紫式部と呼ばれた女性。『竹取物語』をはじめとするそれまでの平安仮名文学作品からたっぷりと栄養を吸収しつつ、のみならず『白氏文集（はくしもんじゅう）』などの漢籍からも発想法や表現を学びつつ、『源氏物語』は、世界に誇れる長編物語として大輪の花を咲かせました。五四巻からなります。内容は一言で言えば、ラブストーリー。むろん単なる恋愛物語ではなく、人生への深い洞察が込められています。大きく三つの部分に分けられます。

第一部は、巻一「桐壺」から巻三三「藤裏葉（ふじのうらば）」まで。主人公は、「光源氏」。あらゆる美質を備えた光源氏が、紆余曲折を経ながらも、栄耀栄華を極めていく話。ここには、彼の絢爛たる恋愛模様が現出しています。第二部は、巻三四「若菜」から巻四一「幻」まで。主人公は、第一部と同じく光源氏。ですが、第一部と打って変わって彼の中年以後の苦悩に満ちた人生が語られていきます。第三部は、巻四二「匂宮（におうのみや）」から、最終の巻五四「夢浮橋（ゆめのうきはし）」まで。いわゆる「宇治十帖」と呼ばれる部分を含み、第一部・第二部を「正編」とすれば、そこから切り離すことのできる部分。光源氏亡き後の物語で、登場人物も舞台となる場所も、「正編」とは違います。ここでは、「正編」を例にして、作者の言語操作の秘密に迫ることにします。

念入りに作られた喩え

『源氏物語』を読んでいると、「ここまで作り上げるか」と感嘆の声をあげてしまうような喩えにしばしば出くわします。たとえば、「**春の曙の霞の間より、おもしろき樺桜の咲き乱れたるを見る心地す**」。これは、喩えなのですが、何を喩えていると思いますか？　春の夜明けに、霞の間から薄紅色の艶やかな樺桜が咲き乱れているのを見るような気持ちがするものとは？　女主人公「紫上」の容姿を含めた雰囲気です。光源氏の最愛の人としての座を射とめた紫上は、並み居る女性たちの中でも群を抜いて美しい。見るものを酔わせてしまうようなあでやかさをもった紫上を、光源氏の息子「夕霧」は目撃してしまった。嵐の吹き荒れた翌朝、夕霧が光源氏夫妻の建物にやってきた時、突然風が吹いて御簾がめくれ上がった。その隙間から夕霧は紫上を見てしまった。夕霧は、紫上の美に打たれ、光源氏に見咎められてしまうほど惚けたようになっている。「春の曙」と時刻を指定し、「霞の間」という空間指定もして、目撃状況に合わせて入念に作り上げた喩えであることが分かります。『うつほ物語』に、すでに原型が見られましたが、喩えの凝った作り上げ方と用い方は、『源氏物語』ならではの卓越したものです。

光源氏との間に「明石女御」と呼ばれる娘を産んだ「明石上」は、「**五月待つ花橘、花も実も具して押し折れるかをりおぼゆ**」。五月を待って咲く橘の、花も実も一緒に折り取った時のかぐわしさをたたえている人物なのです。奥ゆかしくしなやかで、気品の漂う彼女の人柄が象徴されています。昔を思い出させる橘に喩えることによって、光源氏に須磨・明石に流謫されていた時代を呼び起こさせる女性であることも暗示しています。娘の明石女御は「**よく咲きこぼれたる藤の花の、夏にかかりてかたはらに並ぶ花なき朝ぼらけの心地ぞしたまへる**」。藤の花が夏になっても咲き続け、ほかに並ぶ花のない朝景色に喩えられています。つややかで高貴な美しさを持ち、並ぶもののない地位を得ている人物であることを示唆しています。母は懐かしさを、娘は高貴さを際立たせる比喩で、二人を描き分けていますね。

では、光源氏の運命が暗転していくきっかけになった皇女「女三宮（おんなさんのみや）」は、どんな女性だったのか？「**二月の中の十日ばかりの青柳の、わづかにしだりはじめたらむ心地して**」。二月中旬のわずかに枝垂れはじめた青柳です。青柳には花がない。まだ十分に女性として成熟していない人であり、ちょっとした風にも乱れてしまいそうなか弱さをもった人物であることが暗示されています。こんなふうに、『源氏物語』の主だった登場人物は、その人柄を象徴するような喩えで形容され、描き分けられています。周到に作り上げた喩えで、登場人物の個性を描き分けてしまうという方法は、『源氏物語』以前の作品や以後の作品を調べてみても、まったく見られない『源氏物語』独自の方法です。

擬態語で描き分ける

「がたがた」「ふにゃり」などという擬音語・擬態語は、優美な『源氏物語』にはあまり用いられないと思われてきました。ところが、調べてみると、たくさん使われている！　ただ、状態や様子を表す擬態語が多くて目立たなかっただけなのです。しかも、その使い方は他の作品には見られない独特のものです。

「**にほひ多くあざあざとおはせし盛りは、なかなかこの世の香りにもよそへられ**（＝色香が溢れ鮮烈な美しさをたたえていらっしゃった盛りの頃には、むしろこの世に咲く花の美しさにたとえられ）」。「あざあざ」という擬態語で形容されている人物は？　紫上です。「あざあざ」という擬態語は、『源氏物語』以外には見られない。恐らく、『源氏物語』が「あざやかなり」「あざやぐ」という普通の言葉をもとに新たに造った擬態語です。そうした語で、匂いたつような華やかさをもった女盛りの頃の紫上を形容しています。そして、重要なことは、紫上以外の人物には決して用いていないことです。紫上のためにのみ造り使った、とっておきの擬態語です。

また、「けざけざ」という擬態語があります。すっきりときわだつ美しさを表しますが、これも、「けざやかなり」「けざやぐ」という普通の言葉から新しく造られた擬態語です。「けざけざ」で形容される人物は、ただ一人。光源氏が中年になってひそかに情熱を燃やした養女「玉鬘（たまかずら）」です。「**日の華やかにさし出でたるほど、けざけざともの清げなるさましてゐたまへり**（＝日の光がはなやかに射し込んでくるので、際立つ美しさで座っておいでになる）」と記されています。「けざけざ」は、玉鬘のための擬態語です。むろん、すでにある擬態語を特定の登場人物にだけ使うことによって描き分けもしています。たとえば、「たをたを」は、玉鬘の母である「夕顔」に、「なよなよ」は、すでに紹介した皇女「女三宮」に、というぐあいです。

擬音語でも、ユニークなものがあります。「末摘花（すえつむはな）」という女性に使われたものです。彼女は、常陸宮の娘ですが、容貌に恵まれず、おまけに機転も利かない。光源氏からの問いかけに気の利いた答えができずに、彼女は「**ただむむとうち笑ひて**」となります。「むむ」と笑ってやり過ごしたのです。「むむ」は、含み笑いを表す擬音語。彼女の口の重さまで伝わってくる秀逸な言葉ですね。『源氏物語』にしか出てきません。そして、末摘花にしか用いていません。まさに、彼女の人柄を描き出すための一語なのです。

黒髪の形容にしても、「つやつや」「はらはら」「ゆらゆら」の三語がありますが、作者は整然と使い分けをしています。天性の光沢美を表す「つやつや」は、女主人公の紫上の髪だけに用い、髪のこぼれかかる時にかもし出される二次的な美しさを表す「はらはら」は、重要な脇役の女性たちの髪にのみ使い、動きの美しさを表す「ゆらゆら」は、子供の髪に使用する。こうした擬音語・擬態語で人物を描き分けていく方法も、『源氏物語』独自のものです。

情景描写も意図的に

『源氏物語』は、以上に述べたような描き分けだけしているわけではありません。逆に驚くばかりの関連付けを行なっています。私が感服したのは、単なる情景描写の言葉でさえ、用意周到な関連付けに使われていることでした。たとえば、「呉竹（くれたけ）」。呉竹は、和歌に詠まれることの多い素材です。今の淡竹（はちく）のこと。葉の茂り具合も美しく、「節」が目立つ。節と節の間を「よ」と言うので、「世（よ）（代）」「夜（よ）」にかかるように用いる。『源氏物語』では、そういう和歌に用いることの多い「呉竹」を散文の情景描写にも用います。庭の植え込みにはもってこいの植物ですから、どこの情景描写に用いてもいいわけです。にもかかわらず、『源氏物語』は、夕顔と玉鬘という母子関係を印象づけるためにのみ使用している！　夕顔が光源氏に見初められたのは、みすぼらしい夕顔の仮住まい。「**ほどなき庭に、されたる呉竹、前栽（せんざい）の露はなほかかる所も同じごときらめきたり**（＝小さい庭にしゃれた淡竹が見え、植込みの葉末の露はこうした所でもやはり同じように露の光がきらめいている）」。二人は、「呉竹」を眺めている。夕顔はその後光源氏の別荘に連れ出され、そこで亡くなる。

一方、光源氏は、中年になると、六条院という大邸宅をつくる。その東北に当たる建物のある庭に、さりげなく「呉竹」が植えられる。読者は、ただの風景描写だと思って読んでいる。ところが、その建物に、長い間行方不明だった、夕顔の娘・玉鬘が養女となって引き取られてくる。ということは、作者には、すでに玉鬘をここに住まわせる構想が前から出来上がっていたんですね。だから、「呉竹」を点景として描き込んでおいたのです。この「呉竹」は、やがて光源氏と玉鬘の眺める風物となって物語の前面に押し出されてきます。たかが「呉竹」という一語にすぎないのに、作者は、夕顔と玉鬘の血縁関係を象徴するための小道具として使っている！　これ以外の散文部分の情景描写には「呉竹」は出現しません。

こんなふうに、紫式部の言葉の使い方は実に緻密ですべて計算され、操作されているのです。『源氏物語』は、一方では徹底的に描きわけをし、一方では事物を巧みに関連付ける。描き分けと関連付けという二つの操作を見事にこなしつつ、文長も巧妙に操作して、作者は長大なロマンを作り上げて行った。紫式部は、言葉をあやつる天才だったのです。

9　堤中納言物語―カタカナを書く姫君は何歳か―

平安時代末期（一一世紀後半）成立
編者　未詳

最初の短編物語集

『堤中納言物語』は、平安時代末期にできた日本最初の短編物語集。次のようなタイトルの一〇短編が集められています。「花桜折る少将」「このついで」「虫めづる姫君」「ほどほどの懸想」「逢坂越えぬ権中納言」「貝合」「思はぬ方に泊まりする少将」「はなだの女御」「はいずみ」「よしなしごと」。その他に断簡があり、これを一編の短編と認める人もいますが、わずか数行しかありません。タイトルもないのです。ですから、ここでは、一編に加えていません。

それぞれの短編は、文体などが違っているので、別々の作者によって書かれた可能性が高い。とすると、これら一〇編を集めた人間がいることになります。そして、全体を『堤中納言物語』と名づけた人物がいるわけです。そもそも、なぜ『堤中納言物語』なのでしょうか？　先ほど列挙したタイトルを見ても、『堤中納言物語』という書名に結びつくようなタイトルはありません。誰がこれらの短編を集めたのかも不明です。分からないことの多い短編集ですが、どの短編もユニークで面白い。たとえば、「花桜折る少将」は、美しい姫君を暗闇にまぎれて連れ出したと思ったけれど、実際に連れ出したのは、姫君の傍に寝ていた祖母の尼君であった、という失敗譚。「はいずみ」は、恋人の男性が突然やってきたので、女性は大慌てで化粧。白粉と思って眉墨を顔中に塗りたくり、男性を仰天させた話。一〇の短編は、それぞれ個性的な光を放っています。

ここで採り上げたいのは、「虫めづる姫君」。実は、この話は、高校の国語の先生が読んでくれて、いたく感動して忘れられなかった話なのです。へぇー、平安時代の末期に、こんなに深く本質的な考え方をする姫君がいたんだぁ、と。それにしても、彼女は何歳なんだろう？　どこにも書いてありません。姫君の発言や行動、周りの人の発言に注目しながら、その謎を解いていくことにします。あなたも、一緒に推測してみてください。

姫君は漢語を使う

たいていの女性は、毛虫なんか大嫌い。桜の木から毛虫がポトッと肩の上にでも落ちてこようものなら、ギャアと恥も外聞も忘れて大声でわめく。でも、あの毛虫を手のひらにのせ、愛撫して、じっと観察する姫君がいました。それが、「虫めづる姫君」の主人公。実在の人物をモデルにした話と言われています。この姫君は、当時の人々からはもちろんのこと、後世の読者からも変人扱いされ、あげくのはてには、その変態ぶりに「萎黄病（いおう）」という病名まで付して病気の烙印を押す人もいます。

でも、私は、彼女が現代に生きていたらと、残念に思えて仕方がないのです。そもそも彼女の発言は、まことに筋が通っていて、論理的。彼女は言います、「**人々の、花、蝶やとめづるこそ、はかなくあやしけれ。人は、まことあり、本地（ほんぢ）たづねたるこそ、心ばへをかしけれ**（＝人々が、花や蝶をもてはやすのこそ、全くあさはかでばかばかしいことね。人には真実を知りたがる心がある。物事の本源を追究するのこそ、すばらしい心遣いなのよ）」。だから、彼女は、蝶よりも、その源になった毛虫こそ観察すべき対象と考える。たしかに、結果として現れた美だけをもてはやすのは、あさはか。その美しさのはぐくまれる根源となったものを追究していくことこそ、奥深い。この考え方は、物事の本質を究明しようとする学者に近い。

しかも、彼女の口にする言葉も、学者的。「本地」などという特殊な漢語を使っています。物事の源を意味しますが、こんな漢語を当時の普通の女性は発しません。学者や僧侶なら分かります。『源氏物語』に登場する博士の娘も、男が通ってきた時に「風病（ふびやう）」「極熱（ごくねち）」「草薬（さうやく）」「服（ぶく）す」「雑事（ざふじ）」などの女性がめったに使わない漢語を立て続けに口にして、男を呆れさせています。虫めづる姫君は、博士の娘ほどではないけれど、他にも「**放俗（ばうぞく）**」「**生前（さうぜん）**」「**掲焉（けちえん）**」「**興（きょう）あり**」などの女性が余り口にしないような漢語を使っています。

お歯黒もつけない

姫君は、虚飾も排除します。「人間たるもの、すべて自然のままがいいのだ」と彼女は主張し、「**眉さらに抜きたまはず。歯黒（はぐろ）め、さらに『うるさし、きたなし』とて、つけたまはず**」。眉毛を抜き、眉墨で眉を描くという当時の女性のような化粧をしない。自然のままの黒々とした眉をしている。お歯黒も面倒だし不潔だからと言ってつけない。だから、「**いと白らかに**（＝真珠のような白い歯を出して）**笑（ゑ）**」む。現代人からすると、姫君の言うことのほうが科学的で納得できます。でも、当時の常識からは外れている。常識は、時代によって異なるのですね。

さて、姫君の年齢を推定できる重要な事項が記されていました。「眉抜き」「歯黒め」です。私たちは、「歯黒め」というと、結婚した女性がするものだと思いがちですが、それは、江戸時代以降のこと。平安時代では、八、九歳頃に行なう習慣です。『源氏物語』でも、紫上（むらさきのうえ）が光源氏とまだ結婚していないのに、歯黒めをつけ、眉も手入れしています。結婚している必要はないのです。姫君は、眉の手入れとお歯黒をしなさいとうるさく言われた年齢を過ぎているわけです。少なくとも、八歳以上です。

娘の理屈に親もたじたじ

親が外聞を考えて姫君を諭すと、彼女は答える、「かまわないわよ、噂なんか。万事の現象は、本源を追究し、その成り行きを見るからこそ、個々の事象は意味を持ってくるのよ。そんなこと分からないなんて、すごく幼稚よ。毛虫が蝶に成るのよ」。彼女は、それから両親に毛虫が蝶に成るところを見せる。両親は返す言葉もなく、あきれている。姫君に仕える女房たちは、毛虫が嫌でたまらない。陰口も言い放題。でもたった一人、姫君の考え方に理解を示す老女がいた。「お姫様は、毛虫が脱皮して蝶に成るという事実を追究していらっしゃるんですよ。その探究心こそ、考え深いと称すべきです」。老女の言葉は、姫君の受け売りに過ぎないかもしれないけれど、ともかく姫君は孤立無援ではない。姫君の考え方は、普通ではないけれど、何か真理が含まれていると感じる人間がいたということですね。

姫君は、教養もある。「毛虫は毛並みは面白いけれど、故事などを思い出すよすがにならないから物足りないわね」と言って、故事のあるカマキリやカタツムリも飼っている。

平仮名はまだ書かない

ある時、いたずら好きの貴公子・右馬佐（うまのすけ）が、本物そっくりに作りあげた蛇を袋に入れて、彼女にプレゼントした。女房が袋を開けると、蛇が鎌首をグッともたげた。女房たちは、皆、悲鳴をあげて逃げ散った。だが、姫君は、こわくて震えながらも、「前世の私の親なんだろう。騒ぎなさんな」と、顔をそむけながらも、蛇を大事に思おうと努力している。自分の理屈にあくまで忠実。とはいうものの、姫君だって蛇が恐い。恐怖で立ったり座ったり、蟬のように甲高い声で物を言っている。父親が聞きつけ、刀を持って駆けつけた。よく見ると、蛇は動く装置をつけた模造品だった。父親は、その巧妙さに感心し、いたずらをした若者に返事を書いて送るように言った。姫君は、「**仮名(かな)はまだ書きたまはざりければ、片仮名(かたかんな)**」で、「ご縁があったら、極楽でお逢いしましょう。お傍に居にくいんですもの、そんな長い蛇の姿では」といった意味の歌を書いて返事にした。

ここに、ハッと目の覚めるような事が書いてあります。姫君は平仮名はまだお書きにならなかったので、片仮名で返歌を書いた！　当時の女性たちの文字習得の順序が分かります。まず、片仮名で一点一画の筆遣いを学び、その後で平仮名を学ぶのです。姫君は、まだ片仮名を学んでいる段階。普通の女性は、結婚適齢期までに男性との和歌のやり取りに必要な平仮名の続け書きまで学びます。では、姫君は結婚適齢期よりもずっと下の年齢なのでしょうか。いいや、よく読むと、姫君は、普通の女性と違って、漢字の練習をしている。召し使っている男の子が木から毛虫を払い落とすのを、姫君は「白地の扇に、黒々と漢字の手習いしたのを差し出して」受けているのです。墨つきが黒々としているのですから、とても上手とはいえない段階だけれど、男性と同じく漢字を練習しているのです。

結婚適齢期の女性

そんな姫君の容姿やいかに？　右馬佐は、姫君を見たくなった。男友達の中納言と女装してそっと垣間見。姫君は、木に集った毛虫を見るために、庭に出ている。なんと美人なのだ。手入れこそしていないが、髪も端麗。身の丈も高からず低からず。眉は黒々と濃く鮮やかに際立ち、涼しそうに見える。口元もかわいらしく、綺麗。でも、お歯黒をつけていないので、どうも色気がない。右馬佐はひどく残念に思った、化粧をすれば、すばらしい美女になるのに、と。彼は、姫君に歌を詠んでやった、「毛虫の毛深い様子をしっかり見ましてからは、その姿が心から離れず、手に取り持って愛玩したい気持ちですよ」と。この歌から、姫君は男性がプロポーズしてもおかしくない年齢であったことが分かります。当時の結婚適齢期は、一三、四歳。姫君もそのくらいの年齢だったんですね。

姫君の家では、毛虫を愛玩している姿を男性に見られたというので、大騒ぎ。すると、姫君は言う、「悟ってしまえば何事でも恥ずかしくはない。人の命は、夢幻のようなもの。一体、誰が生きながらえて、これは悪いこと、これは良いことなどと判断できようか」。何と、深く物の本質をとらえた発言でしょうか！　彼女が現代に生きていたら？　きっとチャーミングで、ひとかどの生物学者になったに違いないと、私は、この話を読むたびに一人残念がっています。

10　大鏡―権力闘争を勝ち抜く男―

平安時代末期（一一世紀後半～一二世紀）成立
作者　未詳

真相は何か

人は誰でも、事件の真相を知りたいと思います。とりわけ腑に落ちない事件に関しては。平安時代の中頃、花山(かざん)天皇が急に出家し、位を降りた。どうして突然出家したのか？　出家の裏に、怪しげな影がちらつく。当時の歴史物語である『栄華物語(えいがものがたり)』は、天皇の出家を最愛の女御の死によるものと叙情的に記す。本当か？　『大鏡(おおかがみ)』は、花山天皇の出家が実は藤原兼家一統によって周到に用意された陰謀であったことをひそかに語る。えっ、そうだったの！　なるほど、「**御本性(ごほんじやう)のけしからぬさま**（＝生まれついてのご性質が常軌を逸している様子）」と言われている天皇だもの、老練な政治家の手にかかったらひとたまりもないわね。騙されたことに気づき涙する花山天皇に、読者は思わず「かわいそう」と同情してしまう。

『大鏡』は、第五五代文徳(もんとく)天皇から第六八代後一条(ごいちじょう)天皇までの天皇たちの話、藤原冬嗣(ふゆつぐ)から藤原頼通(よりみち)までの大臣たちの話を主たる内容にしています。でも、年代順ではなく、人物別にエピソードで綴って行くので、楽しい読み物になっています。話の中心人物は、藤原道長。彼がいかに栄華を極めたかを語ることが『大鏡』の目的なのです。ですから、彼の祖先、曾祖父、祖父、父、兄弟、親族の話が道長の全盛に収斂するように描かれています。右に述べた花山天皇の出家の話も、権力が一歩道長に近づいた話なのです。兼家は、道長の父親。兼家は花山天皇を出家させ、同じ藤原氏でも自分の家の一統の繁栄に必要な一条天皇を即位させ、自分は摂政に収まっています。けれども、権力は、そうやすやすと道長の手に転がり込んでは来ない。兼家には、甲乙付けがたい三人の息子がいるからです。道隆・道兼・道長の三人。いずれも、同じ母から生まれた兄弟です。道長は、どのような経緯で権力を手中にしたのか？　彼のどんな資質が幸いしたのか？　ここで述べたいテーマです。

『大鏡』の作者には、道長の息子の一人・能信をはじめ、さまざまな人名があがっています。いずれも決定打にかけ、不明としておくのが無難。ただ、男性であることは間違いありません。男性ならではの「家」意識が全編を濃厚に覆っているからです。

世次は語る

万寿二年（一〇二五年）、京都にある雲林院で、極楽往生を願う法会が始まろうとしていました。そこに一九〇歳の大宅世次と一八〇歳に近い夏山重木と重木の妻がやって来た。講師はまだ登場していない。その待ち時間に二人の老人は、彼らが見聞きしてきたという昔語りを始めた。三〇歳くらいの若い侍がとりわけ熱心に相槌を打ちつつ聴く。そこにいた人々は次第に彼らの会話に引き込まれていった。その場に居合わせた聞き手が彼らの会話を書き取った。こうした体裁で書かれた歴史物語が『大鏡』です。語り手を一〇〇パーセント前面に押し出して書くという方法が斬新なんですね。

道隆・道兼・道長の三兄弟の性格を、世次の翁は、こんなエピソードで語ってくれます。父親の兼家が三人の息子を前にして、何事にも優れている藤原公任をほめたたえ、それから嘆いた、「わが子たちは、彼の影法師さえ踏めそうもない」と。兄の道隆・道兼らは面目なさそうな様子で控えているのに、道長だけは「**影をば踏まで、面（つら）をや踏まぬ**（＝影法師などは踏まないが、あの面をば踏まずにおくものか！）」と答えた。必ずや、公任のごときは追い抜いてみせるという気迫に満ちた一言です。それは、雅やかな貴族からは遠い荒々しい発言でもあります。でも、『大鏡』の筆者は、天下を掌握する人間には、こういう胆力こそが必要だと考えているのです。世次は、三兄弟の次のようなエピソードも語ってくれます。

心魂たけく

花山院がまだ天皇でいらした時のこと。雨の降る気味の悪い夜、「こんな夜には人気（ひとけ）のない所へは行かれまい」と花山院がおっしゃると、道長は「どこへなりとも参りましょう」と発言した。それで、花山院は面白がって三人に命じた。「**道隆は豊楽院（ぶらくゐん）、道兼は仁寿殿（じじゅうでん）の塗籠（ぬりごめ）、道長は大極殿（だいこくでん）へ行け**」。道隆、道兼は、出かけたものの、ともに恐ろしさで顔色を変えて途中で引き返してきた。道長だけは天皇から小刀を借り受け、一人で大極殿内部まで入って、大極殿の柱の下のところを削って証拠として持って帰ってきた。語り手の世次の翁は、道長を褒め称える。栄華を掌中にするほどの人は「**とうより御心魂（こころだましひ）のたけく**（＝お若い頃から気力が強く）」いらっしゃるのだと。「心魂」が「たけく（＝強く、勇ましく）」あること。これが、ポイントです。「心魂」とは、容姿などの外から見えるものに対して、外からは見えない心の動きや精神を意味します。だから、「気力」とか「才覚」「思慮分別」などと訳せます。道長の他には、藤原時平（ときひら）と花山院の叔父にあたる藤原義懐（よしちか）の二人にも使われています。でも、時平には「**心魂すぐれ賢うて**（＝才覚がまさりすばらしく）」、義懐には「**御心魂いとかしこく**（＝思慮分別がまことにすぐれ）」です。権力を手中にする人間は「心魂」が「すぐれ」ていたり、「かしこく」あること以上に、「たけく」あることの方が大事なのです。『大鏡』は、道長だけに「御心魂のたけく」として、天下とりに必要な資質を見通しています。

こんなふうに、胆力の強い道長ですが、なにしろ兄たちが二人もいます。とりわけ、長兄の道隆が父の後を受け、一条天皇にも気に入られ、権力を掌握しています。その長男の伊周（これちか）までが、道長を越えた内大臣です。道長は面白くない。そんな時に、こんな出来事が起こりました。

臆する心

時は正暦元年（九九四年）。伊周が父道隆の東三条殿の南院で人々を集めて弓の的当て競争をしている。そこに道長がやってきた。道長三〇歳、伊周二一歳。道隆は、道長の機嫌を取って地位は息子の伊周より下位であったけれど、順番を先行させて弓を射させてやった。普通は地位の高い者から射るのです。道長は伊周よりも当たった矢数が二つ多かった。道長の勝ちです。これで勝負はついたはず。だが、道隆側の腹の虫はおさまらない。「あと二番延ばしなさい」と道隆もお付きのものも口をそろえて言い、伊周に勝つチャンスを与えた。道長に対して、暗黙に勝ちを譲ることを求めているわけです。官位の上位者に勝利を譲るのが、当時の貴族の礼儀。

ところが、道長は違っていた。憮然としつつ、二番延ばすことを承知し、弓を射るときに言い放つではないか。「この道長の家から、天皇・后がお立ちになるはずならば、この矢当たれ！」放った矢は、なんと的のど真ん中に命中。その次に伊周が射たのだが、「**いみじう臆したまひて、御手もわななく故（け）にや**（＝ひどく気おされなさって、お手も震えたためでしょうか）」、放った矢は、的に届きさえせず、へなへなととんでもない方向に行ってしまった。

父親の道隆は顔面蒼白。さらに道長は、二つ目の矢を放つときに言った、「この私が、将来、摂政関白になる運命ならば、この矢当たれ！」矢は、的が割れるほどに同じ真ん中を射通した。道隆はすっかり興ざめ。その場に

どちらが的をより多く射当てるのか？　二人が競っている。
『年中行事絵巻』（国立国会図書館蔵）

は気まずい空気が漂っている。伊周はといえば、ふがいなく二つ目の矢を放とうとしている。もはや、伊周に勝ち目はない。道隆は伊周に言った、「どうして射るのか！　射るな、射るな」。その場はすっかりしらけてしまった。道長は矢をもとへ返して帰っていった。その場の苦りきった空気が読者にもひたひたと押し寄せてきます。

道長のすさまじい気迫に、伊周は、「**臆せられたまふなむめり**（＝萎縮なさったのでしょうな）」と、世次翁は語っています。「臆す」の語も、『大鏡』は主に伊周に対して使っています。いずれも、道長に対したときに、伊周は「臆し」てしまうのです。政局が、道長と伊周の対決になったら？　勝敗は目に見えています。その時がもうそこまで来ています。

強運の持ち主

この競射事件の翌年、春頃から伝染病が大流行。道隆は、大酒飲みで体力が弱っていたのと重なったのであろう、あえなく死亡。次兄の道兼が関白になったものの、これまた伝染病にかかり、あっという間に亡くなった。関白であった期間は、一週間余。「七日関白」と呼ばれてしまうほど。伝染病は猛威を振るい、三ヶ月間で主要ポストについていた大臣や公卿が、七、八人も死亡。「それもただ道長様の『**御幸ひ**（さいはひ）』が絶頂をお極めになるためなのでございましょう」と世次翁は語っています。道長は元気溌溂。「**御まもりもこはき**（＝神仏のご加護も強い）」人なのです。政権を掌握するには、「**運におされ**」ることが必要なことを『大鏡』は、指摘しています。

残るは、伊周のみ。一条天皇は伊周側と親しく、道長を嫌っている。道長は、一条天皇の母・詮子（せんし）にかわいがられている。詮子は、粘り強く、語気強く、泣きながら、一条天皇に道長を関白にするように説き伏せた。一条天皇は、しぶしぶ道長に関白宣下をした。道長の勝利です。後ろ盾を失った伊周など道長にとっては「**嬰児（みどりご）のやうなる殿**」。そもそも道長に対していつも「**臆し**」ていた人です。伊周と弟の隆家は、ともに花山法皇襲撃の罪をきせられ左遷される。こうして道隆一族を凋落させ、道長は天下の権力を手中に納めたのです。

『大鏡』の作者は、天下を取るためには、①「心魂のたけく」あること、②「運におされ」ること、の二点を強調しています。でも、エピソードを読んでいると、天下掌握のための資質として、「用心深さ」も加えたくなります。肝試しのエピソードを思い出してください。道長は出かける時に、天皇から小刀を借り受けています。物的証拠を持ってくるためです。ところが、兄たち二人は、何も持たずに出かけていきます。無事に行って帰ってきても、証拠がないのです。用心深さが不足している！　天下を取るためには、胆力が強いばかりではなく、用心深さも、必須の資質では？　エピソードで綴られた『大鏡』は、こんなふうに読者がさらにそこから何かを引き出せるという面白さを持っています。人間たちの壮絶な権力争いのエピソードを、あなたも楽しんで見ませんか。

11　今昔物語集―落差のある言葉遣いの魅力―

平安時代末期（一二世紀初め頃）成立
編著者　未詳

見直された『今昔物語集』

平安時代も末期に出来た『今昔物語集（こんじゃくものがたりしゅう）』は、長い間不遇な作品でした。『源氏物語』などの王朝文学とは違いすぎており、その観点からすれば、とうてい文学として認められるものではなかった！　芥川龍之介によってその文学的価値が認められるまで、その評価は極めて低かったのです。芥川龍之介は、『今昔物語集』に「野性の美しさ」「美しい生々しさ」を見て、高く評価しました。それからです、『今昔物語集』が、日の目を見るようになったのは。

また、史料としてみても、いわゆる歴史書でないためにその信憑性に問題があり、価値が乏しいとされてきました。けれども、最近『今昔物語集』は、歴史家の間でもにわかにクローズアップされてきています。一面的な事実を記した歴史書と違って、当時の生活の実態をリアルに伝えている面があるからです。

語学的にも、『今昔物語集』は、現在の漢字かな交じり文の元祖となる文章様式を採用しており、重要な地位を占めています。次頁の写真に見るように、名詞や動詞などの自立語を漢字で大きく、助詞・助動詞・活用語尾をカタカナで小さく右に寄せて書いてある。時には、カタカナの部分が二行の小書きになる。一見とっつきにくい文章

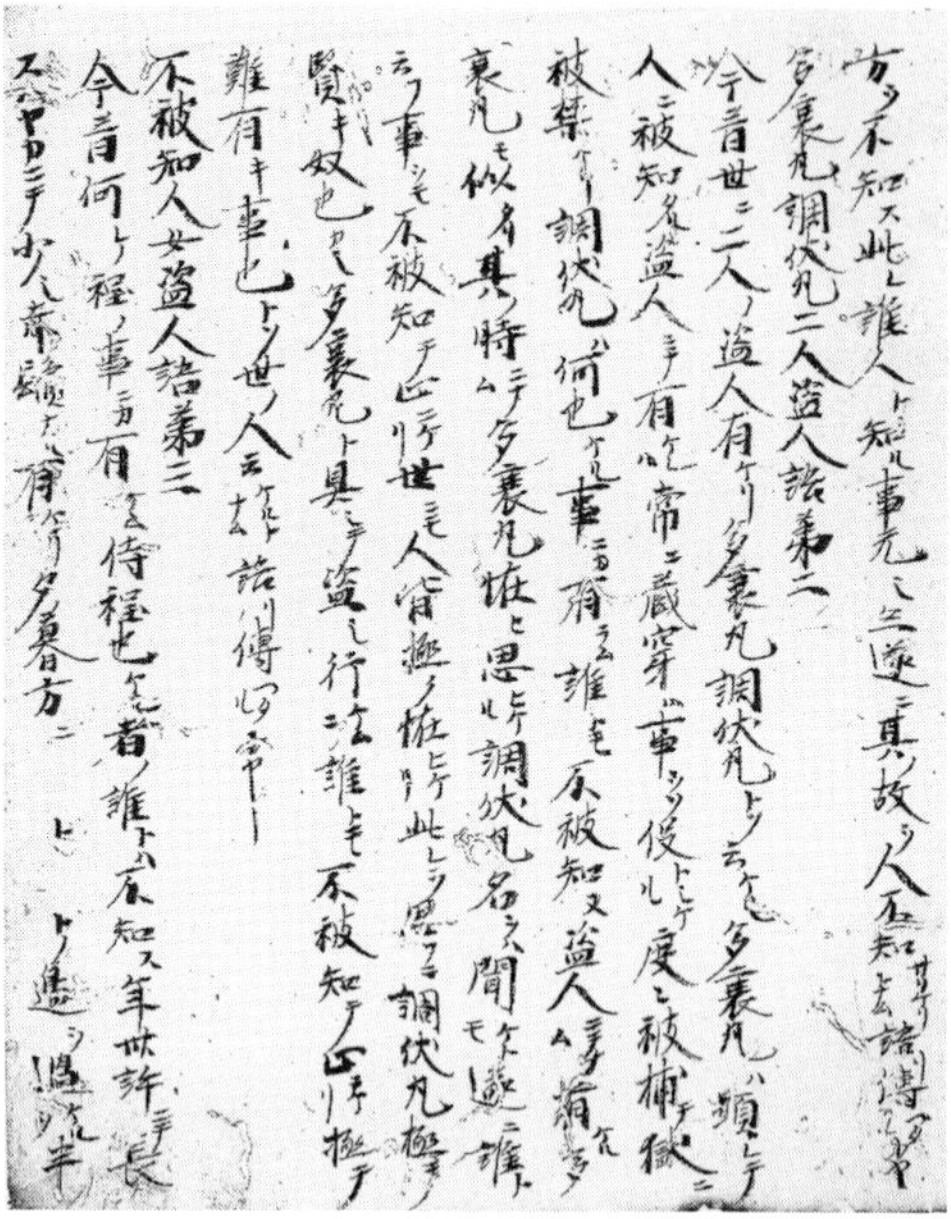

現在の漢字かな交じり文の元祖となった文章様式。
鈴鹿本『今昔物語集』（京都大学附属図書館蔵）

の様式ですが、これこそ、今の私たちの使っている漢字かな交じり文の元祖なのです。今日では、読みにくいので、原典のカタカナの部分を漢字と同じ大きさにしたり、さらにカタカナの部分をひらがなに直したりして通読しやすいテキストにしています。ここでも、読みやすい形で原文を引用します。

作者は不明ですが、大寺院に所属していた無名の坊さんではないかという説に私も同意しています。彼が、インド・中国・日本に伝わる仏教の話や世間話を収集し、それらをもとに創作の筆を加えつつ、一〇四〇の説話を書き下ろしていった。でも、完成させずに、彼はあの世に旅立ってしまった。だから、三一巻から成るのだけれど、途中の巻八・一八・二一の三巻には説話が集められていない。巻名だけがあります。さらに、目次に説話の題名だけがあって、肝心の本文がないというものもあります。おそらく、作者は一三〇〇くらいの説話を集めて完成させる予定だったのでしょう。未完成の古典ではあるけれど、釈迦の話あり、霊験譚・蘇生譚あり、また、親孝行の話・奇怪な話ありというぐあいで、さながら説話の万華鏡です。

サスペンス映画の効果音

私は大学に入ってすぐ芥川龍之介の発言に触発されて『今昔物語集』を拾い読みしました。ゴツゴツした文章で読みにくいのだけれど、不思議な味わいがありました。古典とは思えないほど、身近に感じられたのです。見栄も体裁もかなぐり捨てて、どうしたら生きられるかといった、ぎりぎりのところで精一杯知恵を絞り、持てる力を最大限に発揮して生きてゆく人間たちの話に私はこの上なく共感を覚えたのです。

その後、私は、『今昔物語集』の魅力を言葉の面から探っていく試みをいくつか実行しました。たとえば、『今昔物語集』は、「**がさ**」「**こそこそ**」「**ざぶりざぶり**」などの擬音語の宝庫。それらの語は、どんなふうな使われ方をしているのか？　調べてみると、サスペンス映画の効果音のように、擬音語を使っている場合が多い。例を挙げてみます。人っ子一人いない真夜中、一人の男が馬に乗って川を渡っている。赤ん坊のお化けが出ると言われている川だ。川の中ほどまで来た時、いきなり赤ん坊の泣き声が闇をつんざく。「**いがいが**」。「いがいが」は、現在の「おぎゃおぎゃ」に該当する擬音語。赤ん坊の泣き声は、不思議に恐い。生命の根源をゆすぶるような不気味さがある。『今昔物語集』は、事件の山場で擬音語「いがいが」を用い、最大限の効果を狙っているのです。

あるいは、真夜中にある男が急用で人を呼びに行かなくてはならなくなった。おびえながら、道を歩いていると、「**かか**」というけたたましい声が夜空に響き渡る。登場人物も読者もビクッとしてしまう場面に擬音語を使っている。また、男が一人、あばら家に泊まっている。恐くて緊張して怯えている時、小さな小さな物音がする。「**こほろ**」。今なら「ことっ」「ことり」。「こほろ」が効いていますね。まさにサスペンス映画の効果音さながらの擬音語の使い方です。

こんなふうに、『今昔物語集』は、言葉の使い方が見かけによらず、巧者！　ここでは、落差のある言葉を使って効果をあげている例を紹介しましょう。とり上げるのは、巻二八第一話「**近衛（こんゑ）の舎人（とねり）ども稲荷に詣（まう）で、重方（しげかた）、女（をむな）に値（あ）ふこと**」です。

伏見稲荷の境内で

「**今は昔**（＝今となっては昔の事になってしまったけれど）」と、全ての話がこう始められるので、『今昔物語集』ということは、すでにご存知でしょう。二月初午の日、重方という男が同僚の舎人たち五人と、京都の伏見稲荷社にお参りにやってきた。なあに、真面目にお参りするわけではない。なにしろ、この日は京都中の男や女がこぞってやってくるので、いい女にめぐりあうチャンスなのだ。とりわけ重方は浮気者だから、期待に胸を膨らませてやってきた。

伏見稲荷は、私も行った事がありますが、稲荷山全体を包み込む壮大な神社。昔は、山のふもとの下社から、山を登って中社、そして頂上の上社まで順々にお参りしていった。今は、立派な楼門、本殿が建てられており、下社・中社・上社の区別が定かではないですね。

敬語を使ういい女

さて、重方一行は、中社の近くまでやってきた。上る人・下る人が行き交っている。その中ですばらしくきれいに着飾った女が降りてくる。女は、濃い紫のつやつやした上着に、紅梅色や萌黄色の着物を重ねてきて、なんともなまめかしい。男たちは色めきたって、その女にふざけたことを言いかけたり、下から女の顔を覗き込むような仕草をしながら通り過ぎる。女は市女笠（いちめがさ）をかぶっているので、顔が見えないのだ。

　重方は、早速この女に目を付けた。同僚を先にやって、自分は女のそばに寄り、体をすり寄せて盛んにくどく。すると、女は言う、「**人持給**（もちたま）**へらむ人の行摺**（ゆきずり）**の打付心**（うちつけごころ）**に宣**（のたま）**はむ事、聞かむこそ可笑**（をか）**しけれ**（＝奥様をきっとお持ちの方が、行きずりの浮気心でおっしゃることなど、真面目に聞く人なんかいませんわ）」。愛嬌たっぷりの声。「持ち給ふ」「宣ふ」と、きちんと敬語を使って返事をしているから、なかなか教養もある。重方はたちまちにのぼせ上がって言うではないか。「そりゃあなた、つまらない女房はいることはいますが、そいつのつらは猿そっくりで、心は物売り女同然のやつですから、別れようと思うんですが、さしあたって綻びを縫う者がいないのも都合が悪く、もし気に入った人に出会ったら、そちらに乗り替えようと心底思っていたので、こう申し上げるのです」。浮気な男の面目躍如のセリフ。女の気を引くには、妻の悪口を言うのが一番効き目があることを心得ています。

　すると、女は、重方に確認する、「**此**（こ）**は実言**（まめごと）**を宣**（のたま）**ふか、戯言**（たはぶれごと）**を宣ふか**（＝それはホントのことをおっしゃっているのですか？　ご冗談をおっしゃっているのですか？）」。女は、敬語を使って上品に聞いている。重方は、真実だと言い切り、すかさず女に独身かどうか、住まいはどこかを尋ねる。女は、連れ合いをなくし、今は独身。伏見稲荷には良縁祈願にやってきたのだと言う。重方の胸は高鳴る。続けて女は言う、「ほんとに私に好意を持ってくださるなら、私の住まいをお教えしましょう」。誘う水あらばの風情。男もその気になりかかる。

「山響く」平手打ち

　だが、女は、ふと我に返ったかのように言葉を続けた、「いえいえ、行きずりの人のおっしゃることを真に受けるなんて、バカですわ。早くいらして下さい。わたくしも失礼します」。女は、愛嬌溢れる様子でこう言って、男の傍から離れて行こうとする。男はあわてて、手を摺り合わせて額にあてて、女の胸もとに自分のかぶっている烏帽子をあてて言う、「神様、助けてください」。男は女をひきとめるべく、「このままお宅へ伺って、家には二度と足を踏み入れますまい」と言って、頭を垂れて拝み入る。

その時、女は烏帽子の上から男の髻（もとどり）をむんずとつかんで、「**山響くばかり**」に平手打ちを食わした。重方はびっくりして女の顔を仰ぎ見ると、「**早（はや）う我が妻（め）の奴（やつ）の謀（たばか）りたるなりけり**（＝なんと、自分の妻がだましていたのではないか！）」。「けり」は、気づきの意味の助動詞ですが、効いていますね。その時、初めて妻であったことに気づいたのです。重方は浮気の現行犯で、まんまと妻に取り押さえられた。

ののしり言葉の女に変身

重方は開いた口がふさがらない。「そ、そなたは気でも狂ったのか」と言うのがやっと。妻は、行き来の人もかまわずわめきだした。「**己（おの）れは、何（いか）で此（か）く後目（うしろめ）た無（な）き心は仕（つか）ふぞ**（＝あんたはどうしてこんな恥知らずのことをするの！）」。「お友達の方々が『あなたのご亭主は油断ならぬ奴（やつ）ですぞ』と来るたびに教えてくれたけれど、なあに、私に焼餅を焼かせるために言うのだろうと思って信じなかったけれど、本当のことを教えてくれていたんだ」。「**己れ云つる様（やう）に、今日より我が許（もと）に来たらば、此の御社（おほむやしろ）の御箭目（おほむやめ）負ひなむ物ぞ。何で此くは云ふぞ。しゃ頬（つら）打ち欠きて、行来（ゆきき）の人に見せて咲（わら）はせむと思ふぞ。己れよ**（＝あんた、いま言ったように、今日からは私のところに来ようものなら、このお社の神罰で矢傷を受けることになるんだからね。どうして、あんなことを言うの！　その横っつらをぶっ欠いて行き来の人に見せて笑わせてやりたいよ。あんたはもう！）」。

腹立ち紛れの、ののしり語を使ってわめきたてる。「己れ」も、「しゃ頬（つら）」も、「打ち欠く」も、すさまじい卑しめ語。「己れ」は、「あんた」と訳しておいたけれど、「おまえ」に近い語感をもつののしり語。『今昔物語集』では、妻は夫のことを「汝（なむぢ）」「主（ぬし）」「其（そこ）」などと呼ぶのが普通です。「己れ」は、目下のものに対する時に限って用いられる呼びかけ。妻が夫に向かって「己れ」を発していることから、妻の怒りが並一通りでないことが表れています。さらに、妻は、夫に向かって「てめぇの横っつら」という感じの「しゃ頬」というすさまじい言葉を使っています。おまけに「ぶっ欠く」といった粗野な意味合いの「打ち欠く」という語まで使っています。もちろん、いい女を演じていた時の敬語なんてどこかに吹き飛んでいます。敬語を使わないどころか、普通の言葉よりもっと悪い卑罵語を次々に発しています。

　妻は、人目もあるので、夫の髻を放してやる。夫はくちゃくちゃになった烏帽子を整えながら、去って行く。その後姿に向かって、さらに、妻はののしり語を投げつける。**「己れは其の仮借（けさう）しつる女の許（もと）に行け。我が許に来（きたり）ては、必ずしゃ足打ち折りてむ物を**（＝あんたはその好きになった女の所に行きな。私の所に来ようものなら、必ずその足をぶち折ってやるから）」。「己れ」「しゃ足」「打ち折る」という激しい言葉を連発して、妻は最後の攻撃を加えた。こんなにすごいののしり語を夫に浴びせかけた女性は、平安文学をくまなく捜してみても、一人もいない。けれども、不思議に嫌な感じがしない。嫌味がなく、明るくさらりとしている。まことにご立腹はごもっともで、と読者が思わず言ってしまいそうな正当性を持っています。

庶民の世界

　敬語をつかっていい女を演じていた時の言葉遣いと怒りで相手をののしる時の言葉遣いとの落差は、この上なく大きい。その落差は、明るくたくましく芝居を打って夫をとっちめる庶民的な女性像を描き出しています。自分が正しいと信じられる時は、ど迫力で相手をあしざまに攻撃する。『源氏物語』に登場するエレガントな女性たちとは対照的な庶民的な女性像です。

この後、重方はどうしたか？　やっぱり妻の所に帰って行く以外に手がない。重方は、もともと口の達者な気軽な男。妻のご機嫌取り作戦で、みごとに夫婦仲は元通りに。

この話の落ちが面白い。この奥さんは重方と相当年齢が違って若かった。重方が亡くなった後、女盛りの年齢になって、他の人と再婚しましたとサ。あっけらかんとしていて、平安貴族とは違った庶民の世界が、『今昔物語集』では生き生きと描かれています。

三　乱世を生きた人は語る

──鎌倉・室町時代──

橋を渡って攻め寄せる幕府の大軍めがけて、楠木正成軍は、上から油を注ぎ火を放つ。燃え上がる炎がすさまじい。『楠公一代絵巻』(大阪府・楠妣庵観音寺蔵。江戸中期の絵巻)

1　方丈記
―見事なドキュメンタリー―

建暦二年（一二一二年）成立
作者　鴨長明

記録文学として

もし、あなたが東京の三分の一が焼けてしまうほどの大火災を体験したら、それをどう表現するでしょうか？私など、そのすさまじさを訴えたい余り、自分の感情をむき出しにして書いてしまいそうな気がします。でも、それは間違っている。そう思わせたのが、『方丈記（ほうじょうき）』。一体、すぐれたドキュメンタリーとはどういうものなのか？ここで明らかにしたいテーマです。

『方丈記』の作者は、いうまでもなく鴨長明（かものちょうめい）。長明さんは、平安時代も末期の一一五五年に生まれ、鎌倉時代の初期の一二一六年に亡くなっています。平家一門の盛衰の一部始終を目にしていた人ですね。「長明さん」と呼びたくなってしまうのは、変人だけど、友達になれそうな気のする人だからです。彼は、五三歳の時に、京都の東南にある日野の里に方丈（三メートル四方）の庵を作って隠棲しましたが、一〇歳になる山守の息子を連れて山歩きを楽しんだり、自分のことを「長明よ、お前は風体だけは清浄だが、心は世俗の濁りに染まっている」などと自嘲気味に書いたりして、高ぶらない。それが読者に親しみを与えるんですね。

彼は、二二歳の時に「安元の大火」を体験し、二五歳には「治承の大辻風（おおつじかぜ）」に見舞われ、さらに同年に都が福原に移るという「遷都」を経験し、二六歳には「養和の大飢饉」に遭遇。さらに、三〇歳には、「元暦の大地震」に襲われています。一生のうちにこれだけの大事件を経験する人は、めったにいない。ご自身のことを考えてみてください。私は、といえば、かろうじて、中規模の「火災」の目撃、「大飢饉」に似た戦後の「食糧難」の経験があるくらいです。そんなチャチイ経験しかないのに、彼は大火災・大つむじ風・遷都・大飢饉・大地震という大事件を軒並み体験させられてしまったのです。

『方丈記』の前半は、これらの大事件を記し、後半は方丈の庵に過ごす日々のことを綴っています。後半にも心惹かれる記述が多いのですが、彼のすごさは特に前半の大事件を記す時に発揮されています。記録文学の先駆といった面影を宿しています。ここでも、前半の大事件の部分に焦点をあわせます。

三〇年も前のことなのに

いくら大事件を経験しても、時がたつにつれて記憶が不鮮明になり、印象もぼやけてくるのが普通です。ところが、長明さんときたら、三〇年以上も前に起こったことを正確に鮮明に記憶しており、それを五七歳で執筆した『方丈記』に記しているのです。しかも、そこには、たとえば、大飢饉で餓死した人数までしっかり書き記してある。京都の町の東半分で「**四万二千三百余り**」と。また、大地震の時の余震の起こり方の回数も現在の大地震の様子と一致しており、正確であることが分かります。何かメモでもあったのではないかと思いたくなりますが、純粋に記憶によっていると考えたほうが自然です。というのは、第一に、メモがあったら、後に紹介するような鮮やかな像を結ぶ大事件を五つも手短かに書き記すことはできません。メモがあると、そこに書いてあることすべてを記したくなります。その結果詳しくはなるけれど、印象の薄いものになってしまいます。第二に、起こった年月の記し方がまちまちで、記憶によっていることを裏付けます。大火災のあった年月は「安元三年四月二十八日だったと思うなあ。夜の八時ごろ」と時間まで記しています。一方、大飢饉のあった年のことは「養和のころだったか、もう遠い昔になって詳しく覚えていないが」と書いています。記憶に頼って記すと、何かの拍子で日付や時間まで記憶していることがあるものです。それにしても、長明さんは、記憶力が良かったんですね。

これらの大事件を体験し、あらゆるものが無になるのを目の当たりにしたら、無常観を感じない方が不思議です。『方丈記』の冒頭は、こう始まる。「**ゆく河の流れは絶えずして、しかももとの水にあらず。…世の中にある人と栖**(すみか)**と、またかくのごとし**（＝河は涸れることなく、いつも流れている。そのくせ、水はもとの水ではない。…この世にある人間とその住居も、思えば、これと同じではないか）」。彼の無常観は、しみじみと読者に訴えかけてきます。さて、彼は、大事件をどのように記録したでしょうか？

事実だけを的確に

安元三年（一一七七年）の京都大火災は、夜の八時頃、街の東南から出火し、西北の方向に焼け広がり、朱雀門、大極殿、大学寮、民部省など全て一晩で灰になったほど。長明さんは、その火災の様子をこう描写する。

吹きまよふ風にとかく移りゆく程に、扇をひろげたるがごとく末広(すゑひろ)**に成りぬ。遠き家は煙にむせび、近きあたりはひたすら焔**(ほのほ)**を地に吹きつけたり。空には灰を吹き立てたれば、火の光に映じて、あまねく紅**(くれなゐ)**なる中に、風に堪へず、吹き切られたる焔飛ぶがごとくして、一、二町を越えつつ移りゆく**（＝方向を定めず激しく吹く風によって、あちこちと燃え移るうちに、扇をひろげたように燃え広がっていった。火から離れた風下の家では煙にむせ、火に近い家々は天から焔がひたすら吹き付けてくる。空には灰が吹き上げられ、それに火の光が映えて空一面真っ赤になる。

強風にもちこたえられずに吹きちぎられた焔が、空を飛ぶようにして、一、二町も飛びこえ飛びこえして燃え移っていく）。

強風に煽られて扇状に燃え広がっていく火、大火によって起こる強風、焔が地面に吹き付ける。地面からは灰が火柱になって立ち上る。強風によって焔がちぎられ、一〇〇、二〇〇メートル先まで飛び火していく。目の前で大火災が起こっているかのようです。中野孝次『すらすら読める方丈記』は、この箇所について「一つ一つ表現が実に正確に、八百年後にわたしが体験した空襲の大火災の実際と合致している」と、その写実性に驚嘆の声をあげています。

火災に逃げ惑う人々の様子は、こう続く、「**その中の人現**（うつ）**し心あらむや。或**（あるい）**は煙にむせびて倒**（たふ）**れ伏**（ふ）**し、或は焔にまぐれてたちまちに死ぬ**（＝その焔の下にいる人々は、正気でいられようか。ある人は、煙にのどが詰まって倒れて横たわり、ある人は焔にめまいを起こしてたちまち死んでしまう）」。目の前で人がばたばたと倒れ死んでゆく様子をリアルに描いています。筆は、極力押さえられており、その分、事実の重みが増している。長明さんは、決して誇張をしない。のみならず、その時の長明さんの心理はまったく記されていない。目の前に繰り広げられた大火災の様子を再現することにのみ精力を注いでいます。

比喩が底光りする

辻風の様子も見えるように聞こえるように具体的に描写しています。

家のうちの資材、数をつくして空にあり、檜皮（ひはだ）**・葺板**（ふきいた）**のたぐひ、冬の木の葉の風に乱るるが如し。塵**（ちり）**を煙のごとく吹きたてたれば、すべて目も見えず。おびたたしく鳴りとよむほどに、もの言ふ声も聞**（きこ）**えず。かの地獄の業**（ごふ）**の風なりとも、かばかりにこそはとぞおぼゆる**（＝家財道具は無数に空に浮いている。檜皮や葺板なんかは冬の枯

> 葉が風に舞い乱れるようだ。地面から塵の猛烈に吹き立てられたのが、まるで煙のようで、まったく目もあけていられない。あたりにごうごうとすごい音がしているので、人の声など聞き取れない。あの地獄の業風といえども、これほどひどくはあるまいと思われた）。

机、屏風、火桶、几帳などが空に舞い上がっているのが見えます。屋根の檜皮や葺板が空に舞う様子は、「冬の木の葉の風に乱るるが如し」。塵は「煙の如く」吹きたてられる。目立たない比喩だけれど、的確な喩えが状況を鮮明に映し出しています。

大飢饉で人々が一日一日と窮迫していく状況は、「**少水（せうすい）の魚のたとへにかなへり**」。少ない水の中に入れられた魚はやがて死ぬ。喩えで、餓死してゆく人々の状況をイメージできるように描く。大地震は、「**地の動き、家の破（やぶ）るる音、雷（いかづち）に異ならず**」。雷の音を喩えにして、音の大きさを克明に知らせる。いずれも、記録映画を見るように描かれています。その映像を支えているのが、渋くて的確無比な喩えです。当時の『玉葉（ぎょくよう）』『百錬抄（ひゃくれんしょう）』などの文献にも、これらの大事件は記録されています。でも、迫力と正確さにかけて『方丈記』の右に出るものはありません。

『平家物語』の誇張と対比的

『方丈記』の記述が、いかに写実的であったかを証明する事実があります。次節の『平家物語』が『方丈記』の記述を参考にした形跡が残っていますが、『平家物語』は、事実を誇張することによって、読者に訴えかける方法をとっています。たとえば、『平家物語』巻一「内裏炎上」では、安元の大火災の時の飛び火の様子は、「大きなる車輪の如くなるほむらが、三町五町をへだてて、戌亥（いぬゐ）のかたへすぢかへにとびこえとびこえ焼けゆけば、おそろしなどもおろかなり」と記しています。飛び火の大きさが「大きなる車輪の如く」。大きすぎますね。『方丈記』は、すでに原文を掲げたように「吹き切られたる焔」とだけあって、飛び火の大きさは別に述べ立ててはいません。飛び火していく距離は、『平家物語』は、「三町五町（約三〇〇メートル～五〇〇メートル）」。かなりの距離です。一方、『方丈記』では、「一、二町（約一〇〇メートル～二〇〇メートル）」。死者数も、『平家物語』では、「人の焼け死ぬる事、数百人」。元になった『方丈記』では、「**男女死ぬるもの数十人**」。同じ事柄なのに、『平家物語』では、すべて大きな数字になっています。『平家物語』は、誇張して読者をひきつけるのに対して、『方丈記』は、ひたすら事実を正確に伝えることに徹しています。これぞ、記録文学と言えるものです。

長明さんは、記憶力に恵まれ、感情をさしはさまずに事実だけを的確に映し出す方法で、三〇年も前の出来事をあたかも目の前で起こっているかのように書き記した。他の追随を許さないほど、優れたドキュメンタリーの書き手だったのですね、長明さんは。

2　平家物語——鮮烈に描かれる若武者の死——

承久年間（一二一九年〜一二二一年）頃成立
作者　未詳

『平家物語』の冒頭文は、誰もが口をそろえて言うように、リズミカルで名文。のみならず、全編を貫く「諸行無常」「盛者必衰」の思想を見事に表現しています。けれども、私は初めてこの箇所に触れた時に、正直言って余り好きにはなれなかった。高校一年生の古文の先生にこの冒頭文を暗記させられたのが、『平家物語』との初対面でした。おかげで、いまでも諳んじています。

祇園精舎の鐘の声、諸行無常の響きあり。娑羅双樹の花の色、盛者必衰の理をあらはす。おごれる人も久しからず、ただ春の夜の夢のごとし。たけき者も遂にはほろびぬ、偏に風の前の塵に同じ。

おごれる人「も」、たけき者「も」？

私は、この名文のどこが好きでなかったのか？　内容なのです。「おごれる人も」「たけき者も」の「も」が重くのしかかってきたんですね。じゃあ「権勢を誇らず平凡に暮らしている人も」「強くない人も」皆滅びてしまうということよね。なら、生きる希望もやる気もなくなっちゃうじゃあないの。どうせ、皆滅びるというのだから。たくさんの夢と希望を持ち、ああなりたい、こうしたい、と小さいながらも人生の目標を立ててまっしぐらに進んでいこうとする高校生には、「諸行無常」「盛者必衰」の思想は、やる気を失わせ、無力感しか与えてくれないものに思えたのです。でも、後に、『平家物語』を時代の流れの中において読んでみると、冒頭文の意味合いが違って見えてきました。それは、後に述べることにして、まずはとり上げる『平家物語』について、簡単な説明をしておくことにしましょう。

死の文学

成立は、鎌倉時代の前期。見聞談や記録にもとづく「いくさがたり」が、『平家物語』の原型。それが、鎌倉時代初期に出来て、琵琶法師によって語られ、さまざまな改変・増補・削除が行なわれ、成長していき、現在見る『平家物語』になったのです。「増補系」（＝読み本系）と「語り系」とで、大きく本文が異なっています。「増補系」は、読んで楽しむための本文。「語り系」は、琵琶法師の語りの台本ですね。最もよく知られた『平家物語』の本文は、「語り系」の覚一本（かくいちぼん）系の本文。ここでも、それを使います。巻数のない「灌頂巻（かんじょうのまき）」を末尾に加えた十三巻から成っています。それぞれの巻は、「河原合戦（かわらがっせん）」「忠度最期（ただのりのさいご）」などと題された章段が集まって一巻を形成しています。

内容は、平清盛の父・忠盛から平維盛（これもり）の息子・六代御前（ろくだいごぜん）までの平家一門の盛衰を綴る「平家」の物語。でも、平清盛の死後、平氏は一気に求心力を失い、滅びの道をひた走る。だから、どちらかというと、没落の運命に焦点が合わせられているわけです。壮大でしかも悲哀に満ちた平家没落の物語。源氏に追い詰められて戦死したり、自害したりする平家の人々の最期。さらに源氏方でも、源頼朝が天下を握るまでの覇権争いによる木曾義仲や源義経の哀切極まりない最期。死の文学といってもよいほど、たくさんの死が描かれています。いずれも感動的です。たとえば、身辺を祓い清め、すべてを見納めてから、覚悟の入水自殺を遂げる平知盛。そこには、死の美学があります。

あるいは、乳兄弟の今井兼平の身を案じ、振り返った顔を矢に射抜かれ、最期を遂げた木曾義仲。人間性のにじみ出た最期の姿です。

中でも忘れられないのは、巻九にある「敦盛最期（あつもりのさいご）」。平敦盛は、この章段になって突然登場し一瞬のうちに消えていくにもかかわらず、読者に鮮烈な印象を残します。その証拠に、彼の話は後に「敦盛」という謡曲になったり、幸若舞曲（こうわかまい）になったりしています。ここでも、「敦盛最期」の章段をとり上げます。あまたの死が語られている中で、「敦盛最期」がなぜ抜群にインパクトがあるのか？　ぜひとも考えてみたいテーマだからです。

薄化粧をした美青年

平氏の陣は、鵯越（ひよどりごえ）で、戦いの天才・源義経の奇襲を受けて大混乱に陥った。落ち延びようとする平氏の武者たち。源氏方の熊谷次郎直実（くまがえのじろうなおざね）は、推測した、平氏の公達（きんだち）は、助け船に乗ろうとして波打ち際の方へ逃げるに違いないと。直実が磯の方へ馬を進めていくと、大将軍と見受けられる鎧兜の武者が一騎、助け船を目指して馬を泳がせている。直実は、その後姿に向かって叫んだ、「卑怯にも敵に後ろをお見せになるものですな。お戻りなさい」。

そう呼び止められて、その武者は踵（きびす）を返して直実の方に戻ってくる。敵に背を見せるのは、武士道に反するからだ。武士たるものは、いかなる場合でも正々堂々としていなくてはならぬ。武者は、波打ち際まで戻ってきた。陸に上がろうとするところで、直実はその武者と馬を並べて「**むんずと組ん**」だ。どしんと馬から落ちて直実は武者を取り押さえて首を切ろうと兜を仰向けにして顔を見ると、年の頃一六、七。わが子小次郎ほどの年齢。「**薄化粧して、かね黒なり**（＝薄化粧をしてお歯黒をつけている）」。「**容顔まことに美麗なり**（＝容貌はまことに美しい）」。薄化粧をした美青年だったのです。ここが、ポイント。『平家物語』のなかで「薄化粧」の言葉が用いられるのはたった一回。この箇所のみです。また、「美麗」と形容された人物も『平家物語』ではただ一人。この青年だけです。お歯黒を意味する「かね黒」は、『平家物語』では、もう一箇所出てきます。同じく平家の公達の忠度も「**かね黒なり**」と記されています。平家の公達は、平安貴族のお歯黒をつける文化を継承していたことがわかります。対する東国武士の源氏にはお歯黒をつけている人がいない。

映画の一場面のように、薄化粧しお歯黒をつけた美青年の顔が直実の腕の中でクローズアップされています。それは、見るものをハッとさせるほど美しい。これが、鮮烈な印象を残す原因の一つです。

湧き起こる葛藤

人を殺すのを何とも思わなかった熊谷に、突如、父性愛が目覚めた。美青年のどこに刀を立ててよいかも分からない。熊谷は、言った、「そもそもどういう人でいらっしゃいますか。お名乗りください。お助け申そう」。「お前は誰だ?」と若武者は聞く。「大した者ではございませんが、武蔵の国の住人、熊谷次郎直実」と答えると、若武者は言う、「お前のためにはよい敵だぞ。自分が名乗らなくても、首を取って人に尋ねてみよ。自分を見知っているだろうよ」。なんと凛とした態度か。直実は、思った、「立派な大将軍だ。わが子・小次郎が軽い傷を負ったのさえ、辛く思っているのに、この殿の父親が、わが子が討たれたと聞いてどんなにか嘆くことだろうか。ああ、お助け申したい」。だが、後ろを振り返ると、源氏方の兵（つわもの）が五〇騎ほど続いてくる。自分が逃がしてやっても、やがて殺される。「同じことなら、自分の手におかけ申して、死後のご供養をいたしましょう」と直実が言えば、若武者は答える、「ただ、さっさと首を取れ」。死に直面した場面ですら、若武者は誇り高くきりりと引き締まって潔い。

直実はあまりにかわいそうで、目の前も真っ暗になり、正気もなくなってしまったけれど、泣く泣く首をかききった。そして、彼はうめいて言った、「**あはれ、弓矢取る身ほど、口惜（くちを）しかりけるものはなし。武芸の家に生まれずは、何とてかかる憂き目をば見るべき。情（なさ）けなうも、うちたてまつるものかな**（＝ああ、武士の身ほど悔しいものはない。武芸の家に生まれなければ、どうしてこのような辛い思いをするだろうか。無情にも、若武者をお討ち申してしまった！）」。直実は、「弓矢」「武芸」などの言葉から分かるように典型的な東国武士。弓・馬・槍・剣を持たせれば恐いものなし。その彼が、自分の子供のような若武者を討ち取らざるを得ない状況に追い込まれて、うめき、袖を顔に押し当てて、さめざめと泣いた。戦場における直実の心の葛藤が見事に描かれた名場面。武士としての務めと湧き起こる父性愛との板ばさみになって苦しむ直実。武士でなければ、わが子と同い年の若者を殺さずにすむものを。

仏道に入る

直実は、若武者の首をつつもうとすると、錦の袋に入れた笛を腰に挿していることに気づいた。「この人たちだったんだ！　今朝、城の中で管弦をなさっていたのは。味方の東国の兵は何万騎もいるだろうけれど、戦陣に笛を持っているような優雅な人はいまい。身分の高い人はやはり違う」。直実は、この笛を源氏の大将・義経にも見せた。義経をはじめ、それを見るものは皆涙を流した。

後になって聞くと、この美麗で優雅な若武者は、経盛（つねもり）の息子の敦盛であった。清盛の甥である。腰の笛は、祖父・忠盛が笛の上手であったので、鳥羽院から頂戴した物を、相伝したものであった。笛の名は「小枝（さえだ）」。戦場にあっても、風流心を失わなかった美しい若者は、公家文化の継承者。そんな若者を討ち取らざるを得なかったひたぶるな武士・直実の心に仏教心がひたひたと押し寄せる。敦盛を手にかけたことは、直実の人生を変えた。この後、「**直実が発心（ほっしん）の思（おもひ）はすすみ**（＝直実の出家の志は強くなり）」「**遂（つひ）に讃仏乗（さんぶつじょう）の因（いん）となるこそ哀れなれ**（＝とうとう仏門に入る原因となったのはまことに感動的なことですよ）」。直実は世の無常を悟り、仏門に入ったのです。「発心」「讃仏乗」という仏教語も、『平家物語』では、直実の出家のためにのみ使った言葉です。「発心」など、よく使いそうな言葉ですが、実際にはこの箇所にのみ使われています。

「おごれる人も」「たけき者も」全ての人がこんなふうに一瞬のうちに消えて行く。この世は無常。だからこそ、現象界をつきぬけて、仏道に入ることによって、生きるための精神的支柱を得ようとする。公家社会から武家社会に変わる動乱期には、諸行無常・盛者必衰を説く仏教の教えが、逆に生きる力を与えてくれるものだったのです。

インパクトはどこから

『平家物語』の各章段の話は、大きく①公家的なもの、②武家的なもの、③宗教的なもの、の三系列に色分けできます。ところが、この「敦盛最期」は、三系列の要素をすべて一話のうちに持っている！　敦盛が公家的な要素を体現し、直実が武家的な要素を具現し、そして最後の直実出家で宗教的な要素を担わせている。それは、言葉の面にも、見事に現れていました。『平家物語』は、他の話には使わない言葉をこの章段だけに惜しまずに使った。「薄化粧」「美麗」「発心」「讃仏乗」と。この段だけに使う取って置きの言葉の存在は、作者が心を込めて「敦盛最期」を記している証（あかし）です。さらに、インパクトの強い仕上げをささえるのは、視覚に残る場面の存在です。敦盛の美しい顔のクローズアップ、直実の袖を顔に押し当ててさめざめと泣く姿。映像的な見せ場のある話です。こうして「敦盛最期」は、抜群に鮮烈な印象を与える章段になったのです。

平家琵琶を伴奏にして語られる「平曲」は、読経めいていて、うち続く戦乱の中で命を落としていった人々への尊い供養にも聞こえます。

3 とはずがたり——愛欲に生きた人——

嘉元四年（一三〇六年）頃成立
作者　後深草院二条

愛欲告白日記

『とはずがたり』を読んでいると、宮廷内の赤裸々な愛欲生活に思わず興奮している自分に気づきます。ノンフィクションの告白日記ですから、実際にあった話！　鎌倉時代後期の作品ですが、宮廷内の実情があまりにも生々しく描かれているせいか、長い間その存在そのものが秘せられていた節があります。現在のところ、宮内庁書陵部に江戸初期の写本がただ一つ存在しているだけなのです。その本の発見も、昭和一五年（一九四〇年）。『国語と国文学』という学会専門誌にその存在が報告されたのみ。第二次世界大戦後の昭和二五年（一九五〇年）に『図書寮（ずしょりょう）所蔵桂宮本叢書』の一冊に加えられて、初めて全文が公になり、大騒ぎになった古典です。

後深草院（ごふかくさいん）の後宮に入った二条（にじょう）と呼ばれる女性がこの日記の作者。大納言久我雅忠（だいなごんこがまさただ）の娘です。五巻からなりますが、前の三巻までは、後深草院の御所を舞台にした宮廷編。後の二巻は出家して諸国を修行して回った紀行編。後半の出家後の生活にも後深草院が亡くなったのを知り、悲嘆にくれて裸足で葬送の列を追うという激情的な場面もありますが、やはり面白さは前半。

後深草院の愛人として後宮に迎えられてから、作者が情を交わした男性は、初恋の人だった「雪の曙（あけぼの）」、僧侶の

「有明の月」、かなりの年配の「近衛の大殿」、そして亀山院。亀山院以外の男性は、あだ名で登場しています。彼らは誰なのか？　考証によってすでに特定されています。「雪の曙」は、西園寺実兼（さいおんじさねかね）。後深草院の側近です。作者とは、姻戚関係もあります。「有明の月」は、性助法親王（しょうじょほっしんのう）。後深草院の異母弟です。強力な呪力を持っており、作者への愛着の念は恐ろしいほどすさまじい。「近衛の大殿」は、関白の鷹司兼平（たかつかさかねひら）。伏見御所で嫌がる作者を手ごめにしています。実名で登場する亀山院は、後深草院の実弟ですが、皇位継承問題で後深草院と対立しています。作者が、伏見御所を追放され出家するのも、敵方の亀山院と関係を持ったためです。

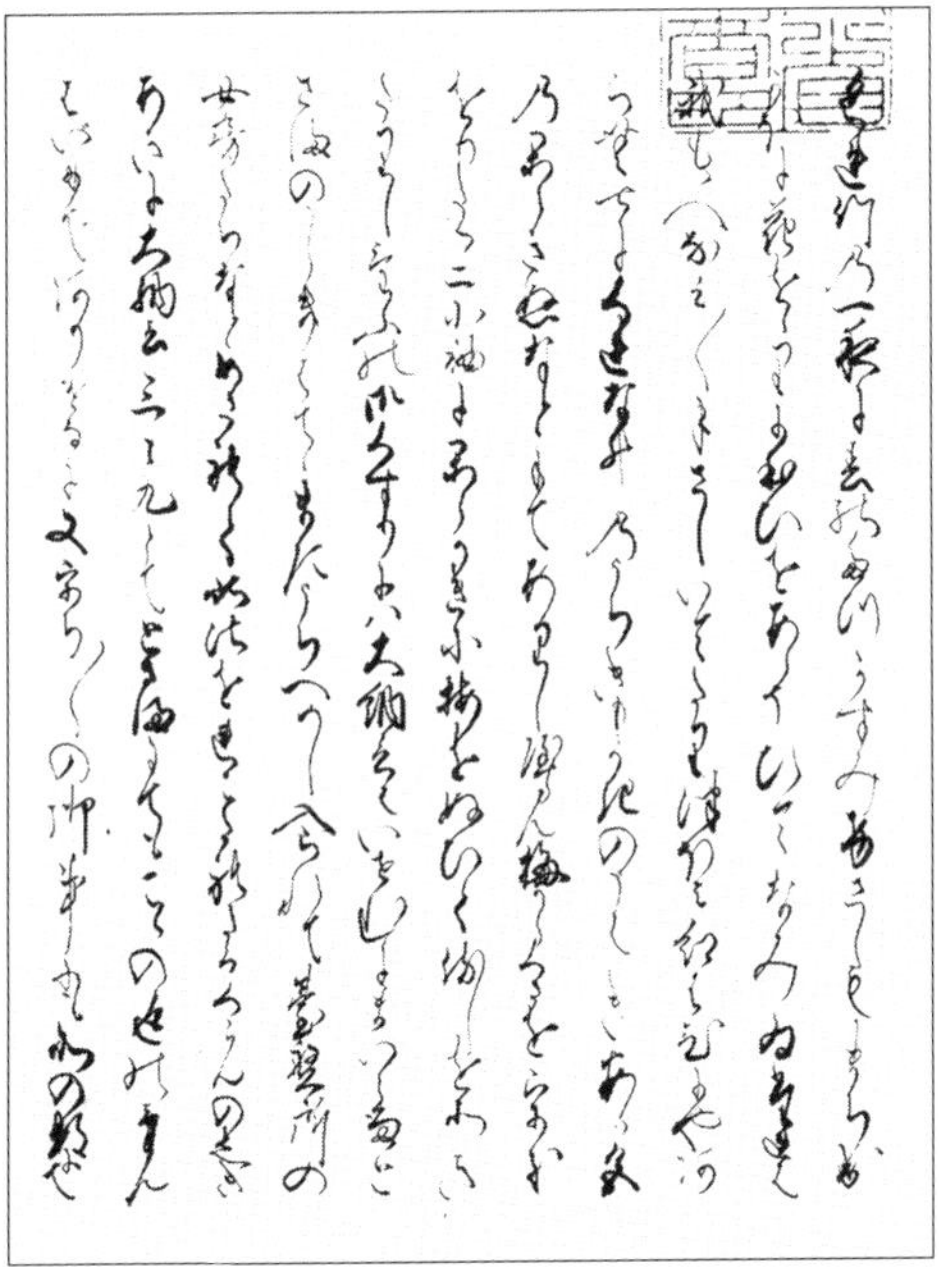

『とはずがたり』の写本。この写本がなかったら、『とはずがたり』は世に知られることなく、永久に歴史の闇の中に葬り去られるところだった。
（宮内庁書陵部蔵、江戸初期の写本）

作者は、後深草院の愛人としての生を貫くべきだったのですが、後深草院以外の男性との情事に溺れ、愛欲の苦悩を味わう人生を歩んでいきます。一体、彼女はどんな性格の持ち主で、どんな考え方をする人物だったのか？　ここで明らかにしたいテーマです。彼女の愛欲生活が開始したきっかけは「雪の曙」との密会。そこには、以後の男性遍歴が予感できるすべてが含まれています。彼との関係を少し詳しく紹介してみます。

岩木ならぬ心

作者が一四歳の正月を迎えた時のこと。後深草院は作者の父と密約を交わし、作者を愛人にしてしまう。でも、作者には、この時すでに意中の男性がいた。「雪の曙」。ですから、院と床をともにした初夜には、彼女は契りを結ぶことを拒む。けれども、寵愛を受けているうちに、満更でもない気持ちになり、程なく院の子をみごもる。院の寵愛は増してゆくけれど、作者の心の隅には、雪の曙のことが時折思い浮かぶ。折から作者の父親が重病になり、院に娘の庇護を頼んで他界してしまう。

雪の曙も弔問にやってきて、父のことを語り合い、二人の心は急接近していく。父の四十九日の法事のあと、作者が乳母の家にいると、雪の曙から便りがある。そしてその晩、午前零時ころ、そっと戸をたたく人がいる。女の子が戸を開けて、用を尋ねる。作者にそれを伝える女の子の声を道しるべにして、いきなり雪の曙が作者の部屋に入ってきてしまう。作者は、妊娠中の体であることを告げ、「お気持ちがおありでしたら、後には必ずお会いしましょう」と逃れようとした。雪の曙は、後ろめたい振る舞いはしないことを誓いつつ、作者を口説く。作者は、どうするのか？　まだ拒絶することもできる。「**例の心弱さは、いなとも言ひ強**(つよ)**り得**(え)**で居**(ゐ)**たれば**（＝いつもの気弱さから嫌とも拒みきれないでいると）」、雪の曙は、寝所にまで入ってきてしまった。一晩中、雪の曙が作者を口説く言葉は、「**唐国**(からくに)**の虎も涙落ちぬべきほど**」感動的。「**岩木ならぬ心には、身に代へむとまでは思はざりしかども、心の他の新枕**(にひまくら)**は、御夢にや見ゆらむと、いと恐ろし**（＝岩木でもない私の心には、「この危険な秘め事をわが身と引き替えにしよう」とまでは思わなかったものの、意外な成り行きで新枕を交わしたことは、院の御夢に見えるであろうかと思うと、たいそう恐ろしい）」。ついに初恋の人「雪の曙」と結ばれてしまった。

これが、最初の秘め事。作者に、罪の意識がほとんどないことに注意してください。作者は、密会が院に知られてしまうかもしれないことだけを「いと恐ろし」と感じています。そして、見過ごすことができないのは、「この危険な秘め事をわが身と引き替えにしようとは思わなかった」と位置づけていること。雪の曙との密会は、単なる恋のアバンチュール。院には知られてはならない逢瀬なのです。やはり、院の愛妾として生きるというスタンスは持っているのです。

　にもかかわらず、その立場をこれからも死守することは難しいだろうなあと読者に感じさせます。それは、作者の「心弱さ」。この他にも二回、作者は自らを「心弱し」と書いています。意志が弱く相手の意のままになりやすい性格なのです。しかも、その性格をさほど困った性格であるとも思っているわけではないらしい。「岩木ならぬ心には」と、情に感じることを肯定的にとらえているからです。「心弱し」「岩木ならぬ心」、これがさまざまな男性との情事を持つ素地となる作者の性格です。

うまくごまかす

　初恋の人との禁断の逢瀬はスリリングで甘美。作者は、雪の曙が始終通ってくることを許し、彼との愛に溺れて行く。院の子をみごもっている最中だというのに。月満ちて、作者は、実家で院の子を無事出産。男の子であった。作者は、そのまま実家に居続け、雪の曙との密会を続ける。いつまでも院の御所に帰らない作者の所に、院から便りが届く。「**むば玉の　夢にぞ見つる　さ夜衣　あらぬ袂を　重ねけりとは**（＝夜の夢に見たよ、そなたが私以外の男と、さ夜衣の袂を重ね、契りを結んだという夢をね）」。作者は、ドキッとしますが、次のような返事をして「**申し紛（まぎ）らかしはべりぬ**（＝ごまかし申しあげました）」。「**ひとりのみ　片敷きかぬる　袂には　月の光ぞ　宿り重ぬる**（＝一人きりで寝るのもつらい私の袂には、月の光が重なったのですよ）」。共寝をする時は、男女が互いに袖を重ねあう。だから、「片敷く」は、一人寝である証。他の男とは袖を重ねておりませんとしらを切った。

ところが、今度は雪の曙の子をみごもってしまった。作者は、あわてて御所に戻り、院と交わりを持って、そのための妊娠とみせかける。出産は、誰もそばに近づけないように工夫し、雪の曙一人に介添えされながら産み落とす。雪の曙は、生まれたての赤子の臍の緒を小刀で切り、赤子を白い小袖にくるんで彼の家に連れ去った。かわいい女の子であった。院には「死産」と報告して、取り繕った。院からは体を大事にするようにという便りとたくさんの薬が届けられた。雪の曙は、夜な夜な作者のところに通ってくる。こんなことをして、作者は良心の呵責を感じないのか？

良心の呵責は感じない

たいして感じないのです。というのは、良心の呵責を意味する言葉が『とはずがたり』には極端に少ない。作者の親しんだ『源氏物語』では、「心の鬼」という言葉が良心の呵責を表し、しばしば使われています。ところが、『とはずがたり』には、僅か一例。しかもさして深い良心の呵責ではなく、「まずいな」「嫌だな」くらいの軽い意味なのです。「罪」という言葉も『とはずがたり』には六例見られますが、五例までが「罪がない」という文脈で使われています。残りの一例が、雪の曙との密会の結果の妊娠を「**罪の報い**」と述べています。妊娠が「罪の報い」とは、露見することだけを恐れる気持ちが丸見えです。心の奥底でうずく良心の呵責とは遠い。「**罪深し**」という言葉も見られますが、男との秘め事で感じる心情ではない。成仏の妨げになったり、仏への帰依の心が薄かったり、思いやりが少なかったりする場合に使っています。作者は、後深草院以外の男性との情事を罪と感じることの少ない女性だったのです。

なぜ良心の呵責に苦しむことが少ないのか？　考えてみると、彼女は常に受身なのです。

雪の曙との最初の密会は「**心の他の新枕**」。自分の心からではないという気持ちの込められた表現です。高僧「有明の月」にも強引に迫られ、「余りにもひどいと思うけれども」「どうしようもない」として関係をもっています。「近衛の大殿」との情事も「**我過ごさず**（＝自分で犯した過ちではない）」。亀山院との情交も、「**犯せる罪もそれとなければ**（＝私自身は犯した罪もこれといってないのだから）」。そして、これらの男性たちとの情事を「**わが咎（とが）ならぬ過（あやま）り**（＝自分の責任ではない過ち）」と総括しています。作者にすれば、自分から仕掛けた情事ではない。だから私の責任ではない。これが、良心の呵責を感じずにいられる理由だったのではないか。

外にのみ存在する恐れ

それに対して、世間にその秘め事が露見することを絶えず恐ろしがっています。「恐ろし」という言葉が、作品中に二四回使われていますが、そのうちの大部分が男性との密会が院に知れたり、世間に知れたりすることを恐れる気持ちに使っています。すでに紹介した雪の曙との新枕の時を思い出してください。作者は自分たちの密会が院の夢に見えてバレるのではないか、「いと恐ろし」とありましたね。作者の恐れているのは、秘密の露見です。

また「そら恐ろし」も、六回使われていますが、すべて人目が恐ろしいという意味で使っています。「そらおそろし」は、本来、自分に道徳的な罪や過失があって、神の目を意識して天罰を恐れる気持ちを表します。『とはずがたり』の作者は、自己の心の内部で己の良心と葛藤して天罰におののくことは余りありません。だからこそ、スリルに満ちた愛欲の音楽（ロンド）を奏でることができたのです。

4 徒然草—兼好法師は女嫌いか—

元弘元年（一三三一年）頃成立
作者　吉田兼好

女の魅力

『徒然草(つれづれぐさ)』は、私にとって思い出深い作品です。高校に入学して古典を教えてくださった先生が、超イケメン。私は、ぽーっとして「この先生に認めてもらおう」と、強い決意をしてしまったのです。折りしも先生はおっしゃるではありませんか、「そのうちに『徒然草』の文章の品詞分解のテストをします」と。私は、先生に認められたくて、毎日『徒然草』の文章をノートに書き写し、品詞分解をしていったのです。全部で二四三章段ありますから、ついにノート二冊になりました。品詞分解をしていると、自然と内容にも目が行きます。特に、男と女のことについて述べてあるところには、強く反応しました。

「万(よろづ)にいみじくとも、色好まざらん男(をのこ)は、いとさうざうしく、玉の卮(さかづき)の当(そこ)なき心地ぞすべき（＝万事にすぐれていても、恋愛の情を解しない男は、ほんとに殺風景で、美しい杯の底がない気がする）」（三段）。言えてる。そういう男は、「底のない杯」なんだ。一番大事なものがないっていうわけね。でも、『徒然草』の作者は、兼好法師だから、お坊さん。お坊さんがこんなこと言って良いのかなあ。そういえば、こんなことも言っている。

「久米の仙人の、物洗ふ女の脛(はぎ)の白きを見て、通を失ひけんは、誠に手足・はだへなどのきよらに、肥えあぶら

づきたらんは、外(ほか)の色ならねば、さもあらんかし（＝久米の仙人が、川で洗濯をしている女のすねの白いのを見て、空を飛ぶ神通力を失って地上に落ちたとかいうことは、まったく女の手足や肌などが美しくまるまるとつややかなのは、他の色とは違って、肉体そのものの持っている色気だから、なるほど、そうもあろうよと思われるよ）」（八段）。女の発散する肉体的な魅力には、修行を積んだ久米の仙人でさえ、まいってしまった。それを、兼好法師は「さもありなん」と認めているのです。

さらに、兼好法師は、述べ立てます、「女の髪の毛を縒(よ)って作った綱には、大きな象もしっかりとつなぎとめられ、女の履いた下駄で作った鹿笛には秋の雄鹿が必ず立ち寄ってくると言われている」（九段）と。鹿笛というのは、猟師が鹿をおびき寄せるために吹く笛。それを女の履いた下駄で作ると、雄鹿は雌の匂いを感じて寄ってくるというのです。女を感じさせるものには、大の男も形無し。こんなことをお坊さんが言う。

女性の美しい髪には、象をもしっかりつなぎとめる力がある。　『絵入徒然草』（京都大学附属図書館蔵。江戸初期の版本）

どんな人？

一体、兼好法師ってどんな経歴の人なのか？　彼の俗名は、卜部兼好(うらべのかねよし)。次節の『太平記』の舞台だった南北朝時代に生きた人です。若い時は、第一級の貴族・堀川家に仕え、その縁で蔵人や左兵衛佐（さひょうえのすけ）として、後二条天皇のおそば近くに仕えていた。なるほど、その時にやんごとない女性に接する機会があったんですね。それが、女性に対する多くの発言になっている。「一時的に衣裳に香をたき染（し）めているのだと知っていながら、何ともいえない良い匂いがすると、必ず胸がどきどきするものである」（八段）などという発言は、高貴な女性と対座した経験がなければとても書けないことですね。こんなに女性に多大の興味を持ちつつも、彼は出家した。

なぜ出家したのか？　理由はよくわかりませんが、貴族世界で仕官生活を送っているうちに、出家願望が内発的に醸成されていったようです。出家したのは、三〇歳頃。今でいえば、四〇歳くらい。まだ、男盛りです。出家してから、『徒然草』を書いた。出家した後なのに、引用してきたような男性臭あふれる、女への発言が見られる！ところが、です。

女の悪口

『徒然草』を後ろの章段まで読み進んでいくと、「えっ、どうしたの？」と思わず目を見張ってしまうような、女への痛烈な批判が出現します。一体、どんな批判を述べ立てるのか？　なぜ、女への評価がそんなに変わるのか？ここで考えたいテーマです。

たとえば、一〇七段。まず、兼好法師は、すべて男というものは、女に笑われないように立派に育てるのがいいという一般論を紹介。さらに、女のいない世の中であったら、男は身だしなみにも気を使わないであろう。ここまでは、取り立てた変化は感じられません。問題は、この後です。兼好法師は、堰を切ったように女への攻撃を開陳しはじめます。男が心して対している女とは、どんなに立派かと思うと、「**女の性**(しやう)**は皆ひがめり。人我**(にんが)**の相深く、貪欲**(とんよく)**甚だしく、ものの理**(ことわり)**を知らず**（＝女の本性は皆ねじ曲がっている。我執が強く、欲張ることはなはだしく、物の道理をわきまえず）」。あれれ、先に引用した章段の論調と全く違うじゃあない。「人我」などという仏教用語までつかって、女性を非難しているのです。「人我」というのは、永遠不変の自我があると思い、それに執着する過ち。平たく言えば、「我執」。女は我執が強く、欲張り。物の道理もわきまえない。どうしようもないヤカラだと言うのです。

さらに兼好さんは我慢がならず一気に続けます、「女というのは、ただ、恋愛の方面に、すぐさま心が移ってい き、言葉も巧み。言って差し支えないことでも、問われるときには言わない。それでは、深い考えがあって口を慎んでいるのかと思うと、とんでもない。言ってはいけないことまで、聞かれもしないのに、ぺらぺら話し出す。一見、深く考えをめぐらして表面を取り繕っていることにおいては、男の知恵よりも勝っているように見える。だけれど、その浅知恵が、すぐ後からばれてしまう。そんなことにも女は気づかない。」

そして断言します、「**すなほならずして拙**(つたな)**きものは女なり**（＝素直でなくて、愚かなものは、女である）」と。すさまじい勢いで女を攻撃しています。さらに、ダメ押しをします。こんな女なんだから、「女の思うとおりにしてやって女に気に入られようとするのは、情けないこと」。「なんで、女に気を使ってきまり悪く思うことがあろうか！」。女をこっぴどくやっつけています。女の魅力を肯定した人間と同一人とは思えないほど、その筆鋒は鋭く、女をたじたじにします。

賢い女もつまらん

さらに、兼好法師の批判は、とどまることを知らず、愚かならぬ女にも向かっていきます。

「**もし、賢女あらば、それもものうとく、すさまじかりなん**（＝賢女がいたら、それも、何となく、親しみにくく興ざめに違いない）」。賢い女も、とりすましていてつまらないというのです。愚かな女も、賢女も否定される。では、女の存在価値は、ないのでしょうか？　兼好法師は、最後にこうつけ加えています、「ただ、迷いに心が支配されて、女に順応するならば、優しくも面白くも思われるはずのものである」。女がよく思えるのは、恋愛の真っ最中だけ！

だから、兼好さんは、いつも女と一緒にいる結婚まで否定します。「**妻（め）といふものこそ、男の持つまじきものなれ**（＝妻というものこそ、男の持ってはなるまいものである）」（一九〇段）。

また、二三八段では、女にしなだれかかられて誘惑されたけれど、その誘惑に負けなかったことを誇らしげに「**自讃**」として書きとどめています。最初に紹介した、恋愛の情趣を解さない男は、「底のない杯」だと貶（けな）していたのと矛盾するではありませんか。一体、兼好法師は、どうしたのでしょうか？　女の魅力を肯定的に認めていたのに、後の章段になると、仇のように女性を斬って捨てるのです。後の章段だけ読むと、兼好法師は女嫌いに見えるではありませんか。

成立過程に謎を解く鍵

その理由を解く鍵は、『徒然草』の成立過程にありそうです。『徒然草』は、安良岡（やすらおか）康作『徒然草全注釈』によれば、大きく二段階の成立過程を経ています。二四三段の全章段のうち、最初の三二段までは、出家してさほど年数の経っていない時期に書かれた。元弘元年（一三三一九年）頃です。それ以後の章段は、さらに十年以上のちの元徳二年（一三三〇年）から翌年の元弘元年（一三三一年）に執筆されたというのです。

さて、女の魅力を肯定している章段は、いずれも三二段以前にあります。後の章段に見られる女への痛烈な批判は、出家してから、十数年経過したときに書かれた部分に入っています。執筆時期の違いが、論調に落差を生み出した原因です。その間に心の持ち方が変化したのです。

後半の論述を、「悟り」と捉える人もいますが、私は「悟り」に至る前の「あがき」ととったほうが自然な気がしています。「悟り」の境地に至っていたら、あんなに激しく女を攻撃しない、そう思うからです。兼好法師の女性批判は、激しく意気軒昂としています。可愛さ余って憎さ百倍の感のある女性批判なのです。女性に興味があるからこその悪口です。兼好法師は、修行しているうちに、女への執着が仏道の妨げになることを痛感した。悟りを得るためには、なんとしても女への執着を絶たねばならぬ。そこで、女をよく観察してみると、なあに、大したもんじゃあない。わがまま、よくばり、わからんちん、性悪、と兼好さんの女への悪口が始まる。女への執着から逃れたくて、必死で女の悪口を言っている。前半と後半の落差は、コインの表と裏に過ぎない。これが、私の解釈です。兼好さんは、女性への興味関心は最後まで一貫して持っていた。女嫌いどころか、生涯女への関心を捨てきれずにいたのです。そして、そこにこそ『徒然草』の文学としての魅力が潜んでいる！

『徒然草』は、以上に触れた女性論ばかりではなく、人間論、人生論、処世訓、住居論、芸術論、自然観照論、説話、有職故実（ゆうそくこじつ）と実に多彩な話題について論じています。そこに垣間見える独自の批評精神は、それぞれ鋭く、真実をついています。読むたびに、『徒然草』の違った顔が見えてくるほど、内容が豊かで深い。まさに年齢にあった読み方のできる古典です。

そうそう、高校で古典を教えてくださったイケメン先生は、私が『徒然草』の品詞分解のテストで満点を取ったにもかかわらず、同僚の女の先生と結婚しちゃったんです！

5　太平記――「武者詞」の活躍――

応安末（一三七四年）～永和末（一三七九年）頃成立
作者　未詳

戦乱の五〇年なのに『太平記』？

戦乱に明け暮れた約五〇年間を活写した『太平記』。なのに、世の中が穏やかで平和である「太平」を「記す」という書名は、これいかに？　書名と内容のギャップについての疑問はかなり早くから指摘されています。その答えは今もって議論のあるところですが、争乱が一応の終息を見て「太平」の世になったところで語り終えるので『太平記』と名づけられたという説が目下のところ支持を得ている答えです。

『太平記』を読むと、同じ軍記物語の『平家物語』とは全く違った味わいがします。声に出して読みたくなるほどリズミカルな点は共通しているのですが、『平家物語』のもつ叙情性が姿を消し、代わりに具体的で生々しく、叙事的になります。戦場で使われる言葉も『平家物語』以上に多く出現し、戦乱の激しい息吹が伝わってくるところが、『太平記』の特色です。

四〇巻からなりますが、内容上、三部に分けられます。第一部は、巻一～巻一一まで。後醍醐天皇の鎌倉幕府打倒計画から始まり、楠木正成の活躍を語り、紆余曲折を経て、鎌倉幕府滅亡までを描く。およそ一二年間の争乱です。この第一部が最もよくまとまっています。第二部は、巻一二～巻二〇まで。後醍醐天皇の「建武の新政」が始まったけれど、現実無視であったために、不満が噴出。足利尊氏と後醍醐天皇の息子・大塔宮護良親王との対立も表面化し、尊氏は大塔宮を殺害。北朝の天皇を擁立します。南朝の後醍醐天皇側につく楠木正成・新田義貞が尊氏側に敗北。そんな中で後醍醐天皇が崩御し、公家社会は完全に終わり、室町幕府が成立。この間の一〇年間のことを記したのが第二部です。第三部は、巻二一～巻四〇まで。天下を取った室町幕府も安泰ではなく、中枢部の熾烈な権力争いが展開します。尊氏、二代目将軍義詮が死去。幼い義満とその補佐役の細川頼之の登場により、「太平」の世を迎えたとして『太平記』は結ばれます。およそ二六年間の室町幕府の内紛を描いたのが第三部。

『太平記』は、少なくとも二〇年以上にわたって書きつがれ、一四世紀後半に成立。複数の作者によって書かれたと考えられています。小嶋法師、玄恵法印、恵鎮上人などが作者として名を留めていますが、どういう形でどの程度『太平記』にかかわったのか定かではありません。『太平記』は、成立するや否や、語られたり、読み聞かせられたりして、一般大衆に身近な存在でした。中でも人気者は楠木正成。ここでも、彼に注目します。

人気の秘密

『太平記』に描かれている楠木正成は、ともかく颯爽としていてかっこいい。『太平記』は、登場人物についてプラスとマイナスの両面から描くのが普通なのに、楠木正成に関しては否定的な記述は全くない。英雄として憧れられていたんですね。確かに、彼ほど忠義を尽くす武将は少ない。終始一貫して後醍醐天皇側につき、ぶれることはありません。

それに比べて、足利尊氏は、節操のなさが目立ちます。尊氏は、最初は鎌倉幕府側に加担していた。にもかかわらず、天皇側が有利と見るや反旗を翻し、天皇側につく。しかし、天皇側にも反旗を翻し、自分で天下を取る。天下を取るためなら、二心を抱くことを何とも思わない。そこが大衆に好かれないところです。

さらに、正成は戦い方がこの上なくうまい。それが、彼を英雄にします。彼が、武将として名を挙げるのは、千早城（本文では「知和屋（ちはや）」。他書では「千剣破（ちはや）」と書かれていることもある）の戦い。僅か千人足らずの兵士で、二百万騎にも及ぶ巨大な鎌倉幕府軍と対戦したのです。一体、正成はどんな戦略を用いたのか？　ここで観察したいテーマです。

『太平記』には、「戦場で武士の使う特殊な言葉（＝武者詞（むしゃことば））」が頻出するのも面白い。しかも、『太平記』になって初めて出現する「武者詞」も少なくない。では、早速、幕府軍と正成軍の対戦の様子を見ましょう。

幕府軍は「向い陣」もとらない

後醍醐天皇の皇子・大塔宮は、楠木正成と組んで鎌倉幕府に対抗。そのため、鎌倉幕府軍は大塔宮を殺そうとしたけれど、大塔宮は高野山の僧徒たちに助けられ、うまく逃れた。幕府軍は大塔宮を諦め、正成の本拠地である千早城を攻め落とすことにした。

千早城は、大阪府南河内郡千早赤阪村千早にあった城。現在ではその地に「千早城址」という石碑が建っています。東・西・南の三方が絶壁、東北方面のみが山路で金剛山に連なっているという、まさに天然の要塞といった趣の土地に立てられた城ですね。周囲四キロメートルに足らぬ小さな城ですから、二百万騎を超える幕府軍は「**これを見侮（みあなど）り、初め一両日の程は、向（むか）ひ陣（ちん）をも取らず**」。ほら、たちまち合戦で使う武者詞の一つ「向ひ陣」が出てきました。『太平記』で初めて文献に登場する武者詞です。敵陣に相対して構えた陣容のこと。それを構えないのですから、ずいぶんと正成軍を見くびっています。確かに数から言えば、正成軍は幕府軍の二千分の一。援軍が来る見込みもない。落城するのも時間の問題と侮りたくなるのも分かります。

幕府軍の兵士たちはわれ先に千早城の出入り口を目指して楯をかざして崖をよじ登ってくる。正成軍はどうするのか？　高い櫓の上から大石を次々に投げ下ろす作戦に出た。幕府軍の兵士たちは、その石で楯が木っ端微塵に砕かれ、逃げ惑う。そこを、正成軍は「**指し攻め指し攻め散々に射ける**」。「指し攻め指し攻め」も、合戦の場で用いられる武者詞。手早く矢を弦につがえて次々に射る様子を言います。正成軍の射手たちの「一人も逃しはしないぞ」という気迫を感じさせる言葉です。正成軍に散々に射られて、幕府軍の死者数は一日に五、六百人に及んだ。

幕府軍は「将棋倒し」に

幕府軍は、急遽、陣容を立て直し、千早城に運び込む水を止めてしまう作戦に出た。幕府軍の大将は、名越越前守。さあ、正成はどうするのか？　実は、正成の方は、こんな時に備えてあらかじめ秘密の用水の路を確保してあった。そのうえ、五、六十日雨が降らなくても戦いに支障がないように水を蓄えてあった。正成は、そんじょそこらの武将とは違う。用意周到なのです。幕府軍は、正成軍がいっこうに水を汲みに来ないので、次第に見張り番もおろそかになった。正成軍は、油断した見張り番を襲い、逃げ散った幕府軍の旗や大幕などを持って帰った。翌日、千早城の正面にその旗や大幕をかかげて名越越前守一門を辱めた。正成の挑発作戦です。

辱めを受けた名越の軍勢五千人は、決死の覚悟で城の柵を打ち破って入り込み、城のすぐ下の崖まで攻め込んだ。けれども、崖は高く切り立っているので、「**矢武に思へども、登り得ず**」、城を睨み怒りを抑えてあえいでいた。

「**この時、城の中より、切岸の上に横たへて置きたる大木どもを、十、二十切って落し懸けたりける間、将棋倒しをする如く、寄手四、五百人推しに打たれて死にけり**」。

「矢武に思ふ」も、『太平記』ではじめて出現する武者詞。心が勇み立って苛立つこと。幕府軍の様子です。戦いに焦りや苛立ちは、禁物です。対する正成軍は冷静そのもの。あらかじめ用意してあった大木を次々に崖から落とす。すると、幕府軍は「将碁倒し」をするように、ばたばたと押しつぶされて四、五百人が死んでしまった。さらに、落ちてくる大木を避けようと逃げ惑う幕府軍を崖の上から思うままに射たので、五千余人の名越の軍勢はあっという間に撃たれてしまった。「将碁倒し（＝将棋倒し）」という言葉も、『太平記』の例が初出。大木に押されて幕府の兵士たちがあっという間に折り重なって倒れていく様子が目に見えます。それでも幕府軍はまだ数十万の兵がいる。

「力責め」ではなく「食責め」を

幕府軍の次なる作戦は、「**力責め**（ちからぜ）（＝武力に任せて攻め立てる戦略）」ではなく「**食責め**（じきぜ）（＝武力ではなく、食糧補給の道を断って降参させようという戦略）」。「食責め」は、正成軍にとってはむろんピンチに陥る可能性の高い攻められ方ではあるけれど、巨大な幕府軍にとっても効率の悪い戦略。というのは、合戦をしないから、膨大な数の兵士が暇をもてあます。

正成方は、「食責め」をどう乗り切るのか？　藁人形を二、三十作って、甲冑を着せ、夜中のうちに麓に立て置き、前には「**畳楯**（でふだて）（＝面の広い楯）」を突き並べ、そのうしろに屈強の兵士五百人ばかりを布陣し、薄暗い夜明け方に鬨（とき）の声をあげて幕府軍に攻め入った。幕府軍は正成方が「**死狂ひ**（しにぐる）（＝死を覚悟して戦うこと）」になったと見て、攻撃し始めた。「力責め」「食責め」などの戦略、「畳楯」などの武具、「死狂ひ」などの兵士の攻撃の様子、これらの言葉はすべて武者詞。中でも「力責め」「畳楯」は、『太平記』初出の言葉。武者詞の頻出は、戦乱の直中（ただなか）にある時代であることを読者に肌で感じさせます。

さて、幕府軍の攻撃のさなか、正成の兵士たちは人形だけを残してこっそりと城に引き上げていった。幕府軍は、薄暗がりの中で「畳楯」をひっさげた藁人形を屈強の兵士たちだと思いこみ、大勢でやっつけようと群がった。そこに、正成軍は崖の上から大石を四、五十個一度に勢いよく落としたので、ひとところに集まっていた兵士三百余人は、あっという間に打ち殺され、半死半生の負傷者は五百余人に達した。戦い終わって、よく見ると、剛の者と思った兵士たちは「**人にはあらで藁にて作りたる人形なり**」。幕府軍は物笑いの種になってしまった。

幕府軍は梯子を作って攻撃する

幕府軍もこのまま引き下がるわけにはいかない。梯子（はしご）を作って城に攻め込む作戦に出た。大梯子ができあがって、幕府の兵士たちが大挙してのぼってくる。千早城はもはやこれまでと思われた。ところが、正成方は大梯子めがけて松明（たいまつ）を投げつけ、「**水はじき**（＝手押しポンプ）」で梯子に油を注ぎかける。大梯子は、めらめらと燃え上がり、中ほどから燃え崩れ、幕府軍の兵士たちはどうっと谷底に落ち重なって、焼け死んでしまった。その有様は、地獄絵さながら（三の口絵参照）。かろうじて命の助かった者は、みな国に逃げ帰ってしまった。たった千人の軍勢だけれど、正成の知略によって千早城は守られた。

正成の戦いぶりの見事さに思わず拍手喝采を送りたくなってしまいます。幕府軍の戦死した兵士たちを悼む気持ちを心の一方では感じつつ。それくらい正成の戦略は群を抜いてすばらしい。対する幕府軍の戦略は、水止め、「食責め」といずれも陳腐。最後の大梯子作戦だけは新鮮味があるけれど、木の梯子が火に弱いことを忘れていたとしか言いようのないドジな作戦。

それに対して、正成は、地の利を生かした大石落下作戦、大木落下作戦、矢射かけ作戦で思う存分相手をたたく。さらにこれらの戦略がより効果を発揮するように挑発作戦も併用する。いよいよとなったら、「畳楯」をもたせた藁人形のおとり作戦、「死狂ひ」に見せかける陽動作戦もとる。そして最後は松明で火をつけ、「水はじき」で油を注ぐ放火作戦で勝利する。誰でも、大石を落下させることくらいは思いつく。でも、大木までは思いつかない。大木は長さがあるので、敵を「将碁倒し」にできるのだ。さらに藁人形など誰が思いつこうか？　正成が初めてだったからこそ、幕府軍は騙されたのです。

正成の魅力は、この知略に長けた戦いぶりにあったのです。勝てる見込みのない戦いを知謀を使って勝利する。それが英雄として賞賛を浴びた理由（ゆえん）です。

6　風姿花伝―経験と情熱の能楽論―

応永二五年（一四一八年）頃成立
作者　世阿弥

秘すれば花なり

世阿弥（ぜあみ）の書いた能楽論『風姿花伝（ふうしかでん）』が広く世に知られたのは、明治四二年（一九〇九年）。今から百年ほど前のこと。それまでは、その道の奥義を自分の子一人だけに伝える「一子相伝」の書物として能楽の観世（かんぜ）家や金春（こんぱる）家に秘蔵されており、一般に知られることのなかった書です。だから、関係者以外はその本の存在すら知らなかった。ところが、一般に公開されるや否や、たちまち多くの人を魅了した。能に何の関心もない人物にまで「うーん、なるほど」と唸らせる。日本人ばかりではなく、外国人にも感嘆の声をあげさせる。私が中国に派遣されていた時、中国古典文学専門の中国人大学教師がこう話したのを鮮明に記憶しています。「日本に『花伝書（初期の頃はこういう呼び名で通っていた）』ってありますね。あれはすばらしい。私の大好きな本です」。『風姿花伝』は、中国語に翻訳され、中国人も読んで感銘を受ける書物になっているのです。能という特殊な舞台芸能についての書物なのに、なぜ、こんなに多くの人々に感銘を与え、高い評価を受けるのか？　ここで明らかにしたいテーマです。

『風姿花伝』は七篇から成っています。第一篇は「年来稽古条々（ねんらいけいこでうでう）」、第二篇は「物学（ものまね）条々」、第三篇は「問答条々」、第四篇は「神儀（しんぎ）に云（い）はく」、第五篇に該当するところは、「奥義に云（い）はく」。ここは、篇の番号がなくタイトルだけです。第六篇は「花修に云はく」、第七篇は「別紙口伝」。どの篇にも本質をついた、いい発言が光っています。一番有名なのは、「**秘すれば花なり、秘せずは花なるべからずとなり。この分け目を知る事、肝要の花なり**（＝秘密にしているからこそ花になる。秘密にしないならば花になり得ない。この花となり、花とならない理由を分別できることこそ花の秘訣なのだ）」という名文句。含蓄のある芸能論です。

この他にも、「**上手は下手の手本、下手は上手の手本なり**」（第三篇）とか、そもそも芸能というのは世の人の心を楽しませ、幸せをもたらすためにあるのだ（第四篇）とか、能の技量だけあってその本質を知らない人よりは、本質を知っていて技量の劣る人のほうが芸の出来が安定している（第六篇）など、芸の真髄を言い当てた発言が随所に見られます。彼の発言は、芸能論にとどまらず、教育論としても、人生論としても立派に通用する。ここが人々をひきつける大きな要因です。一体、彼はどんな主張をしているのか？　第一篇「年来稽古条々」を具体例にして紹介してみます。

心のままにせさすべし

「年来稽古条々」は、能役者の一生を年齢によって七期に分けます。「七歳」「一二、三歳」「一七、八歳」「二四、五歳」「三四、五歳」「四四、五歳」「五〇有余」の七期です。

では、最初の「七歳」の頃。ちょうど現在の小学校に上がる年齢です。そこが稽古のはじめですが、彼は言います、「**自然とし出だす事に、得たる風体あるべし。**（中略）**ふとし出ださんかかりを、うちまかせて、心のままにせさすべし**（＝その子が自然にやりだす事に、必ず生まれつきの長所の発揮されている芸風があるものだ。（中略）当人が自然にやりだす趣きを干渉せずに自由にやらせなさい）」。

「かかり」は、彼がさまざまな意味で使う含みのある言葉。ここは、「趣き」とか「傾向」の意味。子供を持つ親が是非とも心にとめる必要のある重要な教育論になっています。親は七歳になったわが子が自然にやりだす事柄をじっと観察する。すると、その子の得意がみえる。干渉せずに子供の自由にやらせなさい。嫌がる子供に無理やりに塾に行かせたり、ピアノを習わせたりしている親には、はっとさせる迫力のある意見です。そして、「**時分のよからんずるに、得たらん風体をせさすべし**（＝よい頃合を見計らって、得意としている芸をみんなの前で披露させなさい）」。自信を持たせることが教育の基本です。

「幽玄」と「花」

「一二、三歳」は、元服前の垂れ髪姿の少年で、姿も声もいいので、「**何としたるも幽玄なり**（＝どう演じても幽玄である）」。おや、「幽玄」という重要な言葉が一二、三歳の演じる姿に使われています。「幽玄」は、普通「深い情趣・余情」といった意味に用いますね。そもそも「幽」は、暗いとか奥深いという意味ですし、「玄」も奥深いとか深遠な道理といった意味ですからね。ところが、世阿弥は少年の演じている姿を「幽玄」と言っているのです。一二、三歳の子供の演じる能が、静寂で奥深い情趣があるわけがありませんし、枯淡で深い境地であるわけがありません。ここでの「幽玄」は、「美しい」の意味にとれます。

彼は「幽玄」という言葉を『風姿花伝』で合計三九回も使っています。それらの意味をすべて検討してみても、「幽玄」がいわゆる「静寂で奥深い情趣」とか「枯淡で心深い境地」を意味することはありません。見た目の「美しさ」「はなやかさ」「優美さ」を意味するものばかりです。「**何**（なに）**と見るも花やかなる為手**（して）**、これ、幽玄なり**（＝どんなものかと何度見ても花やかな演者がいる、それこそが幽玄なのだ）」（第三篇）のように。彼の「幽玄」は、外から見える優美な姿なのです。彼の言葉は、独自の意味合いを持っていることが多く、それが読者に新鮮な驚きを与えます。

「花」という言葉も魅力的な言葉です。すでに引用した「秘すれば花なり」にみる「花」ですね。比喩的な意味で使う言葉ですが、実にいろいろな意味にとれる含蓄豊かな言葉です。「秘すれば花なり」の「花」は、「芸の魅力」といった意味にとれます。また、今問題にしている「一二、三歳」の稽古の条には「**この頃の稽古、易き所を花に当てて、わざをば大事にすべし**」とある。この「花」は、「観客を魅了するもの」という意味合いです。「芸道」といった意味にとれることもあります。さらに、「面白さ」「珍しさ」と同じ意味で使っていることもあります。

こんなふうに、普通とは違った独自の意味合いで言葉を使ったり、さまざまな意味にとれる比喩的な言葉遣いであったりすることが、彼の文章に含蓄を与えています。これも、『風姿花伝』の評価を高めている一つの要因です。

一期の境ここなり

「一七、八歳」は、変声期にあたっており、また、体格も腰高になってしまうので、少年期のようにうまくいかなくなる。この時期にやる気を失うことが多い。この時期には人に笑われても、それを気にかけず朝夕の声の鍛錬に励み、「**一期(いちご)の境ここなり**（＝一生の境目が今なのだ）」と覚悟して能にかじりついている以外には稽古のやりようがない。いわば、最も難しい時期であり、ここが道を究める際の大事な分岐点であることを力説しています。「一生の境目が今なのだ」などという悲鳴に近い覚悟には、彼の体験が背後にあることを強く感じさせます。彼は、スランプに悩んだ時に、この言葉を自分に言い聞かせて精進していたのではないかと想像させるほど真に迫るものがあります。

「二四、五歳」は、生涯の芸が確立する初期の段階。声と姿が定まり、その役者にふさわしい芸能を生み出す基盤ができる。時には、能の競演で名人と呼ばれた人にも勝ったりする。それは、「**当座の花にめづらしくして**（＝若さの魅力が新鮮で）」勝っただけなのに、本人も自分は上手なのだと思い込む。これは、まことに本人のために害になる。「**この頃の花こそ初心**（しょしん）」というべき段階なのに、もう奥義をきわめたかのように、本人がうぬぼれて、大成した名手のような演じ方をする。「**あさましき事なり**」。たとえ、人が褒め、名人級の人に勝っても、それは一時的な珍しさのお蔭だと悟って、「名声を得ている人に細かく指導を仰いで、以前にもまして稽古にはげまなければならない」。慢心がその人をダメにするというわけです。有無を言わせぬ説得力をもった人生教訓ですね。さらに、彼は、舌鋒鋭く言い切ります。

まことの花を極めぬ為手と知るべし

「もし、三四、五歳の時期に、天下の人に認められることも少なく、待遇も思わしくなかったならば、どんな上手であっても、まだ『**まことの花**』を体得しきっていない演者と心得るべきだ」。今で言えば四四、五歳までに世間から認められていないようなら、その道では奥義をきわめていないと心得よと、ズバッと相手を切りつける発言です。でも、これ以上ないほど真実をついている。読み手がたじたじとするほど、勢いのある意見です。『風姿花伝』に多くの人がひきつけられてしまうのは、以上述べてきたように、含蓄のある言葉で普遍性のある教育論・人生論が展開されているからなのです。

それにしても、彼はこれほど真に迫る卓論をどうして展開できたのか？　彼が評論家ではなく、あくまでも演じている能役者の立場から記述しているからです。自らの経験から導き出された理論だからこそ、パワーがあり、説得力がある。その証拠に、体験に裏付けられない「四四、五歳」「五〇有余」になると、俄かに勢いがなくなります。

「四四、五歳」では、身体的な花も観客の目に写る花も消えうせてしまうから、「若手の主役に花を持たせて、自分は引き立て役のつもりで控えめに控えめに少数の曲の主役を演じるべきだ」。さらに、五〇歳過ぎからは、演じないということ以外には手段はない。「**騏驎（きりん）も老いては駑馬（どば）に劣る**」からというのです。そういう考え方もあるかもしれませんが、諺をひいてお終いにしてしまうような抽象的な発言は、明らかに「三四、五歳」までの迫真の発言とは質が違います。『風姿花伝』の第三篇までは、彼が三八歳の頃に執筆を終えていることが分かっています。「四四、五歳」「五〇有余」のことは未経験の事柄だったのです。未経験の事柄は、評論家ではない彼には、手に余る部分だった。代わりに経験した部分については誰にも負けないほどの卓見を吐いた。しかも、その卓見は、能という一つの道に命をかけた人間の情熱に裏打ちされていた。それが読者に伝わり、読者は『風姿花伝』に魅了されてしまうのです。

7　狂言―短い時間で笑いを作る―

室町時代初期（一四世紀末頃）からの舞台芸能

中学時代に見た狂言

私が初めて狂言を見たのは、中学二年生のとき。別に能楽堂などに行ったわけではありません。中学の課外授業に和泉流の狂言師・野村ご一家が見え、狂言の面白さを解説してくれ、演じてみせてくれたのです。六世野村万蔵さんとその息子の万作さん・万之介さんという、今から思うと考えられないような豪華な顔ぶれの方々が来てくださった。普通の区立中学で、一流狂言師による出前の狂言にふれることができた時代もあったのです。戦後、狂言がブームになりましたが、恐らくその頃のことです。中学生ですから、よくは理解できないのですが、体育館の舞台で解説付きで演じられた狂言は、生徒たちにほのぼのとした笑いを残して行きました。中学時代に狂言に触れた思い出は、私が大人になってから、狂言を見るために能楽堂にしばしば足を運ぶきっかけになりました。「蚊相撲（かずもう）」「靫猿（うつぼざる）」「附子（ぶす）」「柿山伏（かきやまぶし）」など、色々な曲目を見ました。

テーマは笑い

狂言そのものは、南北朝時代の動乱期に、能の舞台の合間を飾る笑いを中心とする寸劇として発生。能の舞台を引き立てるためのショートコントといった感じですね。室町時代を通じて狂言は即興劇として流動し続け、かろうじて筋書きが書きとめられたのは、室町末期の天正六年（一五七八年）のこと。江戸時代になると、台本も書かれ、流派も大蔵（おおくら）流・和泉（いずみ）流・鷺（さぎ）流の三通りができ、それぞれの流派によって演じ方も異なって行きます。現在残っているのは、大蔵流と和泉流です。演じられる曲目は、大蔵流ですと約二〇〇番、和泉流ですと、約二五〇番。

どの曲目が演じられても、狂言の本来持っていた即興性が随所に窺えます。第一に、登場人物が二、三人といった少人数であること。出演者が大勢だと集合して何回も打ち合わせをしないと、演じられません。少人数なら大まかな筋立てを打ち合わせれば、あとは即興的に演じられます。第二に、「笑い」が中心テーマであること。「笑い」は、重いテーマで荘重に演じられる能の合間に行われる狂言に求められたものでもありますが、それだけではない。短時間で即興的に行なう寸劇のテーマとしては、「笑い」が最適だという理由もあります。「悲しみ」をテーマにすると、観客を感情移入させるためにはそれなりの時間が必要なんですね。「笑い」は瞬間的な爆発ですから、短い時間のなかで実現できる。だから、狂言の曲目はほとんど「笑い」をもたらすように作られている。では、一体、狂言の「笑い」はどのように作られていくのか？　ここで明らかにしたい問題です。

おかしな自己紹介

狂言の舞台は、能舞台と同じ。舞台幕がない。場面作りの大道具もない。あるのは、観客から丸見えの舞台だけ。おまけに与えられた時間は短い。とすれば、登場人物は登場したら、自分が何者であるかを名乗るのが一番手っ取り早い。だから、狂言では舞台に登場したらまず名乗る。「**遠国（をんごく）に隠れもない大名です**（＝私は、はるか遠い国にまで名の知れた大名である）」という具合に。「です」という言葉が使われています。「で候（さうらふ）」の「でさう」から出来てきたと思われる言葉。自分で有名だなどという尊大な自己紹介。なんとなく吹き出したくなる。あるいは、登場してきた途端に「**これは都の町を走り回る、心も直(すぐ)にない者でござる**（＝私は、都の町を走り回る、不正直者です）」と名乗る。自分で、悪党だなどと名のって登場する劇って他にあるでしょうか？　ふふふ、と思わず笑いたくなる。室町時代の人々も、尊大な名乗りや間の抜けた名乗りに思わずクスッと笑ったに違いありません。

さらに大道具の一切ない舞台ですから、場面を表す工夫が必要です。たとえば、外から家に帰ってきて玄関の引き戸を開けて中に入る場面であることを観客に知らせるにはどうしたらいいのか？　舞台の適当な位置に立ち止まって、引き戸を開けるしぐさをする。でも、それだけでは、物をどかしているしぐさにも見える。当時の引き戸を開ける時に出る音「サラサラサラサラ」をセリフとして言えば、ああ、引き戸を開けているんだなと分かってもらえる。戸を閉めるときは、動作とともに「サラサラサラパッタリ」という擬音語を口で言えば、しっかり戸を閉めたことが分かってもらえる。狂言では、舞台装置のなさを補う言葉として擬音語・擬態語が活躍する。さらに、擬音語・擬態語は積極的に笑いを取るための言葉としても大活躍です。

擬音語と物まねによる笑い

たとえば、「鐘(かね)の音(ね)」という狂言。主人に「**付け金(がね)の値(ね)**（＝装飾のために付ける金(きん)の値段）」を聞いてくるように言いつけられた家来の太郎冠者は、「**つき鐘(がね)の音(ね)**」と思い込んで、鎌倉の寺々の鐘の音を聞いて回る。五大堂の鐘の音は「**グヮン**」、寿福寺のそれは「**チーン**」、極楽寺のは「**コーンコーン**」、建長寺の鐘は「**ジャンモンモンモンモン**」。観客は「ジャンモンモンモンモン」と聞いて、うまいねえと擬音語に感心する。各寺の鐘の音も、違いが捉えられていて面白い、と感じる。擬音語がおかしさを誘発する役目を果たしています。

さらに、「梟(ふくろう)」「鶏婿(にわとりむこ)」などの曲目では、梟の声、鶏の声を写す擬音語の面白さに加えて、それぞれの動物のしぐさのまねが見所。たとえば、「梟」。山から帰ってくると様子が変になっている弟を、兄が心配して山伏に加持祈禱をしてもらう。すると、弟が「**ホホン**」と梟のような声を出す。弟は山で梟の巣おろしをしたと言う。梟の霊がついてしまったらしい。山伏がさらに祈ると、弟はまた「**ホホン**」と鳴いて兄に息を吹きかけた。すると、俄かに兄は梟そっくりに身を縮め、手足を掻いて「**ホホン**」と鳴く。兄にまで梟の霊が乗り移ってしまった。山伏は祈りに祈る。すると、兄弟が山伏に息を吹きかけ「**ホホン**」と鳴く。すると、山伏は急に梟のように身震いをして「**ホホン、ホホン**」と鳴く。ついに山伏にまで梟が乗り移ってしまった。梟に乗り移られた三人がうつろな目つきで「**ホホンホホン**」と鳴いて、梟さながらの格好で舞台を去っていく様子はなんとも滑稽。「梟」は、海外公演で大喝采を博した狂言。擬音語と物まねで成り立つ可笑しさは、外国人にも分かるのです。「鶏婿」も、写実的な鶏の鳴き声とそのしぐさのまねが滑稽で、笑わずにはいられない曲目です。

笑いをとるためのネタ仕込み

また、笑いのネタをストーリーの中に仕込んだ曲目もたくさんあります。たとえば、「末広(すえひろ)がり」。主人が太郎冠者を呼びつけ、都に行って「末広がり」を買って来るように言いつける。「末広がり」と言っても、「**地紙よう、骨に磨きを当て、要下(かなめもと)しっととして、戯絵(ざれゑ)ざっとしたを求めて来い**」（＝張ってある紙が良くて、骨には磨きをかけてあり、要の所はしっかりしていて、しゃれた絵がさっと描いてあるのを求めて来い）と主人は注文をつける。だが、太郎冠者は「末広がり」がどんな物だか知らない。「末広がり」が何であるかを考えるヒントは、地紙が張ってあること、骨があること、骨を束ねた所がしっかりしていること、戯絵が描いてあったりすること、です。あなたなら、どんなも

だまされて、古傘を高値で購入してしまった太郎冠者。古傘を開いて踊って、主人の機嫌をとっている。　『狂言記』（国立国会図書館蔵。江戸期の版本）

のを想像しますか？　紙を張った傘（からかさ）は、これにあてはまっていませんか？　実物を知らず、その特徴だけを知らされていることが、失敗による笑いを引き起こすための仕掛けです。たとえば、謎々で「大きい口からはいって小さい所から出るものは？」と言われたら、何と答えますか？　どびん。急須。鉄瓶。やかん。どれも該当していますね。「急須」を買っていったら、ご主人は「鉄瓶」だと言って怒るかもしれません。太郎冠者は、「末広がり」が何であるのかをきちんと聞いてから出かけるべきだったのです。都に出た太郎冠者は、どうなるのか？

　京の町の者を見ていると、売りたいもの・買いたいものを互いに大声で言って商売している。そうだ、「買いたい物を叫んでいけばいいのだ」と思いつく。「**末広がり屋はござらぬか**」と太郎冠者はどなって歩く。そこに「**すっぱ**（＝詐欺師）」が登場する。自分こそ末広がり屋の亭主であると偽り、これこそ「末広がり」だと言って古傘を売りつける。傘を広げると「末・ひろがり」になる。傘に張ってある紙も「地紙」、傘の骨は磨いてあるので、すべすべしている。傘の骨を止める要もまことにしっかりとしている。だが、傘には絵が描いてない。すっぱは、言った、「『え』は『絵』ではない、『柄』である。人とふざける時に使うので、『**戯れ柄**（＝ふざけるための柄）』』。太郎冠者は、納得して、大金をはらって、その古傘を購入。すっぱは、ちょっと良心がとがめたらしく、太郎冠者に主人の機嫌の悪さを即刻直す囃子物を教えて帰す。太郎冠者は、ご主人の言いつけにピッタリの「末広がり」を買って、意気揚々と帰宅する。

ああ、太郎冠者はまんまと騙されてしまった。「末広がり」とは、「末広がり扇」のこと。扇の両脇にある親骨自身が外の方に反り返らせてあるために、閉じても先端の方が外に広がっている扇をいいます。謎解きの失敗によってかもし出される笑い。これが仕掛けられた笑いの正体です。

このあと、主人が怒ったことは言うまでもない。でも、すっぱに教えられた囃子物を古傘を持って踊って見せると、主人も囃子物の面白さにつられて機嫌を直し、太郎冠者と一緒に踊りだす。二人は、騙されたことなどどこ吹く風といったふうに踊りながら舞台を去って行く。おおらかな笑いを残して。

笑いの仕掛け

狂言は、短時間にいかに笑いをとって演じきるかという一点に努力が集中された寸劇です。だから、登場した途端に、奇妙な名乗りで笑いをとる。さらに、的を射た擬音語・擬態語で「なるほど、いいねぇ」と唸らせる。続いて、擬音語・擬態語を口で言いながら、本物そっくりの物まねしぐさを加えて爆笑をとる。あるいは、失敗を引き起こすようなネタを仕込んだストーリーを展開させ、笑いの渦を作っていく。さらに、囃子物の楽しい気分を観客の体に感じさせて自然と微笑がもれるようにしむける。笑いを作るための工夫が随所になされているのです。舞台装置のなさ、時間の短さという制約を逆手にとって、笑いをとるための手立てにしてしまうしたたかな即興劇。「おみごと」と叫んでしまいそうな日本発の笑劇です。

8　伊曾保物語―四五〇年前から愛された翻訳文学―

文禄二年（一五九三年）刊行
訳者　未詳

宣教師がもたらした翻訳文学

子供の頃、私は親に怒られまいとして小さな嘘をついた。すると、母親は真顔になって私を諭します、「羊飼いの少年がいたんだって。その少年が『オオカミが来た』と大声で叫ぶと村人たちは慌てふためいてやってくる。それが面白くて、何度も嘘を叫んだ。ある時、本当にオオカミが来た。少年は、『オオカミが来た！』と必死に叫んだけれど、皆いつもの嘘だと思って誰も駆けつけてこなかったんだって。それで、羊は全部オオカミに食べられちゃったそうよ。いつも嘘を言ってると、誰も信じなくなっちゃうからね」。

その話を最初に聞かされた時に、「二度と嘘は言うまい」と心に固く誓うほど説得力がありました。この話は、『イソップ物語』に出てくる話の一つですね。多くの人が、子供の頃に『イソップ物語』の中のいくつかの話を大人から聞かされたり、童話で読んだりしています。

『イソップ物語』は、古代ギリシアのイソップが紀元前六世紀頃作ったと言われている作品です。なのに、どうしてこんなに日本人に親しまれているんでしょうか？　四五〇年も前にすでに日本語に翻訳され、日本人に受け入れられたからです。室町時代の末期、文禄二年（一五九三年）に出版された『ESOPONO FABVLAS（いそぽのはぶらす）（＝イソップの物語）』が、今日の『イソップ物語』の祖先なのです。さらに、その前に翻訳された『伊曾保物語（いそほものがたり）』があったようですが、現在では伝わっていません。私は、最初にそれを知った時、何とも言えないショックを受けました。ええっ、そんなに古くから日本語に翻訳されていたの！　しかも、日本初の西洋文学の翻訳が『イソップ物語』だったのです。ラテン語で書かれた『イソップ物語』を、「おぢゃる」「ものぢゃ」「ござる」などという、当時の話し言葉で訳しています。ローマ字で書かれているので、その頃の日本語の発音までよく分かる。

でも、なぜ、そんな昔に『イソップ物語』が日本語に翻訳される必要があったのか？　天文一八年（一五四九年）、ポルトガルの宣教師たちがキリスト教の布教のために日本にやって来た。ところが、日本人に布教するためには日本語が分からなくては手も足も出ない。宣教師たちは、日本語をマスターすべく『日葡辞書（にっぽじしょ）』を作ったり、日本の『平家物語』をローマ字にしたりして、日本語と日本文化を吸収しようとつとめた。一方、彼らの親しんでいた古典『イソップ物語』を日本語に翻訳して日本人に倫理的教訓を与えようとしたのです。それが、『イソップ物語』翻訳の動機です。

天草本『伊曾保物語』

『伊曾保物語』は、日本人に大変もてはやされ、江戸時代には、仮名で書いた『伊曾保物語』が出回っています。浦島太郎の話や桃太郎の話と同じように、江戸の庶民たちに親しまれていたんですね。日本の津々浦々まで伝播し、『伊曾保物語』の話が、土地土地で人物名を変えただけで伝承されたりしています。日本人の作った古典ではないけれど、日本人が自国の作品と同じように愛読した。それが、この本で『伊曾保物語』をとりあげる理由です。

仮名で書かれたものを現在では国字本『伊曾保物語』と呼び、最初にあげた『ESOPONO FABVLAS』を天草本『伊曾保物語』と呼んで区別しています。とり上げられた寓話も、それを語る文体も、両者の間には差異があります。国字本の方は、文語体で記されている。ここでは、天草本の方をとり上げます。話し言葉で生き生きと語られていて面白いんですね。以下『伊曾保物語』というときは天草本をさしています。原文は、すべてポルトガル式のローマ字綴りですが、読みにくいので、漢字かな交じり文になおして引用します。ところで、『伊曾保物語』は、なぜこれほどまでに庶民の心をひきつけたのか？　これが、明らかにしたいテーマです。

寓話にぴったりな教訓

『伊曾保物語』は、内容上、二部構成です。前半は、作者イソップの生涯を記した「イソポが生涯の物語」、後半は、彼の作った寓話のうち七〇編が抜粋され、「イソポが作り物語の抜書き」として収められています。では、まず寓話に注目してみます。こんな話があります。

ある時、ロバと狐が一緒にピクニックをして道を歩いていた。すると、運の悪いことに強敵の獅子に行き合わせ、互いに目と目を見合わせた。狐は思った、「**今は逃れ難ければ、降参し返り忠して我が命を継がうずる**」。「返り忠」とは、裏切ること。誰を裏切るのか？　狐は獅子の前にいき、尾を垂れて頭を地につけてこう言う、「**いかに我らが帝王聞かせられい、某が命を助けさせらるるならば、かの驢馬を御身の手の曲に廻るやうに致さうずる**」。友だちのロバを獅子の手に入るように差し出すから、自分の命は助けてくれと闇取引をしています。友を裏切る狐。「手の曲に廻る」というのは、当時の慣用句で、「手中に入れる」「自由自在にする」という意味です。

獅子は答える、「確かにその通りにせい。そしたら、お前を赦してやろう」。しめしめ、狐はロバのところへ戻って括罠を仕掛けた辺りへ連れて行った。ロバは、たやすく罠にかかってしまった。この後が面白い。「**そこで、獅**

子は『早驢馬は逃るる道がない。まづ狐を』と思うて飛び掛って忽ちに食ひ殺し、次に驢馬をも食うた」。「驢馬と狐の事」という話です。

話の後には「**下心**（＝隠されている意味）」として、寓話の意味が記されています。「**身の為ばかりを思うて、他人に仇をなす者は、その報いを逃がるることが叶はぬ。結句人より先に難に遇ふことが多い**」。仲間を裏切って自分だけ利益を得ようとする人間は、結局自分のほうが先に身を滅ぼす、というのです。確かに。寓話とその後に記された教訓とが見事にマッチしているので、説得力が倍増しています。

よく分かる寓話

寓話そのものも、簡潔だけれど、実に鮮烈です。たとえば、「蝿と獅子王の事」。一匹の蝿が獅子のところに行って、不遜にも言い放った、「**そなたは身**（＝わたし）**よりも強うはない。それによって某**（＝拙者）**は貴所**（＝あなた様）**をものとも思わぬ、これを口惜しう思はせられば、出て勝負を決しさせられい**」。「某」は、今でも時代劇などで自分を指す言葉として使っていますね。「貴所」は、相手をさす尊敬語。身の程知らずの蝿にしては、獅子に敬語なんぞを使ってしまうところが笑えます。

獅子は、この挑戦を受けて立ち、穴から出ます。「**蝿めはどこに居るぞ**」と言うと、蝿は獅子の鼻先に取り付いて「**これは何と**（＝これは、どうです！）」。獅子は怒って蝿を追いかけ、「**我と鼻を岩石にうちあててしたたかに疵を被って**」すごすごと穴に戻った。「**蝿はそばから勝関を挙げて**」帰ろうとしたところ、「**木陰の蜘蛛の網にかかって**」忽ち蜘蛛に食われてしまったという話。大勝負に勝っても、おごってはいけない。落とし穴が待ち構えているといった事を伝えるための寓話。短いけれど、実に生き生きとしている。読者が魅了されるはずです。

教えはあなたに

ところで、『伊曾保物語』の教えは誰に向かって発せられているのか？　いままでに挙げた寓話からも推測できるように、そのほとんどが、あなた・私といった一般庶民へのメッセージです。支配者への教えではありません。有名な「犬が肉を含んだ事」の話だってそうです。肉片をくわえた犬が川に写った自分の姿を見て、川の中の犬のほうが大きな肉片をくわえているように見えた。それで、川の中に首を突っ込んでそれを奪おうと思って口を開けた途端に、持っていた肉片もボッチャン。教えは「**貪欲に引かれ、不定なことに頼みをかけて我が手に持ったものを取りはづすなといふことぢゃ**」。欲張って、さらに上のものを手に入れようとしたとたんに、現在持っている大切な物をも失ってしまう。自分に与えられた物で満足し、それを大切にすることこそ、大事だというのです。それは、普通の人間が幸せに生きるための要諦です。支配者が心すべきことが書かれているわけではない。向こう三軒両隣に住む、ごく普通の人間に向けられた教訓です。だからこそ、庶民たちはひきつけられ、自分たちの生きる指針にしたのです。でも、イソップは、どうして支配者への教えをほとんど記すことがなかったのか？

与えられた知恵を生かす

実は、作者のイソポは奴隷でした。『伊曾保物語』前半は、イソポの生涯を語っています。それによると、イソポは、ヨーロッパのヒリジャという国で生まれた。その国が戦争に負けて、彼も奴隷として売り買いされた。彼の容貌はこの世に二人といないほど醜い。だが、彼には素晴らしい知恵が授けられていた。容貌の醜さ、奴隷という劣悪な条件をものともせず、イソポは自分に授けられた知恵を生かして生き抜いていった人物だったのです。

「驢馬と狐の事」の話も、人を騙す人間に出会ってひどい目にあった体験から生み出された教訓、「蠅と獅子王の事」の話も、おごることによって手痛いしっぺ返しを食うことを体験し、「犬が肉を含んだ事」の話も、自分に与えられた運命を甘受して生きる以外になかった体験からにじみ出た処世訓に違いありません。

ここでとり上げることのできなかったたくさんの教訓は、すべて彼が悲惨な境遇を乗り越えていく過程で会得していった血と涙の結晶だったのです。だからこそ、深く鋭く真実をついているのです。それらの教訓を抽象的に語ったのでは、面白くもなんともない。『伊曾保物語』の卓越した所は、珠玉の教訓を動物たちを主人公にした物語の形で語ったことです。そのため、子供の頃に聞いたり読んだりした『イソップ物語』の話は、大人になっても色あせることなく、忘れられない話として心に刻み込まれているのです。

四　庶民が楽しむ言葉の世界——江戸時代——

情を通じた唐琴屋の養子・丹次郎と唐琴屋の娘・お長。二人の行く末はいかに。　『春色梅児誉美』（国立国会図書館蔵。柳川重信画、江戸末期）

1　好色一代男──近世的なプレイボーイ──

天和二年（一六八二年）刊行
作者　井原西鶴

横滑りする文章

『好色一代男』の主人公・世之介は、女色男色あわせて四四六七人と関係したという話を大学時代に耳にした。うーん、天文学的数字だ。可能かなあ？　五四年間の人数というのだから、一年に八三人くらいと関係したことになる。不可能ではないけれど、一人の人間と深く関わることはできない。一体、どんな男なんだろう、『好色一代男』のプレイボーイってのは？　興味引かれて『好色一代男』を読んでみようと思ったのです。

ところが、です。原文を読んでみると、頭の中をつるつるとトコロテンのように通過していってしまい、意味をしっかりと把握することが難しい。どうしたんだろう？　江戸時代の作品だと、意味がわかることも多いのに。三、四度、挑戦してみましたが、結果は同じ。私は、『好色一代男』を手に持ったまま、寝転がって斜め読みをしました。すると、意味がわかるではありませんか。なるほど、この作品は、速度をつけて荒っぽく読んでいくと、頭に入ってくる文章なんだ。読書の仕方を教えられた作品です。

ちなみに、世之介が誕生し両親に可愛がられつつ、七歳に成長するまでを書いた一文を示してみます。細かいことにこだわらずに勢いをつけて読んでください。

ふたりの寵愛、てうちてうち、かぶりのあたまも定まり、四つの年の霜月は髪置、はかま着の春も過ぎて、疱瘡の神いのれば跡なく六の年へて、明くれば七歳の夏の夜の寝覚めの枕をのけ、かけがねの響き、あくびの音のみ。

両親の可愛がりようはいうまでもなく、手を打ったり頭を振ったりして遊んでいたその頭も据わり、四歳の一一月には髪を生やしてお祝いする髪置の祝儀、五歳の春には袴着の祝いも済ませ、疱瘡が軽くすみますようにと神参りの甲斐あって、六歳の疱瘡も軽く、あくる年には七歳になった。夏の夜半にふと目覚めた世之介が、枕を払いのけ、あくびをしながら障子の掛け金をはずそうとしている、という意味の文です。このあと、女中に戯れかかり、性への目覚めを告げる内容になっています。確かにおませ。七歳ですよ。

もう一度、例文を見てください。一つの事を言い切らないうちに、次の事柄を重ねてのべる。しかも、主語も変わっているから文がねじれる。そんなことにはおかまいなく、次の事柄に飛び移る。省略とねじれを繰り返しつつ、横滑りして行く文なのです。だから、律儀に正座して一言一句をきちんと把握しようとすると読めなくなる。スピードが合わないのです。それにしても、横滑りの文章は、一体何を可能にしたのか？　これが、ここでのテーマです。

構想も変化

『好色一代男』は、『源氏物語』の五四巻を意識して、五四章からなります。七歳から六〇歳までの五四年間にそれぞれ一章ずつをあてています。でも、一章が短い。生まれてから七歳までの事をたった三行の一文で書いてしまえるのですから、一年分の事でも短くまとめ上げることができるんですね。作者は、言うまでもなく井原西鶴。

書名から色欲旺盛な世之介の一代記に見えますが、内容を読むと、必ずしもそうはなっていない。ちょうど真ん中の三四歳までは、間違いなく世之介の半生が描かれています。彼は、早熟な少年時代を送り、やがて色欲だけを追求する放蕩息子になる。そのため、親に勘当され流浪遍歴を重ねる。だが、三四歳で勘当を許され、復権する。ここまでは、世之介が主人公の物語。ところが、三五歳以後は、巨万の富を相続した世之介が京都・大坂・江戸の名妓たちと華麗な遊びを展開します。ここからは、主人公は名妓たちになり、世之介は単なる狂言回しの役割しか果たしていない。すでに多くの研究者が指摘しているように、途中で構想が変化しているのです。でも、最後の五四章になると、六〇歳になった世之介が主人公に返り咲き、前半の世之介の一代記に連なるものになっています。国内の遊女は見尽くしたので、彼は友人六人を誘って好色丸（よしいろまる）をしたて、強壮剤・性器具などをその船に積み込んで、女がつかみ取りできるという女護（にょご）の島（しま）へ行くと言って「**天和（てんわ）二年**（一六八二年）**神無月（かみなづき）の末に行方（ゆきがた）しれずなりにけり**」。

これで、『好色一代男』は終わる。この年月は、実は『好色一代男』の出版年月。西鶴は、出版年月に合わせて世之介の終焉を設定していたんですね。

斬新だなあと私が感じるのは、世之介が七歳で女中に戯れかかるのを初めとして、従妹、女郎、湯女（ゆな）、私娼、後家、人妻、宿屋女など、次から次に手当たりしだいに好色生活を送る前半。不思議にさらっとして明るいのです。その中での圧巻は、世之介二七歳から二九歳までの話。一章一年の短編読みきりが原則の中で、ここだけが、三章三年に渡って連続した筋を持っている。そこを紹介してみます。

獄中の愛

世之介二七歳。親に勘当され、放浪を続けているうちに、塩釜明神で、巫女に一目ぼれ。だが、彼女には夫がいる。世之介はそれも承知で、脅してその女に迫り、亭主に見つかる。亭主は罰として世之介の片方の鬢(びん)だけを剃り落として放免した。その髪形は、見るからに訳ありで胡散臭(うさんくさ)い。二八歳になった世之介は、信州の追分(おいわけ)の関所で、片方の鬢だけ剃り落とされた姿を見咎められ怪しまれて投獄されてしまった。罪人たちとの生活に少し慣れてきた世之介は、ふと隣の牢に上品な女が入っていることに気づいた。「**あれは**」と聞くと、「亭主を嫌って家出したのだが、手続きがまずかったらしい」とのこと。当時、離婚の権利は夫の方にだけある。離縁状をもらわずに妻が家出をした場合は、駆け落ち者として捜索され逮捕される。この女は、そうして投獄された女だったのです。世之介は、二八歳になってはじめて、正面きって社会通念と対決する行動をとった女と出会った。「**おもしろき事かな**」と、彼は忽ちその女に好き心を起こした。天井の煤(すす)を楊枝につけて心のたけを再三書いて口説いたので、女も彼に心を寄せてきた。「**命ながらへたらばと、互に文取りかはして、人の目をしのび、夜更けて格子に取りつき、蚤(のみ)・しらみにくはれながら、とてもならぬ事を嘆きける**」。牢獄の中での格子越しの愛。肉体的に愛し合えないことを嘆いています。「蚤・しらみに食(く)はれながら」という俗っぽい描写に注目してください。ここには、『好色一代男』に影響を与えた『源氏物語』や『伊勢物語』の雅(みやび)とは一線を画した近世的な世界があります。

にじみ出る滑稽感

さて、この女とはどうなったか？　世之介二九歳の出来事になります。将軍家の法事があったため特赦が出て、世之介と女は無事釈放された。世之介は、女を背負って千曲川を渡る。雹(あられ)の降る心細い晩だった。女はひもじいので聞く、「田舎家の軒につるしてあるのは、味噌玉(みそだま)？」。世之介は女を柴積車(しばつみぐるま)の上におろして、村里まで食べ物を求めにでかけた。手に入れて戻ってくると、女の泣き叫ぶ声がする。駆けつけてみると、荒くれ男が数人で竹槍、弓、天秤棒を手にして女を殴っている。女の兄弟たちだった。亭主から無断で逃げ出した女の行為は、親・兄弟にも咎めがかかって迷惑していた。女が憎くてたまらなくなっているのだ。詫びをいれた世之介も殴られ、気を失った。正気に戻ると、女がいない。柴積車だけがある。世之介は思う、「**是非今宵は枕をはじめ、天にあらばお月さま、地にあらば丸雪(あられ)を玉の床(とこ)と定め、おれがきる物をうへにきせて、さうしてからと思ひしに、悲しや、互に心ばかりは通はし、肌がよいやら悪いやら、それをも知らず惜しい事をした**」。まだ、女とは共寝していなかったんですね。「天にあらばお月さま、地にあらば丸雪を玉の床と定め」は、『長恨歌』の「天ニ在ラバ願ハクハ比翼ノ鳥ト作リ　地ニ在ラバ願ハクハ連理ノ枝ト為ラン」のもじり。もじりは、『長恨歌』の精神的に高められた愛を打ち消し、ひたすら女との寝床にこだわったもので、好色者らしさが出ていて滑稽。

　さて、女はどこに？　世之介が捜し求めてゆくと、墓地の中で土地の百姓二人が墓を掘り起こしている。美しい女の土葬を掘り返して、黒髪や爪をはがして、遊郭に売るのだと言う。遊女たちは、それらを買って自分の黒髪や爪だと偽って、客との心中だてに使うと言う。掘り返した女の死体を見ると、なんとあの女だ。世之介は「みんなおれのせいだ」と涙にむせぶと、「**不思議やこの女、両(りやう)の眼(まなこ)を見ひらき笑ひ顔して、間(ま)もなく又本(もと)のごとくなりぬ**（＝元のように死体になってしまった）」。あり得ない！　思わず笑いがこみ上げてきます。

近世的なプレイボーイ

この話は、いうまでもなく『伊勢物語』（六段）の、男が二条后を盗み出して背負っていく話のパロディーです。途中で宿った小屋で男の隙をついて、女は彼女の親族に連れ戻されてしまい、男は悔し涙にくれる、という『伊勢物語』の話ですね。『伊勢物語』では、女を背負っている時に、きらきら光る露を見て、女は男に「あれは何？」と尋ねる優雅な場面があります。でも、『好色一代男』になると、「味噌玉か？」という食い気の話になり、ぐっと庶民的になります。さらに、世之介の場合には、『伊勢物語』の持っていた男の思い詰めた情熱がなくなり、かわりに随所に滑稽感がにじみ出た話になっています。世之介にとって、色恋沙汰はどこまでいっても遊びの域を出ていないのです。

『好色一代男』の世之介は、悩まない。特定の人間に執着することがないから苦しまない。『源氏物語』の登場人物たちのように、ああかこうかと相手の心にまで深く分け入って思い巡らし悩んで苦しむことがない。だから、『源氏物語』のように、長々と続く心理描写も不必要。相手に執着しないことが「粋」だとばかりに、次から次へ愛欲の赴くままに相手を変えて行動する。刹那的に明るくおかしく女と遊ぶ。それが、近世的なプレイボーイの姿。そうした姿を書き表すのに、一箇所に滞らずに速度をつけて横滑りしていく文章は最適だったんですね。

2　おくのほそ道―句を際立たせる―

元禄一五年（一七〇二年）刊行
作者　松尾芭蕉

面白さが分からない

紀行文を味わうのは正直言って苦手。どこが面白いのか分からないことが多いからです。「**月日は百代の過客にして、行かふ年も又旅人也**（＝月日は永遠に旅を続ける旅人であり、来ては去り去っては来る年もまた旅人である）」という名文句で始まる松尾芭蕉の『おくのほそ道』も、本当の良さは確信できないでいました。元禄二年（一六八九年）の春から五ヶ月かけて奥羽・北陸の歌枕・名所・旧跡の地を訪れ、その感慨を散文と俳句で記した俳諧紀行文よね、などと大雑把に把握しただけで、深く味わおうともしなかったのです。

そして、生来、風雅の道に遠い私は、『おくのほそ道』の中でも、旅支度をする場面の「**もも引の破れをつづり**」などに妙にリアルな生活臭を感じて面白がったり、あるいは新潟県の難所「親知らず」を過ぎたところで遊女と同じ宿に泊まったなどの記述に出会うと、「何々、それでどうした?」などと急にそこだけ目を輝かせて読む始末。同じ宿に泊まり合わせた遊女が、翌朝、出家姿の芭蕉に、道中危険で不安なので同行させてくれと頼むのに、芭蕉ときたら同行を断っている。なあんだ、つまらない。それで終わり？　愛想なしだなあ、芭蕉さんは。そんな反応だけしていたのです。

でも、後に『おくのほそ道』の文章の巧みさを自分なりに会得した瞬間が訪れました。それは、どんな時だったのか？　そして、それは、どんな文章の趣向だったのか？　ここで述べてみたい事柄です。

立石寺に立ち寄る

山形大学で日本語学会があって出掛けたときのことです。ふと『おくのほそ道』に出て来る「**立石寺**（りふしやくじ）」（今は「りっしゃくじ」）が近いことに気づいて立ち寄ってみる気になったのです。時は、一〇月下旬。芭蕉がここを訪れたのは、今の太陽暦で言えば七月一三日。三ヶ月も後の季節に、私は立石寺に立ち寄ったことになります。

山々は、高いところから順に紅葉し、錦を織りなし始めていた。立石寺の根本中堂を仰ぎ観ると、天台宗の大寺院だけあって華やぎはないが、激しい風雨に耐え続けてきた達者な老人の面影がある。辺りは観光客でにぎわい、名物の蒟蒻（こんにゃく）の煮しめを売る声が飛び交って、静寂とはほど遠い。上からは、杖を手にした人々が次々に石段を降りてきては、すれ違う。私は、ハイヒールだったけれど、凹凸のある石段を上り始めた。高い杉の木が茂り、杉の香を含んだ冷気が、鼻孔から肺に吸い込まれ、体が少しずつ清められていくのを感じる。林立する杉木立の間から、岩石のそそり立っているのが見える。近づくと、清水が岩石を濡らしている。苔やシダが至る所に生えている。岩壁に寄せて墓や碑や塔婆がたててある。芭蕉翁供養碑のある「せみ塚」についた。

碑には、『おくのほそ道』の立石寺の章段で詠んだ「閑（しづか）さや　岩にしみ入（いる）　蟬（せみ）の声」という俳句が刻んである。それを眺めているうちに、ふと気になりだした。「岩にしみ入（いる）」ように感じられる蟬の声とは、どんな声なのか？　凛と張りつめた杉木立に、夏なら蟬時雨が降っている。芭蕉の頃は、蟬の声以外は何も聞こえぬ静寂が、この辺りを支配していたのだ。私は、ただ文字の上で「閑さや」の句を味わっていたときは、清閑幽邃（ゆうすい）の趣を表現しているのであるから、何蟬の声でもいいように思っていたのです。

ニイニイゼミの声

けれども、実際に立石寺に身を置いてみると、たとえばオーシーツクツクなどと聞こえるツクツクボウシの声では岩に沁み入る感じがしないし、ミーンミンミンと鳴くミンミンゼミの声では、沁み入るどころか岩に跳ね返っている感じです。カナカナカナというヒグラシの声では、弱すぎる。どの種類の蟬の声かは、重要な鑑賞のポイントであることに気づかされました。アブラゼミの声だと言い出したのは、歌人の斎藤茂吉でした。それを否定して、ニイニイゼミの声だと主張したのは、ドイツ文学者で評論家の小宮豊隆（こみやとよたか）（『芭蕉の研究』）。論争になりましたが、斎藤茂吉の実地踏査で決着がつきました。その季節に立石寺で鳴くのは、ニイニイゼミだったのです。茂吉は、アブラゼミ説を撤回しました（「立石寺の蟬」）。

アブラゼミの声は、ジリジリジリ…と写されるような、音の変化を内部に含み、岩に沁み入る感じではない。むしろ、岩を千枚通しのようなもので強引にぎりぎりと穴を開けて行く感じがします。それに対して、ニイニイゼミは、「チーーーーージーーーーーーーチーーーーージーーーーーーーーーーーー」と気長に同じような響きの音を長く続ける。確かに「岩にしみ入（いる）」という表現がピッタリなんですね。

では、芭蕉が聞いた蟬の声は一匹なのか、複数なのか？　国文学者の麻生磯次『「奥の細道」を読む』は、「満山蟬時雨というような騒々しいものではなかったであろう」と述べていますが、かといって一匹ではあるまい。ニイニイゼミの声は、比較的小さい。全山岩石という立石寺で、「岩にしみ入」感じがするには、やはり相当数の蟬が「チージー」と鳴いていないといけない。芭蕉と同じ場所に立ってみると、紀行文の一語一語が現実味を帯びて迫ってくる。紀行文は、その土地に自ら赴いてみた時に最も輝きを増すんですね。

巧みな文章構成

私は、せみ塚で存分に山中の涼気を浴びた後、奥の院まで行こうと立ち上がりました。でも、ハイヒールが足を締め付ける。奥の院までの道のりを人に尋ねると、今まで来た道の二倍も石段を上らねばならないと言うではありませんか。私は諦めました。案内図によれば、途中で右に折れると、性相院をはじめとする幾つかの院があり、奇岩の洞穴をくぐり抜ける道がある。左に折れると、岩上に立つ開山堂などの御堂を通り、鎖にすがって岩を這い登る道がある。山の麓から奥の院に達するには、実際は大変な道のりなのです。なのに、『おくのほそ道』は、たったの七〇字余で、こう記す。

岩に巌(いはほ)を重(かさね)て山とし、松柏年旧(しょうはくとしふり)、土石老(どせきおい)て苔滑(こけなめらか)に、岩上(がんしやう)の院々(ゐんゐん)扉(とびら)を閉(とぢ)て、物の音きこえず。岩をめぐり、岩を這(はひ)て、仏閣を拝し、佳景寂寞(かけいじゃくまく)として心すみ行(ゆく)のみおぼゆ。

（＝岩の上にさらに岩が重なって山をなしており、生い茂る松や檜も老木で、土や石も古びて苔が滑らかにおおっている。岩の上に建てられたお堂は、どれも扉が閉めてあって、物音一つ聞こえない。崖のふちをめぐり、岩の上を這うようにして、仏殿に参拝したが、良い風景がひっそりと静まり返っていて、心が澄み渡っていくのだけがわかる。）

そして、この直後に、

閑(しづか)さや　岩にしみ入(いる)　蟬の声

これで立石寺の章段は終わりです。奥の院に至るまでの難儀な道のりは、まことに簡潔に記され、最後の句だけが、目立つのです。ははーん、芭蕉は最後の「閑さや」の句を、前面に迫り出させるために、奥の院に向かって歩く苦しい道中をことさらに簡略化している！「閑さや」の句が最大の効果を上げるような材料だけを選び抜いて、道中の様子を記している！『おくのほそ道』の文章構成の巧みさに気づいた瞬間です。

俳句は推敲に推敲を

その場合、クローズアップされた俳句がぴしりと決まっている見事なものでなければ、台無しです。芭蕉は、俳句を何回も練り直してぴたっと決まるまで推敲を重ねています。最初は「山寺や　石にしみつく　蟬の声」。「山寺」「石」の語のせいで、ややスケールの小さい感じのする句ですね。次には、「さびしさや　岩にしみ込む　蟬の声」としています。「さびしさや」と言われると、句のもつ味わいが限定されてしまいます。「しみ込む」も、水のような淡いものが連想されてしまう。ここは、「蟬の声」という生き物の声なのですから、それを際立たせたい。こうして、「閑さや　岩にしみ入　蟬の声」の句になっていった。推敲に推敲を重ねて作られた句は、スケールの大きい静寂な空間に身をおいたような感じがする句になっている。一語たりとも他の語に置き換えることを許さない句です。

俳文の神髄

散文部分が俳句に収斂していくように構成された文章。散文部分は、俳句に調和した、きりりとした男性的な漢文訓読口調で記されている。俳句は、重責を全うしてゆるぎない風格をもって、全体を引き締めている。これが、俳文『おくのほそ道』の魅力だったのです。

こうして味わい始めてみると、最初に述べた遊女の話も、余情のある話に変わってきます。芭蕉は遊女の同行の願いを拒否したけれど、気の毒なことをしたという思いをいだき、こんな句でこの章段を結んでいます。

一家に　遊女もねたり　萩と月

（＝一つ屋根の下に思いがけず遊女も泊まった。遊女と自分のような世捨て人との取り合わせは、萩の花と空の月。無関係のようだけれど、不思議な取り合わせの妙もある）

遊女への心が余韻として残っており、淡い物語性が浮かび上がる章段になっているのです。

さらに、冒頭文も、李白の「夫れ天地は万物の逆旅（＝宿屋）、光陰は百代の過客（＝旅人）なり」を踏まえつつ、人生を旅と見る芭蕉自身の人生観に連なっていくものだったのです。それからは、『おくのほそ道』が、ポイントを太い線で描いた水墨画の趣を持った底光りのする作品に見えてきました。遊女の話だけは水墨画の中に一点ほんのりと紅色をぼかして入れた部分です。

3　曾根崎心中——言葉が人形に魂を吹き込む——

元禄一六年（一七〇三年）初演
作者　近松門左衛門

赤字を黒字に

用事があって、ＪＲ大阪駅付近に行くと、大阪駅から歩いて一〇分の所にある「露天神社」を必ず思い出します。近松門左衛門の『曾根崎心中』に取り上げられた心中事件が起きた場所です。今から三〇〇年ほど前の元禄一六年（一七〇三年）四月七日、露天神社を囲む曾根崎の森で、若い男女が愛を貫く形で情死した。男は、醤油屋の手代・徳兵衛。二五歳。水も滴るようないい男。女は堂島新地の遊女・お初。二一歳。美しい売れっ子遊女。二人の心中事件は、当時の人々の心をうち、すぐに歌舞伎となって演じられました。一方、近松門左衛門も心中現場に取材に行き、人形の演じる語り物『曾根崎心中』を僅か二〇日余りで書き下ろし、五月七日に竹本座で上演。大当たりをとって、赤字続きだった竹本座は、見事に黒字に転じたと『今昔操年代記』（享保一二年（一七二七年））が記しているほど。

人形の演じる語り物、いわゆる人形浄瑠璃の舞台は、詞章を語る太夫、語りを先導する三味線弾き、人形操り師の三者から成り立っています。近松門左衛門は、太夫の語る詞章を書いたわけです。詞章は、演劇で言えば、脚本に該当します。脚本が良くなければ、演技者側がいくら頑張ってみても、優秀なものにはならない。逆に、脚本が良くても、演技者側が劣っていれば、脚本の良さは半減します。両サイドがともに優れている時に最高の傑作が生まれます。『曾根崎心中』が大ヒットしたのは、まさにそのケース。なにしろ、詞章を語ったのは竹本義太夫、三味線を弾いたのは竹沢権右衛門、人形を繰ったのは辰松八郎兵衛。当代切っての名人たち。評判にならなかったらおかしいくらいの豪華メンバーを結集した興行だったのです。ここでは、当時のままの姿で残されている『曾根崎心中』の詞章に注目してみます。一体、近松門左衛門は、観客をひきつけるために、どんな工夫を凝らした文章を書いたのか？　ここで明らかにしたいテーマです。

幸い舞台の方も、文楽座で昭和三〇年（一九五五年）に改定復活された『曾根崎心中』を演じています。その舞台を思い浮かべながら、近松浄瑠璃の特色を考えてみます。

心中に至る必然

『曾根崎心中』の筋立ては至ってシンプル。お初と徳兵衛は恋仲であったけれど、お初は豊後の客に身請けされそうになっており、徳兵衛は叔父の養女と結婚し江戸で店を開くという話が持ち上がっていた。お初を愛する徳兵衛は叔父の話を断る。叔父は激怒し、すでに徳兵衛の継母に渡した持参金を自分に返却し、大坂から出て行くようにと言い渡す。やっとの思いで継母から取り返した持参金を手にしている徳兵衛の所に長年の友達・九平次（くへいじ）がやってきて、金の一時貸しを頼み込む。友達思いの徳兵衛は、叔父に返す日まではまだ間があると思って貸してやったが、実は騙されたのだった。徳兵衛が九平次に金の返済を迫ると、九平次は大衆の面前で「金など借りた覚えはない。偽証文を作る『ゆすりの大罪人』」とまで言って徳兵衛を罵倒し、濡れ衣を着せた。徳兵衛は、その濡れ衣を晴らし、名誉挽回する必要に迫られた。お初は、徳兵衛の汚名をすすぎたい。元はと言えば、自分を愛するが故の事件であったから。相思相愛の二人は、こうして追い詰められ、心中の決行に及ぶ。これが『曾根崎心中』のあらすじです。筋書きは単純ですが、二人が心中に至る経緯は自然で説得力があります。

心を吹き込む

『曾根崎心中』の舞台には、美しいけれど無表情なお初人形が、観音めぐりでまず登場。人形の横手には、詞章を語って聞かせる太夫がいる。太夫は、徳兵衛を焦がれるお初の気持ちをこう語る、「**人の願ひも我がごとく、誰をか恋の祈りぞ**（＝お参りする人の願いも、私と同じように恋の成就であろう。誰を恋する祈りなのかしら）」と。観客はお初人形に恋に悩む心を投影させる。さらに、「**色に焦がれて死なうなら、しんぞこの身はなり次第**（＝恋に焦がれて死ぬのなら、ホントにこの身はどうなってもかまわない）」。お初人形に彼女の恋に殉じる気持を読み取る。「**薄煙、空に消えては、これもまた行方（ゆくへ）も知らぬ相思（あひおも）ひ**（＝空に消える煙をみては、これもまた行く末どうなるかも分からない二人の仲を示すかと思い悩み）」。将来を案じるお初の気持を人形に入れ込む。こうして、お初人形は、近松の書いた詞章を語る太夫によって心を持った人間になって行きます。

一方、登場した徳兵衛人形は、「**立ち迷ふ浮名（うきな）をよそに漏らさじ**（＝世間に立ち上るお初との浮名をよそに漏らすまい）」という詞章を語る太夫によって、恋に悩む男になる。しっかりした心理描写で、魂のない人形に心を入れ込んでいく。観客はその人形をじっと見つめる。すると、不思議にそう見える。表情のない人形だからこそ語りによってどんな心でも注入することが出来るのです。近松の詞章は、人形に魂を吹き込むことができるような心理描写をしているのです。

快いリズムで魅惑

愛し合うお初と徳兵衛はあの世で夫婦になることを夢見て、曾根崎の森をめざして歩みます。その道中を描写する文章（＝道行文）は、この上なくリズミカルで美しい。どうぞ声を出して読んでください。

此の世のなごり。夜もなごり。死にに行く身をたとふれば、あだしが原の道の霜。一足づつに消えてゆく。夢の夢こそあはれなれ。あれ数ふれば、暁の七つの時が六つ鳴りて、残る一つが今生の。鐘のひびきの聞き納め。寂滅為楽と響くなり。鐘ばかりかは。草も木も。空もなごりと見上ぐれば。雲心なき水のおと。北斗は冴えて影映る、星の妹背の天の川。梅田の橋を鵲の橋と契りて。いつまでも。我とそなたは女夫星。必ずそふと縋り寄り。二人が中に降る涙。川の水嵩も増さるべし（＝この世の最後、夜も最後、死にに行く二人の身をたとえると、あだしが原の道の霜が一足踏むごとに消えていくようなもの。一歩一歩死地に近づく。それは、夢の中で見る夢のようにはかなく哀れ。「あれ、数えると、暁の七つ（午前三時）を告げる鐘が六つ鳴って、残る一つがこの世での鐘の音の聞きおさめ。寂滅為楽と響いている。最後となるのは、鐘だけではない。草も木もそして空も見納めね」と言って空を見上げると、雲は無心に動き、水も無心に音をたてて流れている。北斗星は冴えて川の水面に影を宿している。その川を天の川と見立て、牽牛織女が渡る鵲の橋に、梅田の橋をなぞらえて、夫婦の契りをこめ、「いつまでも私とあなたは女夫星。必ず夫婦」とすがり寄る。二人の間に流れる涙で、川の水かさも増すだろう）。

実にリズミカルな名文。なにしろ、七音と五音の繰り返しから成り立っている。一番整えにくい会話まで七五調なんですよ！　音数からはずれるように見えるのは、「寂滅為楽と」だけ。でも、ここも「ジャクメッ」の末尾の「ツ」は、小さく早く発音し、七音に近い形で語っています。つまり、すべてと言ってよいほど七音・五音の七五調。これは、もう散文ではなく、韻文です。そもそも、『曾根崎心中』の詞章は、どこをとってもほとんど七音・五音の組み合わせから成り立っています。こうした七五調の文章が太夫によって語られると、さらに耳に快いリズムとなる。観客は、心地よいリズムに陶然として聞き入ります。近松は、耳で聞く時に最も快適なリズムをつくる文章を創作できた作家なのです。

感情移入を強く促す

のみならず、状況描写と会話文とが自在に入れ替わり、渾然と一体化している文章を創りあげる。道行文をもう一度見てください。「…夢の夢こそあはれなれ」までは状況説明、その直後の「あれ数ふれば」からは、セリフ。「見上ぐれば」からは、状況説明の文になり、「いつまでも。我とそなたは女夫星。必ずそふ」になると、またセリフになる。状況説明からセリフに、セリフから状況説明に滑らかに流れるように移行している文章です。

状況説明文が会話文に自在に移行できるということは、状況説明が登場人物の心情に寄り添った形でなされているということです。客観的な状況説明ではないのです。観客は、登場人物の心情に即した状況説明を聞いた後、その延長上にある類似の心情を、もう一度登場人物のセリフという形で聞くことになる。違った言葉で二度説明されたのと同じ効果が出るのです。ということは、観客はより強く登場する人形に感情移入できるということ。こういう詞章を、太夫が熱をこめて声を惜しまず語っていくと、観客は目に涙を浮かべて聞き入る。登場人物である人形に、嫌でも感情移入させてしまう力をもった文章なのです。

美しい語りの日本語

道行文の後には、いよいよ心中決行の場面。舞台には死に装束のお初と格子縞の着物を着た徳兵衛が、一本の長い帯を体に巻き付け、決して離れまいと抱き合っている。「早く殺して」のお初の声に徳兵衛は脇差を抜くのだけれど、**「いとし、可愛いと締めて寝し、肌に刃が当てられうかと、眼もくらみ、手も震ひ、弱る心を引き直し、取り直してもなほ震ひ」**と、七五調でお初の喉を突きかねている徳兵衛の苦しみが語られる。徳兵衛とお初は組んず解れつのた打ち回る。人形が演じているために、その場面は美しく妖艶ですらある。それでも、とうとう徳兵衛はお初の喉を掻き切り、自分の喉も掻き切って、お初に重なるようにして果てて行く。

語りの真骨頂を発揮する近松浄瑠璃の詞章。どこをとっても美しく、リズミカルな七五調。観客が人形に魂を感じるような心理描写。観客が人形に強く感情移入してしまう効果的な文章構造。声を出して読むたびに、消してはならない日本語の伝統の灯火だと感じさせられます。

4 雨月物語―怪異のリアリティ―

安永五年（一七七六年）刊行
作者 上田秋成

重層効果を持つ表記

いきなりですが、次の漢字を読んでいただけますか？「生業」「同胞」「寿命」。現代なら、「セイギョウ」「ドウホウ」「ジュミョウ」と音読みしますね。ところが、『雨月物語（うげつものがたり）』では、順次「なりはひ」「はらから」「ことぶき」と振り仮名をつけています。ちょっと古めかしい和語で読ませる。振り仮名は、単に読み誤りを防ぐためにあるのではないんですね。本文にある漢字と複合して新たな効果を生み出すためのものです。江戸時代には、こんなふうな凝った振り仮名が時に見られるのですが、作者の上田秋成は、特に積極的にその効果をねらって、文章を書いている。表記のみならず、『雨月物語』に収録された九つの短編はどれも凝っており、裏に重要な意味を秘めている。その深さが独特の魅力を放ちます。刊行は、安永五年（一七七六年）、江戸時代中期のこと。

収録されている短編は、「白峰（しらみね）」「菊花（きくか）の約（ちぎり）」「浅茅（あさじ）が宿（やど）」「夢応（むおう）の鯉魚（りぎょ）」「仏法僧（ぶっぽうそう）」「吉備津（きびつ）の釜（かま）」「蛇性（じゃせい）の婬（いん）」「青頭巾（あおずきん）」「貧福論（ひんぷくろん）」の九編。どの短編も、じわりとした恐怖感が漂っています。深夜にふとその内容を思い出すと、思わずあたりの様子をうかがって頭が冴え渡り、人間の性（さが）をしみじみと恐ろしくも悲しくも美しくも感じて、白々と夜が明けるまであれこれ思いをめぐらせてしまうといった類のものです。

たとえば、愛し信じていた夫が、都に出て一旗あげてくると言い残して突然家を出て行ってしまったら？　残された妻の身の振り方にはいろんな可能性がある。「浅茅が宿」の妻・宮木（みやぎ）のように、死んで白骨になっても、まだ一途に夫の帰りを待ち続けることも、ぞっとするけれど、ありえないとは言い切れない。また、真心を尽くしているのに、夫に裏切られたら？　「吉備津の釜」の妻・磯良（いそら）と同じように、夫を恨み復讐の鬼と化し、夫をとことん追い詰めて取り殺してしまうことだって、考えられないわけではない。あるいは、ビビッと来るような美男に出くわしたら？　「蛇性の淫」の大蛇ではないが、絶世の美女に変身して色男・豊雄（とよお）の心をとらえたい。『雨月物語』の短編の主人公たちは、いずれも、愛執の念、復讐の念、信義の念などの激しい執着心をかかえており、それが怪異事件を展開させているのだけれど、その事件は鮮烈で現実味を帯びて読者に迫ってくる。一体、どう描かれているから、読者は迫真のリアリティを感じてしまうのか？　これが、ここでのテーマです。

採り上げるのは、「菊花の約」。人との約束をないがしろにしがちな現代人にピシッと鞭をくれる話であると同時に、背後にある習俗を知った時に一層深さを増す古典だからです。

二人の男の出会い

播磨国（兵庫県）に丈部左門（はせべさもん）という清貧に甘んじる儒学者が老母と二人で暮らしていた。ある時、左門が知り合いの家に行くと、壁を隔てた部屋に病気で苦しんでいる旅人がいる。左門は、その旅人を気の毒に思い、献身的な看病を施した。その甲斐あって、旅人は一命を取りとめる。旅人の名は、赤穴宗右衛門（あかなそうえもん）。出雲国（島根県）富田の城主・塩冶掃部介（えんやかもんのすけ）に仕える武士。

宗右衛門が密使として近江国（滋賀県）の佐々木氏綱の所に滞在している間に、塩冶掃部介は尼子経久（あまこつねひさ）に城を奪われ、討ち死にしてしまった。出雲国は、もともと佐々木氏綱の領地で、掃部介が守護代であったのだから、宗右衛門は、ただちに氏綱に経久追討を進言した。だが、氏綱はこれを渋り、かえって宗右衛門の身柄を拘束する始末であった。宗右衛門は、かろうじて氏綱の手から逃れ、出雲に戻る途中に病に倒れ、左門に助けられたのである。

宗右衛門は、左門に計り知れぬ恩義を感じる。「**吾半生**(はんせい)**の命**(いのち)**をもて必ず報**(むく)**いたてまつらん**」と口にするほど。さらに、二人は昼夜を分かたず語り合っていくにつれ、何一つ心の合わぬことがなく、互いに感動し喜び合って「**終**(つひ)**に兄弟の盟**(ちかひ)**をなす**」。「兄弟の盟をなす」がポイントです。現代では、ごく普通に「兄弟になろうという固い約束をした」ととれますね。ところが、後で述べますが、そんな表面的な意味ではありません。すっかり回復した宗右衛門は、翌年の九月九日の菊の節句の日に再び左門のところに戻ってくることを約束して、出雲に向けて出発する。

約束を果たすために

宗右衛門が出雲に戻ってみると、かつて塩冶掃部介に従っていた人間はみな尼子経久に寝返っていた。宗右衛門の従兄弟の赤穴丹治(あかなたんじ)でさえ、恩義よりも利害を説いて宗右衛門を経久に仕えさせようとする。宗右衛門は、とりあえず経久に対面するが、疑り深い性格を見抜き、出雲を去ろうとする。経久は快く思わず、丹治に命じて宗右衛門を幽閉してしまう。

左門と約束した再会の日は刻々と近づく。監禁された宗右衛門は、播磨国の左門のもとに行くことができない。九月九日になった。左門は、酒肴を用意して、宗右衛門を待った。宗右衛門は現れない。ついに日が暮れた。左門は外の方ばかりが気になり「**心酔**(ゑへ)**るがごとし**」。登場人物が怪異現象を体験しても不自然ではない精神状態が描きこまれていきます。

老母は、左門に翌日を期するように言い聞かせたが、左門は母だけを寝かせて自分は寝ずに待ち続けた。番犬の吠える声がし、海岸の波の音がすぐ足もとまで押し寄せてくるかのようである。月も沈み辺りは闇に包まれた。その時、「**おぼろなる黒影(かげろひ)の中に人ありて、風の随(まにまに)来るをあやしと見れば赤穴宗右衛門なり**」。宗右衛門が帰ってきた！　左門は、躍り上がらんばかりに喜んで、宗右衛門を出迎え家の中に誘い入れる。その誘い入れる言葉は左門自身が発しているのに、「**いふめれど**（＝言うようだけれど）」と本人に意識されています。左門が自分の言葉とは思えないほど上ずっている心的状態であることを、作者は周到に描きこんでいます。

宗右衛門は頷くばかり

家の中に招じ入れられた宗右衛門はどうしたか？　左門の言葉に「**只点頭(うなづき)て物をもいはである**（＝ただ頷くばかりで一言も口をきかない）」。酒や肴を勧めても、宗右衛門は「**袖(そで)をもて面(おもて)を掩(おほ)ひその臭(にほ)ひを嫌(い)み放(さく)る**」そぶりを示す。宗右衛門は一言も発しない。ただ、闇の中で頷いたり、袖で肴の臭いを防いでいる動作だけが描かれています。

左門が口をきいてくれないことを嘆くと、宗右衛門はため息をついてようやく打ち明ける、「**吾は陽世(うつせみ)の人にあらず、きたなき霊(たま)のかりに形を見えつるなり**（＝自分は実はこの世の人間ではない。穢れた魂が仮に形を現したものである）」。なに、生身の人間ではない！　左門は驚いて強く否定する、「**更に夢ともおぼえ侍らず**」。宗右衛門は言う、「人は一日に千里を行くことは出来ない。でも、魂は一日に千里を行けるという古人の言葉を思い出し、自ら命を絶って亡魂となって、菊花の約を果たすために、陰風に乗って左門(おとうと)のもとにやって来た」と。「**この心をあはれみ給へ**」と亡霊は言い残して、忽然と姿を消す。左門は、あわててとどめようとしたけれど、「**陰風(いんふう)に眼(まなこ)くらみて**」見失ってしまった。登場人物の動作は、暗闇の中のほのかな動きとして印象付けられ、登場人物の声は闇の中から聞こえてくるように描かれています。

夢ではないと強調する

左門は悲しみの余り、料理をならべた皿の上に激しい音をたてて倒れ臥してしまった。老母が目覚めて左門をいさめる。左門は事情を話すけれど、老母は信じない。左門は「**まことに夢の正なきにあらず。兄長はここもとにこそありつれ**（＝ほんとに夢のように不確かな事ではないのです。兄上は確かにここにおられたのです）」と強調する。母親もようやく信じた。

夢ではない事を再三登場人物が主張することによって、読者にも怪異現象が事実であったことを信じさせる。作者は、実に鮮やかな手さばきで怪異現象を描いているのです。①怪異が起こっても不思議ではない心的状態を描く、②怪異の細部を描き、凄みを帯びた映像を浮かび上がらせる、③夢ではない事を強調して現実感を抱かせる。読者は、こうして冥界を体験してしまうのです。最初に述べた和語の振り仮名も、独特の柔らかさと土着の匂いで読者にまとわりつき、怪異が身近に起こっているように感じさせます。

左門は、宗右衛門を幽閉した丹治に敵討ちをする決意を固める。老母を妹に頼んで、出雲国に行き、隙を突いて、丹治を見事に討ち取った。城主の経久は「**兄弟信義の篤きをあはれみ**（＝義兄弟の信義の篤さに感じて）」、左門を敢えて追討させなかったという話。

命まで捨てるとは？

この話を最初に読んだ時は、約束を重んじる人間の一途さに感動しました。でも、疑問も残った、自分の命を絶ってまで、約束を守るというのは、異常ではないか？　この疑問は、氏家幹人さんの『武士道とエロス』で男色という習俗をつぶさに知った時に見事に解消しました。そうか、左門と宗右衛門は、男同士の同性愛で結ばれていた仲だったんだ！　男同士の性愛関係は、戦国時代から江戸時代初期には、逸脱した性関係として異常視されるどころか、逆に武士道の華と賛美されていた。男同士の情愛は信義に基づくもので、一命を賭けて守り抜かなければならない崇高なものと位置づけられていたのです。だから、宗右衛門は命をかけて約束を守ろうとした。鬼気せまる約束の守り方には、男色という習俗が背後にあったのです。

また、「義兄弟」の敵討ちも、社会的に認められていた。だから、左門はお咎めを受けずにすんだわけです。江戸前期の武士社会における男同士の濃厚な絆のありようを踏まえてみると、この短編がさらに深くエロスの輝きを放ってきます。それは、現代人の気づかなかった習俗。古典を読む醍醐味はここにあります。

5　東海道中膝栗毛——シモネタの生む開放感——

享和二年（一八〇二年）～
文政五年（一八二二年）刊行
作者　十返舎一九

ベストセラー小説だけれど

滑稽本『東海道中膝栗毛（とうかいどうちゅうひざくりげ）』の人気はすごかった。なにしろ、享和二年（一八〇二年）から文政五年（一八二二年）までの二一年間にわたって、「正編」「続編」あわせて二〇編も刊行され続けたのです。売れなかったら、出版はすぐに打ち切られる。これは、今も昔も変わらない。ともかくすごい勢いで大衆の心をつかみ、読まれ続けたのです。

にもかかわらず、私は最初に『東海道中膝栗毛』を読んだ時、かなり不愉快になってしまったのです。たとえば、川崎で弥次さんの乗った馬の口をとる男が、喜多さんを乗せた馬方にこんな話をする。「千葉出身の馬方の嬶（かかあ）が、うちの親方の家の裏の出入口で小便をしてやがる。**シャアシャア**なんて音を聞いていると、こちらもヘンな気持ちになってよ、かまうこたあねえ、やっちまえって思ってよ、その嬶の腕をいきなりねじあげて打ち倒した。嬶はたまげて、何するのってぬかしやがるから、おとなしくしろって言ったんだが、すげえ力のある女でよ、おれを突き飛ばしやがった。おれも、えい、何しやがると嬶の横っ面をぶんなぐって、厩（うまや）の壁へ押し倒して上から乗っかったんだ。往生際の悪い女でよ、乗っかられてもまだ小言をぬかしやがるから、おれは持っていた餅を女の口へ突っ込んだ。そしたら、**むしゃむしゃ**と餅を食いやがって大人しくなったから、おれは思うようにできたよ。女は餅を

『**もっとくれろ**』と言いやがるんで、おれは手探りで馬の糞とも知らずに女の口に押し込んだ。女の怒ること怒ること。おれも、かわいそうになって、とうとう杉下駄をひとつ買ってやった。ひでえ物入りさ」。

こういう話、笑えます？　弥次さん・喜多さんは、この話に大喜びしていますが、私は笑うどころか、ゲーッ、不潔！と感じ、さらにだんだん腹が立ってきたのです。これってレイプでしょ。女性をバカにするのもいい加減にしてよ。一体全体、『東海道中膝栗毛』のどこが、江戸庶民の心をとらえたの？　これがここでのテーマです。『東海道中膝栗毛』と言うと、ふつう「正編」のお江戸日本橋を出発点に、大坂に辿り着くまでの弥次さん・喜多さんの珍道中を指します。ここでも、対象は「正編」。

シモネタ満載

『東海道中膝栗毛』を読むと、一番目立つのがシモネタ。「**けつ**」「**尻**」「**金玉**」「**糞**」「**小便**」「**ばりをこく**（＝小便をする）」「**ひょぐる**（＝小便を勢い良く出す）」などの言葉が大行進。喩(たと)えもシモネタ。腰の下まである長羽織から股が見えれば、「**暖簾(のれん)から金玉がのぞいている**」などと。話そのものも、シモネタが多い。たとえば、桑名を少し過ぎた富田(とみた)での話。この辺の名物は焼き蛤(はまぐり)。茶屋の女が焼き蛤を運んでくる。すると、弥次さんはすかさず女に向かって言う、「**おまへの蛤なら、なほうまからう**」。「蛤」は女性性器を意味する隠語。弥次さんは、どうしようもないスケベおやじなんですね。おまけに「**女の尻をちょいとあたる**（＝さわる）」。セクハラ大好きな中年男です。でも、触られた女の方も、「**ヲホホホホ、旦那さまはようほたえてぢゃ**（＝ふざけるのがお好きね）」と笑ってあしらっています。あれれ、現代とは、ちょっと違う反応！　今なら、セクハラで女性は訴えます。そうか、現代のモラルから『東海道中膝栗毛』を、読んではいけないんだ。もっと性に関しておおらかな時代背景を汲み取って読むべき作品なんだ。そう気がつき、差別・セクハラなどの西洋化された現代の性意識を綺麗さっぱり捨て去って読んでみると、シモネタ話がにわかに違った色合いを帯びてきました。

四〇男の弥次さんの相棒は、言うまでもなく喜多さん。彼は二〇代前半の若者。けれど、惜しいかな、獅子鼻でイケメンからは程遠い。二人は、時間制で主人と従者の役割を交代している。焼き蛤が目の前に置かれた時が、ちょうど役割交代の時刻。喜多さんが主人になった。喜多さんは、早速弥次さんの方に荷物を押しつける。その拍子に、焼き蛤を盛ってある皿がひっくり返って、熱い焼き蛤が弥次さんの懐へ「**ひょいと**」飛び込んでしまった。懐で蛤の熱い煮汁がこぼれる。「**アッツツツツツ**」。喜多さんは大慌てで弥次さんの懐から焼き蛤を取り出そうとしたが、あまりの熱さに焼き蛤を弥次さんの臍の下に取り落してしまった。あせって弥次さんの股引の上から「**金玉と蛤を、一緒につかむ**」。弥次さんは悲鳴を上げる、「**アアアアッツツツツ、こりゃどうする。金玉がこげらア**」。股引の前あわせを急いでひろげると、「**蛤はぽったり落ちる**」。それをみて喜多さんは言う、「**ハハハハ、まづは御安産でおめでたい**」。そして、喜多さんは狂歌を詠む、「**膏薬（かうやく）は　まだ入れねども　蛤の　やけどにつけて　よむたはれうた**（＝膏薬はまだ入れてない蛤でやけどをしたけれど、やけどにことよせて戯れ歌を詠んだよ）」。

当時は、やけどにつける膏薬も蛤貝に入れて売っていたんですね。あっけらかんとして、不思議な開放感を感じます。うーむ、これだ、この開放感だ。『東海道中膝栗毛』には、猥談をいささか誇張しつつ、面白おかしくしゃべりあってげらげら笑いこけるあけっぴろげの世界がある。それが、江戸庶民に受けたに違いありません。

漫才顔負けの会話

軽口のたたきあいも、開放感を与えてくれます。川崎で大名行列に出くわし、先払いが「**馬士（まご）、馬（むま）の口を取（とり）ませ**

うぞ」と言っているのを聞いて、すかさず喜多さんは言う「**馬の口も取りはづしができるかのハハハハ**」。また、神奈川のはずれの宿場では一二、三歳くらいの伊勢参りする小僧に出会う。弥次さんは小僧の出身地の村人のことをからかいながら聞く、「**与太郎どののかみさま**（＝奥さま）**は、たしか女だっけ**」。小僧は答える、「**おかつさまア女でござり申す。よく知っていめさる**（＝いなさる）」。当たり前のことに感心する小僧のバカさ加減が笑えます。

また、藤沢で老人に道を聞かれて、弥次さんが「**その橋の向ふに鳥居**（とりゐ）**があるから、そこを真っ直ぐに**」。「**まがると田甫**（たんぼ）**へ落っこちやすよ**」と喜多さんが茶々を入れる。「**ええ、てめぇ黙っていろえ**」。

名所で詠まれる狂歌もおかしい。義経の首だけが飛んできたのを祭ったという白旗宮（しらはたのみや）という神社で、弥次さんは詠む、「**首ばかり　とんだ話の　残**（のこ）**りけり　ほんのことかは　しらはたの宮**（みや）」。また、うなぎが名物の新田（しんでん）に来た時に、二人は蒲焼（かばやき）のいい匂いに鼻をぴくつかせ、「**蒲焼の　にほひを嗅**（か）**ぐも　うとましや　こちら二人は　うなんぎの旅**（たび）」。「うなんぎ」には「うなぎ」と「難儀（なんぎ）」が掛かっています。漫才のような軽口の叩きあい、ダジャレであふれかえった狂歌、これらもまた人々を笑わせ、開放感を与えてくれます。

いたずらの報復

やられたらやりかえす、いたずらの報復も、読者を痛快な気持ちにさせます。たとえば、小田原でくりひろげられた五右衛門風呂事件。弥次さん喜多さんは、五右衛門風呂の入り方を知らない。関東圏ではあまり使われていなかったからですね。それでも、弥次さんはトイレ用の下駄を見つけ、それを履いて湯船につかった。風呂から上がると、自分が履いて入った下駄を隠して、何食わぬ顔で喜多さんに風呂を勧める。喜多さんは、素足で入り、あまりの熱さに飛び上がり、弥次さんに風呂のはいり方を尋ねる。弥次さんは、「**馬鹿め、水風呂**（すいふろ）**へ入るに、別に入り**

やうが有(ある)ものか。先(まづ)そとで金玉(きんたま)をよく洗って、そして足からさきへ、どんぶりこすっこっこ」。喜多さんは、隠してあった下駄を見つけ、その下駄で湯船に浸かるのだが、下半身が熱くて下駄で釜底を「**ぐゎたぐゎた**」やっているうちに、風呂釜の底を踏み抜いてしまい、弁償の憂き目にあった。弥次さんはげらげら笑って喜んでいる。喜多さんは秘かに仕返しをもくろむ。

弥次さんが宿の女に金を渡して夜の約束をしたのを知った喜多さんは、宿の女に耳打ちする。弥次は梅毒だから、感染(うつる)かもしれない。それに腋臭(わきが)で口臭もすごいと。女は驚き、夜やって来ない。そうとは知らない弥次さんは待ちぼうけ。喜多さんは一矢報いて「**ハハハハハハハワハハハハハハハ**」。やられっぱなしでは面白くないのだけれど、やりかえすから読者も痛快。

ドジな行動

さらに、二人のドジな行動も読者の優越感をくすぐります。たとえば、浜松で宿を取った晩の出来事。弥次さんは、湯殿から色白の宿屋の奥さんを見て早速心を動かす。折から頼んだ按摩(あんま)が言う、「奥さんは後妻で、先妻のたたりで精神に異常をきたしている。首をくくった先妻の幽霊が毎晩屋根の上に出る」と。二人は、すっかりおびえてしまった。だだっ広い宿屋に後妻の念仏のたたき鉦(がね)の音が陰々とひびく。天上では鼠が「**からからから**」と駆け巡り、「**チウチウチウチウ**」と鳴いている。「**ぽたりぽたり**」と軒から雨だれが落ちる。外では不気味な迷子探しの声と鉦の音がする。「**チャチャチャチャチャン**」。二人は、恐くて蒲団を頭からすっぽり。

だが、弥次さんは、小便が我慢できなくなった。二人で部屋の雨戸を開けてそこで用を足すことに。「**そろそろと**」障子を開け、雨戸を「**さらりとあけたところが、何か庭のすみに、白いものが中途にふはふは**」。二人は

「**きゃっと**」叫んで気絶してしまった。宿屋の亭主が騒ぎを聞きつけてやってくる。亭主は、白い物を見て言う、「**イヤあれは繻袢（じばん）でおざります**」。下女が、洗濯した女物の繻袢を取り込み忘れたものであった。読者は、二人の臆病さ加減を見て、自分はそんなヘマはやらないと優越感を刺激され、楽しくなります。

『東海道中膝栗毛』が、人気を博したのは、あけっぴろげのシモネタ話、軽口の叩きあいやダジャレだらけの狂歌、いたずらの報復、ドジな行動、これらが読者に開放感や優越感を与えるからなのです。賑やかなドタバタ喜劇の笑いに通じます。賑やかさを支えているのは、小便の音「**シャアシャア**」をはじめとする太字で示した多くの擬音語と擬態語。差別意識なんて糞食らえ、セクハラなんて何だっぺ。ピリピリした現代の価値基準をもう一度考え直させるところに、『東海道中膝栗毛』の意味があります。

6 蘭東事始―翻訳者の良心の告白―

文化一二年（一八一五年）刊行
作者　杉田玄白

『蘭東事始』が元の書名

「『蘭学事始』と一般に言われていますけれど、エー、そもそもの書名は『蘭東事始』なんです。序文に『**蘭已に東せりとやいふべき起原**（＝オランダ学が東の日本にやってきた当初の様子）』を内容としているからと、書名の由来が記されていますからね」。

国語学者・松村明教授は、ご自分で校注を施された日本古典文学大系『蘭東事始』を手にしながら、穏やかな口調で、私たち学生に説明しました。えっ、『蘭学事始』じゃあないの？　私は、俄かに信じられずに、教授の笑みをたたえた丸顔を見ていました。

教授によれば、『蘭学事始』という書名は、明治二年（一八六九年）に福沢諭吉が『和蘭事始』という書名の写本を一般向けの刊本として出版する時に、わかりやすさを考えて名づけた書名であり、実際に残っている写本には、『蘭東事始』あるいは『和蘭事始』という書名のものしかないのだそうです。『蘭学事始』という書名の写本はないのです！　きちんと典拠まで記されている書名は、『蘭東事始』なのです。それ以後、私は、『蘭学事始』ではなく、『蘭東事始』と呼んでいます。原書名を重んじたいですからね。

『蘭東事始』の著者は、杉田玄白。オランダ語の翻訳創始をめぐる思い出を書き記したものです。玄白は、八二歳になって、オランダ学創始をめぐる事実を書き記しておく必要を感じ、老体に鞭打って執筆。途中で、病を得て中断したけれども、奇跡的に回復し、全体を書き終えて、弟子の大槻玄沢に託した。なぜ、それほどまでにして『蘭東事始』を書き上げる事に執着したのか？　本書の内容の多くを占めているのは、『解体新書』翻訳の経緯です。

『解体新書』の本当の翻訳者は？

『解体新書』の翻訳者は、杉田玄白と一般に知れ渡っています。事実、『解体新書』の冒頭には、「杉田玄白訳」と記されています。そのあとに「中川淳庵校正、石川玄常参校、桂川甫周校閲」とあります。さらに巻末には「杉田玄白著」と記されています。あたかも、杉田玄白が一人で成し遂げた翻訳事業のように見えます。

ところが、玄白が老軀と闘いながら執筆した『蘭東事始』を読んでいくと、『解体新書』の翻訳作業は前野良沢に指導されつつ進められていったことがわかります。前野良沢なくしては、『解体新書』の翻訳はなしえなかった。にもかかわらず、『解体新書』には、前野良沢の名前

杉田玄白　老骨に鞭打って、『蘭東事始』を書いた。それは何故か？　『杉田玄白自画像』（早稲田大学図書館蔵）

は一切出てこない。ここに『蘭東事始』が書かれなければならなかった真の理由が秘められているように思えます。それを述べるのが、ここでのテーマです。

玄白は、『蘭東事始』で、まず蘭学が起こる以前からあったオランダ外科と呼ばれる流派をあげて説明しています。さらに、当世のオランダ語の通訳者・翻訳者たちを批判した後、突如として前野良沢を紹介します。良沢は、自分の友で医者だが、「**天然の奇士**（＝うまれつきの変人）」で、人のやらないオランダ語を学ぼうとする熱意は人一倍強く、オランダ語の本を見て、「言語が異なると言っても、同じ人間のすることであるから、理解できないはずはない」として、オランダ語に通じている青木昆陽の弟子になって、オランダ語のマスターに心を砕いている。自分（＝玄白）は、通訳者の西善三郎にオランダ語を学ぶのは至難だというサジェストを受け、「**そのごとく面倒なる事を為しとぐる気根はなし、徒に日月を費すは無益なる事と思ひ、敢て学ぶ心はなくして帰りぬ**」と、早々とオランダ語の習得を諦めてしまったことを記しています。玄白は、時間の空費を恐れる現実肌のせっかちな人なんですね。一方、良沢は、学ぶのが困難だと聞けば聞くほど熱意を燃やす「変人」です。玄白よりも、はるかに粘り強く学者肌の人物です。

艪・舵なき船が大海に乗り出す

さて、運命の日がやってきました。明和八年（一七七一年）三月三日のこと。千住骨ヶ原で人体解剖があるという知らせを玄白は受けた。良沢もさそって出向くことにした。それまで人体解剖に医者が立ち会うことは認められていなかった。医者は、中国の解剖図で内蔵の様子を知る以外になかったんですね。

当日、玄白も良沢も胸をときめかせて懐に一冊のオランダ医学書をいれ、浅草で落ち合った。良沢がそれを取り出して「これは『ターヘルアナトミア』という、オランダの解剖書である」と言った。見ると、玄白が苦労して手に入れ、今懐にしている本と全く同じ書物ではないか。期せずして、二人は同じ本を懐にしていたのだった。しかも、実際の人体解剖に立ち会うと、『ターヘルアナトミア』の解剖図の正しいこと！　それまで目にしていた漢方の解剖図が、間違っていることを実感した。『ターヘルアナトミア』を翻訳して、医学の発展に尽くさなくてはならない。良沢と玄白の気持ちは、完全に一致した。良沢は、オランダ語なら少しは分かるから、それを土台にして『ターヘルアナトミア』を一緒に読み始めようと提案した。

その翌日、良沢は、玄白と淳庵を自分の家に呼び、翻訳作業を開始した。だが、「**ターフルアナトミイ**（ターヘルアナトミアと同じ）**の書に打向ひしに、誠に艪・舵なき船の大海に乗出せしが如く、茫洋として寄るべきかたなく、ただあきれにあきれて居たるまでなり**」。こんな時に頼りになったのが、前野良沢です。玄白はこう述べています。良沢は「**齢も翁**（＝玄白）**などよりは十年の長たりし老輩なれば、これを盟主と定め、先生とも仰ぐこととなしぬ**」。良沢を中心人物と決め、先生と仰いで翻訳作業が始まったのです。時に、良沢四九歳、玄白三九歳、淳庵三三歳。その時の玄白のオランダ語学力は、オランダ語のアルファベットさえよく知らないという心もとない状況であった。良沢がいなければ、『ターヘルアナトミア』の翻訳は手も足も出なかったのです。

ちなみに、彼らが翻訳した書物のタイトルは『Ontleedkundige Tafelen』（＝解剖学表）。扉絵に「TABULAE ANATOMICAE」とあるのを『ターヘルアナトミア』と読み、書名だと思ったようです。

宝物を手に入れたような喜び

翻訳の苦労は、並一通りではない。なにしろ、オランダ語の辞書もないのです。だから、「眉（ウェインブラーウ）」の意味が書いてある短い説明文さえ理解できない。「**長き日の春の一日には明らめられず、日暮るまで考へ詰め、互ににらみ合て、僅一二寸計の文章、一行も解し得る事ならぬ事にてありしなり**」。でも、時には意味がひらめくことがある。玄白は「フルヘーヘンド」なる語の意味を明らかにしえた時の感動をこう記します。「**鼻は面中にありて、堆起せるものなれば、『フルヘーヘンド』は堆といふ事なるべし。しかれば此語は堆と訳しては如何といひければ、各これを聞て、甚尤なり、堆と釈さば正当すべし**」。皆が、玄白の提案した「うづたかし」の訳語に賛同し、感心してくれた一瞬です。「**其時の嬉しさは、何にたとへんかたもなく、連城の玉をも得し心地せり**」。連城の玉というのは、またとない宝物のこと。秦の昭王が、趙の恵王の得た宝玉を、一五の城ととりかえたいと申し入れたという故事に基づく表現です。分からなかったことがふっと解けた瞬間！　何物にも代えがたい至福の時です。良沢も、こうした瞬間を何十回も感じていたに違いありません。どう考えても分からない語句は丸の中に十を書いて、「轡十文字」と名づけ、「**それも又くつわ十文字くつわ十文字と申したりき**」。分からない語句だらけだったのです。

こうした苦しみを一月に六、七回、一年間も続けると、「**読むに随ひ自然と**」分かることも多くなっていった。一日に、一〇行以上も訳せることもあった。二、三年もたつと、翻訳作業はサトウキビをかみしめるように、その甘みがわかるようになった。「翻訳作業で集まる日は前の日から待ち遠しく、子供や女が祭りに行く時のようにわくわくした」と玄白は記しています。

玄白の良心

玄白は、翻訳の会合が終わると、その日のうちに、訳文を考えて草稿を作った。その時に訳し方をいろいろと考

え直し、工夫して改めているうちに四年たった。その間、一一回も草稿を書き直して、ようやく印刷屋に渡して
「遂に解体新書翻訳の業成就したり」。

『解体新書』の翻訳者は「杉田玄白」の一人の名前になり、「先生」と仰いで頼った前野良沢の名前は全く削除されていた。良沢にすれば、自分がいなければ成り立たなかった『解体新書』の翻訳の功績を独り占めにするような行為は、許しがたかったと思えます。玄白は、『解体新書』の刊行をこう説明しています、「なんとかして人体解剖図だけでも早く知り、明らかにして、治療の実際に役たせて、世の医家たちにも新しい考えをもつ基にしてやりたかった。そこで一日も早く、この本を用立てることができるようにしたいと志を立てたのであって、他に何も望むところはなかった」と。いささかきれいごとの説明です。どんなに自分がその日の会合で分かった所を訳文にまとめたとはいえ、玄白一人の業績ではないのです。せめて、「共訳」にすべきでした。

以後、良沢は病気と称して門を閉ざして、翻訳作業に専念し、ひっそりと亡くなって行きました。一方、玄白は『解体新書』の翻訳者としてもてはやされ、幕府にも重用され、多くの立派な弟子たちに囲まれ、裕福な晩年を送っています。

『蘭東事始』は、なぜ書かれたのか？　もし『蘭東事始』が公にされていなかったら、『解体新書』への良沢の貢献は永久に隠されたままだった。玄白は、『蘭東事始』に良沢のことを記して、事実を明らかにしています。良沢に謝罪しているように思えます。壮年期に功名心にかられて自分一人の業績にしてしまったことに対する負い目を、玄白は死の直前まで抱き続けていたのではないか。

弟子に整理してもらった『蘭東事始』の原稿を見て、玄白は「私の年来の願いは、これで埋め合わせられた」と言って喜んでいます。『蘭東事始』は、玄白の良心の告白といった趣を秘めており、それがなんとも言えない魅力になっています。

7　南総里見八犬伝—迫力満点の戦闘シーン—

文化一一年（一八一四年）～天保一三年（一八四二年）刊行
作者　曲亭馬琴

辞書の八犬士がヒント

私は、言葉の研究をしている関係で、昔の国語辞書をよく引きます。気に入りの辞書の一つに『書言字考節用集』という江戸時代初期の国語辞書があります。その辞書は「あら、そうだったの」という意外なことを簡潔に記しているのが、魅力的。江戸時代の鶏の声が現在の「コケコッコー」ではなく、「東天光」であったことを私に教えてくれたのも、その辞書です。

ある時、その辞書をぱらぱらとめくって楽しんでいたら、「楠八臣」「大友八将」などに並んで「里見八犬士」が見出し語になって出ている！　はっとして、列挙されている人物名を見つめると、「犬山道節。犬塚信濃。犬田豊後。犬坂上野。犬飼源八。犬川荘助。犬江新兵衛。犬村大学」。

あれえ、『南総里見八犬伝』の登場人物に似ている。というか、全く同じ名前もある。同音異表記の名前、僅かに変形したにすぎない名前もある。『南総里見八犬伝』の八犬士は、犬山道節、犬塚信乃、犬田小文吾、犬坂毛野、犬飼現八、犬川荘介、犬江親兵衛、犬村大角。そっくりですね。白状すると、私は八犬士の名前を『南総里見八犬伝』という伝奇小説の中だけで活躍する架空の人物名だと思っていたのです。すっかり仰天してしまい、『南総里見八犬伝』の八犬士は、辞書にも登録されるほど有名なのかと一瞬勘違いしてしまうほどでした。

もちろん、槇島昭武の『書言字考節用集』は元禄一一年（一六九八年）に作られた辞書ですから、文化一一年（一八一四年）に刊行され始めた曲亭馬琴（きょくていばきん）の『南総里見八犬伝』より古い。とすると、辞書の方が馬琴にヒントを与えた可能性が高い。調べてみると、濱田啓介『南総里見八犬伝（三） 解説』は、『書言字考節用集』の記述が「『里見八犬伝』の原資である」と言い切っています。つまり、『南総里見八犬伝』の構想全体の源泉は、『書言字考節用集』の八犬士の記述だというのです。この辞書は、『北越雪譜』を書いた鈴木牧之（すずきぼくし）などにも大いに活用されており、「全面的に江戸文芸作品を支えている」（中田祝夫・小林祥次郎『書言字考節用集研究並びに索引』）すぐれものでもあったのです。

八犬士の誕生

『南総里見八犬伝』の舞台は、室町時代の末期。安房国（あわのくに）（今の千葉県の南部）に里見家の始祖となる義実（よしざね）がいた。その娘・伏姫（ふせひめ）は飼い犬・八房（やつふさ）の気を受けて身籠り、「仁」「義」「礼」「智」「忠」「信」「孝」「悌」の八つの珠を宇宙に放って亡くなる。八つの珠は、十数年後、八人の侍になって離散集合を繰り返しながら活躍し、最後は勢ぞろいして扇谷（おうぎがやつ）定正・山内顕定の両管領と足利成氏との連合軍を打ち破って里見家を復興するという筋立て。八人の侍は、それぞれ一つずつ珠を持ち、体のどこかに牡丹の形をした痣（あざ）があります。

登場する人物は悪人か善人かに二分されていますから、人物の個性は余り描きこまれていません。筋立て優先の物語です。読者をどきどきわくわくさせるのは、八犬士の誰かが危機に陥り、そこから脱出するまでの戦いの場面。それが、この物語にダイナミックな展開をもたらし、読者を魅惑する原動力になっています。一体、どんなふうに戦いの場面を描いているのか？　ここで明らかにしたいテーマです。とり上げるのは、芳流閣（ほうりゅうかく）の決闘場面。

信乃は追い詰められる

文明一〇年（一四七八年）六月、「孝」の珠を持つ犬塚信乃は、足利成氏のもとに出向く。預かっていた足利家の伝家の宝刀・村雨丸を返上するために。ところが、村雨丸は、大塚蟇六（ひきろく）（もと弥々山（ややま）蟇六）、網乾左母二郎（あぼしさもじろう）によって偽物にすりかえられていた。登場人物にはこんなふうに容貌や人柄を象徴するような奇妙な名前がつけられることが多いのも、この作品の特色です。

偽物を持参した信乃に成氏側は立腹し、信乃をスパイとみて、召し捕ろうとした。捕虜になれば命を失う危険性が高い。信乃は、成氏側の並み居る家臣たちを蹴散らして、庭木を伝って三層の芳流閣の屋根の上に逃げた。成氏らは追っ手をかけるが、信乃に太刀打ちできるような家臣はいない。

ところが、たった一人互角に戦えそうな人物が成氏側にいた。犬飼見八（けんはち）（後の現八）。彼は、捕り物・拳法の達人。折から成氏らの命令に逆らったために牢獄につながれていた。見八は召し出だされて、信乃を捕える役割を命じられた。信乃を召し捕れば、獄舎から解放される。見八は、芳流閣の二層の軒までこっそりと忍び寄った。夏の日差しを受けた屋根瓦は、焼けるように熱い。見八は「**鼯（むささび）の、樹伝（こつた）ふ如く**」身軽に三層の屋根にのぼる。信乃と見八は、芳流閣の天辺で、瞬きもせずに互いに隙を窺い、睨みあっている。その様子は、「**浮図（ふと）**（＝寺塔）**の上なる鸛（かふ）**（＝こうのとり）**の巣を巨蛇（をろち）の寬（ねら）ふに似たりけり**」。

下では成氏たちが「勝負やいかに」と見上げている。信乃が落ちてきたら留めを刺そうと項（うなじ）を反らして見上げている。芳流閣のすぐ外は長大な利根川が滔滔（とうとう）と流れている。たとえ、信乃が見八に勝ったとしても、袋の中の鼠。

芳流閣の決闘。屋根上には信乃、下の階には見八。やがて二人の死闘が展開する。
『南総里見八犬伝』挿絵（国立国会図書館蔵）

「中国の墨子が発明したという空中を飛ぶ機具を借りなければ、空を飛ぶこともできないし、中国の魯般（ろはん）の作った長い梯子がなければ、地上に降りることもできない」。信乃は絶体絶命のピンチに追い込まれてしまった。

龍虎相搏（あいう）つ

信乃は見八を見て思う、「只一人で三層まで上ってきたのは、よほど腕に自信のあるやつだ。**膳臣巴提便（かしはでのおみはてべ）が、虎を暴（てうち）にする勇ある歟（か）。富田三郎（とみたのさぶらう）が、鹿角（しかのつの）を裂く力ある歟（か）。**たとえ、そうであっても一人の敵だ。組んで刺し違えて死ねばいい」。見八も思う、「相手は武芸勇悍だが、自分は選ばれたことに報いよう。からめとるか撃たれるか分からないが、勝負をつけよう」。見八は十手をひらめかして「**飛（とぶ）が似（ごと）くに**」信乃に近づく。信乃は鋭い太刀を浴びせるが、見八は十手で「**発石（はっし）**」と、受け止め払う。再び信乃は太刀の雨を降らせる。

見八はそれを十手で防ぎ、信乃をじりじりと追い詰める。下では、成氏たちが手に汗を握って芳流閣の一騎打ちを見守っている。

信乃は手強い相手に闘志をかき立てられて、切っ先から「**火出るまで、寄せては返す、大刀音被声、両虎深山に挑むとき、錚然として**（＝鳴りひびく音を立てて）**風発り、二龍青潭に戦ふ時、沛然として**（＝勢いよく）**雲起るも、かくぞあるべき**」。二人は龍虎相搏つ戦いを繰り広げている。

決闘シーンには、引用したような喩えがしばしば使われています。見八のすばやい動作は「ムササビが樹を伝うように」「飛ぶように」、二人の緊迫した睨み合いは「コウノトリの巣をねらう大蛇」に、信乃の進退窮まった様子は、墨子、魯般といった中国の故事を踏まえた喩えでというぐあいに。見八の強さは、『日本書紀』に出てくる膳臣巴提便、『吾妻鏡』に出てくる富田三郎といった名だたる豪傑に喩えられて強調されている。さらに、二人の死闘は、「両虎」「二龍」のすさまじい格闘に喩えられる。こうした比喩をちりばめた戦いの場面は、豊かなイメージ性を持ったものになります。喩えを取り除いてみると、場面がいきなり貧弱なものになってしまうことからも、比喩の効力が分かります。

さて、見八は着ているものまで切り裂かれたけれど、太刀は抜かずに十手で踏ん張っている。一方、信乃の方はすでに負っていた浅傷が次第に痛み出す。信乃が危ない！

丁々発止と

信乃はそれでも「**足場を揣て、撓まず去らず、畳かけて**」太刀をふるう。見八の方は信乃の太刀を「**右手に受ながして、かへす拳につけ入りつつ、『ヤッ』、と被たる声と共に、眉間を望て磤と打**」。信乃は見八の「**十手を**

丁（ちやう）と受留（うけとむ）る」。その拍子に「**信乃が刃（やいば）は鍔除（つばきは）より、折れて遥（はるか）に飛失（とびう）せつ**」。見八にチャンス到来。「**見八『得たり』、と無手（むづ）と組む**」。信乃はそのまま「**左手（ゆんで）に引著（ひきつけ）**」る。互いに「**利腕（きき うで）楚（しか）と拿（と）り、捩倒（ねぢたふ）さん、と曳声合（ゑいごゑあは）して**（＝掛け声を互いに発して）、**揉（もみ）つ揉（もま）る**」。

　だが、二人とも「**踏辷（ふみすべら）して、河辺のかたへ滾滾（ころころ）と、身を輾（まろば）せし覆車（ふくしゃ）の米苞（たわら）、坂より落すに異（こと）ならず**」。二人は、「ひっくり返った車に積んであった米俵が坂を転げ落ちるように」芳流閣の天辺から城外の利根川に落ちていった。ああ、二人とも命を落したかと、読者はドキッとしながらページをめくります。二人は運よく繋いであった「**小舟（こぶね）の中（うち）へ、うち累（かさな）りつつ撻（だう）と落（おつ）れば、傾（かたぶ）く舷（へり）と立浪（たつなみ）に、氼（ざんぶ）と音す水烱（みづけぶり）、纜（ともづな）丁（ちやう）と張断（はりきり）て、射る矢の如き早河（はやかは）の、真中（ただなか）へ吐出（はきいだ）されつ**」。小舟の中にどんと落ち、そのはずみで繋いであった綱が切れ、小舟は「射る矢のように」早い流れに乗って下りだしたのです。

　二人の格闘の様子は、比喩の他に、もう一つ重要な働きをしている言葉で効果を挙げています。それは、「発石（はっし）」「磤（はた）と」「丁（ちやう）と」「無手（むづ）と」「楚（しか）と」「滾滾（ころころ）と」「撻（だう）と」「氼（ざんぶ）と」などの漢字表記された擬音語・擬態語。擬態語は、もともと和語ですから、仮名で書かれるのが普通です。でも、馬琴は当て字の漢字表記をしています。江戸時代では、漢字の価値が高いので、俗語的な擬音語・擬態語にまで漢字を当てて使うことがはやっていたんですね。馬琴の使った漢字表記は当時の国語辞書に掲載されているものも多いのですが、中には「氼（ざんぶ）と」のように、当時の辞書に見出しにくく、あるいは馬琴が工夫したのかもしれないと思わせるものもあります。「水」に「入る」と「ざんぶ」と音がしますからね。これらの擬音語・擬態語は、場面に迫真性を与える役割を果たしています。しかも、漢字表記されているために、俗語臭が薄れ、馬琴の文語調の文章の中にきちんと納っています。

　こんなふうにイメージ性のある喩え、漢字表記された擬音語・擬態語で、馬琴は迫力満点の戦闘シーンをつくりあげているのです。

さて、二人はどうなったのか？　行徳(ぎょうとく)で、釣りを趣味にする老人に助けられる。ここで、信乃と見八は初めて同志である事を知る。見八は、「信」の珠を持っている。「珠」の字の「王」偏をとって、「現八」と改名。ところが、信乃は刀傷がもとで破傷風になってしまう。現八は、信乃のために薬を買いに出て行く。信乃を一人にして大丈夫なのか？　成氏の追っ手は来ないか？　再び主人公側の人物を危機的な状況に追い込み、読者をひきつける。読者は、主人公たちの安否を気遣い、息も継がずに読み進み、いつの間にか長大な物語を読み切っています。

8　春色梅児誉美―心を揺さぶるエロチシズム―

天保三年（一八三二年）～
天保四年（一八三三年）刊行
作者　為永春水

私の研究者仲間に「丹士郎（たんじろう）」という名前の方がいます。私は、彼と出会うと必ず『春色梅児誉美（しゅんしょくうめごよみ）』の主人公・丹次郎を思い出し、ほほ笑んでしまいます。立派な研究者ですが、丹次郎と同じように美男で女に持てそうな甘い雰囲気の人だからです。

丹次郎をめぐる三人の女

『春色梅児誉美』の丹次郎は、吉原の遊女屋・唐琴屋（からことや）の養子だったけれど、番頭・鬼兵衛（きへえ）の悪だくみによって、多額の借金を背負わされて隠棲生活を余儀なくさせられている。そんな丹次郎を心から愛しているのは、芸者の米八（よねはち）。米八は、唐琴屋のお抱え芸者だったけれど、丹次郎に貢ぐために、深川の芸者になる。そのときに、力を貸してくれたのが、花魁（おいらん）の此糸（このいと）と客の藤兵衛。ところが、丹次郎を慕う女性は、他にもいる。唐琴屋時代に丹次郎の許婚（いいなずけ）だったお長（ちょう）も、その一人。素人娘なので、純情一途に丹次郎を「兄さん」と呼び、慕っている。丹次郎に会いたい一心で家出をし、暴漢に襲われるが、女髪結いのお由（よし）に助けられる。お長は丹次郎が借金に苦しめられているのを見て、彼女も娘義太夫になって、丹次郎に貢ぐ。一方、丹次郎は米八の同輩芸者・仇吉（あだきち）とも恋仲になり、仇吉も丹次郎に貢ぐ。三人の女たちは、丹次郎をめぐって嫉妬しあい、競い合っている。そうこうするうちに、丹次郎は畠山家の家老・榛沢（はんざわ）六郎のご落胤であることがわかる。一方、お長の方も、それと格のつり合う本田家のご落胤であることが判明し、二人は夫婦となる。操の堅い米八は、丹次郎の妾としておさまる。米八の目を盗んで丹次郎に会っていた仇吉は、藤兵衛の計らいで、丹次郎と手を切らされる。此糸は、娘時代の恋人・半兵衛と夫婦になり、藤兵衛はお由と結ばれる。鬼兵衛らの悪人たちはすべて滅び、物語はめでたく終わる。

それまでの読み本や洒落本の話の作り方を応用してできた筋立てですが、『春色梅児誉美』は、大ヒット。作者の為永春水（ためながしゅんすい）は、女性向けに執筆したのですが、若い男性をもひきつけ、青年たちの愛読書に。一体何が若者を虜にしたのか？　これがここでのテーマです。『春色梅児誉美』は、天保三年（一八三二年）から四年（一八三三年）にかけて刊行。あと三〇年もすれば、もう明治になるという時期です。

きわどい場面

物語は、丹次郎が世を忍ぶ身の上になってわび住いをしている所に、色っぽい姿の芸者米八が尋ねてくるところから始まります。丹次郎は、心労で体を壊している。米八は丹次郎の身を案じつつ、身の回りの世話をかいがいしくこなす。丹次郎の乱れた髪を整えているうちに、米八は男の襟元にはらはらと涙を落してしまった。

主**「米八、なぜ泣く」**よね**「それだっても」**主**「それだってもどうした」**よね**「おまはん、まあ、なぜこんなにはかねえ身のうえにならしったらうねえ」と男の肩にとりすがり泣く。男は振り向き、米八が手を取り引き寄せ**主**「堪忍（かんにん）して呉（くん）なよ」**よね**「なぜ謝（あやま）るのだえ」**主**「てめえにまで悲しい思ひをさせるから」**よね**「ええもうおまはんは私（わちき）をそう思ってお呉（くん）なさるのかえ」**主**「かわいさうに」と抱き寄せれば、米八はあどけなく病人の膝へ寄り添ひ、顔を見て、**よね**「真（しん）に嬉しいよ。どうぞ」**主**「どうぞとは」**よね**「かうしていつ迄（まで）も居（ゐ）たいね**

え」と言へば、男もつくづくと見れば思へば美しき姿にうっかり主**「ああ、じれってえのう」とひったり寄り添ふ。**よね**「ああれ、くすぐったいよ」**主**「ほい、堪忍しな」と横に倒れる。此ときはるかに観世音の巳の鐘ぼおんぼおん。**

これが原文ですが、ほとんど注釈なしに通じましたね？　原文には丁寧に会話文の前に小字で話し手まで記されています。「主」は、この家のあるじの丹次郎のこと。小字の話し手を省略しても、誰の会話かすぐに分かります。男女のセリフが描き分けられていますからね。女性のセリフの文末は、「ねえ」「え」「よ」などをつけて、柔らかい言い回しに、男性のセリフは、「泣く」「どうした」「しな」などと終止形や命令形、あるいは「から」などと言い切らずにぶっきらぼうなものが多い。

さらに、セリフは職業を写しだすものになっています。米八は芸者ですから、自分を意味する「わちき」、相手を呼ぶ「おまはん」、「ならさった」を訛って言う「ならしった」を使っています。いずれも玄人筋の使う言葉です。話し手が分かるように描き分けられているので、以下、小字の話し手を省略して引用します。なお、米八が「はかない」を「はかねえ」と言っていて、下品な言葉遣いにみえるかもしれません。でも、江戸時代では、米八のみならず、女性一般がこうした長音化した言葉を使っており、別に悪い言葉遣いではありません。

全編が、こんなふうに会話中心に進むので、ともかくよく分かる。会話の言葉も、確実に現代語に近づいていますから、注釈も不必要。そのうえ、男女の逢瀬を綴るきわどい場面ですから、読まずにはいられない。読者は、最初から、こういう艶冶な場面に出くわし、怪しく心を揺さぶられつつ、やめられなくなります。引用の場面は、「巳の鐘」が鳴っていますから、時刻は午前一〇時です。朝っぱらからなんですね。

官能の香り

　米八との関係よりも、一層きわどく甘い場面になるのは、お長と丹次郎の濡れ場です。お長は、丹次郎が借金の事で代官所に引っ立てられて行く夢を見て、いてもたってもいられずに丹次郎のところへ駆けつける。日増しに娘盛りになっていくお長の姿を見て丹次郎は他の男にとられはしまいかと気が気ではない。お長の方は、米八と丹次郎の間を嫉妬して、自分を少しも構ってくれないと丹次郎に甘えてすねる。すると、丹次郎は「**『どれどれ、さあ是からうるさい程かまって上やう。逃げるときかないよ』と引寄て横抱膝の上にのせ、『さあ、お長や、乳飲んで寝んねしなよ』と笑ひながら、顔と顔。『あれ、くすぐったいよ』と言ふ声も、忍ぶは色の本調子」。**ウッフーンなんて、読者も言ってしまいそうな場面です。「顔と顔」は、つまりは「口と口」でキスシーンですね。男のセリフは、素面ではとても口にできそうもない代物。でも、惚れた男は正気ではないのがリアルに描かれています。この直後、お長の見た夢に符合するかのように、丹次郎は借金の返済をするようにと言い渡される。お長は娘義太夫になって丹次郎に貢ぐ決意を固める。

　茶会が催された。丹次郎は、米八の三味線もちとして同じ茶会にやってきて、離れの庵に控えていた。すると、いきなり息せき切って飛び込んできた娘がいる。娘義太夫として茶会に招かれていたお長だった。嫌な男に言い寄られ、思わず離れの庵に逃げ込んだのだ。お長の胸をさすって動悸を鎮めてやる丹次郎。お長は、丹次郎が米八についてきたことを知り嫉妬する。丹次郎はお長こそ自分の思い続けている人だと訴えると、お長は言う、「**『おやおや啌ばっかり。兄さんが忘れるひまのないと言ふは、米八つぁんのことさ』と言いながら丹次郎が脇の下をこそぐる。『あれさ、何をする。くすぐったいわな。よしなよ。どれ、おめえをもくすぐるよ』と横抱きにせしお長が袖**

から手を入れて、乳をこそぐれば、『ああれくすぐったいよ』と顔をあかくして丹次郎が顔をじっと見つめてゐる」。

恋人同士の見つめ合う深い沈黙の時が流れています。やがて、お長が、茶会で落語をやった遊蝶が素敵だったというと、丹次郎は焼けてきて、次のような展開に。

「いつか情通してでもいやあしねえか。」「いやだよ兄さん、其位なら此様に苦労をばいたさないよ。にくらしい。」「おいらは又かわいらしい。どれ、遊蝶に惚たか惚れねえか証古を見やう」としっかり寄り添ひ、横に倒れる。「あれまあ、お放し」と言いながら振り向いて障子をあけ、はるかに座敷を伺ひて、亦もや障子をぴっしゃりとたてきる中の恋の山、つもりつもりし憂きことをかたる心の奥庭とは、たれも気のつく人もなく、彼人々もここまで尋ねこぬこそ幸也けり。

座敷の騒ぎをよそに、二人はしっぽりと情を交わしています。キスシーンから始まって、乳繰り合い、やがて情を交わす。読者は、官能的な場面を味わいつつ、読み進む。でも、ここまでです。情交場面そのものは、具体的には描かれていない。ここが作者のうまい所。これ以上描くと品が落ちる。かと言ってこれ以下では、物足りない。ちょうど、きりきりの線で止めてある。エロチックなきわどい絵のことを「あぶな絵」といいます。たとえば、湯上りの女性、風に着物の裾が煽られている女性、着替えをしている女性、などを描いた絵です。江戸中期の鈴木春信の絵などがその走りです。男女の情交の様子そのものを描いた「春画」とは違って、「あぶな絵」には、甘美な香りが立ち込め、エロチック。『春色梅児誉美』の魅力は、まさに「あぶな絵」のそれです。若者たちをひきつけたのは、その官能の香りです。

江戸語を活写

また、『春色梅児誉美』の魅力は、生き生きした江戸語の会話にもあります。すでに指摘したように、男と女の言葉遣い、職業による言葉遣いが見事に写し出されていました。吉原の花魁・此糸の言葉は、遊里言葉を教えてくれます。たとえば、**「ああ座敷ざんすよ」「本間**（ほんま）（＝座敷）**へお入りなんしなえ」**などと。「ざんす」「なんす」は、吉原の遊女独特の言葉です。「ざんす」は、「ございます」にあたる言葉。明治時代になると、上流婦人の上品な言葉遣いとして継承されましたね。「なんす」は、「なさいます」の意味。さらに、此糸は、「ざます」「おざんす」「おっす」「おざす」「おりいす」「ありいす」「おっしゃりんす」などの吉原遊女の使う言葉で会話をしています。これらの言葉は、一般の素人娘はもちろん、芸者も使っていません。

また、素人娘であるお長は**「何でございますえ」「おいらんが腹をおたちなさることだからよくよくなことでございませう」**のように、「ございます」「なさる」を使っています。さらに「くださいます」「あります」「ます」「いたす」なども用いています。現在の一般的な敬語に通じる言葉遣いですね。

大きな影響

『春色梅児誉美』は、①官能的な恋愛描写、②生き生きした江戸語の会話、が魅力となって売れに売れた。春水は味を占めて、弟子たちを使って『春色辰巳園』（たつみのその）『春色恵の花』（めぐみのはな）などの「春色」シリーズを次々に刊行していきました。ところが、江戸幕府は、節約と風俗壊乱を戒める天保の改革を断行。「春色」シリーズは、淫書と見られ、春水は手鎖（てぐさり）五十日の刑を受けてしまった。そのせいか、『春色梅児誉美』は、中村幸彦が指摘するように、「悪評の中に埋まって今日に至っている」状態です。

でも、『春色梅児誉美』は、明治に入って硯友社文学の写実的風俗小説を生み出し、岡鬼太郎（おにたろう）・永井荷風・広津柳浪（りゅうろう）などの作家たちにも影響を与えています。普通の人間を対象にし、身近に起こる恋愛事件を描き、登場人物の心理も誰でも思い当たる無理のない自然なものです。登場する女性たちも、時代の制約を受けてはいますが、自分で意志的に行動しており、意外に新しい。そのうえ、江戸後期の言葉をたくみに映し出している。ぜひとも、読みたい作品です。

エピローグ

1　『日本語の古典』が出来るまで

この本の編集担当をしてくださったのは、早坂ノゾミさん。彼女とは拙著『日本語の歴史』（岩波新書）以来のお付き合いです。早坂さんが定年を迎えると聞いて、私はお世話になった御礼をしたいと思いました。私に出来ることといったら、良い本を書くことしかないのです。

私は、自分の専門を生かしつつ、多くの方に読んでほしい本の企画をたてました。それが、『日本語の古典』です。ところが、編集企画会議を通過したのはいいのですが、何回も挫折しそうになりました。第一、テーマが大きすぎる。通常、分担執筆してやるようなことを一人でやろうというのです。第二に、言葉の観点からのアプローチで、古典の面白さを感じてもらえるようにするのが結構骨の折れる作業であったことです。第三に、作品ごとに一つのテーマを設定して魅力を抽出するのが、ことのほか難しかったこと。さらに、限られたスペースに一作品ずつ詰め込んでいかなければならず、それが予想以上に手間取ったのです。

そうこうしているうちに、早坂さんは定年を迎えてしまい、私はと言えば、大腸癌の手術を受け、一ヶ月近い入院をしました。そして、今年の夏には母を悪性リンパ腫で失いました。いろんなことが立て続けに起こりましたが、この本の原稿書きだけは続けました。気がつくと、企画が通ってから、二年間余も経過していました。

2　心がけたこと

私が『日本語の古典』を書くときに極力心がけたことがあります。それは、できるかぎり自分の読書経験を大切にすることです。溢れるばかりの研究文献を読み漁っているうちに、いつしか書きたいことが雲散霧消してしまうことを恐れたのです。私は研究者ですから、それまでの研究論文を読破し、その上に自説を展開することに慣れているのです。でも、それでは、一般の方々には読みにくいだけです。

自分で、初心にかえって作品そのものに向き合った時に感じたことを大切にし、それを研究で培ってきた分析力を使って説得性を持たせる。そういう本が、最も自分の個性が出る本になる。そう思えたからです。数々の研究文献に惑わされずに、自分の感性と分析力を生かす。それを最大のモットーにして書きました。あなたが、この本を身近に感じてくれたとしたら、あるいは、そんな私の執筆態度をよしと認めてくださったからだと思います。

3　ささやかな使命感

古典離れの激しい現時点では、誰もこんな本を読んでくれないかもしれない。時折訪れた辛い気分です。でも、古典の底力をきちんと伝える本は必要です。グローバル化のなかで日本が世界に寄与できるのは、自分たちが築いてきた文化を認識し発信していく時です。そのことを日本人自身に気づいてもらいたい。そのために本を書かねば。こんな使命感が、挫折しそうになる私を鼓舞してくれました。

世界中の人がそれぞれのお国柄の良く出たアンティークを提示していったら、世界のマーケットは深遠な文化の香りで満たされ、人類の営んできた多様性を実感できる。是非そうなるように努力したい。

「千里の道も一歩より始まる」。私は、毎日黙々と歩み続けました。とても日常的な諺が、二年間余、私を支えつづけたものでした。そうして出来た本を手に取ってくださったあなた、本当にありがとう。熱い感謝の気持ちを送ります。

参考文献

1　底本にした資料

古事記　小学館『新編日本古典文学全集　古事記』

日本書紀　小学館『新編日本古典文学全集　日本書紀①②③』

風土記　小学館『新編日本古典文学全集　風土記』

竹取物語　小学館『新編日本古典文学全集　竹取物語　伊勢物語　大和物語　平中物語』

伊勢物語　小学館『新編日本古典文学全集　竹取物語　伊勢物語　大和物語　平中物語』

うつほ物語　小学館『新編日本古典文学全集　うつほ物語①②③』

蜻蛉日記　小学館『新編日本古典文学全集　土佐日記　蜻蛉日記』

大和物語　小学館『新編日本古典文学全集　竹取物語　伊勢物語　大和物語　平中物語』
落窪物語　小学館『新編日本古典文学全集　落窪物語　堤中納言物語』
枕　草　子　小学館『新編日本古典文学全集　枕草子』
源氏物語　小学館『新編日本古典文学全集　源氏物語①②③④⑤⑥』
堤中納言物語　小学館『新編日本古典文学全集　落窪物語　堤中納言物語』
大　　鏡　小学館『新編日本古典文学全集　大鏡』
今昔物語集　岩波書店『日本古典文学大系　今昔物語集（一）（二）』、
小学館『新編日本古典文学全集　今昔物語集①②③④』
方　丈　記　小学館『新編日本古典文学全集　方丈記　徒然草　正法眼蔵随聞記　歎異抄』
平家物語　小学館『新編日本古典文学全集　平家物語①②』
とはずがたり　小学館『新編日本古典文学全集　建礼門院右京大夫集　とはずがたり』
徒　然　草　小学館『新編日本古典文学全集　方丈記　徒然草　正法眼蔵随聞記　歎異抄』
太　平　記　小学館『新編日本古典文学全集　太平記①②③④』
風姿花伝　小学館『新編日本古典文学全集　連歌論集　能楽論集　俳論集』
狂　　言　小学館『新編日本古典文学全集　狂言集』、岩波文庫『大蔵虎寛本　能狂言（上）（中）（下）』
伊曾保物語　京都大学文学部国語学国文学研究室編『文禄二年耶蘇会板　伊曾保物語　本文・翻字・解題・索引』、
岩波書店『日本古典文学大系　仮名草子集』
好色一代男　小学館『新編日本古典文学全集　井原西鶴集①』
おくのほそ道　小学館『新編日本古典文学全集　松尾芭蕉集②』

曾根崎心中　小学館『新編日本古典文学全集　近松門左衛門集②』
雨月物語　小学館『新編日本古典文学全集　英草紙　西山物語　雨月物語　春雨物語』
東海道中膝栗毛　小学館『新編日本古典文学全集　東海道中膝栗毛』
蘭東事始　岩波書店『日本古典文学大系　戴恩記　折りたく柴の記　蘭東事始』
南総里見八犬伝　新潮社『新潮日本古典文学集成別巻　南総里見八犬伝（一）（二）（三）（四）（五）（六）（七）（八）（九）（一〇）（一一）（一二）』
春色梅児誉美　岩波書店『日本古典文学大系　春色梅児誉美』

2　引用・参考文献

（引用した著書・論文や直接参考にした著書・論文に限って掲載してあります。）

プロローグ

山折哲雄「共生とは何か」（『水の文化』三〇号、二〇〇八年一一月所収）

一

西郷信綱『古事記注釈』第三巻、平凡社、一九八八年
神野志隆光『古事記の達成』東京大学出版会、一九八三年
森　博達『古代の音韻と日本書紀の成立』大修館書店、一九九一年
森　博達『日本書紀の謎を解く』中公新書、一九九九年
中村啓信・谷口雅博・飯泉健司著　大島敏史写真『風土記探訪事典』東京堂出版、二〇〇六年

沖森卓也・佐藤信・矢嶋泉編著『豊後国風土記　肥前国風土記』山川出版社、二〇〇八年
乾克己・小池正胤・志村有弘・高橋貢・鳥越文蔵編『日本伝奇伝説大事典』角川書店、一九八六年

二

築島　裕『平安時代の漢文訓読語につきての研究』東京大学出版会、一九六三年
片桐洋一・伊藤敏子・目崎徳衛編『図説日本の古典5　竹取物語・伊勢物語』集英社、一九八八年
渡辺　実『平安朝文章史』東京大学出版会、一九八一年
山口仲美『平安文学の文体の研究』明治書院、一九八四年
山口仲美『平安朝の言葉と文体』風間書房、一九九八年
野口元大『うつほ物語の研究』笠間書院、一九七六年
原田芳起『宇津保物語研究　考説編』風間書房、一九七七年
萩谷　朴「枕草子を意識しすぎている紫式部日記」（『二松学舎大学論集』一九六七年度所収）
渡辺　実『古典講読シリーズ　枕草子』岩波書店、一九九二年
山口仲美『すらすら読める枕草子』講談社、二〇〇八年
山口仲美『「源氏物語」を楽しむ―恋のかけひき―』丸善ライブラリー、一九九七年
山口仲美「源氏物語の言葉と文体」（『国文学　解釈と鑑賞』二〇〇〇年一二月、六五巻一二号）
川島絹江『「源氏物語」の源泉と継承』笠間書院、二〇〇九年
芥川龍之介「今昔物語鑑賞」（『日本文学講座』六巻、新潮社、一九二七年所収）
山口仲美『平安朝〝元気印〟列伝』丸善ライブラリー、一九九二年

山口仲美『すらすら読める今昔物語集』講談社、二〇〇四年

三

安良岡康作『方丈記　全訳注』講談社学術文庫、一九八〇年
三木紀人『閑居の人　鴨長明』新典社、一九八四年
中野孝次『すらすら読める方丈記』講談社、二〇〇三年
福田秀一校注『新潮日本古典集成　とはずがたり』新潮社、一九七八年
三角洋一『古典講読シリーズ　とはずがたり』岩波書店、一九九二年
辻村敏樹編『とはずがたり総索引』笠間書院、一九九二年
安良岡康作『徒然草全注釈上』角川書店、一九六七年
安良岡康作『徒然草全注釈下』角川書店、一九六八年
梶原正昭・宮次男・上横手雅敬編『図説日本の古典11　太平記』集英社、一九八九年
山口仲美「狂言の擬声語」（『築島裕博士還暦記念　国語学論集』明治書院、一九八六年所収）
新村出・柊源一校註『吉利支丹文学集下』朝日新聞社、一九六〇年
武藤禎夫著『絵入り伊曾保物語を読む』東京堂出版、一九九七年
小峯和明『説話の森―中世の天狗からイソップまで―』岩波現代文庫、二〇〇一年

四

暉峻康隆編『日本古典鑑賞講座　第一七巻　西鶴』角川書店、一九五七年

秋山　虔・桑名靖治・鈴木日出男編『日本古典読本』筑摩書房、一九八八年
『国文学　解釈と教材の研究　特集　古典文学基本知識事典・古典文学読書案内』学燈社、一九八八年九月
鈴木日出男・小島孝之・多田一臣・長島弘明『古典入門』筑摩書房、一九九八年
齋藤　孝『声に出して読みたい日本語』草思社、二〇〇一年
久保田淳編『日本の古典　名言必携』学燈社、二〇〇〇年
三村晃功・寺川眞知夫・廣田哲通・本間洋一編『日本古典文学を読む』和泉書院、二〇〇二年
小林保治編著『あらすじで読む日本の古典』中経出版、二〇〇四年
諏訪春雄・山折哲雄・芳賀徹・小松和彦監修『日本古典への誘い１００選Ⅰ』東京書籍、二〇〇六年
小松英雄『古典再入門』笠間書院、二〇〇六年
諏訪春雄・山折哲雄・芳賀徹・小松和彦監修『日本古典への誘い１００選Ⅱ』東京書籍、二〇〇七年
尾崎左永子『古典いろは随想』紅書房、二〇〇七年
小川義男監修『２ページでわかる日本の古典傑作選』世界文化社、二〇〇七年
国文学編集部編『知っ得　日本の古典名文名場面１００選』学燈社、二〇〇七年九月
東京大学教養学部国文・漢文学部会編『古典日本語の世界』東京大学出版会、二〇〇七年

既発表論文・著書との関係

本巻のタイトル	初出のタイトル	初出掲載誌・書名、出版社名、刊行年月
Ⅰ　日本語の歴史―通史―	日本語の歴史	山口仲美著『日本語の歴史』（岩波書店、二〇〇六年五月）
一　日本語がなくなったら	日本語がなくなったら	山口仲美著『日本語の歴史』（岩波書店、二〇〇六年五月）
二　漢字にめぐりあう―奈良時代―	Ⅰ漢字にめぐりあう―奈良時代	山口仲美著『日本語の歴史』（岩波書店、二〇〇六年五月）
三　文章をこころみる―平安時代―	Ⅱ文章をこころみる―平安時代	山口仲美著『日本語の歴史』（岩波書店、二〇〇六年五月）
四　うつりゆく古代語―鎌倉・室町時代―	Ⅲうつりゆく古代語―鎌倉・室町時代	山口仲美著『日本語の歴史』（岩波書店、二〇〇六年五月）
五　近代語のいぶき―江戸時代―	Ⅳ近代語のいぶき―江戸時代	山口仲美著『日本語の歴史』（岩波書店、二〇〇六年五月）
六　言文一致をもとめる―明治時代以後―	Ⅴ言文一致をもとめる―明治時代以後	山口仲美著『日本語の歴史』（岩波書店、二〇〇六年五月）
七　日本語をいつくしむ	日本語をいつくしむ	山口仲美著『日本語の歴史』（岩波書店、二〇〇六年五月）
あとがき	あとがき	山口仲美著『日本語の歴史』（岩波書店、二〇〇六年五月）
参考文献	参考文献	山口仲美著『日本語の歴史』（岩波書店、二〇〇六年五月）
Ⅱ　日本語の歴史―個別史―		
和文体の歴史	和文体の歴史	『講座日本語と日本語教育』十巻（明治書院、一九九一年七月）
感覚・感情語彙の歴史	感覚・感情語彙の歴史	『講座日本語学』四巻（明治書院、一九八二年一月）

本巻のタイトル	初出のタイトル	初出掲載誌・書名、出版社名、刊行年月
売薬名の歴史	名づけの志向 ―売薬名（上）（下）	森岡健二・山口仲美著『命名の言語学―ネーミングの諸相―』（東海大学出版会、一九八五年九月）
『薬品名彙』の翻訳語	『薬品名彙』解説	『明治期専門術語集』（昭和59年度文部省科学研究費補助金特定研究(1)　日本語の正書法及び造語法とそのあり方　研究代表者　林　大、一九八五年三月）
『学術用語』翻訳の歴史と問題点	名づけの苦しみ ―学術用語名	森岡健二・山口仲美著『命名の言語学―ネーミングの諸相―』（東海大学出版会、一九八五年九月）
Ⅲ　日本語の古典	**日本語の古典**	山口仲美著『日本語の古典』（岩波書店、二〇一一年一月）
プロローグ	プロローグ	山口仲美著『日本語の古典』（岩波書店、二〇一一年一月）
一　言葉に霊力が宿る ―奈良時代―	Ⅰ言葉に霊力が宿る ―奈良時代	山口仲美著『日本語の古典』（岩波書店、二〇一一年一月）
二　貴族文化の花が咲く ―平安時代―	Ⅱ貴族文化の花が咲く ―平安時代	山口仲美著『日本語の古典』（岩波書店、二〇一一年一月）
三　乱世を生きた人は語る ―鎌倉・室町時代―	Ⅲ乱世を生きた人は語る ―鎌倉・室町時代	山口仲美著『日本語の古典』（岩波書店、二〇一一年一月）
四　庶民が楽しむ言葉の世界 ―江戸時代―	Ⅳ庶民が楽しむ言葉の世界 ―江戸時代	山口仲美著『日本語の古典』（岩波書店、二〇一一年一月）
エピローグ	エピローグ	山口仲美著『日本語の古典』（岩波書店、二〇一一年一月）
参考文献	参考文献	山口仲美著『日本語の古典』（岩波書店、二〇一一年一月）

著者紹介

山口仲美(やまぐち　なかみ)

一九四三年静岡県生まれ。お茶の水女子大学卒業。
東京大学大学院修士課程修了。文学博士。
現在—埼玉大学名誉教授。
職歴—聖徳学園女子短期大学専任講師を振り出しに、共立女子大学短期大学部専任講師・助教授、明海大学教授、実践女子大学教授、埼玉大学教授、明治大学教授を歴任。
専門—日本語学(日本語史・古典の文体・オノマトペの歴史)
著書—『平安文学の文体の研究』
(明治書院、第12回金田一京助博士記念賞)
『平安朝の言葉と文体』(風間書房)
『日本語の歴史』
(岩波書店、第55回日本エッセイスト・クラブ賞)
『ちんちん千鳥のなく声は』
(大修館書店、後に講談社学術文庫)
『犬は「びよ」と鳴いていた』(光文社)
『若者言葉に耳をすませば』(講談社)
『日本語の古典』(岩波書店)
『暮らしのことば　擬音・擬態語辞典』(講談社)など多数。
二〇〇八年紫綬褒章、二〇一六年瑞宝中綬章受章。
専門分野関係のテレビ・ラジオ番組にも多数出演。

山口仲美著作集４
日本語の歴史・古典
通史・個別史・日本語の古典

二〇一九年五月一五日　初版第一刷発行

著者　山口仲美
発行者　風間敬子

発行所　株式会社　風間書房
101-0051 東京都千代田区神田神保町一—三四
電話　〇三—三二九一—五七二九
FAX　〇三—三二九一—五七五七
振替　〇〇一一〇—五—一八五三

装丁　鈴木弘
印刷　藤原印刷　製本　井上製本所

©2019　Nakami Yamaguchi
NDC 分類：808
ISBN978-4-7599-2284-4　Printed in Japan

JCOPY 〈(社)出版者著作権管理機構 委託出版物〉
本書の無断複製は、著作権法上での例外を除き禁じられています。複製される場合はそのつど事前に(社)出版者著作権管理機構(電話 03-5244-5088、FAX 03-5244-5089、e-mail: info@jcopy.or.jp)の許諾を得て下さい。

山口仲美著作集　全八巻

第一巻　言葉から迫る平安文学１　源氏物語

第二巻　言葉から迫る平安文学２　仮名作品

第三巻　言葉から迫る平安文学３　説話・今昔物語集

第四巻　日本語の歴史・古典　通史・個別史・日本語の古典

第五巻　オノマトペの歴史１　その種々相と史的推移・「おべんちゃら」などの語史

第六巻　オノマトペの歴史２　ちんちん千鳥のなく声は・犬は「びよ」と鳴いていた

第七巻　現代語の諸相１　若者言葉・ネーミング・テレビの言葉ほか

第八巻　現代語の諸相２　言葉の探検・コミュニケーション実話

風間書房